MICHELIN

Paris 2014

UNE SÉLECTION
DE RESTAURANTS
À PARIS ET DANS
SES ENVIRONS

Sommaire

Cher Lecteur 5
Engagements 6
Mode d'emploi... 8
Paris pratique 10

Index **thématiques**

Index alphabétique des restaurants 16
Les tables étoilées 24
Bib Gourmand 27
Menus à moins de 30 € 29
Restaurants par type de cuisine 32
Le plat que vous recherchez 40
Tables en terrasse 42
Restaurants avec salons particuliers 45
Restaurants ouverts samedi et dimanche 48
Restaurants ouverts en août 52
Restaurants ouverts tard le soir 55

Autour de Paris : index des localités citées 456
Index des plans 498
Plans du métro et du RER 500

Se **restaurer à Paris...**

1er ▶	Palais-Royal • Louvre • Tuileries • Les Halles	**60**
2e ▶	Bourse • Sentier	**90**
3e ▶	Le Haut Marais • Temple	**110**
4e ▶	Île de la Cité • Île St-Louis • Le Marais • Beaubourg	**118**
5e ▶	Quartier latin • Jardin des Plantes • Mouffetard	**130**
6e ▶	St-Germain-des-Prés • Odéon • Jardin du Luxembourg	**148**
7e ▶	Tour Eiffel • École Militaire • Invalides	**178**
8e ▶	Champs-Élysées • Concorde • Madeleine	**210**
9e ▶	Opéra • Grands Boulevards	**256**
10e ▶	Gare de l'Est · Gare du Nord · Canal St-Martin	**276**
11e ▶	Nation · Voltaire · République	**288**
12e ▶	Bastille · Bercy · Gare de Lyon	**304**
13e ▶	Place d'Italie · Gare d'Austerlitz · Bibliothèque nationale de France	**316**
14e ▶	Montparnasse · Denfert-Rochereau · Parc Montsouris	**328**
15e ▶	Porte de Versailles · Vaugirard · Beaugrenelle	**344**
16e ▶	Trocadéro · Étoile · Passy · Bois de Boulogne	**368**
17e ▶	Palais des Congrès · Wagram · Ternes · Batignolles	**400**
18e ▶	Montmartre · Pigalle	**426**
19e ▶	Parc de la Villette · Parc des Buttes-Chaumont	**436**
20e ▶	Cimetière du Père-Lachaise · Gambetta · Belleville	**444**

... et **autour de Paris**

Une sélection de 104 restaurants
jusqu'à 40 km autour de la capitale 452

D. DuChemin / Design Pics / Photononstop

Cher lecteur,

Paris – aujourd'hui le Grand Paris ! – demeure au premier rang des capitales mondiales de la gastronomie. Il suffit de compter ses tables étoilées : plus d'une centaine, dont 9 trois-étoiles. La ville brille toujours au firmament, elle demeure un carrefour d'influences et une source d'inspiration à l'échelle de l'Europe comme du monde entier. S'en étonnera-t-on, tant la cité a toujours apporté à la cuisine, elle qui a inventé le restaurant à la veille de la Révolution française ? Un intérêt pour la gastronomie qui a depuis lors gagné toute la société… jusqu'aux troquets de quartier !

Variété, diversité et ouverture : telle est la grande tendance de ces dernières années. Des adresses les plus huppées aux « bistrots de chef », la bonne cuisine s'impose partout, comme l'illustre cette sélection 2014. Qu'il s'agisse de l'élégante Scène (dans le 8e arrondissement), de l'ultra-inventif Akrame (16e), du limpide ES (mené par un jeune chef japonais amoureux de la cuisine française, 7e), du décontracté et branché Septime ou du chaleureux Qui Plume la Lune (11e), les tables parisiennes jouent sur tous les tableaux, chacune dans leur genre, sans cesser de cultiver les règles immuables du goût – cette rigueur et ces techniques qui ont fait le succès de la gastronomie hexagonale en recherchant avant tout la force des saveurs…

Influent, Paris le demeure donc, éminemment, à travers ses plus grandes tables comme dans tous ses nouveaux repaires qui fourmillent d'idées neuves. Pour nous qui avons toujours mis en avant la qualité de l'assiette – notre seul crédo et, faut-il le rappeler, l'unique critère de nos étoiles –, c'est évidemment une heureuse nouvelle : la diffusion de plus en plus large de l'art de cuisiner…

Ce guide MICHELIN Paris 2014, avec ses 600 bonnes tables – dont 66 nouveautés – riches de leur si belle diversité, vous en convaincra !

Le guide MICHELIN
Consultez le guide Michelin sur www.viamichelin.com
et écrivez-nous à : leguidemichelin-france@tp.michelin.com

Les engagements du guide MICHELIN

L'expérience au service de la qualité... et du plaisir de la table

Qu'il soit au Japon, aux Etats-Unis, en Chine ou en Europe, l'inspecteur du guide MICHELIN respecte exactement les mêmes critères pour évaluer la qualité d'une table ou d'un établissement hôtelier, et il applique les mêmes règles lors de ses visites. Car si le guide peut se prévaloir aujourd'hui d'une notoriété mondiale, c'est notamment grâce à la constance de son engagement vis-à-vis de ses lecteurs. Un engagement dont nous voulons réaffirmer ici les principes :

→ La visite anonyme

Première règle d'or, les inspecteurs testent de façon anonyme et régulière les tables et les chambres, afin d'apprécier pleinement le niveau des prestations offertes à tout client. Ils paient donc leurs additions ; après quoi ils pourront révéler leur identité pour obtenir des renseignements supplémentaires. Le courrier des lecteurs nous fournit par ailleurs de précieux témoignages, autant d'informations qui sont prises en compte lors de l'élaboration de nos itinéraires de visites.

→ L'indépendance

Pour garder un point de vue parfaitement objectif – dans le seul intérêt du lecteur –, la sélection des établissements s'effectue en toute indépendance, et l'inscription des établissements dans le guide est totalement gratuite. Les décisions sont discutées collégialement par les inspecteurs et le rédacteur en chef, et les plus hautes distinctions font l'objet d'un débat au niveau européen.

→ Le choix du meilleur

Loin de l'annuaire d'adresses, le guide se concentre sur une sélection des meilleurs hôtels et restaurants, dans toutes les catégories de confort et de prix. Un choix qui résulte de l'application rigoureuse d'une même méthode par tous les inspecteurs, quel que soit le pays où il œuvre.

→ Une mise à jour annuelle

Toutes les informations pratiques, tous les classements et distinctions sont revus et mis à jour chaque année afin d'offrir l'information la plus fiable.

→ Une sélection homogène

Les critères de classification sont identiques pour tous les pays couverts par le guide MICHELIN. A chaque culture sa cuisine, mais la qualité se doit de rester un principe universel.

→ Et un seul objectif

Tout mettre en œuvre pour vous aider dans chacun de vos déplacements, afin qu'ils soient toujours sous le signe du plaisir et de la sécurité. « L'aide à la mobilité » : c'est la mission que s'est donnée Michelin.

Mode d'emploi...

Catégories de standing (en rouge : les adresses les plus agréables)			
	Confort simple	Très chic et confortable	Grand luxe et tradition
	De bon confort	Grand standing	

À Paris...

Choisir le quartier

Deux couleurs d'onglets en alternance, pour repérer chaque arrondissement

Numéro de l'arrondissement et principaux quartiers

Les tables étoilées

De 1 à 3 étoiles ...et les plats qui évoquent le mieux leur cuisine.

Situer sur le plan

Coordonnées de l'établissement sur le plan de l'arrondissement

Symboles d'équipements et de services

- Tables en extérieur
- Ouvert tard le soir
- Ouvert en août
- Belle carte des vins
- Vue agréable
- Jardin
- Aménagements pour personnes handicapées
- Air conditionné
- Salon privé
- Voiturier
- Parking
- Cartes de crédit non acceptées

... Et autour de Paris

Haut-de-Seine

92

ANTONY

92660 – 51 000 hab – Plan : C3
Paris 13 km – Carte Michelin **101**A2

Le Cœur d'Or Hôtel Les Jardins du Château

10 chaussée des Bois – ✆ 04 92 98 77 41 – www.lecoeurdor-abbeville.com – Fermé en août
Menu 27/45 € – Carte 45/85 € *(dîner seult)*
Élégante verrière ouvrant sur le ciel et chaleureux décor tout de bois : un cadre raffiné pour une cuisine fort goûteuse, unissant saveurs maritimes, régionales et normandes.

L'Escale picarde (Gilles Prouvet)

3 bd Vauban – ✆ 04 93 61 39 07 – www.escalepicarde.fr – Fermé dim. soir
Menu 45/95 € – Carte 78/110 €
Un restaurant à l'ambiance de bistrot de quartier, qui a ses habitués. Au comptoir comme à table, à la carte comme à l'ardoise, on redécouvre les plats de toujours.
➜ Homard poché au citron. Noix de ris de veau aux épices. Galette soufflée...

La Marie-Morgane

5e

Iodé — C3

18 rue de l'Épée 75005
✆ 01 35 26 14 26
www.lamareebasse.com
Barbès Rouchechouart
Fermé 25-26 décembre, 1er janvier, dimanche et lundi - Réservation conseillée

Formule 17 € 🍷 – Menu 18/35 € – Carte 20/38 €

Edit, qui occullaut in repelest ommoles ad eost et re odipsaepre et as et vendae sum volenienis nulparum rem. Ut qui rat exeritae porrum que pelia corum fuga. Nam es erchicab il imolum harum corit volorio delit exerum aut ut volore abo. Nequist, quia id quod quidellandae nectatur?

Imuscillandi ut dolecte reptatur solorum dolupta voluptatas aut eossimint eari comnihilitat volorio te vide eaquass inciunt et quis amusam eume alit dolut volectasin pel et dolenimus nienimpore vel ipsamus, con recuptatis magnimo ea qui dolorer umquiscit reprore caerest iasped que conse nobitio nsequi di as sapid maio illandus ut mi, occullaci doluptur aut quaspisque quid et hitatquiam velique id quid magnatur, arumquia imporpos imus, untiunt volore conem netur, nullaut lit aut in pre mint eum as doluptatur?

Panthéon · Jardin des Plantes · Mouffetard

La Table d'Antan

N

Tradition — A1

18 rue de l'Épée 75005
✆ 01 43 17 21 21
www.lamareebasse.com
Jules Joffrin
Fermé 25-26 décembre, 1er janvier, dimanche et lundi

Formule 17 € – Menu 18/35 € – Carte 20/38 €

Edit, qui occullaut in repelest ommoles ad eost et re odipsaepre et as et vendae sum volenienis nulparum rem. Ut qui rat exeritae porrum que pelia corum fuga. Nam es erchicab il imolum harum corit volorio delit exerum aut ut volore abo. Nequist, quia id quod quidellandae nectatur?

Imuscillandi ut dolecte reptatur solorum dolupta voluptatas aut eossimint eari comnihilitat volorio te vide eaquass inciunt et quis amusam eume alit dolut volectasin pel et dolenimus nienimpore vel ipsamus, con recuptatis magnimo ea qui dolorer umquiscit reprore caerest iasped que conse nobitio nsequi di as sapid maio illandus ut mi, occullaci doluptur aut quaspisque quid et hitatquiam velique id quid magnatur, arumquia imporpos imus, untiunt volore conem netur, nullaut lit aut in pre mint eum as doluptatur?

195

Les localités

- Code postal.
- Nombre d'habitants.
- Repérage sur la carte en début de section, et sur la carte Michelin n°101 (coordonnées de carroyage).
- Distance depuis Paris.

Repérez votre adresse en un "flash" !

Avec votre smartphone, flashez sur le QR code pour situer en un clin d'œil votre restaurant sur un plan !

Bib Gourmand

Bonne table à prix modérés

Nouveau !

Etablissement nouveau dans le guide

Choisir sa table

Type de cuisine

Informations pratiques
Nom, adresse, téléphone, site web et station de métro pour chaque établissement

Prix
Menus - à la carte
🍷 boisson comprise

Paris pratique

Se rendre à l'aéroport, réserver un taxi ou acheter des places de théâtre : entre deux bonnes tables, voici quelques informations pour vous rendre Paris plus pratique.

Arriver/partir

➜ En avion

www.aeroportsdeparis.fr
Informations sur les vols du jour : ✆ 39 50

Aéroport de Roissy-Charles-de-Gaulle, ✆ 39 50

Métro CDGVAL, la ligne assure un service gratuit 24h/24 entre les terminaux, les parkings et les gares TGV et RER.

En taxi, compter entre 30 mn et 1h de trajet.

En RER B (Châtelet) : 30 mn.

Avec Roissybus (départ de Opéra – angle de la rue Scribe et de la rue Auber): de 45 à 60 mn. **www.ratp.fr**

Bus Noctiliens : n°140 et 143 (Gare de l'Est) : 1h **www.ratp.fr**

Cars Air France : n°2 (Étoile, Porte Maillot) : 45 mn et n°4 (Gare Montparnasse, Gare de Lyon) : 50 mn. **www.lescarsairfrance.com**

Aéroport d'Orly, ✆ 39 50

En taxi, 20 à 30 mn de trajet.

Orlybus (Denfert-Rochereau) : 30 mn de trajet. **www.ratp.fr**

En RER B (Châtelet) **et Orly-Val** (changement à Antony) : 25 mn. **www.orlyval.com**

Bus Noctiliens : n°31 et 131 (Gare de Lyon) : 30 mn. **www.ratp.fr**

Cars Air France : n°1 (Etoile, Invalides, Gare Montparnasse) : 35 mn à 45 mn. **www.lescarsairfrance.com**

➜ En train

www.sncf.fr

Gare de Lyon : trains en provenance du Sud-Est de la France, d'Italie et de Suisse.

Gare d'Austerlitz : Sud-Ouest de la France et Espagne.

Gare du Nord : Royaume-Uni, Belgique, Pays-Bas.

Gare de l'Est : Est de la France et Allemagne.

Gare Montparnasse : Grand Ouest.

Quand venir à Paris

Les fêtes de fin d'année, Pâques et la saison estivale attirent les touristes à Paris. Même phénomène lors des grands salons professionnels (voir encadré). Il est donc prudent de réserver son séjour longtemps à l'avance. Bon à savoir, certains hôtels

▶ *Places Discount*

www.ticketac.com et www.billetreduc.com recensent une sélection de spectacles à prix réduits. Pensez aussi aux kiosques de la place de la Madeleine et de l'Esplanade de la Tour Montparnasse, qui vendent des places de théâtre à moitié prix pour le jour même.

▶ Foires et salons

Salon International de l'Agriculture, *Porte de Versailles, fin février-début mars - consulter www.salon-agriculture.com*

Salon du Livre, *Porte de Versailles, 21-24 mars*

Foire de Paris, *Porte de Versailles, 30 avril-11 mai*

Maison et Objet, *Paris-Nord Villepinte, 5-9 septembre*

Salon Nautique, *Porte de Versailles, 5-14 décembre*

proposent des tarifs promotionnels sur leur site Internet.

Circuler dans Paris

→ Métro et bus

Le **métro** reste le meilleur moyen de se déplacer dans Paris pour être à l'heure à ses rendez-vous. Les 14 lignes de métro fonctionnent entre 5h30 et 00h45 (01h45 vendredi, samedi et veille de fêtes). Les touristes préféreront le réseau de **bus** pour profiter de l'animation urbaine. La nuit, les bus Noctiliens prennent le relais.

Horaires, titres de transport et itinéraires sur **www.ratp.fr** et **www.transilien.com**

→ Taxi !

On peut prendre un taxi soit directement à l'une des nombreuses stations, soit les héler dans la rue – les véhicules libres se repèrent à leur plaque blanche allumée –, soit appeler l'une des sociétés de taxis indiquées ci-dessous.

Alpha Taxis, ✆ 01 45 85 85 85
Les Taxis Bleus, ✆ 3609
Taxis G7, ✆ 3607

Les tarifs varient en fonction de l'heure et du jour de la course (plus cher la nuit et le dimanche), mais aussi de la zone géographique. Le détail des tarifs A, B et C sont affichés clairement dans les véhicules. En cas de litige, exigez une fiche auprès du conducteur ou relevez le numéro d'immatriculation du taxi, puis contactez La Préfecture de Police de Paris - 36 rue des Morillons - 75015 Paris ✆ 01 55 76 20 05.

→ En voiture

Se déplacer en voiture à Paris ? A condition d'avoir une bonne dose de patience et de prendre quelques précautions, comme par exemple, évitez les heures de pointe et consultez l'état du **trafic** : www.viamichelin.fr ou www.sytadin.tm.fr ou www.bison-fute.equipement.gouv.fr ou www.infotrafic.com

Les horodateurs n'acceptent pas les pièces de monnaie. Il faut donc acheter une **Paris-Carte**, en vente dans presque tous les bureaux de tabac et dans certains points de vente presse, ou bien utiliser la carte Monéo.

Michelin édite plusieurs **plans de Paris**, outils très pratiques pour vos déplacements dans la capitale.

Trouver un parking : www.infoparking.com ou www.parkingsdeparis.com

En cas de disparition de votre véhicule, contactez d'abord **la Fourrière**, Préfecture de Police, ✆ 0891 01 22 22

→ À vélo ou en auto…

Sport ou transport ? Le vélo combine les deux et il est désormais facile de circuler à Paris à vélo grâce à la présence de pistes cyclables et à **Vélib'**, le système de location de vélo en libre service. Pour une somme modique, vous pouvez emprunter un vélo dans l'une des nombreuses stations aménagées partout et le redéposer dans une autre. Utilisez la carte **Michelin n°61 Paris Velib'** ou rendez-vous sur www.velib.paris.fr (✆ 01 30 79 79 30).

Autolib' - Après le succès de **Vélib'**, la version auto est née au cours de l'été 2009. Le principe est assez proche : le conducteur s'abonne (durée de 1 jour à 1 an suivant ses besoins), il réserve sa Bleucar, l'emprunte dans l'une des nombreuses stations réparties sur 46 communes, circule en Île-de-France, puis ramène le véhicule électrique dans la station de son choix. Plus de détails sur www.autolib.eu/fr

Vivre Paris

→ Musées et monuments

En règle générale, les musées nationaux sont fermés le mardi, ceux de la Ville de Paris le lundi. Par ailleurs, les grands musées restent ouverts jusqu'à 21h au moins une fois par semaine (tous les jours sauf le mardi pour le Centre Georges Pompidou).

Pour gagner du temps, sachez que la **carte Musées et monuments** (1, 3 ou 5 jours) sert de coupe-file ; on peut également acheter à l'avance son billet pour le Louvre et de nombreux autres musées (TicketNet, Fnac, grands magasins, etc.). Le billet combiné RATP-Louvre (en vente dans certaines stations de métro et les Offices de Tourisme de Paris) permet un accès prioritaire aux collections permanentes.

Le **guide Vert Michelin Paris** compagnon idéal pour visiter musées, monuments et autres curiosités de la capitale.

Office du Tourisme et des Congrès de Paris, www.parisinfo.com

→ Balades en bus ou sur la Seine

Open Tour (bus à impériale), ✆ 01 42 66 56 56 ou www.parislopentour.com

Paris City Vision, ✆ 01 42 60 30 01 ou www.pariscityvision.com/fr

Batobus (descente et montée possibles à chaque escale), ✆ 0 825 05 01 01 ou www.batobus.com

Bateaux parisiens, ✆ 0 825 01 01 01 ou www.bateauxparisiens.com

Vedettes du Pont Neuf, ✆ 01 46 33 98 38 ou www.vedettesdupontneuf.fr

Les Bateaux-Mouches, ✆ 01 42 25 96 10 ou www.bateaux-mouches.fr

▶ Santé et urgences

Numéro d'urgence, ✆ 112
Police-secours, ✆ 17
Pompiers, ✆ 18
Samu, ✆ 15
SOS Médecin, ✆ 3624
Centre anti-poison (hôpital Fernand-Widal), ✆ 01 40 05 48 48
SOS dentaire, ✆ 01 43 37 51 00
Pharmacies 24h/24 :

84 av. des Champs-Élysées (galerie les Champs), 8e, ✆ 01 45 62 02 41
6 pl. Clichy, 9e, ✆ 01 48 74 65 18
6 pl. Félix-Eboué, 12e, ✆ 01 43 43 19 03

▶ Autres numéros utiles

Objets trouvés, ✆ 0 821 00 25 25
Perte/vol carte Visa ✆ 0 892 705 705
Perte/vol carte Master Card ✆ 0 800 90 13 87
Perte/vol carte American Express ✆ 01 47 77 72 00
Garderie 24h/24 : Babychou, ✆ 01 43 13 33 23
Poste du Louvre - ouverte 24h/24 - 52 rue du Louvre, ✆ 3631

→ Sortir

Côté spectacles, la programmation parisienne est aussi dense qu'éclectique : des lieux les plus mythiques aux salles les plus intimes, chaque soir la «ville Lumière» lève le rideau sur une multitude de représentations théâtrales, d'opéras, de ballets et de concerts. Pour ne citer qu'eux : l'Opéra-Bastille, l'Opéra national de Paris Palais Garnier, la salle Pleyel, le Casino de Paris, la Cigale, le Bataclan, le Palais des Congrès de Paris, le New Morning, l'Élysée-Montmartre, le Zenith de Paris, l'Olympia, Le Crazy-Horse, les Folies Bergère, le Lido, le Moulin Rouge, Le Paradis Latin, etc.

▶ No smoking !

La loi "non-fumeur" de 2008 interdit l'usage du tabac dans l'ensemble des lieux publics, y compris cafés et restaurants.

→ Shopping

Les magasins parisiens sont habituellement ouverts du lundi au samedi, de 9h à 19h ou 20h pour les grands magasins (Bon Marché, Galeries Lafayette, Printemps) ; ainsi que le dimanche dans certains quartiers touristiques. Les **boutiques gourmandes** sont souvent fermées le lundi, mais ouvertes le dimanche matin.

Chaque semaine, près de **70 marchés** animent les rues et les halles parisiennes. Jours et horaires sur www.paris.fr

→ Se restaurer

Si **brasseries** et **bistrots** demeurent emblématiques de la restauration parisienne, la capitale fourmille d'autres bonnes adresses proposant tous les types de cuisine dans tous les niveaux de confort. **Ce guide est une sélection des meilleurs restaurants à tous les prix.**

Plusieurs listes en début de ce guide vous aideront à choisir le restaurant qui répondra à vos attentes.

Index thématiques

▸ Index alphabétique des restaurants 16

▸ Les tables étoilées 24

▸ Bib Gourmand 27

▸ Menus à moins de 30€ 29

▸ Restaurants par type de cuisine 32

▸ Le plat que vous recherchez 40

▸ Tables en terrasse 42

▸ Restaurants avec salons particuliers 45

▸ Restaurants ouverts samedi et dimanche 48

▸ Restaurants ouverts en août 52

▸ Restaurants ouverts tard le soir 55

10 Index alphabétique des restaurants

A

L'Abeille - 16e	XXXX ✿✿	372
Abri - 10e	X	280
L'Absinthe - 1er	X	64
A et M Restaurant - 16e	XX ☺	373
Afaria - 15e	X	348
L'Affable - 7e	X	182
Les Affranchis - 9e	X ☺	260
L'Affriolé - 7e	X ☺	182
Agapé - 17e	XX ✿	404
Agapé Bis - 17e	X	405
Agapé Substance - 6e	X	152
L'Agrume - 5e	X	134
Aida - 7e	X ✿	183
Akrame - 16e	XX ✿✿	374
À La Biche au Bois - 12e	X	310
À la Coupole - Neuilly-sur-Seine	X	469
Albion - 10e	X	280
Alcazar - 6e	XX	152
Allard - 6e	X	153
L'Altro - 6e	X	153
Ambassade d'Auvergne - 3e	XX ☺	114
L'Ambassade de Pékin - Saint-Mandé	XX	480
L'Ambroisie - 4e	XXXX ✿✿✿	122
L'Amourette - Montreuil	X ☺	475
L'Angélique - Versailles	XX ✿	490
Antoine - 16e	XXX ✿	375
L'A.O.C. - 5e	X	134
Aoki Makoto - 8e	X	214
L'Apibo - 2e	X	94
Apicius - 8e	XXXX ✿	215
L'Ardoise - 1er	X	64
L'Ardoise - Le Perreux-sur-Marne	X	479
L'Ardoise du XV - 15e	X	348
L'Armoise - Le Chesnay	X	486
Arola - 9e	XXX	260
L'Arôme - 8e	XX ✿	216
Arpège - 7e	XXX ✿✿✿	184
L'Assaggio - 1er	XX	65
Assaporare - 12e	X	308
L'Assiette - 14e	X	332
Astier - 11e	X	292
Astrance - 16e	XXX ✿✿✿	376
L'Atelier de Joël Robuchon - Étoile - 8e	X ✿✿	217
L'Atelier de Joël Robuchon - St-Germain - 7e	X ✿✿	185
L'Atelier du Parc - 15e	XX ☺	349
L'Atelier Gourmand - Saint-Jean-de-Beauregard	XX	460
Atelier Maître Albert - 5e	XX	135
Atelier Rodier - 9e	X	261
Atelier Vivanda - 16e	X ☺	373
Au Bascou - 3e	X	114
L'Auberge - Boulogne-Billancourt	XX	463
L'Auberge Aveyronnaise - 12e	X ☺	308
Auberge des Saints Pères - Aulnay-sous-Bois	XXX ✿	474
Auberge du Cheval Blanc - Pontoise	XX	484
Auberge du Pont de Bry - La Grappille - Bry-sur-Marne	XX	478
L'Auberge du 15 - 13e	XX	320
Auberge Flora - 11e	X	292
Auberge Pyrénées Cévennes - 11e	X ☺	293
Auberge Ravoux - Auvers-sur-Oise	X	482
Au Bon Accueil - 7e	XX ☺	186
Au Bord de l'Eau - Conflans-Sainte-Honorine	X	487
Au Bourguignon du Marais - 4e	X	123
Au Cœur de la Forêt - Montmorency	XX	484
Au Comte de Gascogne - Boulogne-Billancourt	XXX ✿	463
L'Audacieux - Levallois-Perret	X ☺	468
Auguste - 7e	XX ✿	187
Au Moulin à Vent - 5e	X	135
Au Père Lapin - Suresnes	X	471
Au Petit Marguery - 13e	XX	320
Au Petit Riche - 9e	XX	261
Au Pouilly Reuilly - Le Pré-Saint-Gervais	X	476

Au Rendez-vous des Camionneurs - 1er	X	65
Au Trou Gascon - 12e	XX ✿	309
Au Vieux Chêne - 11e	X	293
Aux Armes de France - Corbeil-Essonnes	XX	458
Aux Enfants Gâtés - 14e	X	332
Aux Lyonnais - 2e	X	94
Aux Verres de Contact - 5e	X ☺	136
L'Avant Goût - 13e	X	321
Axuria - 15e	X	349
Azabu - 6e	X	154

B

Baan Boran - 1er	X	66
Le Ballon des Ternes - 17e	XX	405
Bambou - 13e	X	321
Le Baratin - 20e	X ☺	448
Barbezingue - Châtillon	X ☺	465
La Barrière de Clichy - Clichy	XX	466
Basilic et Spice - 13e	X	322
Le Baudelaire - 1er	XXX ✿	67
La Belle Époque - Châteaufort	XXX	486
Benkay - 15e	XXX	350
Benoit - 4e	XX ✿	124
Bernard du 15 - 15e	X	350
Beurre Noisette - 15e	X ☺	351
Bibimbap - 5e	X ☺	136
Bistro 121 - 15e	X	351
Bistro des Gastronomes - 5e	X ☺	137
Les Bistronomes - 1er	X	66
Bistro Poulbot - 18e	X	430
Bistro Sormani - 17e	X ☺	406
Le Bistrot - Boulogne-Billancourt	X ☺	464
Bistrot Belhara - 7e	X ☺	186
Le Bistrot d'À Côté Flaubert - 17e	X	406
Le Bistrot d'Oscar - Levallois-Perret	X ☺	468
Bistrot du Sommelier - 8e	XX	214
Bistrot Mavrommatis - 1er	X	68
Bistrot Paul Bert - 11e	X	294
Bistro Volnay - 2e	X	95
Bi Zan - 2e	X	95
Bofinger - 4e	XX	123
Bon - 16e	XX	377
Bon Kushikatsu - 11e	X	294
Bonne Franquette - Janvry	XX	459
Les Botanistes - 7e	X	188
Le Bouchon et l'Assiette - 17e	X ☺	407
Le Boudoir - 8e	X	218
Les Bouquinistes - 6e	XX	154
La Bourgogne - Maisons-Alfort	XX ☺	478
Braisenville - 9e	X	262
Brasserie Flo - Roissy-en-France	XX	484
Brasserie Gallopin - 2e	XX ☺	96
Brasserie Lutetia - 6e	XX	155
Brasserie Thoumieux - 7e	XX	188

C

Café Constant - 7e	X ☺	189
Le Café d'Angel - 17e	X	407
Café de l'Esplanade - 7e	XX	189
Le Café des Artistes - Ville-d'Avray	X ☺	472
Café des Concerts - 19e	X	440
Café des Musées - 3e	X	115
Café Max - 7e	X	190
Café Moderne - 2e	X	96
Café Panique - 10e	X ☺	281
Le Café qui Parle - 18e	X	430
Café Sud - 8e	X	218
Caffè Burlot - 8e	XX	219
Caffé dei Cioppi - 11e	X ☺	295
La Cagouille - 14e	X	333
Les Cailloux - 13e	X	322
Caïus - 17e	X	408
Caméléon d'Arabian - 6e	XX	155
Le Camélia - Bougival	XX ✿	486
Camélia - 1er	XX	68
Les Canailles - 9e	X ☺	262
Le Canal - Courcouronnes	X	458
La Cantine de la Cigale - 18e	X	431
La Cantine du Troquet - 14e	X ☺	333
La Cantine du Troquet Dupleix - 15e	X ☺	352
Cap - 17e	X	408
Le Caroubier - 15e	XX ☺	352
Carré des Feuillants - 1er	XXXX ✿✿	69
Le Carré des Vosges - 3e	X	115
Carte Blanche - 9e	X	263
Les Cartes Postales - 1er	X	70
Casa Bini - 6e	X	156
Le Casse Noix - 15e	X ☺	353

Caves Petrissans - 17e	X	409
Cazaudehore - Saint-Germain-en-Laye	XXX	489
Le Céladon - 2e	XXX ✿	97
Le Cénacle - Tremblay-Vieux-Pays	XX	477
Les 110 de Taillevent - 8e	XX	219
114, Faubourg - 8e	XX ✿	220
Le 122 - 7e	X	190
La Cerisaie - 14e	X	334
Le Cette - 14e	X	334
Chalet du Parc - Yerres	XX	461
Chamarré Montmartre - 18e	XX	431
Chameleon - 10e	X	281
Les Chanteraines - Villeneuve-la-Garenne	XX	472
Chardenoux - 11e	XX	295
Le Chardenoux des Prés - 6e	X	156
Le Chateaubriand - 11e	X	296
Château des Iles - La Varenne-Saint-Hilaire	XX	480
Chatomat - 20e	X ☺	448
Chaumette - 16e	X	377
Le Chefson - Bois-Colombes	X ☺	463
Chen Soleil d'Est - 15e	XX	353
Le Cherche Midi - 6e	X	157
Chez Casimir - 10e	X	282
Chez Cécile - La Ferme des Mathurins - 8e	X ☺	221
Chez Georges - 2e	X	98
Chez Géraud - 16e	XX	378
Chez Graff - 7e	X	191
Chez La Vieille Adrienne - 1er	X	70
Chez Léon - 17e	X	409
Chez les Anges - 7e	XX ☺	191
Chez Marie-Louise - 10e	X ☺	282
Chez Michel - Boulogne-Billancourt	X	464
Chez Michel - 10e	X	283
Le Chiberta - 8e	XXX ✿	222
Le Chiquito - Méry-sur-Oise	XXX ✿	483
Ciasa Mia - 5e	X	137
Cibus - 1er	X	71
Le Cinq - 8e	XXXXX ✿✿	223
Citrus Étoile - 8e	XXX	221
Claude Colliot - 4e	X	125
Les Climats - 7e	XX	192
Le Clos des Gourmets - 7e	X ☺	192
Le Clos de Sucy - Sucy-en-Brie	XX	480
Le Clou de Fourchette - 17e	X ☺	410
Cobéa - 14e	XXX ✿	335
Coco de Mer - 5e	X	138
Les Cocottes - 7e	X ☺	193
Les Collections - 8e	XX	224
Comme Chez Maman - 17e	X	410
Le Comptoir du Relais - 6e	X	157
Le Concert de Cuisine - 15e	X	354
Conti - 16e	XX	378
La Contre Allée - 14e	X	336
Copenhague - 8e	XXX	224
Le Coq de la Maison Blanche - Saint-Ouen	XX	476
Le Coq Rico - 18e	XX	432
Le Cornichon - 14e	X ☺	336
Le Corot - Ville-d'Avray	XXX ✿	472
Le Cotte Rôti - 12e	X	310
Les Coulisses Vintage - 9e	X	263
La Coupole - 14e	XX	337
Le Court-Bouillon - 15e	XX	354
Le Cristal de Sel - 15e	X	355
Cristal Room Baccarat - 16e	XX	379
Crom'Exquis - 8e	X	225
Crudus - 1er	X	71
La Cuisine au Royal Monceau - 8e	XXX ✿	226
La Cuisine de Philippe - 6e	X	158

D

Le Dali - 1er	XXX	72
La Dame de Pic - 1er	XX ✿	73
Dar Lyakout - 7e	X	193
Daru - 8e	X	225
D'Chez Eux - 7e	XX	194
Les Délices d'Aphrodite - 5e	X	138
Dessirier par Rostang Père et Filles - 17e	XXX	411
Les Diables au Thym - 9e	X	264
Le Diane - 8e	XXX ✿	227
Diep - 8e	XX	228
La Dînée - 15e	XX	355
Le Dodin de Mark Singer - 17e	XX ☺	411
Le Dôme - 14e	XXX	337
Dominique Bouchet - 8e	XX ✿	229
Le Dorcia - 2e	X	98
Drouant - 2e	XXX	99
Le Duc - 14e	XX	338

E

L'Écailler du Bistrot - 11e	X	296
L'Écu de France - Chennevières-sur-Marne	XXX	478
Les Écuries de Richelieu - Rueil-Malmaison	XX	470
Les Écuries du Château - Dampierre-en-Yvelines	XX	487
Emporio Armani Caffé - 6e	XX	159
Encore - 9e	X	264
L'Entredgeu - 17e	X ☺	412
Épicure au Bristol - 8e	XXXXX ✿✿✿	230
L'Épicuriste - 15e	X	356
L'Épi Dupin - 6e	X	159
L'Épopée - 15e	XX	356
Erawan - 15e	XX	357
ES - 7e	XX ✿	195
L'Escarbille - Meudon	XX ✿	468
L'Escargot 1903 - Puteaux	X ☺	469
L'Escient - 17e	X	412
L'Essentiel - 14e	X ☺	338
etc... - 16e	XX ✿	380
Les Étoiles - Roissy-en-France	XXX	485

F

Les Fables de La Fontaine - 7e	X ✿	196
La Fabrique - Brie-Comte-Robert	XX	473
Fabrique 4 - 17e	X	413
Faim et Soif - La Varenne-Saint-Hilaire	X	481
La Ferme d'Argenteuil - Argenteuil	XXX	482
La Ferrandaise - 6e	X ☺	160
Les Fils de la Ferme - 14e	X	339
Le First - 1er	XX	72
Fish La Boissonnerie - 6e	X ☺	160
Florimond - 7e	X	194
Foc Ly - Neuilly-sur-Seine	XX	469
Fogón - 6e	XX	161
Fontanarosa - 15e	XX	357
Fontaine de Mars - 7e	X	197
La Fontaine Gaillon - 2e	XX	99
Fouquet's - 8e	XXX	228
La Fourchette du Printemps - 17e	X ✿	414
Les Fous de l'Île - 4e	X	125
Franck Enée - 1er	X	74
Frédéric Simonin - 17e	XX ✿	415
Frenchie - 2e	X	100

G

Le Galopin - 10e	X	283
Garance - 7e	XX	197
Le Garde-Manger - Saint-Cloud	X	470
La Gauloise - 15e	XX	358
Gaya Rive Gauche par Pierre Gagnaire - 7e	X ✿	198
La Gazzetta - 12e	X	311
Georgette - 9e	X	265
Glou - 3e	X	116
Gordon Ramsay au Trianon - Versailles	XXXX ✿✿	491
Le Gorgeon - Boulogne-Billancourt	X	464
Le Gorille Blanc - 4e	X	126
Goumard - 1er	XX	74
Goust - 2e	XXX ✿	101
Graindorge - 17e	XX ☺	413
La Grande Cascade - 16e	XXXX ✿	381
La Grande Ourse - 14e	X	339
Le Grand Pan - 15e	X	358
Le Grand Véfour - 1er	XXXX ✿✿	75
La Grange - Rungis	XX	479
La Grange aux Dîmes - Wissous	XX	461
La Grille - 10e	X	284
La Gueulardière - Ozoir-la-Ferrière	XXX	473
Guy Martin Italia - 6e	XX	161
Guy Savoy - 17e	XXXX ✿✿✿	416
Gwadar - 1er	X	76
Gwon's Dining - 15e	X	359

H

Hanawa - 8e	XX	231
Helen - 8e	XXX	231
Hélène Darroze - 6e	XXX ✿	162
L'Heureux Père - Saint-Cloud	X	471
Hiramatsu - 16e	XXXX ✿	382
Hostellerie du Nord - Auvers-sur-Oise	XXX	482
Hostellerie du Prieuré - Saint-Prix	X	485
Hotaru - 9e	X	265

I

I Golosi - 9e X 266
Il Carpaccio - 8e XX ✿ 232
Il Goto - 12e X ☺ 311
Il Gusto Sardo - 16e X 379
Il Piccolino - 8e X 233
Il Vino d'Enrico Bernardo - 7e XX ✿ 199
Impérial Choisy - 13e X ☺ 323
L'Inattendu - 15e XX 359
L'Instant d'Or - 8e XX 233
L'Instinct - La Garenne-Colombes XX 466
Intuition Gourmande - 15e X 360
Invictus - 6e X 163
Isami - 4e X 126
Itinéraires - 5e XX ✿ 139

J

Jacques Faussat - La Braisière - 17e XX ✿ 417
Jadis - 15e X 360
Les Jalles - Bistrot Bordelais - 2e XX 100
Jamin - 16e XX 383
Le Janissaire - 12e XX 312
Jarrasse L'Écailler de Paris - Neuilly-sur-Seine XX 469
Les Jardins de Camille - Suresnes XX 471
Jean - 9e XX ✿ 267
Jean-François Piège - 7e XX ✿✿ 200
Jeanne B - 18e X 432
Le Jeu de Quilles - 14e X 340
Jin - 1er X ✿ 77
Jodhpur Palace - 12e XX 312
Juan - 16e X 383
Le Jules Verne - 7e XXX ✿ 201
La Jument Verte - Tremblay-Vieux-Pays X ☺ 477

K

Karl et Erick - 17e X 418
Kei - 1er XXX ✿ 78
KGB - 6e X 163
Kifuné - 17e X 418
Kigawa - 14e X ☺ 340
Kiku - 9e X 266
Kinnari - 7e X 202
Kinugawa - 1er XX 76
Kunitoraya - 1er X 79
Kura - 16e X 384

L

La Laiterie Sainte Clotilde - 7e X ☺ 202
Lao Lane Xang 2 - 13e X ☺ 323
Lasserre - 8e XXXXX ✿✿ 234
Laurent - 8e XXXXX ✿ 235
Lazare - 8e XX 236
Ledoyen - 8e XXXXX ✿✿✿ 237
Lengué - 5e X 140
Lescure - 1er X 79
Lhassa - 5e X 140
Liza - 2e X 102
Le Lotus - 13e X 324
Louvre Bouteille - 1er X 80
Lucas Carton - 8e XXX 236
Le Lumière - 9e XX 268
Le Lys d'Or - 12e X 313

M

Macéo - 1er XXX 80
Ma Cocotte - Saint-Ouen X 476
Les Magnolias - Le Perreux-sur-Marne XXX ✿ 479
Maison Blanche - 8e XXX 238
Maison Courtine - 14e XX 341
La Maison de Charly - 17e XX 419
La Maison du Jardin - 6e X ☺ 164
La Maison du Pressoir - Crosne X 458
Maison Kaiseki - 15e X 361
Makassar - 17e XX 419
Mama Shelter - 20e X 449
Mamou - 9e X 268
Manger - 11e X 297
Mangetout - 6e X 164
Mansouria - 11e XX ☺ 297
Manufacture - Issy-les-Moulineaux XX 467
Le Marcigny - Viry-Châtillon X 461
Marco Polo - 6e X 165
La Mare au Diable - Le Plessis-Picard XX 473
La Marée Passy - 16e X 384
Marignan - 8e XX 238
Marius - 16e XX 385
Marius et Janette - 8e XX 239
Market - 8e XX 239

Marloe - 8e 240
La Marlotte - 6e 165
MaSa - Boulogne-Billancourt 464
Mavrommatis - 5e 141
Maxan - 8e 240
MBC - Gilles Choukroun - 17e 420
La Méditerranée - 6e 166
Mer de Chine - 13e 324
Le Metropolitan - 16e 385
Mets Gusto - 16e 386
Le Meurice
Alain Ducasse - 1er 81
Michel Rostang - 17e 421
1728 - 8e 241
Mini Palais - 8e 241
Mirama - 5e 141
Miroir - 18e 433
Moissonnier - 5e 142
Momoka au n°5 - 9e 269
Momoka au n°24 - 9e 269
Mon Bistrot -
Boulogne-Billancourt 465
Monsieur Bleu - 16e 386
Mon Vieil Ami - 4e 127
Mori Venice Bar - 2e 102
Moulin d'Orgeval - Orgeval 489
M64 - 8e 242
Le Mûrier - 15e 361

N

Nodaïwa - 1er 82
Nolita - 8e 242

O

Ô Divin - 19e 440
L'Office - 9e 270
Officina Schenatti - 5e 142
Okuda - 8e 243
Les Ombres - 7e 203
L'Opéra - 9e 270
L'Ordonnance - 14e 341
L'Oriental - 9e 271
L'Osteria - 4e 127
Oudino - 7e 203
L'Ourcine - 13e 325

P

Palais Royal - 1er 82
Le Palanquin - 17e 420
Le Pantruche - 9e 271
Les Papilles - 5e 143
Le Pario - 15e 362
Paris - 6e 167
Pascade - 2e 103
Passage 53 - 2e 104
Le Patte Noire -
Rueil-Malmaison 470
Pavillon de la Tourelle -
Vanves 471
Pavillon Elysée Lenôtre - 8e 244
Pavillon Henri IV -
Saint-Germain-en-Laye 489
Pavillon Montsouris - 14e 342
Le Percolateur - 8e 244
Le Pergolèse - 16e 387
Pershing Hall - 8e 245
La Petite Auberge -
Asnières-sur-Seine 462
La Petite Cour - 6e 166
La Petite Marmite -
Livry-Gargan 475
La Petite Sirène
de Copenhague - 9e 272
Le Petit Marius - 8e 245
Le Petit Pergolèse - 16e 388
Les Petits Plats - 14e 342
Le Petit Verdot du 17ème - 17e 422
Le Petit Vingtième - 20e 449
Petrossian - 7e 204
Pétrus - 17e 422
Philou - 10e 284
Pierre au Palais Royal - 1er 83
Pierre Gagnaire - 8e 246
Pierre Sang in Oberkampf - 11e 298
Pierrot - 2e 103
Pinxo - Tuileries - 1er 83
Pirouette - 1er 84
La Plancha - Maisons-Laffitte 488
Playtime - 10e 285
Pomze - 8e 247
Pottoka - 7e 204
Pramil - 3e 116
Le Pré Cadet - 9e 272
Le Pré Carré - 17e 423
Le Pré Catelan - 16e 389
Prémices - 9e 273
Prunier - 16e 388

Le P'tit Troquet - 7e X 205
La Puce - Saint-Ouen X 477
La Pulpéria - 11e X 298
Pur' - 2e XXX ✿ 106

Q

Que du bon - 19e X 441
Quincy - 12e X 313
Le Quinze - Lionel Flury - 15e XX 362
Le Quinzième - Cyril Lignac - 15e XXX ✿ 363
Qui plume la Lune - 11e X ✿ 299

R

La Rallonge - 18e X 433
Raphael le Restaurant - 16e XXX 390
Ratn - 8e XX 247
Rech - 17e XXX ✿ 424
La Régalade - 14e X ☺ 343
La Régalade Conservatoire - 9e X ☺ 273
La Régalade St-Honoré - 1er X ☺ 84
Relais d'Auteuil - 16e XXX ✿ 391
Relais Louis XIII - 6e XXX ✿✿ 168
Le Relais Plaza - 8e XX 248
Le Restaurant - 6e XX ✿ 169
Restaurant de Sers - 8e XX 248
Restaurant du Marché - 15e X 364
Ribouldingue - 5e X ☺ 143
La Rigadelle - Vincennes X 481
Rino - 11e X 300
La Romantica - Clichy XXX 466
Roseval - 20e X 450
Rosimar - 16e X 390
La Rotonde - 6e XX 170
Royal Madeleine - 8e X 249

S

Le Sabayon - Morangis XXX 460
St-James Paris - 16e XXXX ✿ 394
Le Saint-Joseph - La Garenne-Colombes X ☺ 467
St-Martin - Triel-sur-Seine X 490
Le St-Pierre - Longjumeau XX 459
Les Saisons - 9e X 274
Samesa - 17e XX 423
Sanukiya - 1er X 85
Sassotondo - 11e X 300
Saturne - 2e XX 105
Saudade - 1er XX 85
Les Saveurs Sauvages - Gif-sur-Yvette X 459
La Scène - 8e XXX ✿ 250
Schmidt - L'Os à Moelle - 15e X 364
Semilla - 6e X 170
Le 7 à Issy - Issy-les-Moulineaux XX 467
Septime - 11e X ✿ 301
Le Sergent Recruteur - 4e XX ✿ 128
Severo - 14e X 343
Shang Palace - 16e XXX ✿ 392
Shin Jung - 8e X 249
Shu - 6e X 171
Silk et Spice - 2e X 107
6 New York - 16e XX 393
La Société - 6e XX 171
Sola - 5e X ✿ 144
Sormani - 17e XXX 425
Le Sot l'y Laisse - 11e X 302
Spring - 1er X 86
Stéphane Martin - 15e X ☺ 365
Suan Thaï - 4e X 129
Sukhothaï - 13e X 325
Sur Mesure par Thierry Marx - 1er XXX ✿✿ 87

T

Table - Bruno Verjus - 12e X 314
La Table d'Antan - Sainte-Geneviève-des-Bois XX ☺ 460
La Table de Botzaris - 19e X 441
La Table de Cybèle - Boulogne-Billancourt X 465
La Table des Blot - Auberge du Château - Dampierre-en-Yvelines XXX ✿ 487
La Table d'Eugène - 18e XX 434
La Table du Baltimore - 16e XXX 393
La Table du Lancaster - 8e XXX ✿ 251
La Table du Vietnam - 7e X 205
La Table Lauriston - 16e X 395
Les Tablettes de Jean-Louis Nomicos - 16e XXX ✿ 396
Le Tablier Rouge - 20e X 450
Taillevent - 8e XXXXX ✿✿ 252
Tante Louise - 8e XX 253

Taokan - 6e	X	172
Tastevin - Maisons-Laffitte	XXX ✿	488
Le Temps au Temps - 11e	X	302
Terrasse Mirabeau - 16e	XX	395
Les Terrasses de l'Impératrice - Rueil-Malmaison	XX	470
Terroir Parisien - Maison de la Mutualité - 5e	X ☺	145
Terroir Parisien - Palais Brongniart - 2e	X	107
Le Timbre - 6e	X ☺	172
Timgad - 17e	XX	425
Tintilou - 11e	X ☺	303
La Tour - Versailles	X	491
La Tour d'Argent - 5e	XXXXX ✿	146
La Tour de Marrakech - Antony	X	462
Toyo - 6e	X	173
35° Ouest - 7e	X	206
Le 39V - 8e	XX ✿	254
Les Trois Marmites - Courbevoie	X	466
Le Troquet - 15e	X ☺	365
La Truffière - 5e	XX ✿	147
Tsé Yang - 16e	XXX	397
Tsukizi - 6e	X	173

U

Un Dimanche à Paris - 6e	XX	158
Une Poule sur un Mur - 2e	X	105

V

Le Van Gogh - Asnières-sur-Seine	XXX	462
Variations - 13e	X	326
Vaudeville - 2e	XX	108
Le Vernet - 8e	XXX	253
Verre Chez Moi - Deuil-la-Barre	X	483
Le Versance - 2e	XXX	108
Les Vignes Rouges - Hérouville	X	483
Le Vilgacy - Gagny	XX	474
La Villa Corse Rive Droite - 16e	X	397
La Villa Corse Rive Gauche - 15e	XX	366
Le Village - Marly-le-Roi	XX ✿	488
Villa9Trois - Montreuil	XX	475
Villaret - 11e	X ☺	303
Le Vinci - 16e	XX	398
Vin sur Vin - 7e	XX	206
La Violette - 19e	X	442
Le Violon d'Ingres - 7e	XX ✿	207
Le Vraymonde - 8e	XXX	255

W

Wadja - 6e	X	174
Wakaba - 7e	X	208
Le Wauthier by Cagna - Saint-Germain-en-Laye	X	490

Y

Yam'Tcha - 1er	X ✿	88
Yanasé - 15e	X	366
Yen - 6e	X	174
Youpi et Voilà - 10e	X	285
Yugaraj - 6e	XX	175

Z

Zébra Square - 16e	XX	398
Ze Kitchen Galerie - 6e	X ✿	176
Zen - 1er	X ☺	86
Zerda - 10e	X ☺	286
Zinc Opéra - 2e	XX ☺	109
Zin's à l'Étape Gourmande - Versailles	XX	491

Les tables étoilées

Une bonne cuisine dans sa catégorie, Mérite le détour, Vaut le voyage : la simple définition des étoiles – une, deux ou trois – dit tout. Ou presque. Et ce depuis que le guide MICHELIN a lancé l'idée, il y a déjà des décennies, de distinguer les meilleurs restaurants par des "étoiles de bonne table".

Partant du principe qu'il "n'existe qu'une cuisine : la bonne", tous les styles culinaires peuvent sans restriction prétendre aux récompenses attribuées par les inspecteurs du guide, explorateurs anonymes à la fourchette et aux papilles éprouvées. Leurs invariables critères ? La qualité des produits, la maîtrise des cuissons et des saveurs, la constance de la prestation et la personnalité des préparations.

Parmi les capitales de la gastronomie, Paris occupe une place de choix tant les tentations gourmandes y sont nombreuses. Variées et changeantes, aussi. Vous avez vous-même apprécié un restaurant ou découvert un nouveau talent ? Vous adhérez à nos choix ou vous restez sceptique ? N'hésitez pas à nous en faire part : le courrier de nos lecteurs nous est précieux.

▶**N**... comme "nouveau", pour repérer les établissements bénéficiant d'une nouvelle distinction.

✿✿✿

Une cuisine exceptionnelle : cette table vaut le voyage.

On y mange toujours très bien, parfois merveilleusement....

L'Ambroisie - 4e	XXXX	122
Arpège - 7e	XXX	184
Astrance - 16e	XXX	376
Épicure au Bristol - 8e	XXXXX	230
Guy Savoy - 17e	XXXX	416
Ledoyen - 8e	XXXXX	237
Le Meurice Alain Ducasse - 1er	XXXXX	81
Pierre Gagnaire - 8e	XXXX	246
Le Pré Catelan - 16e	XXXXX	389

✿✿

Une cuisine excellente : cette table mérite un détour.

L'Abeille - 16e	XXXX	372
Akrame - 16e **N**	XX	374
L'Atelier de Joël Robuchon - Étoile - 8e	X	217
L'Atelier de Joël Robuchon - St-Germain - 7e	X	185
Carré des Feuillants - 1er	XXXX	69
Le Cinq - 8e	XXXXX	223
Gordon Ramsay au Trianon - Versailles	XXXX	491
Le Grand Véfour - 1er	XXXX	75
Jean-François Piège - 7e	XX	200
Lasserre - 8e	XXXXX	234
Michel Rostang - 17e	XXXX	421
Passage 53 - 2e	XX	104
Relais Louis XIII - 6e	XXX	168
Sur Mesure par Thierry Marx - 1er	XXX	87
Taillevent - 8e	XXXXX	252

✿

Une très bonne cuisine dans sa catégorie.

Agapé - 17e	XX	404
Aida - 7e	X	183
L'Angélique - Versailles	XX	490
Antoine - 16e	XXX	375
Apicius - 8e	XXXX	215
L'Arôme - 8e	XX	216
Auberge des Saints Pères - Aulnay-sous-Bois	XXX	474
Auguste - 7e	XX	187
Au Trou Gascon - 12e	XX	309
Le Baudelaire - 1er	XXX	67
Benoit - 4e	XX	124
Le Camélia - Bougival	XX	486
Le Céladon - 2e	XXX	97
114, Faubourg - 8e	XX	220
Le Chiberta - 8e	XXX	222
Cobéa - 14e	XXX	335
Au Comte de Gascogne - Boulogne-Billancourt	XXX	463
Le Corot - Ville-d'Avray **N**	XXX	472
La Cuisine au Royal Monceau - 8e	XXX	226
Le Chiquito - Méry-sur-Oise	XXX	483
La Dame de Pic - 1er	XX	73

Le Diane - 8e XXX 227
Dominique Bouchet - 8e XX 229
ES - 7e **N** XX 195
L'Escarbille - Meudon XX 468
etc... - 16e XX 380
Les Fables de La Fontaine - 7e X 196
La Fourchette du Printemps - 17e X 414
Frédéric Simonin - 17e XX 415
Gaya Rive Gauche
par Pierre Gagnaire - 7e X 198
Goust - 2e **N** XXX 101
La Grande Cascade - 16e XXXX 381
Hélène Darroze - 6e XXX 162
Hiramatsu - 16e XXXX 382
Il Carpaccio - 8e XX 232
Il Vino d'Enrico Bernardo - 7e XX 199
Itinéraires - 5e XX 139
Jacques Faussat -
La Braisière - 17e XX 417
Jean - 9e XX 267
Jin - 1er **N** X 77
Le Jules Verne - 7e XXX 201
Kei - 1er XXX 78
Laurent - 8e XXXXX 235
Les Magnolias -
Le Perreux-sur-Marne XXX 479
MaSa - Boulogne-Billancourt XX 464
Okuda - 8e **N** XX 243
Paris - 6e XXX 167
Le Pergolèse - 16e XXX 387
Pur' - 2e XXX 106
Le Quinzième -
Cyril Lignac - 15e XXX 363
Qui plume la Lune - 11e **N** X 299
Rech - 17e **N** XXX 424
Relais d'Auteuil - 16e XXX 391
Le Restaurant - 6e XX 169
St-James Paris - 16e **N** XXXX 394
La Scène - 8e **N** XXX 250
Septime - 11e **N** X 301
Le Sergent Recruteur - 4e XX 128
Shang Palace - 16e XXX 392
Sola - 5e X 144
La Table des Blot - Auberge du Château -
Dampierre-en-Yvelines XXX 487
La Table du Lancaster - 8e XXX 251
Les Tablettes
de Jean-Louis Nomicos - 16e XXX 396
Tastevin - Maisons-Laffitte XXX 488
La Tour d'Argent - 5e XXXXX 146
Le 39V - 8e XX 254
La Truffière - 5e XX 147
Le Violon d'Ingres - 7e XX 207
Le Village - Marly-le-Roi XX 488
Yam'Tcha - 1er X 88
Ze Kitchen Galerie - 6e X 176

Bib Gourmand

Repas soignés à prix modérés (menus jusqu'à 35 €).

▶ **N**... comme "nouveau", pour repérer les établissements bénéficiant d'une nouvelle distinction.

1er arrondissement

La Régalade St-Honoré X 84
Zen X 86

2e arrondissement

Brasserie Gallopin XX 96
Zinc Opéra XX 109

3e arrondissement

Ambassade d'Auvergne XX 114

5e arrondissement

Aux Verres de Contact X 136
Bibimbap X 136
Bistro des Gastronomes X 137
Ribouldingue X 143
Terroir Parisien - Maison de la Mutualité X 145

6e arrondissement

La Ferrandaise X 160
Fish La Boissonnerie X 160
La Maison du Jardin X 164
La Marlotte X 165
Le Timbre X 172

7e arrondissement

L'Affriolé X 182
Au Bon Accueil XX 186
Bistrot Belhara **N** X 186
Café Constant X 189
Chez les Anges XX 191
Le Clos des Gourmets X 192
Les Cocottes X 193
La Laiterie Sainte Clotilde **N** X 202
Pottoka X 204

8e arrondissement

Chez Cécile - La Ferme des Mathurins X 221
Pomze X 247

9e arrondissement

Les Affranchis **N** X 260
Les Canailles **N** X 262
L'Office X 270
Le Pantruche X 271
Le Pré Cadet X 272
La Régalade Conservatoire **N** X 273

10e arrondissement

Café Panique X 281
Chez Marie-Louise X 282
Zerda X 286

11e arrondissement

Auberge Pyrénées Cévennes X 293
Caffé dei Cioppi X 295
Mansouria XX 297
Tintilou X 303
Villaret X 303

12e arrondissement

L'Auberge Aveyronnaise X 308
Il Goto **N** X 311

13e arrondissement

Impérial Choisy	X	323
Lao Lane Xang 2	X	323
L'Ourcine	X	325

14e arrondissement

La Cantine du Troquet	X	333
Le Cornichon	X	336
L'Essentiel **N**	X	338
Kigawa	X	340
La Régalade	X	343

15e arrondissement

L'Atelier du Parc	XX	349
Beurre Noisette	X	351
La Cantine du Troquet Dupleix	X	352
Le Caroubier	XX	352
Le Casse Noix	X	353
Le Pario **N**	XX	362
Stéphane Martin	X	365
Le Troquet	X	365

16e arrondissement

A et M Restaurant	XX	373
Atelier Vivanda	X	373

17e arrondissement

Bistro Sormani	X	406
Le Bouchon et l'Assiette	X	407
Le Clou de Fourchette	X	410
Le Dodin de Mark Singer	XX	411
L'Entredgeu	X	412
Graindorge	XX	413
Le Petit Verdot du 17ème **N**	X	422

18e arrondissement

Miroir **N**	X	433

20e arrondissement

Le Baratin	X	448
Chatomat	X	448

Autour de Paris

Asnières-sur-Seine		
– La Petite Auberge	XX	462
Bois-Colombes		
– Le Chefson	X	463
Boulogne-Billancourt		
– Le Bistrot	X	464
Châtillon		
– Barbezingue	X	465
La Garenne-Colombes		
– Le Saint-Joseph	X	467
Levallois-Perret		
– L'Audacieux **N**	X	468
– Le Bistrot d'Oscar **N**	X	468
Maisons-Alfort		
– La Bourgogne	XX	478
Montreuil		
– L'Amourette	X	475
Puteaux		
– L'Escargot 1903	X	469
Sainte-Geneviève-des-Bois		
– La Table d'Antan	XX	460
Tremblay-Vieux-Pays		
– La Jument Verte	X	477
Ville-d'Avray		
– Le Café des Artistes **N**	X	472

Menus à moins de 30 €

1er arrondissement

Baan Boran 66
Gwadar 76
Lescure 79
Louvre Bouteille 80
Nodaïwa 82
Pinxo - Tuileries 83
Saudade 85

2e arrondissement

L'Apibo 94
Café Moderne 96
Pascade 103
Silk et Spice 107
Une Poule sur un Mur 105
Zinc Opéra 109

3e arrondissement

Au Bascou 114
Café des Musées 115
Glou 116

4e arrondissement

Au Bourguignon du Marais 123
Claude Colliot 125
Les Fous de l'Île 125
L'Osteria 127
Suan Thaï 129

5e arrondissement

L'Agrume 134
L'A.O.C. 134
Au Moulin à Vent 135
Bibimbap 136
Bistro des Gastronomes 137
Coco de Mer 138
Lhassa 140
Officina Schenatti 142

6e arrondissement

L'Altro 153
Casa Bini 156
Le Chardenoux des Prés 156
La Ferrandaise 160
Fish La Boissonnerie 160
La Marlotte 165
Taokan 172
Le Timbre 172
Wadja 174
Yugaraj 175

7e arrondissement

L'Affriolé 182
Bistrot Belhara 186
Café Constant 189
Le 122 190
Chez Graff 191
Le Clos des Gourmets 192
Florimond 194
Kinnari 202
La Laiterie Sainte Clotilde 202
Pottoka 204
Le P'tit Troquet 205
Wakaba 208

8e arrondissement

Le Boudoir 218
Le Percolateur 244
Le Petit Marius 245

9e arrondissement

Braisenville 262
Encore 264
L'Office 270
Le Pré Cadet 272
Les Saisons 274

10e arrondissement

Abri 280

Chameleon 281
Chez Casimir 282
Chez Marie-Louise 282
Playtime 285
Youpi et Voilà 285

11e arrondissement

Auberge Flora 292
Au Vieux Chêne 293
Bistrot Paul Bert 294
Chardenoux 295
L'Écailler du Bistrot 296
Mansouria 297
Pierre Sang in Oberkampf 298
La Pulpéria 298
Rino 300
Septime 301
Le Sot l'y Laisse 302
Le Temps au Temps 302
Villaret 303

12e arrondissement

À La Biche au Bois 310
Assaporare 308
L'Auberge Aveyronnaise 308
Il Goto 311
Le Janissaire 312
Jodhpur Palace 312
Le Lys d'Or 313

13e arrondissement

L'Auberge du 15 320
Au Petit Marguery 320
Basilic et Spice 322
Les Cailloux 322
Mer de Chine 324
Sukhothaï 325
Variations 326

14e arrondissement

Le Cette 334
L'Essentiel 338
La Grande Ourse 339
Maison Courtine 341
L'Ordonnance 341

15e arrondissement

Afaria 348
L'Ardoise du XV 348
L'Atelier du Parc 349
Bernard du 15 350
Beurre Noisette 351
Le Caroubier 352
Le Casse Noix 353
L'Épicuriste 356
L'Épopée 356
Fontanarosa 357
La Gauloise 358
Le Grand Pan 358
L'Inattendu 359
Jadis 360
Le Mûrier 361
Le Pario 362
Schmidt - L'Os à Moelle 364
Stéphane Martin 365
La Villa Corse Rive Gauche 366

16e arrondissement

Chaumette 377

17e arrondissement

Agapé Bis 405
Le Bouchon et l'Assiette 407
Le Clou de Fourchette 410
Graindorge 413
MBC - Gilles Choukroun 420
Samesa 423

18e arrondissement

Bistro Poulbot 430
Jeanne B 432
Miroir 433

19e arrondissement

Ô Divin 440

20e arrondissement

Le Baratin 448
Le Tablier Rouge 450

Autour de Paris

Antony
– La Tour de Marrakech X 462
Asnières-sur-Seine
– La Petite Auberge XX ☺ 462
Bois-Colombes
– Le Chefson X ☺ 463
Boulogne-Billancourt
– L'Auberge XX 463
– Chez Michel X 464
– La Table de Cybèle X 465
Châtillon
– Barbezingue X ☺ 465
Courcouronnes
– Le Canal X 458
Crosne
– La Maison du Pressoir X 458
Gagny
– Le Vilgacy XX 474
La Garenne-Colombes
– L'Instinct XX 466
– Le Saint-Joseph X ☺ 467
Gif-sur-Yvette
– Les Saveurs Sauvages X 459
Levallois-Perret
– Le Bistrot d'Oscar X ☺ 468
Montreuil
– L'Amourette X ☺ 475
Le Pré-Saint-Gervais
– Au Pouilly Reuilly X 476
Rueil-Malmaison
– Les Écuries de Richelieu XX 470
Saint-Cloud
– L'Heureux Père X 471
Saint-Germain-en-Laye
– Le Wauthier by Cagna X 490
Saint-Mandé
– L'Ambassade de Pékin XX 480
Saint-Prix
– Hostellerie du Prieuré X 485
Suresnes
– Au Père Lapin X 471
Tremblay-Vieux-Pays
– Le Cénacle XX 477
– La Jument Verte X ☺ 477
Vincennes
– La Rigadelle X 481
Viry-Châtillon
– Le Marcigny X 461

Restaurants par type de cuisine

Basque

Pottoka - 7e X ☺ 204

Bordelaise

Les Jalles - Bistrot Bordelais - 2e XX 100

Chinoise

L'Ambassade de Pékin - Saint-Mandé XX 480
Chen Soleil d'Est - 15e XX 353
Diep - 8e XX 228
Foc Ly - Neuilly-sur-Seine XX 469
Impérial Choisy - 13e X ☺ 323
Le Lys d'Or - 12e X 313
Mer de Chine - 13e X 324
Mirama - 5e X 141
Shang Palace - 16e XXX ✿ 392
Taokan - 6e X 172
Tsé Yang - 16e XXX 397

Classique

L'Ambroisie - 4e XXXX ✿✿✿ 122
Apicius - 8e XXXX ✿ 215
L'Assiette - 14e X 332
L'Auberge du 15 - 13e XX 320
Benoit - 4e XX ✿ 124
Bonne Franquette - Janvry XX 459
Caméléon d'Arabian - 6e XX 155
Cazaudehore - Saint-Germain-en-Laye XXX 489
Le Chiquito - Méry-sur-Oise XXX ✿ 483
Les Coulisses Vintage - 9e X 263
Les Écuries du Château - Dampierre-en-Yvelines XX 487
Fouquet's - 8e XXX 228
Hostellerie du Nord - Auvers-sur-Oise XXX 482
Les Jardins de Camille - Suresnes XX 471
Lasserre - 8e XXXXX ✿✿ 234
Laurent - 8e XXXXX ✿ 235
La Mare au Diable - Le Plessis-Picard XX 473
Michel Rostang - 17e XXXX ✿✿ 421
Pavillon Henri IV - Saint-Germain-en-Laye XXX 489
Relais Louis XIII - 6e XXX ✿✿ 168
Taillevent - 8e XXXXX ✿✿ 252
Tastevin - Maisons-Laffitte XXX ✿ 488
La Tour d'Argent - 5e XXXXX ✿ 146
Vin sur Vin - 7e XX 206

Corse

La Villa Corse Rive Droite - 16e X 397
La Villa Corse Rive Gauche - 15e XX 366

Coréenne

Bibimbap - 5e X ☺ 136
Gwon's Dining - 15e X 359
Shin Jung - 8e X 249

Créative

Afaria - 15e X 348
Agapé Substance - 6e X 152
Akrame - 16e XX ✿✿ 374
Arpège - 7e XXX ✿✿✿ 184
Astrance - 16e XXX ✿✿✿ 376
L'Atelier de Joël Robuchon - Étoile - 8e X ✿✿ 217
L'Atelier de Joël Robuchon - St-Germain - 7e X ✿✿ 185
Auberge des Saints Pères - Aulnay-sous-Bois XXX ✿ 474
L'Audacieux - Levallois-Perret X ☺ 468
Bon - 16e XX 377
Caïus - 17e X 408
Chamarré Montmartre - 18e XX 431
Le Chiberta - 8e XXX ✿ 222
Le Cinq - 8e XXXXX ✿✿ 223
Le Concert de Cuisine - 15e X 354
La Dame de Pic - 1er XX ✿ 73
Garance - 7e XX 197
Gordon Ramsay au Trianon - Versailles XXXX ✿✿ 491
Le Grand Véfour - 1er XXXX ✿✿ 75

Guy Savoy - 17e XXXX ✿✿✿ 416
Jean - 9e XX ✿ 267
KGB - 6e X 163
Ledoyen - 8e XXXXX ✿✿✿ 237
Les Magnolias - Le Perreux-sur-Marne XXX ✿ 479
Makassar - 17e XX 419
Market - 8e XX 239
MaSa - Boulogne-Billancourt XX ✿ 464
Le Meurice Alain Ducasse - 1er XXXXX ✿✿✿ 81
1728 - 8e XXX 241
Passage 53 - 2e XX ✿✿ 104
Pierre Gagnaire - 8e XXXX ✿✿✿ 246
Le Pré Catelan - 16e XXXXX ✿✿✿ 389
Pur' - 2e XXX ✿ 106
Le Sergent Recruteur - 4e XX ✿ 128
Spring - 1er X 86
Sur Mesure par Thierry Marx - 1er XXX ✿✿ 87
Toyo - 6e X 173
Verre Chez Moi - Deuil-la-Barre X 483
Yam'Tcha - 1er X ✿ 88
Ze Kitchen Galerie - 6e X ✿ 176

Créole

L'Heureux Père - Saint-Cloud X 471

Danoise

Copenhague - 8e XXX 224
La Petite Sirène de Copenhague - 9e X 272

Du sud-ouest

Au Trou Gascon - 12e XX ✿ 309
La Cerisaie - 14e X 334
D'Chez Eux - 7e XX 194
La Table d'Antan - Sainte-Geneviève-des-Bois XX ☺ 460

Espagnole

Arola - 9e XXX 260
Fogón - 6e XX 161
Rosimar - 16e X 390

Flamande

Graindorge - 17e XX ☺ 413

Grecque

Bistrot Mavrommatis - 1er X 68
Les Délices d'Aphrodite - 5e X 138
Mavrommatis - 5e XX 141

Indienne

Gwadar - 1er X 76
Jodhpur Palace - 12e XX 312
Ratn - 8e XX 247
Yugaraj - 6e XX 175

Internationale

Marignan - 8e XX 238
Le Vraymonde - 8e XXX 255

Italienne

L'Altro - 6e X 153
L'Assaggio - 1er XX 65
Assaporare - 12e X 308
Bistro Sormani - 17e X ☺ 406
Caffè Burlot - 8e XX 219
Caffé dei Cioppi - 11e X ☺ 295
Les Cailloux - 13e X 322
Casa Bini - 6e X 156
Le Cherche Midi - 6e X 157
Ciasa Mia - 5e X 137
Cibus - 1er X 71
Conti - 16e XX 378
Crudus - 1er X 71
Emporio Armani Caffé - 6e XX 159
Fontanarosa - 15e XX 357
Guy Martin Italia - 6e XX 161
I Golosi - 9e X 266
Il Carpaccio - 8e XX ✿ 232
Il Goto - 12e X ☺ 311
Il Gusto Sardo - 16e X 379
Il Piccolino - 8e X 233
Marco Polo - 6e X 165
Mori Venice Bar - 2e XX 102
Nolita - 8e XX 242
Officina Schenatti - 5e X 142
L'Osteria - 4e X 127
Rino - 11e X 300
La Romantica - Clichy XXX 466
Samesa - 17e XX 423
Sassotondo - 11e X 300
Sormani - 17e XXX 425
Le Vinci - 16e XX 398

Japonaise

Aida - 7e	X ✿	183
Azabu - 6e	X	154
Benkay - 15e	XXX	350
Bi Zan - 2e	X	95
Bon Kushikatsu - 11e	X	294
Hanawa - 8e	XX	231
Hotaru - 9e	X	265
Isami - 4e	X	126
Jin - 1er	X ✿	77
Juan - 16e	X	383
Kifuné - 17e	X	418
Kiku - 9e	X	266
Kinugawa - 1er	XX	76
Kunitoraya - 1er	X	79
Kura - 16e	X	384
Lengué - 5e	X	140
Maison Kaiseki - 15e	X	361
Momoka au n°5 - 9e	X	269
Momoka au n°24 - 9e	X	269
Nodaïwa - 1er	X	82
Okuda - 8e	XX ✿	243
Sanukiya - 1er	X	85
Shu - 6e	X	171
Tsukizi - 6e	X	173
Wakaba - 7e	X	208
Yanasé - 15e	X	366
Yen - 6e	X	174
Zen - 1er	X ☺	86

Libanaise

Liza - 2e	X	102

Lyonnaise

Aux Lyonnais - 2e	X	94
Moissonnier - 5e	X	142

Marocaine

Le Caroubier - 15e	XX ☺	352
Dar Lyakout - 7e	X	193
La Maison de Charly - 17e	XX	419
Mansouria - 11e	XX ☺	297
L'Oriental - 9e	X	271
Timgad - 17e	XX	425
La Tour de Marrakech - Antony	X	462
Zerda - 10e	X ☺	286

Moderne

L'Abeille - 16e	XXXX ✿✿	372
Abri - 10e	X	280
A et M Restaurant - 16e	XX ☺	373
L'Affable - 7e	X	182
Les Affranchis - 9e	X ☺	260
L'Affriolé - 7e	X ☺	182
Agapé - 17e	XX ✿	404
Agapé Bis - 17e	X	405
L'Agrume - 5e	X	134
Albion - 10e	X	280
Alcazar - 6e	XX	152
L'Angélique - Versailles	XX ✿	490
Aoki Makoto - 8e	X	214
L'Apibo - 2e	X	94
L'Ardoise du XV - 15e	X	348
L'Armoise - Le Chesnay	X	486
Arola - 9e	XXX	260
L'Arôme - 8e	XX ✿	216
L'Atelier du Parc - 15e	XX ☺	349
Atelier Rodier - 9e	X	261
L'Auberge - Boulogne-Billancourt	XX	463
Auberge du Cheval Blanc - Pontoise	XX	484
Auberge du Pont de Bry - La Grappille - Bry-sur-Marne	XX	478
Auberge Flora - 11e	X	292
Au Bon Accueil - 7e	XX ☺	186
Au Comte de Gascogne - Boulogne-Billancourt	XXX ✿	463
Auguste - 7e	XX ✿	187
Aux Armes de France - Corbeil-Essonnes	XX	458
Aux Enfants Gâtés - 14e	X	332
Aux Verres de Contact - 5e	X ☺	136
L'Avant Goût - 13e	X	321
Axuria - 15e	X	349
Le Baudelaire - 1er	XXX ✿	67
La Belle Époque - Châteaufort	XXX	486
Bernard du 15 - 15e	X	350
Beurre Noisette - 15e	X ☺	351
Bistro 121 - 15e	X	351
Les Bistronomes - 1er	X	66
Le Boudoir - 8e	X	218
Les Bouquinistes - 6e	XX	154
La Bourgogne - Maisons-Alfort	XX ☺	478
Braisenville - 9e	X	262

Brasserie Thoumieux - 7e	XX	188
Café de l'Esplanade - 7e	XX	189
Le Café des Artistes - Ville-d'Avray	X ☺	472
Café Moderne - 2e	X	96
Café Panique - 10e	X ☺	281
Le Café qui Parle - 18e	X	430
Café Sud - 8e	X	218
Le Camélia - Bougival	XX ✿	486
Camélia - 1er	XX	68
Les Canailles - 9e	X ☺	262
La Cantine de la Cigale - 18e	X	431
Cap - 17e	X	408
Carré des Feuillants - 1er	XXXX ✿✿	69
Le Carré des Vosges - 3e	X	115
Carte Blanche - 9e	X	263
Le Céladon - 2e	XXX ✿	97
114, Faubourg - 8e	XX ✿	220
Le 122 - 7e	X	190
Chalet du Parc - Yerres	XX	461
Les Chanteraines - Villeneuve-la-Garenne	XX	472
Le Chardenoux des Prés - 6e	X	156
Le Chateaubriand - 11e	X	296
Château des Iles - La Varenne-Saint-Hilaire	XX	480
Chatomat - 20e	X ☺	448
Chez Cécile - La Ferme des Mathurins - 8e	X ☺	221
Chez Géraud - 16e	XX	378
Chez Léon - 17e	X	409
Citrus Étoile - 8e	XXX	221
Claude Colliot - 4e	X	125
Les Climats - 7e	XX	192
Le Clos des Gourmets - 7e	X ☺	192
Le Clou de Fourchette - 17e	X ☺	410
Cobéa - 14e	XXX ✿	335
Les Collections - 8e	XX	224
La Contre Allée - 14e	X	336
Le Cornichon - 14e	X ☺	336
Le Corot - Ville-d'Avray	XXX ✿	472
Le Cotte Rôti - 12e	X	310
Le Court-Bouillon - 15e	XX	354
Le Cristal de Sel - 15e	X	355
Cristal Room Baccarat - 16e	XX	379
Crom'Exquis - 8e	X	225
La Cuisine au Royal Monceau - 8e	XXX ✿	226
Le Dali - 1er	XXX	72
Les Diables au Thym - 9e	X	264
Le Diane - 8e	XXX ✿	227
La Dînée - 15e	XX	355
Le Dodin de Mark Singer - 17e	XX ☺	411
Dominique Bouchet - 8e	XX ✿	229
Le Dorcia - 2e	X	98
Drouant - 2e	XXX	99
L'Écu de France - Chennevières-sur-Marne	XXX	478
Encore - 9e	X	264
Épicure au Bristol - 8e	XXXXX ✿✿✿	230
L'Épicuriste - 15e	X	356
L'Épi Dupin - 6e	X	159
ES - 7e	XX ✿	195
L'Escarbille - Meudon	XX ✿	468
L'Escargot 1903 - Puteaux	X ☺	469
L'Escient - 17e	X	412
etc... - 16e	XX ✿	380
Les Étoiles - Roissy-en-France	XXX	485
La Fabrique - Brie-Comte-Robert	XX	473
Fabrique 4 - 17e	X	413
Faim et Soif - La Varenne-Saint-Hilaire	X	481
La Ferme d'Argenteuil - Argenteuil	XXX	482
Le First - 1er	XX	72
La Fourchette du Printemps - 17e	X ✿	414
Franck Enée - 1er	X	74
Frédéric Simonin - 17e	XX ✿	415
Frenchie - 2e	X	100
Le Galopin - 10e	X	283
La Gazzetta - 12e	X	311
Glou - 3e	X	116
Goust - 2e	XXX ✿	101
La Grande Cascade - 16e	XXXX ✿	381
La Grande Ourse - 14e	X	339
La Grange - Rungis	XX	479
La Grange aux Dîmes - Wissous	XX	461
La Gueulardière - Ozoir-la-Ferrière	XXX	473
Hélène Darroze - 6e	XXX ✿	162
Hiramatsu - 16e	XXXX ✿	382
Il Vino d'Enrico Bernardo - 7e	XX ✿	199
L'Inattendu - 15e	XX	359
L'Instant d'Or - 8e	XX	233
L'Instinct - La Garenne-Colombes	XX	466
Intuition Gourmande - 15e	X	360
Itinéraires - 5e	XX ✿	139

Jadis - 15e X 360
Jamin - 16e XX 383
Jean-François Piège - 7e XX ✿✿ 200
Jeanne B - 18e X 432
Le Jules Verne - 7e XXX ✿ 201
La Jument Verte - Tremblay-Vieux-Pays X ☺ 477
Karl et Erick - 17e X 418
Kei - 1er XXX ✿ 78
Lucas Carton - 8e XXX 236
Le Lumière - 9e XX 268
Macéo - 1er XXX 80
Maison Blanche - 8e XXX 238
Maison Courtine - 14e XX 341
La Maison du Pressoir - Crosne X 458
Mama Shelter - 20e X 449
Manger - 11e X 297
Mangetout - 6e X 164
Manufacture - Issy-les-Moulineaux XX 467
Marloe - 8e X 240
Maxan - 8e XX 240
MBC - Gilles Choukroun - 17e X 420
Le Metropolitan - 16e XX 385
Mets Gusto - 16e X 386
Mini Palais - 8e XX 241
Mon Bistrot - Boulogne-Billancourt X 465
Monsieur Bleu - 16e XX 386
M64 - 8e XX 242
Ô Divin - 19e X 440
L'Office - 9e X ☺ 270
Les Ombres - 7e XX 203
L'Opéra - 9e XX 270
Le Pantruche - 9e X ☺ 271
Le Pario - 15e XX ☺ 362
Paris - 6e XXX ✿ 167
Le Patte Noire - Rueil-Malmaison X 470
Pavillon Elysée Lenôtre - 8e X 244
Pavillon Montsouris - 14e XX 342
Le Pergolèse - 16e XXX ✿ 387
Pershing Hall - 8e XX 245
La Petite Cour - 6e XX 166
Pétrus - 17e XXX 422
Pierre au Palais Royal - 1er XX 83
Pierre Sang in Oberkampf - 11e X 298
Pinxo - Tuileries - 1er X 83
La Plancha - Maisons-Laffitte X 488
Playtime - 10e X 285
Pomze - 8e X ☺ 247
Pramil - 3e X 116
Prémices - 9e XX 273
La Puce - Saint-Ouen X 477
Le Quinze - Lionel Flury - 15e XX 362
Le Quinzième - Cyril Lignac - 15e XXX ✿ 363
Qui plume la Lune - 11e X ✿ 299
La Rallonge - 18e X 433
Raphael le Restaurant - 16e XXX 390
La Régalade Conservatoire - 9e X ☺ 273
Relais d'Auteuil - 16e XXX ✿ 391
Le Restaurant - 6e XX ✿ 169
Restaurant de Sers - 8e XX 248
La Rigadelle - Vincennes X 481
Roseval - 20e X 450
Le Sabayon - Morangis XXX 460
St-James Paris - 16e XXXX ✿ 394
Saturne - 2e XX 105
Les Saveurs Sauvages - Gif-sur-Yvette X 459
La Scène - 8e XXX ✿ 250
Semilla - 6e X 170
Septime - 11e X ✿ 301
6 New York - 16e XX 393
La Société - 6e XX 171
Sola - 5e X ✿ 144
Le Sot l'y Laisse - 11e X 302
Stéphane Martin - 15e X ☺ 365
Table - Bruno Verjus - 12e X 314
La Table de Botzaris - 19e X 441
La Table de Cybèle - Boulogne-Billancourt X 465
La Table des Blot - Auberge du Château - Dampierre-en-Yvelines XXX ✿ 487
La Table d'Eugène - 18e XX 434
La Table du Baltimore - 16e XXX 393
La Table du Lancaster - 8e XXX ✿ 251
Les Tablettes de Jean-Louis Nomicos - 16e XXX ✿ 396
Terrasse Mirabeau - 16e XX 395
Les Terrasses de l'Impératrice - Rueil-Malmaison XX 470
Tintilou - 11e X ☺ 303
Le 39V - 8e XX ✿ 254
La Truffière - 5e XX ✿ 147
Un Dimanche à Paris - 6e XX 158
Une Poule sur un Mur - 2e X 105

Le Van Gogh - Asnières-sur-Seine XXX 462
Le Vernet - 8e XXX 253
Le Versance - 2e XXX 108
Le Village - Marly-le-Roi XX ✿ 488
Villa9Trois - Montreuil XX 475
La Violette - 19e X 442
Le Wauthier by Cagna - Saint-Germain-en-Laye X 490
Youpi et Voilà - 10e X 285
Zébra Square - 16e XX 398
Zinc Opéra - 2e XX ☺ 109
Zin's à l'Étape Gourmande - Versailles XX 491

Poissons et fruits de mer

Antoine - 16e XXX ✿ 375
La Cagouille - 14e X 333
Dessirier par Rostang Père et Filles - 17e XXX 411
Le Dôme - 14e XXX 337
Le Duc - 14e XX 338
L'Écailler du Bistrot - 11e X 296
Les Fables de La Fontaine - 7e X ✿ 196
La Fontaine Gaillon - 2e XX 99
Gaya Rive Gauche par Pierre Gagnaire - 7e X ✿ 198
Goumard - 1er XX 74
Helen - 8e XXX 231
Jarrasse L'Écailler de Paris - Neuilly-sur-Seine XX 469
La Marée Passy - 16e X 384
Marius - 16e XX 385
Marius et Janette - 8e XX 239
La Méditerranée - 6e XX 166
Le Petit Marius - 8e X 245
Petrossian - 7e XXX 204
Prunier - 16e XXX 388
Rech - 17e XXX ✿ 424
35° Ouest - 7e X 206

Portugaise

Saudade - 1er XX 85

Russe

Daru - 8e X 225

Régionale et terroir

Ambassade d'Auvergne - 3e XX ☺ 114
Au Bascou - 3e X 114
L'Auberge Aveyronnaise - 12e X ☺ 308
Auberge Pyrénées Cévennes - 11e X ☺ 293

Seychelloise

Coco de Mer - 5e X 138

Thaïlandaise

Baan Boran - 1er X 66
Basilic et Spice - 13e X 322
Erawan - 15e XX 357
Kinnari - 7e X 202
Silk et Spice - 2e X 107
Suan Thaï - 4e X 129
Sukhothaï - 13e X 325

Tibétaine

Lhassa - 5e X 140

Traditionnelle

L'Absinthe - 1er X 64
À La Biche au Bois - 12e X 310
À la Coupole - Neuilly-sur-Seine X 469
Allard - 6e X 153
L'Amourette - Montreuil X ☺ 475
L'Ardoise - 1er X 64
L'Ardoise - Le Perreux-sur-Marne X 479
Astier - 11e X 292
L'Atelier Gourmand - Saint-Jean-de-Beauregard XX 460
Atelier Maître Albert - 5e XX 135
Auberge Ravoux - Auvers-sur-Oise X 482
Au Bord de l'Eau - Conflans-Sainte-Honorine X 487
Au Bourguignon du Marais - 4e X 123
Au Cœur de la Forêt - Montmorency XX 484
Au Moulin à Vent - 5e X 135
Au Père Lapin - Suresnes X 471
Au Petit Marguery - 13e XX 320
Au Petit Riche - 9e XX 261
Au Pouilly Reuilly - Le Pré-Saint-Gervais X 476
Au Rendez-vous des Camionneurs - 1er X 65

Au Vieux Chêne - 11e X 293
Le Ballon des Ternes - 17e XX 405
Le Baratin - 20e X ☺ 448
Barbezingue - Châtillon X ☺ 465
La Barrière de Clichy - Clichy XX 466
Bistro des Gastronomes - 5e X ☺ 137
Bistro Poulbot - 18e X 430
Le Bistrot - Boulogne-Billancourt X ☺ 464
Bistrot Belhara - 7e X ☺ 186
Le Bistrot d'À Côté Flaubert - 17e X 406
Le Bistrot d'Oscar - Levallois-Perret X ☺ 468
Bistrot du Sommelier - 8e XX 214
Bistrot Paul Bert - 11e X 294
Bistro Volnay - 2e X 95
Bofinger - 4e XX 123
Les Botanistes - 7e X 188
Le Bouchon et l'Assiette - 17e X ☺ 407
Brasserie Flo - Roissy-en-France XX 484
Brasserie Gallopin - 2e XX ☺ 96
Brasserie Lutetia - 6e XX 155
Café Constant - 7e X ☺ 189
Le Café d'Angel - 17e X 407
Café des Concerts - 19e X 440
Café des Musées - 3e X 115
Café Max - 7e X 190
Le Canal - Courcouronnes X 458
La Cantine du Troquet - 14e X ☺ 333
La Cantine du Troquet Dupleix - 15e X ☺ 352
Les Cartes Postales - 1er X 70
Le Casse Noix - 15e X ☺ 353
Caves Petrissans - 17e X 409
Le Cénacle - Tremblay-Vieux-Pays XX 477
Les 110 de Taillevent - 8e XX 219
Le Cette - 14e X 334
Chameleon - 10e X 281
Chardenoux - 11e XX 295
Chaumette - 16e X 377
Le Chefson - Bois-Colombes X ☺ 463
Chez Casimir - 10e X 282
Chez Georges - 2e X 98
Chez Graff - 7e X 191
Chez La Vieille Adrienne - 1er X 70
Chez les Anges - 7e XX ☺ 191
Chez Marie-Louise - 10e X ☺ 282
Chez Michel - Boulogne-Billancourt X 464
Chez Michel - 10e X 283
Le Clos de Sucy - Sucy-en-Brie XX 480
Les Cocottes - 7e X ☺ 193
Comme Chez Maman - 17e X 410
Le Comptoir du Relais - 6e X 157
Le Coq de la Maison Blanche - Saint-Ouen XX 476
Le Coq Rico - 18e XX 432
La Coupole - 14e XX 337
La Cuisine de Philippe - 6e X 158
Les Écuries de Richelieu - Rueil-Malmaison XX 470
L'Entredgeu - 17e X ☺ 412
L'Épopée - 15e XX 356
L'Essentiel - 14e X ☺ 338
La Ferrandaise - 6e X ☺ 160
Les Fils de la Ferme - 14e X 339
Fish La Boissonnerie - 6e X ☺ 160
Florimond - 7e X 194
Fontaine de Mars - 7e X 197
Les Fous de l'Île - 4e X 125
Le Garde-Manger - Saint-Cloud X 470
La Gauloise - 15e XX 358
Georgette - 9e X 265
Le Gorgeon - Boulogne-Billancourt X 464
Le Gorille Blanc - 4e X 126
La Grille - 10e X 284
Hostellerie du Prieuré - Saint-Prix X 485
Invictus - 6e X 163
Jacques Faussat - La Braisière - 17e XX ✿ 417
Le Jeu de Quilles - 14e X 340
Kigawa - 14e X ☺ 340
La Laiterie Sainte Clotilde - 7e X ☺ 202
Lazare - 8e XX 236
Lescure - 1er X 79
Louvre Bouteille - 1er X 80
Ma Cocotte - Saint-Ouen X 476
La Maison du Jardin - 6e X ☺ 164
Mamou - 9e X 268
Le Marcigny - Viry-Châtillon X 461
La Marlotte - 6e X ☺ 165
Miroir - 18e X ☺ 433
Mon Vieil Ami - 4e X 127
Moulin d'Orgeval - Orgeval XX 489
Le Mûrier - 15e X 361

L'Ordonnance - 14e X 341
Oudino - 7e X 203
L'Ourcine - 13e X ☺ 325
Palais Royal - 1er XX 82
Les Papilles - 5e X 143
Pascade - 2e X 103
Pavillon de la Tourelle - Vanves XXX 471
Le Percolateur - 8e X 244
La Petite Auberge - Asnières-sur-Seine XX ☺ 462
La Petite Marmite - Livry-Gargan XX 475
Le Petit Pergolèse - 16e X 388
Les Petits Plats - 14e X 342
Le Petit Verdot du 17ème - 17e X ☺ 422
Le Petit Vingtième - 20e X 449
Philou - 10e X 284
Pierrot - 2e X 103
Pirouette - 1er X 84
Le Pré Cadet - 9e X ☺ 272
Le Pré Carré - 17e XX 423
Le P'tit Troquet - 7e X 205
La Pulpéria - 11e X 298
Que du bon - 19e X 441
Quincy - 12e X 313
La Régalade - 14e X ☺ 343
La Régalade St-Honoré - 1er X ☺ 84
Le Relais Plaza - 8e XX 248
Restaurant du Marché - 15e X 364
Ribouldingue - 5e X ☺ 143
La Rotonde - 6e XX 170
Royal Madeleine - 8e X 249
Le Saint-Joseph - La Garenne-Colombes X ☺ 467
St-Martin - Triel-sur-Seine X 490
Le St-Pierre - Longjumeau XX 459
Les Saisons - 9e X 274
Schmidt - L'Os à Moelle - 15e X 364
Le 7 à Issy - Issy-les-Moulineaux XX 467
La Table Lauriston - 16e X 395
Le Tablier Rouge - 20e X 450
Tante Louise - 8e XX 253
Le Temps au Temps - 11e X 302
Terroir Parisien - Maison de la Mutualité - 5e X ☺ 145
Terroir Parisien - Palais Brongniart - 2e X 107
Le Timbre - 6e X ☺ 172
Les Trois Marmites - Courbevoie X 466
Le Troquet - 15e X ☺ 365
Variations - 13e X 326
Vaudeville - 2e XX 108
Les Vignes Rouges - Hérouville X 483
Le Vilgacy - Gagny XX 474
Villaret - 11e X ☺ 303
Le Violon d'Ingres - 7e XX ✿ 207
Wadja - 6e X 174

Turque

Le Janissaire - 12e XX 312

Viandes et grillades

L'A.O.C. - 5e X 134
Atelier Vivanda - 16e X ☺ 373
Le Grand Pan - 15e X 358
Severo - 14e X 343
La Tour - Versailles X 491

Vietnamienne

Bambou - 13e X 321
Lao Lane Xang 2 - 13e X ☺ 323
Le Lotus - 13e X 324
Le Palanquin - 17e X 420
La Table du Vietnam - 7e X 205

Le plat que vous recherchez

Andouillette

Auberge Pyrénées Cévennes - 11e	X ☺	293
Au Bourguignon du Marais - 4e	X	123
Au Moulin à Vent - 5e	X	135
Le Ballon des Ternes - 17e	XX	405
Le Bistrot - Boulogne-Billancourt	X ☺	464
Le Gorgeon - Boulogne-Billancourt	X	464
La Marlotte - 6e	X ☺	165
Moissonnier - 5e	X	142
Les Trois Marmites - Courbevoie	X	466
Variations - 13e	X	326

Boudin

L'A.O.C. - 5e	X	134
Au Bascou - 3e	X	114
L'Auberge Aveyronnaise - 12e	X ☺	308
Au Pouilly Reuilly - Le Pré-Saint-Gervais	X	476
D'Chez Eux - 7e	XX	194
Fontaine de Mars - 7e	X	197
Le Gorille Blanc - 4e	X	126
La Marlotte - 6e	X ☺	165
Moissonnier - 5e	X	142
Terroir Parisien - Maison de la Mutualité - 5e	X ☺	145
Les Trois Marmites - Courbevoie	X	466

Bouillabaisse

Antoine - 16e	XXX ✿	375
Le Dôme - 14e	XXX	337
Marius - 16e	XX	385
La Méditerranée - 6e	XX	166

Cassoulet

L'Assiette - 14e	X	332
Auberge Pyrénées Cévennes - 11e	X ☺	293
Benoit - 4e	XX ✿	124
D'Chez Eux - 7e	XX	194
Fontaine de Mars - 7e	X	197
Lescure - 1er	X	79
Quincy - 12e	X	313
Le St-Pierre - Longjumeau	XX	459
La Table d'Antan - Sainte-Geneviève-des-Bois	XX ☺	460
Le Violon d'Ingres - 7e	XX ✿	207

Choucroute

Bofinger - 4e	XX	123
La Coupole - 14e	XX	337

Confit

L'Amourette - Montreuil	X ☺	475
L'A.O.C. - 5e	X	134
Auberge Pyrénées Cévennes - 11e	X ☺	293
Le Canal - Courcouronnes	X	458
D'Chez Eux - 7e	XX	194
Fontaine de Mars - 7e	X	197
Le Gorille Blanc - 4e	X	126
Lescure - 1er	X	79
Pierrot - 2e	X	103
Le St-Pierre - Longjumeau	XX	459
La Table d'Antan - Sainte-Geneviève-des-Bois	XX ☺	460

Coq au vin

Auberge Ravoux - Auvers-sur-Oise	X	482
Le Coq de la Maison Blanche - Saint-Ouen	XX	476

Escargots

Allard - 6e	X	153
Au Bourguignon du Marais - 4e	X	123
Au Moulin à Vent - 5e	X	135
Au Petit Riche - 9e	XX	261
Au Pouilly Reuilly - Le Pré-Saint-Gervais	X	476
Le Ballon des Ternes - 17e	XX	405
Benoit - 4e	XX ✿	124
Brasserie Gallopin - 2e	XX ☺	96
Le Canal - Courcouronnes	X	458

Lazare - 8e XX 236
Le Marcigny - Viry-Châtillon X 461
Le Pré Cadet - 9e X ☺ 272
Royal Madeleine - 8e X 249
Vaudeville - 2e XX 108

Fromages

Astier - 11e X 292

Grillade

L'A.O.C. - 5e X 134
Au Moulin à Vent - 5e X 135
Bofinger - 4e XX 123
Café Sud - 8e X 218
La Coupole - 14e XX 337
Quincy - 12e X 313
Severo - 14e X 343
La Tour - Versailles X 491

Soufflés

L'Assiette - 14e X 332
L'Auberge du 15 - 13e XX 320
Au Cœur de la Forêt - Montmorency XX 484
Auguste - 7e XX ✿ 187
Au Petit Marguery - 13e XX 320
La Belle Époque - Châteaufort XXX 486
Le Cénacle - Tremblay-Vieux-Pays XX 477
Le Clos de Sucy - Sucy-en-Brie XX 480
La Cuisine de Philippe - 6e X 158
Frédéric Simonin - 17e XX ✿ 415
Laurent - 8e XXXXX ✿ 235
Le Pantruche - 9e X ☺ 271
Relais d'Auteuil - 16e XXX ✿ 391
Tante Louise - 8e XX 253
Vin sur Vin - 7e XX 206
Le Violon d'Ingres - 7e XX ✿ 207

Tête de veau

L'Amourette - Montreuil X ☺ 475
Au Petit Marguery - 13e XX 320
Au Petit Riche - 9e XX 261
Au Pouilly Reuilly - Le Pré-Saint-Gervais X 476
Benoit - 4e XX ✿ 124
Caves Petrissans - 17e X 409
Le Coq de la Maison Blanche - Saint-Ouen XX 476
Manufacture - Issy-les-Moulineaux XX 467
La Petite Auberge - Asnières-sur-Seine XX ☺ 462
Le Pré Cadet - 9e X ☺ 272
Quincy - 12e X 313
Ribouldingue - 5e X ☺ 143
Vaudeville - 2e XX 108

Tripes

Moissonnier - 5e X 142
Ribouldingue - 5e X ☺ 143

Tables en terrasse

1er arrondissement

L'Absinthe X 64
L'Assaggio XX 65
Camélia XX 68
Le First XX 72
Lescure X 79
Palais Royal XX 82
Pirouette X 84
Sanukiya X 85
Zen X ☺ 86

2e arrondissement

L'Apibo X 94
Bistro Volnay X 95
Drouant XXX 99
La Fontaine Gaillon XX 99
Mori Venice Bar XX 102
Pierrot X 103
Terroir Parisien - Palais Brongniart X 107
Une Poule sur un Mur X 105
Vaudeville XX 108

4e arrondissement

Au Bourguignon du Marais X 123

5e arrondissement

L'A.O.C. X 134
Les Délices d'Aphrodite X 138
Mavrommatis XX 141

6e arrondissement

Le Cherche Midi X 157
Le Comptoir du Relais X 157
Emporio Armani Caffé XX 159
Marco Polo X 165
La Marlotte X ☺ 165
La Petite Cour XX 166
La Rotonde XX 170
La Société XX 171

7e arrondissement

Les Botanistes X 188
Café de l'Esplanade XX 189
Les Climats XX 192
Dar Lyakout X 193
D'Chez Eux XX 194
Les Fables de La Fontaine X ✿ 196
Fontaine de Mars X 197
Les Ombres XX 203

8e arrondissement

Copenhague XXX 224
La Cuisine au Royal Monceau XXX ✿ 226
Le Diane XXX ✿ 227
Épicure au Bristol XXXXX ✿✿✿ 230
Fouquet's XXX 228
Il Carpaccio XX ✿ 232
Il Piccolino X 233
Laurent XXXXX ✿ 235
Maison Blanche XXX 238
Marius et Janette XX 239
Mini Palais XX 241
M64 XX 242
Pavillon Elysée Lenôtre X 244
Le Petit Marius X 245
Restaurant de Sers XX 248
La Table du Lancaster XXX ✿ 251
Le Vraymonde XXX 255

9e arrondissement

L'Opéra XX 270
L'Oriental X 271

10e arrondissement

Chameleon X 281
Chez Casimir X 282
Philou X 284
Zerda X ☺ 286

11e arrondissement

Caffé dei Cioppi X ☺ 295

12e arrondissement

L'Auberge Aveyronnaise X 308
Le Janissaire XX 312
Jodhpur Palace XX 312
Table - Bruno Verjus X 314

13e arrondissement

Le Lotus X 324

14e arrondissement

La Cagouille X 333
La Contre Allée X 336
L'Essentiel X 338
Maison Courtine XX 341
Pavillon Montsouris XX 342

15e arrondissement

Afaria X 348
L'Atelier du Parc XX 349
La Cantine du Troquet Dupleix X 352
Le Court-Bouillon XX 354
Fontanarosa XX 357
La Gauloise XX 358
Maison Kaiseki X 361
Le Quinzième -
Cyril Lignac XXX 363
Restaurant du Marché X 364
Schmidt - L'Os à Moelle X 364

16e arrondissement

A et M Restaurant XX 373
Bon XX 377
Chaumette X 377
La Grande Cascade XXXX 381
Kura X 384
Marius XX 385
Monsieur Bleu XX 386
Prunier XXX 388
St-James Paris XXXX 394
Terrasse Mirabeau XX 395
La Villa Corse Rive Droite X 397
Zébra Square XX 398

17e arrondissement

Agapé Bis X 405
Le Bistrot d'À Côté Flaubert X 406
Caves Petrissans X 409
Dessirier par Rostang
Père et Filles XXX 411
Fabrique 4 X 413
Makassar XX 419
Pétrus XXX 422
Rech XXX 424

18e arrondissement

Chamarré Montmartre XX 431
Jeanne B X 432

19e arrondissement

Café des Concerts X 440
Ô Divin X 440
La Table de Botzaris X 441
La Violette X 442

20e arrondissement

Mama Shelter X 449
Roseval X 450

Autour de Paris

Asnières-sur-Seine
– Le Van Gogh XXX 462
Auvers-sur-Oise
– Auberge Ravoux X 482
– Hostellerie du Nord XXX 482
Boulogne-Billancourt
– Le Bistrot X 464
– MaSa XX 464
Châteaufort
– La Belle Époque XXX 486
Chennevières-sur-Marne
– L'Écu de France XXX 478
Clichy
– La Romantica XXX 466
Crosne
– La Maison du Pressoir X 458
Dampierre-en-Yvelines
– Les Écuries du Château XX 487
Deuil-la-Barre
– Verre Chez Moi X 483
Gagny
– Le Vilgacy XX 474
La Garenne-Colombes
– L'Instinct XX 466
Gif-sur-Yvette
– Les Saveurs Sauvages X 459

Issy-les-Moulineaux
– Manufacture XX 467
Levallois-Perret
– Le Bistrot d'Oscar X ☺ 468
Livry-Gargan
– La Petite Marmite XX 475
Maisons-Laffitte
– Tastevin XXX ✿ 488
Meudon
– L'Escarbille XX ✿ 468
Montmorency
– Au Cœur de la Forêt XX 484
Montreuil
– L'Amourette X ☺ 475
– Villa9Trois XX 475
Orgeval
– Moulin d'Orgeval XX 489
Ozoir-la-Ferrière
– La Gueulardière XXX 473
Le Plessis-Picard
– La Mare au Diable XX 473
Pontoise
– Auberge du Cheval Blanc XX 484
Puteaux
– L'Escargot 1903 X ☺ 469
Roissy-en-France
– Brasserie Flo XX 484
Rueil-Malmaison
– Le Patte Noire X 470
– Les Terrasses de l'Impératrice XX 470
Rungis
– La Grange XX 479
Saint-Germain-en-Laye
– Cazaudehore XXX 489
– Pavillon Henri IV XXX 489
Saint-Jean-de-Beauregard
– L'Atelier Gourmand XX 460
Saint-Ouen
– Le Coq de la Maison Blanche XX 476
– Ma Cocotte X 476
Suresnes
– Au Père Lapin X 471
– Les Jardins de Camille XX 471
Tremblay-Vieux-Pays
– La Jument Verte X ☺ 477
Vanves
– Pavillon de la Tourelle XXX 471
La Varenne-Saint-Hilaire
– Château des Iles XX 480
Versailles
– Gordon Ramsay au Trianon XXXX ✿✿ 491
– Zin's à l'Étape Gourmande XX 491
Villeneuve-la-Garenne
– Les Chanteraines XX 472
Yerres
– Chalet du Parc XX 461

Restaurants avec salons particuliers

1er arrondissement

L'Ardoise	X	64
L'Assaggio	XX	65
Les Bistronomes	X	66
Carré des Feuillants	XXXX ✿✿	69
Chez La Vieille Adrienne	X	70
La Dame de Pic	XX ✿	73
Goumard	XX	74
Le Grand Véfour	XXXX ✿✿	75
Jin	X ✿	77
Kunitoraya	X	79
Macéo	XXX	80
Le Meurice Alain Ducasse	XXXXX ✿✿✿	81
Palais Royal	XX	82
Saudade	XX	85

2e arrondissement

Aux Lyonnais	X	94
Bi Zan	X	95
Brasserie Gallopin	XX ☺	96
Le Céladon	XXX ✿	97
Drouant	XXX	99
La Fontaine Gaillon	XX	99
Goust	XXX ✿	101
Silk et Spice	X	107
Terroir Parisien - Palais Brongniart	X	107

3e arrondissement

Ambassade d'Auvergne	XX ☺	114

4e arrondissement

Benoit	XX ✿	124
Bofinger	XX	123
Le Sergent Recruteur	XX ✿	128

5e arrondissement

Atelier Maître Albert	XX	135
Bibimbap	X ☺	136
Itinéraires	XX ✿	139
Lengué	X	140
Mavrommatis	XX	141
Les Papilles	X	143
La Tour d'Argent	XXXXX ✿	146
La Truffière	XX ✿	147

6e arrondissement

Alcazar	XX	152
La Ferrandaise	X ☺	160
Guy Martin Italia	XX	161
Hélène Darroze	XXX ✿	162
La Méditerranée	XX	166
La Petite Cour	XX	166
Relais Louis XIII	XXX ✿✿	168
Toyo	X	173
Un Dimanche à Paris	XX	158

7e arrondissement

Aida	X ✿	183
Arpège	XXX ✿✿✿	184
Le 122	X	190
Chez les Anges	XX ☺	191
Le Clos des Gourmets	X ☺	192
Fontaine de Mars	X	197
Garance	XX	197
Petrossian	XXX	204
Le P'tit Troquet	X	205

8e arrondissement

Apicius	XXXX ✿	215
Bistrot du Sommelier	XX	214
Le Boudoir	X	218
Caffè Burlot	XX	219
Le Chiberta	XXX ✿	222
Le Cinq	XXXXX ✿✿	223
Dominique Bouchet	XX ✿	229
Fouquet's	XXX	228
Hanawa	XX	231
Helen	XXX	231
Il Carpaccio	XX ✿	232
L'Instant d'Or	XX	233
Lasserre	XXXXX ✿✿	234
Laurent	XXXXX ✿	235
Ledoyen	XXXXX ✿✿✿	237

Lucas Carton	XXX	236
Maxan	XX	240
1728	XXX	241
Okuda	XX ✿	243
Pavillon Elysée Lenôtre	X	244
Pierre Gagnaire	XXXX ✿✿✿	246
Pomze	X ☺	247
Restaurant de Sers	XX	248
La Scène	XXX ✿	250
La Table du Lancaster	XXX ✿	251
Taillevent	XXXXX ✿✿	252
Tante Louise	XX	253

9e arrondissement

Au Petit Riche	XX	261
Jean	XX ✿	267
Le Lumière	XX	268
L'Oriental	X	271
La Régalade Conservatoire	X ☺	273

11e arrondissement

Pierre Sang in Oberkampf	X	298
Tintilou	X ☺	303

12e arrondissement

Jodhpur Palace	XX	312

13e arrondissement

Au Petit Marguery	XX	320

14e arrondissement

La Cagouille	X	333
La Cantine du Troquet	X ☺	333
La Coupole	XX	337
Le Dôme	XXX	337
Les Fils de la Ferme	X	339
La Grande Ourse	X	339
Pavillon Montsouris	XX	342

15e arrondissement

Benkay	XXX	350
La Dînée	XX	355
La Gauloise	XX	358
Le Pario	XX ☺	362
Le Quinze - Lionel Flury	XX	362
Restaurant du Marché	X	364
Stéphane Martin	X ☺	365
Yanasé	X	366

16e arrondissement

Antoine	XXX ✿	375
Bon	XX	377
Cristal Room Baccarat	XX	379
La Grande Cascade	XXXX ✿	381
Hiramatsu	XXXX ✿	382
Jamin	XX	383
Kura	X	384
Le Metropolitan	XX	385
Monsieur Bleu	XX	386
Le Pergolèse	XXX ✿	387
Le Pré Catelan	XXXXX ✿✿✿	389
Prunier	XXX	388
St-James Paris	XXXX ✿	394
Shang Palace	XXX ✿	392
La Table du Baltimore	XXX	393
Tsé Yang	XXX	397

17e arrondissement

Le Ballon des Ternes	XX	405
Chez Léon	X	409
Le Clou de Fourchette	X ☺	410
Dessirier par Rostang Père et Filles	XXX	411
Le Dodin de Mark Singer	XX ☺	411
Guy Savoy	XXXX ✿✿✿	416
Jacques Faussat - La Braisière	XX ✿	417
Karl et Erick	X	418
La Maison de Charly	XX	419
Makassar	XX	419
Michel Rostang	XXXX ✿✿	421
Pétrus	XXX	422
Sormani	XXX	425

18e arrondissement

Chamarré Montmartre	XX	431

19e arrondissement

La Table de Botzaris	X	441
La Violette	X	442

Autour de Paris

Asnières-sur-Seine – Le Van Gogh	XXX	462

Auvers-sur-Oise
– Auberge Ravoux X 482
Boulogne-Billancourt
– Mon Bistrot X 465
Châteaufort
– La Belle Époque XXX 486
Chennevières-sur-Marne
– L'Écu de France XXX 478
Clichy
– La Barrière de Clichy XX 466
– La Romantica XXX 466
Corbeil-Essonnes
– Aux Armes de France XX 458
Courcouronnes
– Le Canal X 458
Crosne
– La Maison du Pressoir X 458
Dampierre-en-Yvelines
– Les Écuries du Château XX 487
– La Table des Blot - Auberge du Château XXX ✿ 487
La Garenne-Colombes
– L'Instinct XX 466
Maisons-Alfort
– La Bourgogne XX ☺ 478
Maisons-Laffitte
– La Plancha X 488
Meudon
– L'Escarbille XX ✿ 468
Montreuil
– Villa9Trois XX 475
Neuilly-sur-Seine
– Jarrasse L'Écailler de Paris XX 469
Ozoir-la-Ferrière
– La Gueulardière XXX 473
Le Plessis-Picard
– La Mare au Diable XX 473
Rueil-Malmaison
– Les Terrasses de l'Impératrice XX 470
Saint-Germain-en-Laye
– Cazaudehore XXX 489
– Le Wauthier by Cagna X 490
Saint-Jean-de-Beauregard
– L'Atelier Gourmand XX 460
Saint-Ouen
– Le Coq de la Maison Blanche XX 476
– Ma Cocotte X 476
Sucy-en-Brie
– Le Clos de Sucy XX 480
Tremblay-Vieux-Pays
– Le Cénacle XX 477
Vanves
– Pavillon de la Tourelle XXX 471
La Varenne-Saint-Hilaire
– Château des Iles XX 480
Versailles
– L'Angélique XX ✿ 490
Yerres
– Chalet du Parc XX 461

Restaurants ouverts samedi et dimanche

1er arrondissement

L'Ardoise	X	64
Au Rendez-vous des Camionneurs	X	65
Camélia	XX	68
Le Dali	XXX	72
Le First	XX	72
Goumard	XX	74
Kinugawa	XX	76
Kunitoraya	X	79
Palais Royal	XX	82
Pierre au Palais Royal	XX	83
Sanukiya	X	85
Zen	X ☺	86

2e arrondissement

Brasserie Gallopin	XX ☺	96
Le Dorcia	X	98
Drouant	XXX	99
Les Jalles - Bistrot Bordelais	XX	100
Liza	X	102
Mori Venice Bar	XX	102
Pur'	XXX ✿	106
Silk et Spice	X	107
Vaudeville	XX	108

3e arrondissement

Ambassade d'Auvergne	XX ☺	114
Café des Musées	X	115
Glou	X	116
Pramil	X	116

4e arrondissement

Benoit	XX ✿	124
Bofinger	XX	123
Les Fous de l'Île	X	125
Mon Vieil Ami	X	127
Suan Thaï	X	129

5e arrondissement

Atelier Maître Albert	XX	135
Bibimbap	X ☺	136
Les Délices d'Aphrodite	X	138
Lengué	X	140
Lhassa	X	140
Mavrommatis	XX	141
Mirama	X	141
Terroir Parisien - Maison de la Mutualité	X ☺	145

6e arrondissement

Alcazar	XX	152
Allard	X	153
L'Altro	X	153
Azabu	X	154
Les Bouquinistes	XX	154
Brasserie Lutetia	XX	155
Casa Bini	X	156
Le Chardenoux des Prés	X	156
Le Cherche Midi	X	157
Le Comptoir du Relais	X	157
Emporio Armani Caffé	XX	159
Fish La Boissonnerie	X ☺	160
Fogón	XX	161
Marco Polo	X	165
La Marlotte	X ☺	165
La Méditerranée	XX	166
La Petite Cour	XX	166
La Rotonde	XX	170
Semilla	X	170
La Société	XX	171
Tsukizi	X	173
Un Dimanche à Paris	XX	158
Yugaraj	XX	175

7e arrondissement

Aida	X ✿	183
L'Atelier de Joël Robuchon - St-Germain	X ✿✿	185
Brasserie Thoumieux	XX	188
Café Constant	X ☺	189
Café de l'Esplanade	XX	189
Les Cocottes	X ☺	193
Dar Lyakout	X	193
D'Chez Eux	XX	194

Les Fables de La Fontaine X ✿ 196
Fontaine de Mars X 197
Le Jules Verne XXX ✿ 201
Les Ombres XX 203
Pottoka X ☺ 204
Le Violon d'Ingres XX ✿ 207
Wakaba X 208

8e arrondissement

L'Atelier de Joël Robuchon - Étoile X ✿✿ 217
Les 110 de Taillevent XX 219
114, Faubourg XX ✿ 220
Le Cinq XXXXX ✿✿ 223
La Cuisine au Royal Monceau XXX ✿ 226
Diep XX 228
Épicure au Bristol XXXXX ✿✿✿ 230
Fouquet's XXX 228
Lazare XX 236
Lucas Carton XXX 236
Maison Blanche XXX 238
Marignan XX 238
Marius et Janette XX 239
Market XX 239
Mini Palais XX 241
M64 XX 242
Nolita XX 242
Okuda XX ✿ 243
Pavillon Elysée Lenôtre X 244
Pershing Hall XX 245
Le Petit Marius X 245
Ratn XX 247
Le Relais Plaza XX 248
Restaurant de Sers XX 248
Royal Madeleine X 249
Shin Jung X 249
La Table du Lancaster XXX ✿ 251
Le Vraymonde XXX 255

9e arrondissement

Arola XXX 260
Au Petit Riche XX 261
Braisenville X 262
Jean XX ✿ 267
Le Lumière XX 268
L'Opéra XX 270
L'Oriental X 271

10e arrondissement

Chez Casimir X 282

11e arrondissement

Astier X 292
Auberge Flora X 292
Chardenoux XX 295
Manger X 297
Sassotondo X 300

12e arrondissement

L'Auberge Aveyronnaise X ☺ 308
Jodhpur Palace XX 312
Le Lys d'Or X 313

13e arrondissement

Au Petit Marguery XX 320
Bambou X 321
Basilic et Spice X 322
Les Cailloux X 322
Impérial Choisy X ☺ 323
Lao Lane Xang 2 X ☺ 323
Le Lotus X 324
Mer de Chine X 324

14e arrondissement

L'Assiette X 332
La Cagouille X 333
La Coupole XX 337
Le Dôme XXX 337
L'Essentiel X ☺ 338
Kigawa X ☺ 340
Pavillon Montsouris XX 342

15e arrondissement

L'Ardoise du XV X 348
Axuria X 349
Benkay XXX 350
Bistro 121 X 351
La Cantine du Troquet Dupleix X ☺ 352
Le Caroubier XX ☺ 352
L'Épopée XX 356
Fontanarosa XX 357
La Gauloise XX 358
Gwon's Dining X 359

16e arrondissement

Antoine	XXX ✿	375
Bon	XX	377
La Grande Cascade	XXXX ✿	381
Kura	X	384
La Marée Passy	X	384
Le Metropolitan	XX	385
Monsieur Bleu	XX	386
Shang Palace	XXX ✿	392
Les Tablettes de Jean-Louis Nomicos	XXX ✿	396
Tsé Yang	XXX	397
Zébra Square	XX	398

17e arrondissement

Agapé Bis	X	405
Le Ballon des Ternes	XX	405
Comme Chez Maman	X	410
Dessirier par Rostang Père et Filles	XXX	411
La Maison de Charly	XX	419
Makassar	XX	419
Pétrus	XXX	422
Timgad	XX	425

18e arrondissement

Le Café qui Parle	X	430
Chamarré Montmartre	XX	431
Le Coq Rico	XX	432
Jeanne B	X	432
La Rallonge	X	433

19e arrondissement

Café des Concerts	X	440
La Table de Botzaris	X	441

20e arrondissement

Chatomat	X ☺	448
Mama Shelter	X	449

Autour de Paris

Antony		
– La Tour de Marrakech	X	462
Asnières-sur-Seine		
– La Petite Auberge	XX ☺	462
– Le Van Gogh	XXX	462
Auvers-sur-Oise		
– Auberge Ravoux	X	482
– Hostellerie du Nord	XXX	482
Boulogne-Billancourt		
– L'Auberge	XX	463
Bry-sur-Marne		
– Auberge du Pont de Bry - La Grappille	XX	478
Châtillon		
– Barbezingue	X ☺	465
Chennevières-sur-Marne		
– L'Écu de France	XXX	478
Le Chesnay		
– L'Armoise	X	486
Conflans-Sainte-Honorine		
– Au Bord de l'Eau	X	487
Crosne		
– La Maison du Pressoir	X	458
Dampierre-en-Yvelines		
– Les Écuries du Château	XX	487
– La Table des Blot - Auberge du Château	XXX ✿	487
Gagny		
– Le Vilgacy	XX	474
Hérouville		
– Les Vignes Rouges	X	483
Livry-Gargan		
– La Petite Marmite	XX	475
Maisons-Laffitte		
– La Plancha	X	488
– Tastevin	XXX ✿	488
Marly-le-Roi		
– Le Village	XX ✿	488
Montmorency		
– Au Cœur de la Forêt	XX	484
Montreuil		
– L'Amourette	X ☺	475
– Villa9Trois	XX	475
Neuilly-sur-Seine		
– Jarrasse L'Écailler de Paris	XX	469
Orgeval		
– Moulin d'Orgeval	XX	489
Ozoir-la-Ferrière		
– La Gueulardière	XXX	473
Le Plessis-Picard		
– La Mare au Diable	XX	473
Roissy-en-France		
– Brasserie Flo	XX	484

Rueil-Malmaison
– Les Écuries de Richelieu XX 470
Rueil-Malmaison
– Le Patte Noire X 470
– Les Terrasses de l'Impératrice XX 470
Saint-Cloud
– L'Heureux Père X 471
Saint-Germain-en-Laye
– Cazaudehore XXX 489
– Pavillon Henri IV XXX 489
Saint-Mandé
– L'Ambassade de Pékin XX 480
Saint-Ouen
– Ma Cocotte X 476
Sainte-Geneviève-des-Bois
– La Table d'Antan XX ☺ 460
Sucy-en-Brie
– Le Clos de Sucy XX 480
Suresnes
– Au Père Lapin X 471
– Les Jardins de Camille XX 471
Tremblay-Vieux-Pays
– Le Cénacle XX 477
Vanves
– Pavillon de la Tourelle XXX 471
La Varenne-Saint-Hilaire
– Château des Iles XX 480
Ville-d'Avray
– Le Café des Artistes X ☺ 472
– Le Corot XXX ✿ 472
Viry-Châtillon
– Le Marcigny X 461
Yerres
– Chalet du Parc XX 461

Restaurants ouverts en août

1er arrondissement

L'Absinthe	X	64
L'Ardoise	X	64
Baan Boran	X	66
Le Baudelaire	XXX ✿	67
Camélia	XX	68
Chez La Vieille Adrienne	X	70
Le Dali	XXX	72
Le First	XX	72
Goumard	XX	74
Gwadar	X	76
Louvre Bouteille	X	80
Palais Royal	XX	82
Sanukiya	X	85
Spring	X	86
Sur Mesure par Thierry Marx	XXX ✿✿	87
Zen	X ☺	86

2e arrondissement

L'Apibo	X	94
Bi Zan	X	95
Brasserie Gallopin	XX ☺	96
Le Dorcia	X	98
Drouant	XXX	99
Les Jalles - Bistrot Bordelais	XX	100
Liza	X	102
Mori Venice Bar	XX	102
Pascade	X	103
Pierrot	X	103
Silk et Spice	X	107
Terroir Parisien - Palais Brongniart	X	107
Vaudeville	XX	108

3e arrondissement

Ambassade d'Auvergne	XX ☺	114
Glou	X	116

4e arrondissement

Bofinger	XX	123
Les Fous de l'Île	X	125
Le Gorille Blanc	X	126
Mon Vieil Ami	X	127
Suan Thaï	X	129

5e arrondissement

Atelier Maître Albert	XX	135
Aux Verres de Contact	X ☺	136
Bibimbap	X ☺	136
Bistro des Gastronomes	X ☺	137
Ciasa Mia	X	137
Les Délices d'Aphrodite	X	138
Lhassa	X	140
Mirama	X	141
La Truffière	XX ✿	147

6e arrondissement

Alcazar	XX	152
Allard	X	153
L'Altro	X	153
Les Bouquinistes	XX	154
Brasserie Lutetia	XX	155
Casa Bini	X	156
Le Chardenoux des Prés	X	156
Le Cherche Midi	X	157
Le Comptoir du Relais	X	157
Emporio Armani Caffé	XX	159
Fish La Boissonnerie	X ☺	160
Hélène Darroze	XXX ✿	162
Marco Polo	X	165
La Méditerranée	XX	166
La Petite Cour	XX	166
La Rotonde	XX	170
Semilla	X	170
La Société	XX	171

7e arrondissement

Arpège	XXX ✿✿✿	184
L'Atelier de Joël Robuchon - St-Germain	X ✿✿	185
Brasserie Thoumieux	XX	188
Café Constant	X ☺	189
Café de l'Esplanade	XX	189
Chez Graff	X	191
Les Cocottes	X ☺	193
Dar Lyakout	X	193
Les Fables de La Fontaine	X ✿	196
Fontaine de Mars	X	197
Garance	XX	197

Gaya Rive Gauche par Pierre Gagnaire 198
Le Jules Verne 201
Kinnari 202
Les Ombres 203
Le Violon d'Ingres 207
Wakaba 208

8e arrondissement

L'Atelier de Joël Robuchon - Étoile 217
Café Sud 218
Caffè Burlot 219
Chez Cécile - La Ferme des Mathurins 221
Le Cinq 223
Citrus Étoile 221
Les Collections 224
La Cuisine au Royal Monceau 226
Diep 228
Épicure au Bristol 230
Fouquet's 228
Il Piccolino 233
Laurent 235
Lazare 236
Marignan 238
Marius et Janette 239
Market 239
Mini Palais 241
M64 242
Nolita 242
Okuda 243
Pershing Hall 245
Le Petit Marius 245
Pomze 247
Ratn 247
Royal Madeleine 249
Shin Jung 249
La Table du Lancaster 251
Le Vernet 253
Le Vraymonde 255

9e arrondissement

Arola 260
Au Petit Riche 261
Braisenville 262
Hotaru 265
Jean 267
Kiku 266
Le Lumière 268
L'Opéra 270
L'Oriental 271

10e arrondissement

Chez Casimir 282

11e arrondissement

Astier 292
Auberge Flora 292
Bon Kushikatsu 294
Chardenoux 295
Le Chateaubriand 296
Manger 297
Mansouria 297

12e arrondissement

Le Janissaire 312
Jodhpur Palace 312
Le Lys d'Or 313

13e arrondissement

Au Petit Marguery 320
L'Avant Goût 321
Bambou 321
Basilic et Spice 322
Les Cailloux 322
Impérial Choisy 323
Lao Lane Xang 2 323
Le Lotus 324
Mer de Chine 324

14e arrondissement

La Cagouille 333
La Coupole 337
Le Dôme 337
L'Essentiel 338
Kigawa 340
Pavillon Montsouris 342

15e arrondissement

Axuria 349
Bistro 121 351
La Cantine du Troquet Dupleix 352
Le Caroubier 352
L'Épopée 356
Fontanarosa 357
La Gauloise 358
Gwon's Dining 359
Jadis 360
Le Pario 362

Le Quinzième - Cyril Lignac XXX ✿ 363
La Villa Corse Rive Gauche XX 366

16e arrondissement

Bon XX 377
Cristal Room Baccarat XX 379
La Grande Cascade XXXX ✿ 381
Kura X 384
La Marée Passy X 384
Monsieur Bleu XX 386
St-James Paris XXXX ✿ 394
Les Tablettes de Jean-Louis Nomicos XXX ✿ 396
Tsé Yang XXX 397
La Villa Corse Rive Droite X 397
Zébra Square XX 398

17e arrondissement

Agapé Bis X 405
Le Ballon des Ternes XX 405
Le Clou de Fourchette X ☺ 410
Comme Chez Maman X 410
Dessirier par Rostang Père et Filles XXX 411
Graindorge XX ☺ 413
Guy Savoy XXXX ✿✿✿ 416
Makassar XX 419
Timgad XX 425

18e arrondissement

Le Café qui Parle X 430
Chamarré Montmartre XX 431
Le Coq Rico XX 432
Jeanne B X 432

19e arrondissement

Café des Concerts X 440
Que du bon X 441

20e arrondissement

Chatomat X ☺ 448
Mama Shelter X 449

Autour de Paris

Asnières-sur-Seine
– Le Van Gogh XXX 462
Auvers-sur-Oise
– Auberge Ravoux X 482
– Hostellerie du Nord XXX 482
Boulogne-Billancourt
– Au Comte de Gascogne XXX ✿ 463
– Le Bistrot X ☺ 464
– La Table de Cybèle X 465
Chennevières-sur-Marne
– L'Écu de France XXX 478
Clichy
– La Romantica XXX 466
Janvry
– Bonne Franquette XX 459
Méry-sur-Oise
– Le Chiquito XXX ✿ 483
Montreuil
– L'Amourette X ☺ 475
– Villa9Trois XX 475
Neuilly-sur-Seine
– Jarrasse L'Écailler de Paris XX 469
Orgeval
– Moulin d'Orgeval XX 489
Ozoir-la-Ferrière
– La Gueulardière XXX 473
Le Plessis-Picard
– La Mare au Diable XX 473
Le Pré-Saint-Gervais
– Au Pouilly Reuilly X 476
Roissy-en-France
– Brasserie Flo XX 484
Rueil-Malmaison
– Les Terrasses de l'Impératrice XX 470
Saint-Cloud
– Le Garde-Manger X 470
Saint-Germain-en-Laye
– Cazaudehore XXX 489
– Pavillon Henri IV XXX 489
Saint-Mandé
– L'Ambassade de Pékin XX 480
Saint-Ouen
– Le Coq de la Maison Blanche XX 476
– Ma Cocotte X 476
Suresnes
– Au Père Lapin X 471
– Les Jardins de Camille XX 471
Tremblay-Vieux-Pays
– Le Cénacle XX 477
La Varenne-Saint-Hilaire
– Château des Iles XX 480
Ville-d'Avray
– Le Café des Artistes X ☺ 472
Viry-Châtillon
– Le Marcigny X 461

Restaurants ouverts tard le soir

2e arrondissement

Brasserie Gallopin (0 h) 96
Drouant (23 h30) 99
La Fontaine Gaillon (23 h30) 99
Mori Venice Bar (23 h30) 102
Vaudeville (0 h) 108

4e arrondissement

Bofinger (0 h) 123

5e arrondissement

Atelier Maître Albert (23 h30) 135

6e arrondissement

Alcazar (23 h30) 152
Le Cherche Midi (23 h30) 157
Emporio Armani Caffé (23 h30) 159
La Rotonde (0 h30) 170
La Société (23 h30) 171

7e arrondissement

L'Atelier de Joël Robuchon - St-Germain (0 h) 185
Brasserie Thoumieux (23 h30) 188
Café de l'Esplanade (1 h30) 189
Il Vino d'Enrico Bernardo (0 h) 199

8e arrondissement

L'Atelier de Joël Robuchon - Étoile (0 h) 217
Diep (0 h) 228
Fouquet's (23 h30) 228
Mini Palais (23 h30) 241
Ratn (23 h30) 247

9e arrondissement

Au Petit Riche (0 h) 261
L'Opéra (0 h) 270

10e arrondissement

Chez Michel (0 h) 283

13e arrondissement

Mer de Chine (23 h30) 324

14e arrondissement

La Coupole (0 h) 337

15e arrondissement

La Villa Corse Rive Gauche (23 h30) 366

16e arrondissement

Atelier Vivanda (23 h30) 373
Monsieur Bleu (23 h30) 386
La Villa Corse Rive Droite (23 h30) 397

17e arrondissement

Le Ballon des Ternes (0 h) 405

Se restaurer à Paris

▸ 1er arrondissement 60

▸ 2e arrondissement 90

▸ 3e arrondissement 110

▸ 4e arrondissement 118

▸ 5e arrondissement 130

▸ 6e arrondissement 148

▸ 7e arrondissement 178

▸ 8e arrondissement 210

▸ 9e arrondissement 256

▸ 10e arrondissement 276

▸ 11e arrondissement 288

▸ 12e arrondissement 304

▸ 13e arrondissement 316

▸ 14e arrondissement 328

▸ 15e arrondissement 344

▸ 16e arrondissement 368

▸ 17e arrondissement 400

▸ 18e arrondissement 426

▸ 19e arrondissement 436

▸ 20e arrondissement 444

Paris
ST-OUEN
Porte de St-Ouen
CLICHY
D 911
D 909
Porte de Clichy
COURBEVOIE
LEVALLOIS-PERRET
Bd Bessières
Av. de St-Ouen
Porte d'Asnières
D 908
Bd Berthier
Av. de Clichy
LA DÉFENSE
Porte de Champerret
17e
NEUILLY-S-SEINE
Bd
Av. de Villiers
Pl. de Clichy
Bd
D 913
PALAIS DES CONGRÈS DE PARIS
Bd Gouvion St-Cyr
Bd de Courcelles
Malesherbes
GARE ST-LAZARE
Porte Maillot
PARC MONCEAU
R.
Av. de la Grde Armée
ARC DE TRIOMPHE
Bd Haussmann
OPÉRA GARNIER
Porte Dauphine
Av. Foch
8e
AV. DES CHAMPS ÉLYSÉES
Av. Marceau
MADELEINE
Bd Lannes
Porte de la Muette
CONCORDE
Rue
BOIS DE BOULOGNE
Av. Mandel
Av. de New-York
Q. d'Orsay
1er
MUSÉE DU QUAI BRANLY
PALAIS DE CHAILLOT
Av. Bosquet
7e
MUSÉE D'ORSAY
Q. des Tuileries
Suchet
16e
TOUR EIFFEL
INVALIDES
Bd
MAISON DE RADIO FRANCE
ÉCOLE MILITAIRE
Bd des Invalides
SEINE
Bd de Grenelle
Q. de Grenelle
Av. de Breteuil
R. de Sèvres
R. de Rennes
Porte d'Auteuil
Bd
A 13
Citroën
15e
Bd Garibaldi
Bd du Montparnasse
PARC DES PRINCES
Av. de Versailles
R. de la Convention
Lecourbe
Vaugirard
Bd Murat
Q. A.
GARE MONTPARNASSE
Av. du Maine
Raspail
R. de
Q. d'Issy
Porte de St-Cloud
Bd Victor
R.
Porte de Sèvres
PARIS-EXPO
14e
BOULOGNE-BILLANCOURT
Bd Lefèbvre
R. d'Alésia
Av. du Gal Leclerc
R.
Bd Brune
VANVES
Porte de Châtillon
Bd
ISSY-LES-MOULINEAUX
MALAKOFF
Porte d'Orléans
MONTROUGE

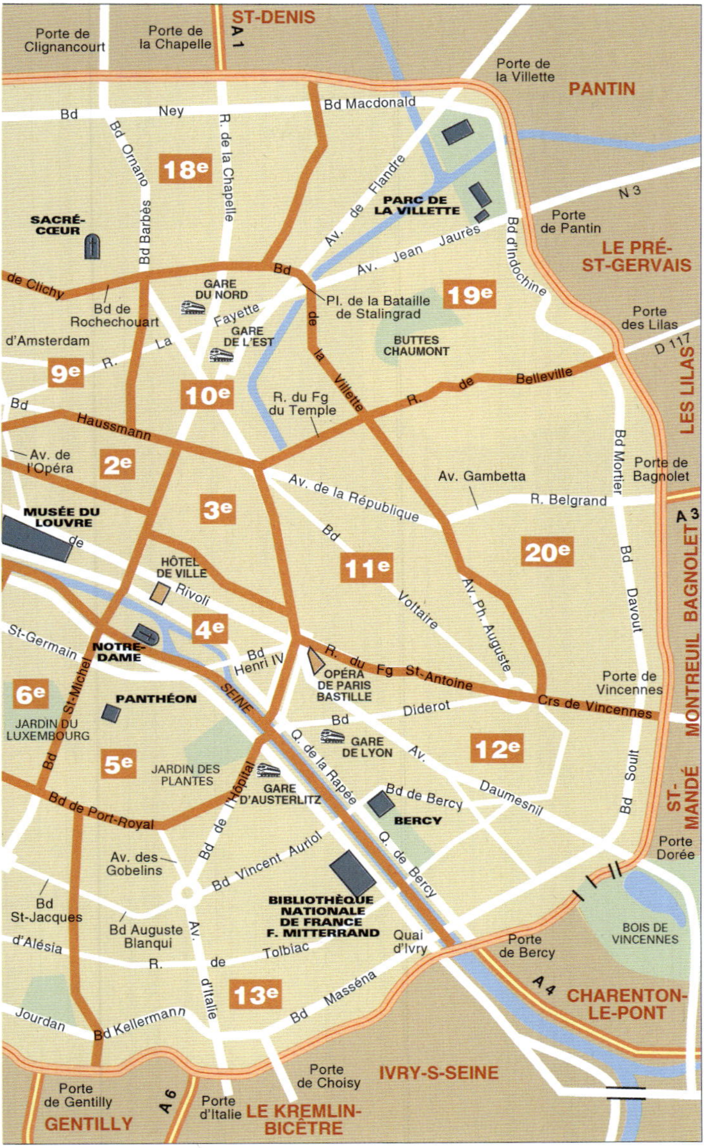
ST-DENIS
A 1
Porte de Clignancourt
Porte de la Chapelle
Porte de la Villette
PANTIN
Bd Ney
Bd Macdonald
Bd Ornano
R. de la Chapelle
18e
Av. de Flandre
PARC DE LA VILLETTE
N 3
Porte de Pantin
LE PRÉ-ST-GERVAIS
SACRÉ-CŒUR
Bd Barbès
Av. Jean Jaurès
Bd d'Indochine
Bd de Clichy
Bd de Rochechouart
GARE DU NORD
Pl. de la Bataille de Stalingrad
19e
d'Amsterdam
R. La Fayette
GARE DE L'EST
BUTTES CHAUMONT
Porte des Lilas
D 117
9e
R. de la Villette
LES LILAS
R. de Belleville
10e
R. du Fg du Temple
Bd Haussmann
Av. de l'Opéra
2e
Bd Mortier
Porte de Bagnolet
Av. Gambetta
R. Belgrand
Av. de la République
A 3
MUSÉE DU LOUVRE
3e
Bd Voltaire
11e
20e
HÔTEL DE VILLE
R. de Rivoli
Bd Davout
Av. Ph. Auguste
BAGNOLET
4e
Bd St-Germain
NOTRE-DAME
Bd Henri IV
R. du Fg St-Antoine
OPÉRA DE PARIS BASTILLE
Porte de Vincennes
MONTREUIL
6e
Bd St-Michel
PANTHÉON
SEINE
Crs de Vincennes
JARDIN DU LUXEMBOURG
Bd Diderot
GARE DE LYON
Q. de la Rapée
12e
5e
JARDIN DES PLANTES
Av. Daumesnil
Bd Soult
ST-MANDÉ
GARE D'AUSTERLITZ
Bd de Bercy
Bd de Port-Royal
Bd de l'Hôpital
BERCY
Porte Dorée
Av. des Gobelins
Bd Vincent Auriol
Q. de Bercy
Bd St-Jacques
BIBLIOTHÈQUE NATIONALE DE FRANCE F. MITTERRAND
BOIS DE VINCENNES
Bd Auguste Blanqui
Av. d'Italie
Quai d'Ivry
Porte de Bercy
R. d'Alésia
R. de Tolbiac
A 4
13e
Bd Masséna
CHARENTON-LE-PONT
Jourdan
Bd Kellermann
Porte de Choisy
IVRY-S-SEINE
Porte de Gentilly
A 6
Porte d'Italie
GENTILLY
LE KREMLIN-BICÊTRE

1er

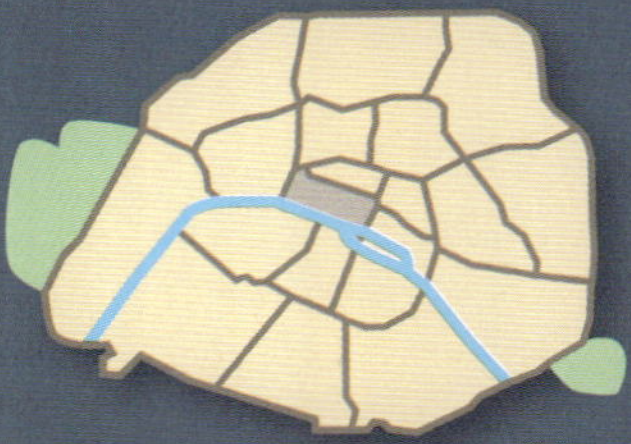

Palais-Royal · Louvre · Tuileries · Les Halles

H. Hughes / hemis.fr

1er
8e
7e
A
B
1
2
3
STE-MARIE-MADELEINE
Madeleine
Bd de la Madeleine
Opéra
Rue du
L'Assagio
Bistrot Mavrommatis
Le Baudelaire
Goumard
Lescure
Sur Mesure par Thierry Marx
Camélia
L'Ardoise
Le First
Le Meurice Alain Ducasse
Le Dali
Carré des Feuillants
Pinxo Tuileries
Kinugawa
L'Absinthe
Les Cartes Postales
Gwadar
Crudus
Jin
Sanukiya
Nodaïwa
Zen
Cibus
PLACE VENDÔME
R. de la Paix
R. D. Casanova
Rue des
Av. de l'Opéra
R. Cambon
R. St-Florentin
R. Royale
R. B. d'Anglas
R. de Castiglione
R. St-Roch
R. des Pyramides
Saint Honoré
Rivoli
Pyramides
ST-ROCH
Tuileries
Pl. des Pyramides
Concorde
BÉLISQUE
PL. DE LA CONCORDE
JARDIN DES TUILERIES
JARDIN DU CARROUSEL
MUSÉE DU LOUVRE
Quai des Tuileries
Quai François
Passlle L. Sedar Sanghor
SEINE
Quai Anatole France
Assemblée Nationale
MUSÉE D'ORSAY
Pont Royal
Pont du Carrousel
Quai Voltaire
Q. Malaquais
Rue de Lille
Rue de l'Université
Rue de Verneuil
R. du Bac
Boulevard Saint Germain
Rue de Bellechasse
Solférino
R. des Saints Pères
Bonaparte
Rue Jacob
Rue du Bac
0
200 m
St Germain des Prés
ST-GERMAIN DES PRÉS
Palais-Royal, Louvre, Tuileries, Les Halles

Quatre Septembre
Quatre Septembre
Richelieu
Vivienne
LA BOURSE
Bourse
Rue des Victoires
R. Montmartre
R. du Sentier
Bonne Nouvelle
Poissonnière
Rue Réaumur
Rue d'Aboukir
2e
1
Kunitoraya
Maceo
Rue de Petits Champs
R. Notre-Dame des Victoires
R. du Mail
Sentier
R. L. Bellan
R. St Sauveur
Baan Boran
Le Grand Véfour
Pl. des Victoires
Franck Enée
Palais Royal
Les Bistronomes
JARDIN DU PALAIS ROYAL
Rue Étienne Marcel
Montorgueil
R. St Denis
Pierre au Palais Royal
Kei
PALAIS ROYAL
R. Croix des Petits Champs
Rue du Louvre
ST-EUSTACHE
Étienne Marcel
Pirouette
Les Halles
FORUM LES HALLES
Châtelet les Halles
Louvre Bouteille
La Régalade St Honoré
Palais Royal Musée du Louvre
Rue Saint Honoré
Yam'Tcha
La Dame de Pic
Spring
Chez La Vieille "Adrienne"
Louvre Rivoli
Rue de Rivoli
Saudade
R. des Halles
Bd de Sébastopol
4e
2
Mitterrand
Pont Neuf
Q. du Louvre
R. du Pont Neuf
Quai de la Mégisserie
Pl. du Châtelet
Châtelet
St. Martin
Pont des Arts
Quai de Conti
Au Rendez-vous des Camionneurs
Pont Neuf
CONCIERGERIE
PALAIS DE JUSTICE
STE-CHAPELLE
Pont au Change
Av. Victoria
Hôtel de Ville
Q. de Gesvres
3
Pl. de l'Hôtel de Ville
SEINE
Pont N.-Dame
Pont d'Arcole
R. Mazarine
6e
Bd du Palais
Cité
R. de la Cité
ÎLE DE LA CITÉ
R. d'Arcole
R. St-André des Arts
C
C
D
D
Pont St-Michel
St Michel

L'Absinthe

Traditionnelle B1

24 pl. Marché-St-Honoré
01 49 26 90 04
www.restaurantabsinthe.com
Pyramides
Fermé 22 décembre-2 janvier, samedi midi et dimanche

Formule 25 € – Carte 43/51 €

A/C

Non, vous n'avez pas été happé par les vapeurs de la "fée verte"... Dans ce néobistrot, vous êtes bien au 19e s. ! Carrelage et plancher anciens, comptoir en zinc, murs en brique, horloge monumentale et vieilles portes vitrées récupérées dans une gare : entre grande époque des chemins de fer et souvenir d'une certaine bohème, ce décor fleure bon le temps passé. Et sur la place du Marché-St-Honoré, la grande terrasse semble avoir échappé au sacre de l'automobile, ce qui est bien agréable... Quant à l'assiette, elle offre de fort jolies réminiscences bistrotières, à travers des plats de saison, frais et légers (pâté en croûte de canard et foie gras, tarte soufflée au chocolat et sa glace café, etc.). Une adresse de la constellation Michel Rostang.

L'Ardoise

Traditionnelle A1

28 r. du Mont-Thabor
01 42 96 28 18
www.lardoise-paris.com
Concorde
Fermé dimanche midi

Formule 32 € – Menu 36 €

A/C

Avec ses murs recouverts d'ardoise à la manière d'un grand tableau noir, ce restaurant porte bien son nom... Nul doute : voilà un bel hommage contemporain rendu à cette ardoise qui symbolise tant les gargotes parisiennes et leurs recettes incontournables ! On ne s'étonnera donc pas que l'adresse joue résolument la carte du bistrot gourmand. Raviolis de girolles et de foie gras ; galette d'escargots, lard fumé et champignons ; cabillaud poêlé et artichaut de Bretagne ; crème caramel ; etc. Tout est généreux, frais et savoureux ! Le soir, le maître des lieux a la bonne idée d'ouvrir à 18h30, ce qui ne manquera pas de séduire ceux qui crient famine avant l'heure. Ils sont donc nombreux, touristes de passage ou habitués, à se presser dans la petite salle, et il est préférable d'avoir réservé...

Premièrement,
deuxièmement,
troisièmement,
évidemment.
Servi par plus de 650 chefs étoilés
au guide MICHELIN.
www.nespresso.com
NESPRESSO
What else?

L'Assaggio

Italienne

A1

Hôtel Castille Paris,
37 r. Cambon
01 44 58 45 67
www.castille.com
Ⓜ Madeleine
Fermé août, 24-30 décembre, samedi et dimanche

Formule 37 € – Menu 45 € (déjeuner) – Carte 60/90 €

A/C

L'Assaggio, ou la "dégustation" en italien. Grand ouvert sur un patio peint de fresques et orné d'une fontaine, le cadre évoque la villa d'Este. Un lieu très "dolce vita", où l'on a tôt fait de s'imaginer en vacances romaines, évidemment rythmées par de somptueuses agapes avec les mirifiques icônes fifties de CineCittà... Mais revenons sur terre ! Le chef concocte une cuisine élégante et honore les produits de la Botte, sans trompe-l'œil... Antipasti, pasta, risottos aux petits légumes ou aux fruits de mer : les assiettes sont savoureuses et s'accompagnent de jolis vins transalpins. Un Assaggio pas si sage et résolument gourmand !

Au Rendez-vous des Camionneurs

Traditionnelle

C3

72 quai des Orfèvres
01 43 29 78 81
www.aurdvdescamionneurs.com
Ⓜ Cité
Fermé 2 semaines en août

Formule 24 € – Menu 32 € – Carte 40/60 €

Banquette bleu électrique, tables en formica orange, vieux carrelage... Avis aux amateurs : ce bistrot cultive la nostalgie des années 1950 ! Ses patrons revendiquent qu'il aurait été le seul "routier" de Paris. Coquetterie de camionneurs ou non, l'adresse sait jouer la carte du revival... Au menu : une cuisine de bistrot qui va à l'essentiel, tels ce risotto de girolles, parfumé à souhait, ou cette crème brûlée à la pistache, au goût bien marqué. Ultime clin d'œil vintage, on renoue aussi avec la tradition des plats du jour : le lundi c'est agneau, le mardi cochon, le mercredi veau, etc. Autres atouts : un service sans interruption de 12h à 23h, une ambiance décontractée et... une situation exceptionnelle, sur l'île de la Cité, à deux pas du Pont-Neuf !

Baan Boran

Thaïlandaise C1

43 r. Montpensier
01 40 15 90 45
www.baan-boran.com
Palais Royal
Fermé samedi midi et dimanche

Menu 16 € (déjeuner)/40 € – Carte 30/45 €

A/C Entre tableaux naïfs et orchidées, le Baan Boran affiche un cadre à la fois contemporain et exotique, tout en sobriété. Destination : la Thaïlande. En cuisine, l'équipe s'affaire autour des woks. Perpétuant un savoir-faire ancestral, elle réalise des plats plus ou moins épicés (selon votre goût), légers ou végétariens. Soupe de crevettes et citronnelle, soupe de poulet épicée, crevettes sautées aux herbes thaïes et sauce au curry rouge, poulet au curry vert et lait de coco, etc. D'alléchants fumets envahissent rapidement la salle... Enfin, les plats arrivent sur les sets de bambou, servis par un personnel charmant et en costume traditionnel. Le voyage peut vraiment commencer...

Les Bistronomes

Moderne C1

34 r. de Richelieu
01 42 60 59 66
www.lesbistronomes.fr
Palais Royal
Fermé 3 semaines en août, 1 semaine vacances de Noël, samedi midi, dimanche et lundi

Formule 26 € – Menu 35 € (déjeuner)/65 € – Carte 50/77 €

Qu'est-ce qu'un bistronome ? Probablement quelqu'un qui vous indiquerait cette adresse discrète située juste en face de la fontaine Molière, à deux pas du Palais-Royal. Le décor – parquet et tables en bois sombre, murs en camaïeu de beige – joue la sobriété. Il faut dire que l'on vient avant tout pour la qualité des mets imaginés par Cyril Aveline, un chef qui s'est frotté aux plus grands. Ouvert en 2011, l'établissement a su imposer son style, à mi-chemin entre cuisine bourgeoise, recettes tendance et spécialités de bistrot. Pâté en croûte de canard et ses pickles, lotte au chou pak-choï étuvé à l'huile de sésame, mille et une feuilles à la banane flambées au vieux rhum... La carte est renouvelée tous les mois et demi, pour le plus grand plaisir des gourmands, bistronomes ou pas.

Le Baudelaire ✿

Moderne
Hôtel Le Burgundy,
6-8 r. Duphot
✆ 01 42 60 34 12
www.lebaudelaire.com
Ⓜ Madeleine
Fermé samedi midi et dimanche

A1

Formule 42 € – Menu 55 € (déjeuner)/145 € – Carte 80/140 €

A/C

Le Burgundy

Ici, nulle raison d'être envahi par le spleen baudelairien : on se sent si bien dans ce restaurant raffiné, niché au cœur d'un jeune palace arty et feutré (né en 2010) célébrant le nouveau chic parisien... La salle s'ordonne autour de la cour intérieure de l'établissement, un beau jardin d'hiver où il fait bon lire *Les Fleurs du mal* devant un thé. Reflets du dehors sur les tables en laque noire, confort douillet des fauteuils camel ou chocolat, grandes verrières, murs immaculés : un havre de paix... dédié à la gastronomie.

En cuisine, le chef joue une belle partition classique, rehaussée de subtiles touches contemporaines : l'harmonie des saveurs, la qualité des produits, le soin apporté à l'exécution, tout séduit. Et au dessert, on se régale de belles gourmandises en se remémorant cette phrase du poète : "La terre est un gâteau plein de douceur." Quand gastronomie rime avec poésie...

Entrées

- Saint-Jacques de plongée au sésame noir, mouron des oiseaux, marmelade de citron
- Foie gras de canard de Vendée en raviole et artichauts

Plats

- Turbot de petit bateau poché, crumble avoine-citron, jus d'estragon
- Pigeon rôti, chorizo et parmentier des cuisses

Desserts

- Calisson à l'orange, biscuit trocadéro, sorbet basilic
- Biscuit Sacher au chocolat amer, grué de cacao

Bistrot Mavrommatis

Grecque A1

18 r. Duphot (1er étage)
01 42 97 53 04
www.mavrommatis.com
Ⓜ Madeleine
Fermé août, samedi, dimanche, fériés et le soir

Formule 22 € – Carte 30/50 €

A/C

Tout près de la Madeleine, ce restaurant est placé sous un heureux patronage : l'église ressuscite l'auguste profil d'un temple grec, tandis qu'il exalte les reliefs de la cuisine hellénique ! Il faut traverser l'épicerie du rez-de-chaussée – laquelle met en appétit – pour rejoindre les deux salles à manger au 1er étage. On découvre alors une petite taverne grecque, fraîche et plaisante, ornée de nombreuses photos évoquant le pays des Dieux, ses vignes et ses oliviers, sa mer si bleue, ses ports si blancs… Les routes du Péloponnèse et des Cyclades se croisent dans l'assiette : moussaka, tzatziki (yaourt au concombre), dolmadès (feuilles de vigne farcies), keftédès (boulettes) d'agneau à la menthe, mahalepi (crème de lait à la fleur d'oranger)… Tout cela avec simplicité et à bon compte.

Camélia

Moderne A1

Hôtel Mandarin Oriental,
251 r. St-Honoré
01 70 98 74 00
www.mandarinoriental.fr/paris/
Ⓜ Concorde

Formule 48 € – Carte 63/116 €

A/C

Faire simple, se concentrer sur la saveur de très beaux produits, s'inspirer des classiques de la gastronomie française et les rehausser d'une touche d'Asie : telle était la volonté de Thierry Marx, chef du très raffiné Sur Mesure au sein de l'hôtel Mandarin Oriental, mais également directeur des cuisines de ce beau Camélia. Dans ce lieu tout en fluidité, apaisant, zen et très élégant, on se régalera par exemple d'une crème de châtaigne accompagnée d'un boudin de volaille et de champignons des bois, ou encore d'une dorade à la japonaise et ses ravioles de navets au citron. L'exécution est soignée, précise et même millimétrée ; le service efficace. Pourquoi faire compliqué quand on peut... faire simple ?

Carré des Feuillants ✿✿

Moderne B1

14 r. de Castiglione
01 42 86 82 82
www.carredesfeuillants.fr
Ⓜ Tuileries
Fermé août, samedi midi et dimanche

Menu 60 € (déjeuner), 143/204 € – Carte 125/146 €

A/C

Carré des Feuillants

Il est rare qu'un restaurant marie si parfaitement ambiance et style culinaire. Indéniablement, le Carré des Feuillants réussit cette osmose. Point d'exubérance ou d'élans démonstratifs, tout dans la mesure et la maîtrise : c'est la première impression qui se dégage de cet ancien couvent (bâti sous Henri IV). Conçu par l'artiste plasticien Alberto Bali, ami d'Alain Dutournier – pour qui il a également signé les décors de ses Pinxo –, le décor n'est que lignes épurées, presque minimalistes, et matériaux naturels, dans une veine contemporaine.

Un cadre baigné de sérénité, pour un service impeccable et une cuisine à la hauteur. Marquée par la générosité et les racines landaises du chef, elle fait preuve de caractère et d'inventivité. Composées à la manière d'un triptyque – "le basique, son complice végétal et le révélateur" –, les assiettes ont l'art de valoriser l'authenticité du produit tout en sublimant le "futile". Quant à la cave, elle recèle de vrais trésors.

Entrées

- Pâté en croûte de caille des prés façon Rossini
- Cuisses de grenouilles pimentées, girolles et pousses de roquette

Plats

- Noix de ris de veau au sautoir, jus pointu aux huîtres
- Tronçon de turbot sauvage, jeunes légumes étuvés

Desserts

- Fraises des bois en léger vacherin, sorbet à la rose de Grasse et gelée de litchi
- Tarte rhubarbe caramélisée, riz au lait vanillé en quenelle crémeuse

Les Cartes Postales

Traditionnelle B1

7 r. Gomboust
01 42 61 02 93
Ⓜ Pyramides
Fermé 3 semaines en août, vacances de Noël, lundi soir, samedi midi et dimanche

Formule 30 € – Menu 70 € (dîner) – Carte 40/75 €

A/C Les cartes postales sont bien là : elles couvrent tout un mur et représentent des tableaux d'art moderne, mais c'est bien la seule coquetterie du décor, qui reste fort simple. On le sait, dans le cas de cartes postales, l'enveloppe ne compte pas ! On se focalisera donc sur l'adresse du chef, Yoshimasa Watanabe, arrivé du Japon il y a une trentaine d'années et formé auprès d'Alain Dutournier (Carré des Feuillants). Amateur de produits frais, il écrit un message savoureux, dans un parfait français relevé de quelques idéogrammes nippons : galette de crabe à la vinaigrette de pamplemousse, brochette de ris de veau caramélisés sauce aux truffes, croustillant de marron glacé… La formule déjeuner offre un bon rapport qualité-prix et, à la carte, on peut opter pour des demi-portions et redoubler ainsi son plaisir.

Chez La Vieille Adrienne

Traditionnelle C2

1 r. Bailleul
01 42 60 15 78
Ⓜ Louvre Rivoli
Fermé samedi midi et dimanche – Réservation conseillée

Formule 28 € – Menu 38 €

Repris en novembre 2009 par Christian Millet (chef et propriétaire du Pouilly Reuilly au Pré-St-Gervais), ce bistrot patiné a conservé ce bel esprit rétro dont les amoureux du Paris d'antan sont friands. Autrefois tenue par une certaine... Adrienne (des photos d'elle en noir et blanc parsèment les murs de la minuscule salle), cette demeure du 16e s. a le sens de l'hospitalité et de la convivialité ! La cuisine, sans chichi et à la mode de nos grands-mères, s'est un peu allégée avec les années et avec l'arrivée d'un jeune chef japonais, mais les fondamentaux ont toujours la cote : terrine de canard, quenelles de calamar, coq au vin, boudin noir, tartelette au chocolat amer. Le cadre, lui, est immuable : rideaux de dentelle, tables au coude-à-coude et grand comptoir garni de hors-d'œuvre...

Cibus

Italienne B1

5 r. Molière
01 42 61 50 19
Ⓜ Palais Royal
Fermé 1 semaine en mai, 3 semaines en août, 1 semaine vacances de Noël, lundi midi, samedi midi et dimanche – Réservation conseillée

Formule 28 € – Menu 35 € (déjeuner) – Carte 48/67 €

Cibus, cibi : mot latin signifiant "aliment", "nourriture" ; ainsi disait (peut-être) Néron : *Plurimi cibi sum,* "je suis un gros mangeur". Allez sans tarder réviser vos déclinaisons dans ce restaurant italien justement placé sous les auspices de ses ancêtres les Romains : ce sont deux millénaires d'art et d'exigence qui ont forgé la cuisine transalpine ! Nul besoin d'une rhétorique à la Cicéron pour le comprendre, il suffit de se mettre à table : artichauts et palourdes à la menthe, linguine aux palourdes, raviolis végétariens, poisson du jour, tiramisu… Saveurs intenses et conjugaisons éternelles : le chef vise juste, avec pas mal de produits bio. L'accueil est convivial et la salle, toute simple, ne compte que vingt couverts. Comme l'ordonnait (sans doute) Caligula : *Reservate !*

Crudus

Italienne B1

21 r. St-Roch
01 42 60 90 29
Ⓜ Pyramides
Fermé août, vacances de Noël, samedi, dimanche et fériés – Réservation conseillée

Formule 28 € – Menu 35 € (déjeuner)/45 € – Carte 48/70 €

Une recette toute simple, mais aboutie : ce petit restaurant italien cuisine essentiellement des produits issus de l'agriculture biologique. À la carte ou sur l'ardoise du jour, rien que des plats aux saveurs pétillantes et bien relevées, qui donnent envie de deviser sur les bienfaits de la nature : poêlée de calamars et de courgette, risotto au safran et légumes à la truffe, gnocchis à la sauge, linguine aux palourdes, tagliatelles au ragoût de bœuf, tiramisu… Le décor aussi joue la carte des fondamentaux : murs immaculés, vieux parquet, chaises de bistrot, tables en plexiglas (made in Italy), petit buffet rétro – et, sur un panneau, une imposante masse noire qui représenterait une truffe. Une adresse assez discrète, presque pour initiés.

Le Dali

Moderne A1

Hôtel Le Meurice,
228 r. Rivoli
01 44 58 10 44
www.lemeurice.com
Tuileries

Carte 91/140 €

A/C

La "deuxième" table du Meurice, au centre névralgique de l'établissement, semble autant un restaurant qu'un point de passage ou un lieu de rendez-vous. Les "beautiful people" aiment à se montrer dans ces lieux chargés d'histoire, tout en pilastres et fenêtres miroirs. Au plafond, une fresque originale, signée Ara Starck, rend hommage au génie de Salvador Dalí. Çà et là, d'autres détails – lampe à tiroirs, chaise aux pieds en forme d'escarpins – rappellent la créativité iconoclaste du maître espagnol de la peinture surréaliste. La carte revisite la cuisine de palace non sans une touche ludique : terrine de volaille et foie gras aux chanterelles, sole meunière façon grenobloise, longe de veau glacée dans son jus, soufflé au citron... Une cantine chic et mondaine, au cœur de la vie du palace !

Le First

Moderne A1

Hôtel The Westin Paris,
234 r. de Rivoli
01 44 77 10 40
www.lefirstrestaurant.com/fr/
Tuileries

Formule 30 € – Menu 36 € (semaine), 49/95 € – Carte 54/69 €

A/C

Une douce lumière baigne le jardin des Tuileries... Après une visite au musée de l'Orangerie, il est légitime de vouloir cultiver encore ce sentiment de quiétude. Au sein de l'hôtel Westin, le First se donne des allures de boudoir – éclairages tamisés, banquettes de velours sombre –, griffé Jacques Garcia. Aux beaux jours, la terrasse, très prisée, investit la cour de l'hôtel et c'est dans ce cadre verdoyant que l'on s'installe pour dîner au calme. La carte, conçue par Gilles Grasteau, mise sur les bons produits, sans ostentation, pour une cuisine française revisitée dans l'esprit du moment. Les menus, quant à eux, proposent des variations autour du miel, du champagne, etc. Enfin, le dimanche, le brunch "b3" impose sa formule : brunch, buffet, bien-être !

La Dame de Pic ✿

Créative

20 r. du Louvre
✆ 01 42 60 40 40
www.ladamedepic.fr
Ⓜ Louvre Rivoli
Fermé 28 juillet-24 août et dimanche

C2

Menu 50 € (déjeuner en semaine), 80/125 €

François Goizé

Un bel atout dans la cartographie des bonnes tables parisiennes : Anne-Sophie Pic a créé en 2012, à deux pas du Louvre, cette table... capitale. À 550 km de Valence où son nom a tant marqué l'histoire de la cuisine (ses père et grand-père y conquirent eux aussi trois étoiles Michelin), mais au cœur de sa griffe originale.

Un travail en finesse, en précision, doublé d'une inspiration pleine de vivacité : telle est la signature de cette grande dame de la gastronomie. On retrouve son sens de l'harmonie des saveurs, de la fraîcheur et de l'exactitude (cuissons et assaisonnements font mouche), décliné ici autour d'un leitmotiv original : celui des arômes et des parfums. Dans la ville de la mode et de l'élégance, la chef a en effet voulu jouer pleinement la carte de la féminité, en association avec le "nez" Philippe Bousseton : chaque menu développe un thème olfactif différent – la vanille ou les sous-bois, par exemple. Le décor du restaurant lui aussi est éminemment féminin, mêlant tons blancs et motifs de fleurs. De quoi piquer votre sensibilité...

Entrées

- Petites tomates de pays, mozzarella et vanille de Tahiti
- Courgettes de couleur, estragon du Pérou et moules de bouchot

Plats

- Sardine de Méditerranée, poireau et thé matcha
- Poitrine de cochon, feuille de figuier, aubergine et fève tonka

Desserts

- Figue, chocolat tanariva et safran
- Riz au lait, vanille, myrtille, mûres et amaretto

Franck Enée

N

Moderne C1

17 r. Molière
✆ 01 42 96 22 19
www.franck-enee-restaurant.com
Ⓜ Pyramides
Fermé 3 semaines en août, dimanche et lundi

Formule 26 € – Menu 35 € – Carte 57/69 €

A/C Entre Palais-Royal et Opéra, en lieu et place de l'ancien restaurant Au Gourmand : voilà l'endroit choisi par Franck Énée pour installer sa nouvelle adresse, après avoir longtemps tenu les rênes de feu Monsieur Lapin, dans le quartier de Montparnasse. Dans la discrète rue Molière, on découvre une salle moderne, distillant une ambiance à la fois feutrée et sympathique, où il fait bon se régaler de calamars sautés et légumes verts, ou encore d'un filet de bœuf aux anchois... La cuisine du chef est résolument actuelle, bien tournée et réalisée avec de bons produits soigneusement choisis. La clientèle du quartier semble avoir déjà adopté ce nouveau venu !

Goumard

Poissons et fruits de mer A1

9 r. Duphot
✆ 01 42 60 36 07
www.goumard.com
Ⓜ Madeleine

Formule 34 € – Menu 44/54 € 🍷 – Carte 51/88 €

A/C Une institution marine fondée en 1872. Les produits de la mer, de première fraîcheur, y tiennent le haut du pavé (mais on peut aussi se délecter de très bonnes viandes et de préparations en "cocotte"). Chair de tourteau, vinaigrette au citron vert et crémeux de patate douce ; bar de ligne, gnocchis à la noix de muscade, champignons et tétragones : une belle cuisine du moment et une certaine idée du grand large, dans une atmosphère feutrée et très actuelle (sculptures, lumières tamisées, musique lounge). À toute heure, les amateurs de saveurs iodées se donnent rendez-vous au bar du rez-de-chaussée, autour d'un plateau d'huîtres et de coquillages. Seul vestige de l'esprit Art nouveau, les toilettes classées sont à voir absolument ! Service décontracté, chaque jour de midi à minuit.

Le Grand Véfour ✿✿

Créative

17 r. Beaujolais
✆ 01 42 96 56 27
www.grand-vefour.com
Ⓜ Palais Royal
Fermé 29 juillet-26 août, samedi et dimanche

C1

Menu 98 € (déjeuner)/298 € – Carte 205/285 €

A/C

Le Grand Véfour

Bonaparte et Joséphine, Lamartine, Hugo, Mac-Mahon, Sartre… Depuis plus de deux siècles, l'ancien Café de Chartres est un vrai bottin mondain ! Repaire des rendez-vous galants, des révolutionnaires et des intellectuels, le plus vieux restaurant de Paris (1784-1785) connut, d'un propriétaire à l'autre, grandeur et décadence. Incendie, attentat, fermeture… Il entre dans la légende en 1820 avec Jean Véfour, qui lui donne son nom. Quelques guerres plus tard, en 1948, Raymond Oliver lui rend son éclat en lui apportant ses premières étoiles, que Guy Martin entretiendra à sa suite. Voilà pour l'histoire, tracée à grands traits.

Reste le lieu, unique en son genre, restauré comme à l'origine et classé monument historique. Ouvertes sur le jardin par des arcades, deux magnifiques salles Directoire : miroirs, lustres en cristal, dorures, toiles peintes fixées sous verre inspirées de l'Antiquité. Quant à la cuisine, influencée par les voyages et la peinture – couleurs, formes, textures, le chef atypique "croque" ses plats comme un artiste –, c'est un juste équilibre entre grands classiques et recettes créatives.

Entrées

- Ravioles de foie gras, crème foisonnée truffée.
- Foie gras de canard en terrine, confit de tomate verte à la sauge ananas

Plats

- Parmentier de queue de bœuf aux truffes.
- Homard rôti dans sa carapace, asperges vertes et émulsion de parmesan

Desserts

- Palet noisette et chocolat au lait, glace au caramel brun et sel de Guérande
- Crème brûlée aux artichauts, légumes confits et sorbet amande amère

Gwadar

Indienne B1

39 r. St-Roch
01 42 96 28 24
Pyramides
Fermé dimanche

Menu 15 € (déjeuner), 20/25 € – Carte 25/40 €

A/C

Gwadar-Paris ? Pour rejoindre cette ville portuaire du sud-ouest du Pakistan, deux options s'offrent à vous : plusieurs heures d'avion... ou bien un voyage express via de belles saveurs épicées, très évocatrices du pays. Un parfait ticket donc que ce charmant restaurant à la fois cosy et douillet... Du velours, des banquettes, des tons chauds et le doux parfum de bons petits plats indo-pakistanais : butter chicken (poulet grillé et sauce tomatée), poulet tikka masala (dans une sauce aux épices), kulfi (glace à la pistache), etc., le tout accompagné d'un nan, ce petit "pain" incontournable. Bon à savoir : vous pouvez demander à ce que votre plat soit plus ou moins épicé, selon votre goût... Enfin, l'accueil se montre charmant. Ladies and gentlemen, embarquez dès maintenant sur Gwadar Airlines !

Kinugawa

Japonaise B1

9 r. du Mont-Thabor
01 42 60 65 07
www.kinugawa.fr
Tuileries
Fermé 11-25 août

Formule 42 € – Menu 62/85 € – Carte 46/110 €

A/C

Cette table japonaise bien connue – elle fut fondée en 1984 – s'est métamorphosée en 2012 sous l'égide de ses nouveaux propriétaires. Le fameux tandem d'architectes parisiens Gilles & Boissier en a repensé le décor, en mêlant caractère contemporain et esthétique nippone : c'est une incontestable réussite, tout en sobres tonalités et lignes épurées... Voilà qui sied bien à la cuisine, qui porte une authentique et élégante signature japonaise. Le chef, Toyofumi Ozuru, est issu d'une longue lignée de restaurateurs nippons. Sashimis, bœuf teriyaki et autres recettes kaiseki – avec un bar à sushis à l'étage – mêlent fraîcheur et saveurs ; les jeux sur les textures, la subtilité des marinades et des fritures (comme celles des tempuras de crevettes) : tout évoque joliment la cuisine japonaise contemporaine.

Jin ✿

N

Japonaise

B1

6 r. de la Sourdière
01 42 61 60 71
www.secret-flavor.com/jin
Ⓜ Tuileries
Fermé 2 semaines en août, une semaine à Noël, lundi midi, mardi midi et dimanche – Réservation conseillée

Menu 65 € (déjeuner)/135 €

A/C

Jin

Un nouvel écrin pour la gastronomie japonaise, près de la rue St-Honoré, en plein cœur de Paris ! Jin, c'est d'abord – et surtout – le savoir-faire d'un homme, Takuya Watanabe, chef originaire de Sapporo, où il a créé plusieurs restaurants cotés... avant de succomber aux charmes de la capitale française, comme nombre de ses talentueux compatriotes. Comment ne pas être saisi par l'étonnante dextérité avec laquelle il prépare, sous les yeux des clients, sushis et sashimis ? Le poisson provient de Bretagne, d'Oléron ou d'Espagne, et il est soigneusement maturé pour être servi au meilleur moment. Des ingrédients de premier ordre pour une cuisine de haut vol : telle est bien la promesse du repas. De l'entrée – tel ce velouté de potiron aux algues et aux ormeaux – au final – un délicieux bouillon de coquillages et un dé d'omelette aérien et légèrement sucré, à la manière japonaise –, l'interprétation est tout simplement superbe... Jin, c'est aussi un décor très agréable, zen et intime, et un accueil aimable et souriant. Sous le Soleil-Levant exactement !

Spécialités

- Cuisine du marché

Kei ✿

Moderne

C2

5 r. du Coq-Héron
01 42 33 14 74
www.restaurant-kei.fr
Ⓜ Louvre Rivoli
Fermé 5-26 août, vacances de Noël, jeudi midi, dimanche et lundi

Menu 45 € (déjeuner), 100/125 €

A/C

Michelin Travel Partner

La gastronomie, Kei Kobayashi est tombé dedans quand il était petit ! Son enfance se passe à Nagano, dans une famille très sensibilisée au sujet : son père est cuisinier dans un restaurant traditionnel kaiseki. Mais sa véritable vocation naît… en regardant la télévision, grâce à un documentaire sur la cuisine française. Il étudie trois ans au Japon avant de partir pour l'Hexagone, afin de parfaire sa formation chez les plus grands. Le voilà désormais chez lui dans cet établissement d'une sobre élégance.

Sa cuisine est bien digne d'un passionné : il y a quelque chose de natif dans ses réalisations. L'influence nippone se fait sentir par petites touches délicates – avec une purée d'agrumes, des fleurs, des lamelles de pomme verte... – et préserve les saveurs si présentes de produits de qualité. Certaines associations hautes en couleur surprennent, d'autres ravissent par leur harmonie et leur limpidité ; les jeux sur les textures et les ingrédients font mouche. Inventif et raffiné.

Entrées

- Légumes de saison, saumon fumé au bois de hêtre
- Foie gras, gelée de raisin, amandes fraîches et pomme

Plats

- Pigeon rôti, laque de miso et caviar d'aubergine
- Filet de rouget au pamplemousse confit

Desserts

- Vacherin aux agrumes et au yuzu
- Assiette chocolat, sorbet chocolat au lait

Kunitoraya

Japonaise C1

5 r. Villedo
01 47 03 07 74
www.kunitoraya.com
Pyramides
Fermé 2 semaines en août, vacances de février, dimanche soir et lundi

Menu 35 € (déjeuner en semaine), 45/80 € – Carte 40/150 €

Un mariage Tokyo-Paname très réussi ! Vieux zinc, boiseries, grands miroirs, murs en faïence façon métro et carrelage à l'ancienne : ça c'est Paris, le parfait Paris des brasseries et des soupers 1900. Le chef japonais, séduit par ce décor "so french", a investi la place en avril 2010. Il nous y régale d'une cuisine nippone copieuse et soignée, essentiellement à base d'udon, pâtes maison fabriquées avec une farine de blé directement importée du Japon ! Elles se dégustent chaudes, servies dans un bouillon au parfum de poisson séché et de viande, accompagnées de crevettes en tempura et de grandes feuilles de maki (algue verte séchée) ; froides, on les apprécie notamment avec de l'igname, du soja ou des radis... Le pays du Soleil-Levant flamboie en plein cœur de la Ville Lumière, éternelle et gouailleuse !

Lescure

Traditionnelle A1

7 r. Mondovi
01 42 60 18 91
www.lescure1919.fr
Concorde
Fermé août, 23 décembre-3 janvier, samedi et dimanche

Menu 25 € (semaine) – Carte 23/46 €

Planqué derrière l'ambassade des États-Unis, le Lescure fait partie de ces lieux qui se bonifient avec le temps, comme le vin. Depuis sa création en 1919, les patrons, corréziens d'origine, se relaient de père en fils et ont su fidéliser une clientèle d'amis qui se transmettent l'adresse en toute confiance. Il faut dire que l'atmosphère ancienne et "campagnarde" joue beaucoup : tables rustiques – pas plus d'une trentaine de couverts – surplombées par des salaisons et des tresses d'oignon et d'ail. Dans l'assiette, on retrouve les essentiels de la cuisine limousine, copieux et alléchants, ainsi que les traditionnels bœuf bourguignon et poule au pot farcie. Au dessert, craquez pour le fondant aux trois chocolats ! Dernière particularité : la convivialité de l'équipe, volontiers gouailleuse...

Louvre Bouteille

Traditionnelle **C2**

150 r. St-Honoré
01 73 54 44 44
www.louvrebouteille.fr
Ⓜ Louvre Rivoli
Fermé 1 semaine en août, samedi midi et dimanche

Formule 20 € – Menu 24 € (déjeuner)/38 € – Carte environ 43 €

Imaginez, à deux pas du Louvre, une façade rouge vin derrière laquelle se cache un bistrot moderne décoré çà et là de bouteilles... C'est dans ce drôle de Louvre Bouteille que Cyril Rouquet, chef "vu à la télé" (il a été finaliste de l'émission Masterchef en 2010), enfile chaque jour son tablier pour préparer de bonnes recettes, bien parfumées : tournedos et pommes grenaille, magret de canard dans un bouillon thaï, œuf poché accompagné d'une crème de champignons et de chips de coppa, etc. On reconnaît l'œuvre d'un autodidacte passionné, qui n'hésite pas, par exemple, à préparer le gâteau au chocolat de "môman". Pour sûr, sa cuisine a du cœur... et du goût ! Le tout se déguste évidemment avec une bonne bouteille (joli choix de bourgognes). Une adresse bien sympathique.

Macéo

Moderne **C1**

15 r. Petits-Champs
01 42 97 53 85
www.maceorestaurant.com
Ⓜ Bourse
Fermé 2-25 août, samedi midi, dimanche et fériés

Formule 30 € – Menu 39/60 € – Carte 45/77 €

A/C

En reprenant ce restaurant fondé en 1880, Mark Williamson s'est offert un lieu chargé d'histoire. Tant par son décor Second Empire que par les personnalités qui l'ont fréquenté : Colette, Eisenhower, etc. Rebaptisée Macéo, l'adresse reste courue et la carte y rejoue les classiques avec une note de subversion : bisque de homard et crème légère au citron vert, sauté de bœuf et légumes au saté, macaron aux noisettes et crème pralinée... À noter, un menu asperge (en saison), un menu 100 % végétarien, et une incomparable cave – la passion du patron, également propriétaire du Willi's Wine Bar voisin – où s'illustrent quelque 250 vins du monde entier.

Le Meurice Alain Ducasse ✿✿✿

Créative A1

Hôtel Le Meurice,
228 r. de Rivoli
01 44 58 10 55
www.lemeurice.com
Ⓜ Tuileries
Fermé 1er-4 mars, 18 juillet-26 août, samedi et dimanche

Menu 135 € (déjeuner en semaine)/380 € – Carte 220/295 €

Pierre Mometta

Petit bouleversement dans la géographie des grandes tables parisiennes : le célèbre restaurant gastronomique du Meurice a été repris par Alain Ducasse à l'automne 2013. C'est donc dorénavant au sein de ce palace né au début du 19e s. face au jardin des Tuileries que l'on peut découvrir la cuisine du grand chef, dont la renommée n'est évidemment plus à faire. La griffe Ducasse – ici mise en œuvre par Christophe Saintagne – est bel et bien gage d'excellence. Des ingrédients parmi les meilleurs qui soient, une exécution aussi précise qu'élégante, des saveurs fines et éclatantes : les assiettes révèlent l'exigence et le culte du goût… Elles expriment également la signature propre au chef, qui a toujours placé le produit au cœur de tout et mène une recherche inlassable pour délivrer la quintessence de la cuisine, à travers des compositions savantes mais limpides, où le classicisme culinaire se réinvente sans cesse. La promesse de découvertes renouvelées sous les ors splendides du Meurice, dignes du château de Versailles – le tout porté par un service parfaitement orchestré…

Entrées
- Pâté chaud de pintade
- Foie gras

Plats
- Volaille Albufera
- Chevreuil sauce poivrade

Desserts
- Baba au rhum
- Vacherin exotique

Nodaïwa

Japonaise B2

272 r. St-Honoré
01 42 86 03 42
www.nodaiwa.com
Ⓜ Palais Royal
Fermé 1er-20 août, 30 décembre-10 janvier et dimanche

Formule 20 € – Menu 23 € (déjeuner), 31/68 € – Carte 35/45 €

A/C

Je suis la spécialité de ce restaurant. Levée en filets, passée au gril puis cuite à la vapeur, je suis ensuite plongée dans un bain de sauce soja, saké et sucre (auquel s'ajoute le secret du chef…), avant d'être de nouveau grillée et nappée de sauce. On me déguste sur du riz, dans un bol ou une boîte laquée. Les clients me choisissent au poids (à partir de 180 g) et peuvent parfaire mon assaisonnement avec du soja ou du sancho (épice japonaise). On me propose aussi en gelée ou au gingembre. La salle, tout en longueur et minimaliste, me ressemble. Qui suis-je ? L'anguille ! Telle est la championne de cette table nippone, filiale d'une maison bien implantée à Tokyo. La grande majorité de la clientèle est japonaise, ce qui dit tout de la qualité.

Palais Royal

Traditionnelle C1

110 Galerie de Valois - Jardin du Palais Royal
01 40 20 00 27
www.restaurantdupalaisroyal.com
Ⓜ Bourse

Carte 51/98 €

A/C

Un emplacement de rêve : la résidence du Palais-Royal, ses arcades et son ravissant jardin. L'été, la table y est dressée et la pause gourmande prend des airs de parenthèse enchantée et... ensoleillée ! L'hiver, on profite de la vue, bien au chaud derrière les larges baies vitrées de la salle à manger, ouvrant sur les fameuses galeries prisées des flâneurs. Atmosphère tout en intimité : alliance de tons chauds et doux, tables bien dressées, photos de Colette (dont l'appartement se trouvait juste au-dessus), service à l'avenant... Et le moment est d'autant plus agréable que la cuisine cultive la belle tradition : filet de bar de ligne accompagné de tomates confites et d'olives de Nyons, rognon de veau entier et sa garniture à la française, millefeuille à la vanille Bourbon et ses fruits de saison...

Pierre au Palais Royal

Moderne C2

10 r. Richelieu
01 42 96 09 17
www.pierreaupalaisroyal.com
Palais Royal
Fermé août, samedi midi et dimanche midi

Formule 38 € – Menu 49 € (dîner)/79 €

A/C À quelques pas de la Comédie-Française, Pierre au Palais Royal est une belle institution, totalement en prise avec l'époque : murs anciens transfigurés sous un décor contemporain en noir et blanc, rayures, zébrures, etc. Le tout se veut chic et sobre, mais sans maniérisme. Pour preuve, le jambon de Bigorre posé sur une table de découpe qui annonce la couleur de la cuisine – et son penchant pour le Sud-Ouest –, mais aussi l'accueil très aimable. Le patron, Éric Sertour, se fera une joie de vous conseiller sur les vins et vous détaillera les plats de la carte, cuisinés avec soin : thon albacore fumé et mariné au poivre vert, carré d'agneau de Lozère rôti et jus de pastis à la menthe, fraisier au chocolat blanc...

Pinxo - Tuileries

Moderne B1

Hôtel Renaissance Paris Vendôme, 9 r. d'Alger
01 40 20 72 00
www.pinxo.fr
Tuileries
Fermé août, samedi midi et dimanche

Menu 29 € (déjeuner) – Carte 45/60 €

A/C Dans un décor minimaliste noir et blanc très mode (il n'en fallait pas moins pour la table de l'hôtel Renaissance Paris Vendôme), les cuisines font leur show au centre de la salle, bordées d'un joli bar en granit. Au menu, de succulentes créations façon tapas, salées et sucrées, qu'une clientèle chic s'amuse à "pinxer" (prendre avec les doigts) ou à piocher dans l'assiette du voisin. C'est Alain Dutournier – du Carré des Feuillants – qui a imaginé ce concept : celui d'un nouveau partage gourmand pour appétits "zappeurs" ! Sous l'impulsion de ce Landais féru d'Espagne, l'équipe vous propose chipirons sautés, tartare de bœuf esprit Rossini, tourtière landaise avec une glace pruneau-armagnac... À noter : le grand chef a créé une seconde adresse dans le 6e arrondissement, Pinxo St-Germain.

Pirouette

Traditionnelle D2

5 r. Mondétour
01 40 26 47 81
www.restaurantpirouette.com
Châtelet-Les Halles
Fermé août et dimanche

Formule 18 € – Menu 38 € – Carte 36/59 €

"Il était un petit homme, Pirouette"... À l'image de la célèbre comptine, voici une table enjouée et un tantinet espiègle ! Créée en 2012 dans le quartier des Halles, elle croque la tradition avec gourmandise et liberté... Son jeune chef, Tomy Gousset, est passé par le Meurice et Taillevent, et s'empare des classiques sans faux-semblants ni cabrioles : tête de veau, chou braisé et câpres ; pigeon rôti et feuille de romaine farcie aux lardons et aux oignons ; figues caramélisées ; baba au rhum au citron vert... Côté décor règne également un sympathique esprit contemporain, avec une devanture traitée à la manière d'une grande verrière d'atelier, un mur couvert de bouteilles de vin, du parquet au sol... Bref, voilà une adresse où la tradition ne tourne pas en rond !

La Régalade St-Honoré

Traditionnelle C2

123 r. St-Honoré
01 42 21 92 40
Louvre Rivoli
Fermé août, 24 décembre-4 janvier, samedi et dimanche

Menu 35 €

Après le succès de la mythique Régalade du 14e arrondissement, Bruno Doucet récidive dans cette version bis située dans le quartier des Halles. Le décor annonce la couleur, minimaliste comme il se doit pour un bistrot chic. La recette est la même, une carte assez courte et des suggestions à l'ardoise, privilégiant le terroir et le marché dans un souci d'authenticité. On se régale donc de la terrine du patron en guise d'amuse-bouche, d'une dorade ultrafraîche saisie à la plancha accompagnée de chipirons grillés et de jus de viande, ou d'une belle pièce de bœuf, sans oublier l'emblématique riz au lait. Le "ventre de Paris" apprécie !

Sanukiya

Japonaise B2

9 r. d'Argenteuil
01 42 60 52 61
Pyramides
Fermé 10-20 août

Carte 15/28 €

Savez-vous ce que sont les *udon* ? Pour le découvrir, rendez-vous chez Sanukiya : ces nouilles japonaises à base de farine de blé sont la spécialité de cette petite table nippone créée début 2012 ! Perché sur l'un des tabourets, face au comptoir, on s'initie aux subtilités de ce plat typiquement nippon : toutes les préparations obéissent à un rituel précis, l'une s'arrosant d'une sauce chaude, l'autre se trempant dans une sauce froide, etc. De quoi devenir incollable sur le sujet... Toutes les nouilles sont confectionnées sur place, avec de la farine importée du Japon, et s'accompagnent au choix de galettes de légumes et crevettes, d'algues, de beignets nature, etc. Simple, bon et authentique.

Saudade

Portugaise D2

34 r. des Bourdonnais
01 42 36 03 65
www.restaurantsaudade.com
Pont Neuf
Fermé août et dimanche

Menu 23 € (déjeuner en semaine) – Carte 31/52 €

A/C

Cette Saudade-là n'a rien de mélancolique ! C'est un puissant remède au "mal du pays" sur fond de fado et à grandes gorgées de vieux portos. Depuis trois générations – Fernando Moura a repris le flambeau en 1979 –, cette ambassade portugaise confirme sa réputation d'authenticité et de typicité. En toute modestie : discrète façade et salles sobrement décorées d'azulejos. Gardienne des traditions, Maria De Fatima n'a pas son pareil pour préparer viande de porc aux palourdes, "caldo verde" (soupe au chou) et "arroz doce" (riz au lait à la cannelle). Sans oublier le plat national, la morue, proposée sous toutes ses formes : grillée, poêlée, gratinée, panée, en beignets... Bon à savoir pour les mélomanes : dîner-spectacle le premier mardi du mois.

Spring

Créative C2

6 r. Bailleul
01 45 96 05 72
www.springparis.fr
Louvre Rivoli
Fermé 1 semaine en août, le midi, dimanche et lundi – Réservation conseillée

Menu 79 €

Daniel Rose, originaire de Chicago, est un jeune chef décontracté, épicurien et inspiré... Il a créé un lieu à son image ! Si vous vous installez dans la salle principale (il y a aussi une cave voûtée, à l'ambiance tamisée), vous le verrez s'activer devant vous, cuisinant sur l'instant et à l'instinct, en toute transparence. Il puise son inspiration au marché, créant en fonction de ses trouvailles un menu unique pour tous les convives. Voyageuse et gourmande, sa cuisine abolit les conventions, sans jamais dérouter, car elle est toujours guidée par le souci des saveurs. Bref, elle offre un joli aperçu d'une certaine manière de travailler, cosmopolite et libérée – mais toujours exigeante –, qui n'est peut-être pas la moindre marque du monde contemporain ! Spring : pour voir la vie en rose... en toute saison.

Zen

Japonaise B2

8 r. de L'Échelle
01 42 61 93 99
Palais Royal
Fermé 10-20 août

Carte 21/47 €

A/C

Zen semble incarner les deux faces du Japon tel qu'on se l'imagine ici : traditionnel, extrêmement respectueux du passé, et moderne, tourné résolument vers l'avenir. Cette cantine nippone joue en effet sur les deux registres, avec une cuisine authentique et un cadre rafraîchissant et ludique. Sans être radical, mais aux antipodes de la discrétion feutrée habituelle, le décor renouvelle le genre et séduit par sa fluidité épurée, ses lignes courbes, sa bichromie en blanc et vert acidulé. La carte, étoffée, reste fidèle aux fondamentaux (sushis, grillades, tempuras, gyozas). Un mot enfin sur le service, empressé mais souriant, et les prix raisonnables, qui font de cette table l'endroit idéal pour un déjeuner sur le pouce ou un dîner plus zen.

Sur Mesure par Thierry Marx ✿✿

Créative

A1

Hôtel Mandarin Oriental,
251 r. St-Honoré
✆ 01 70 98 73 00
www.mandarinoriental.fr/paris/
Ⓜ Concorde
Fermé dimanche et lundi

Menu 75 € (déjeuner en semaine), 165/195 €

Mandarin Oriental

On a tout dit ou presque de Thierry Marx, grand voyageur, alchimiste malicieux, maître d'œuvre plusieurs fois reconnu qui fit les beaux jours du Château Cordeillan-Bages à Pauillac (Gironde). Nouvelle étape dans ce parcours atypique : le voici à Paris, à la tête des cuisines du Mandarin Oriental, palace haute couture né mi-2011, qui lui a imaginé un restaurant sur mesure. Ou plutôt à sa démesure ? Passez le sas d'entrée, vous voilà transporté dans un univers inédit, d'un blanc immaculé et presque monacal, qui n'est pas sans évoquer le décor avant-gardiste d'un film de Stanley Kubrick.

"Ma cuisine tient en deux mots : structure et déstructure", confie Thierry Marx ; c'est bien ce que l'on ressent en découvrant ses menus uniques, succession de plats aux saveurs étonnantes. En orfèvre minutieux, il travaille la matière, joue avec intelligence sur les transparences, les saveurs et les textures. Sans aucun doute, on a bien affaire là à une cuisine de créateur, pleine de caractère et de finesse… Une véritable expérience.

Entrées

- Risotto de soja
- Foie gras d'oie, riz et pomme acidulée

Plats

- Cochon, cornichon, moutarde, gelée de comté et croûtons soufflés
- Volaille fermière en deux cuissons

Desserts

- Sweet bento et ylang-ylang
- Saké glacé et fruits confits corses

Yam'Tcha ✿

Créative C2

4 r. Sauval
01 40 26 08 07
www.yamtcha.com
Ⓜ Louvre Rivoli
Fermé août, vacances de la Toussaint et de Noël,
mardi midi, dimanche et lundi – Réservation conseillée

Menu 60 € (déjeuner en semaine)/100 €

Chi Wah Chan

Ils sont parfois magiques, les linéaments du grand art, où l'incandescence n'est que… simplicité. Adeline Grattard a reçu un don rare, celui du sens – voire de l'omniscience – du produit. Dans son restaurant ouvert en 2009 et qui ne peut accueillir qu'une vingtaine de chanceux (réservez !), cette jeune chef choisit deux ou trois ingrédients, et ils occupent tout l'espace. Ni démonstration technique ni esbroufe, rien que de subtiles associations, rarement vues et qui paraissent pourtant très naturelles. Formée auprès de Pascal Barbot (L'Astrance) et restée quelques années à Hong-Kong, elle marie des produits d'une extrême qualité, principalement de France et d'Asie : le homard s'unit au tofu et au maïs, le bar s'associe aux huîtres… Le tout se déguste avec une sélection rare de thés asiatiques, autre source d'accords très convaincants (*yam'tcha*, en chinois, c'est "boire le thé"). Ni carte ni menu : de plats en plats, on se laisse surprendre par le marché et l'inspiration du jour. Limpide.

Spécialités

- Cuisine du marché

2e

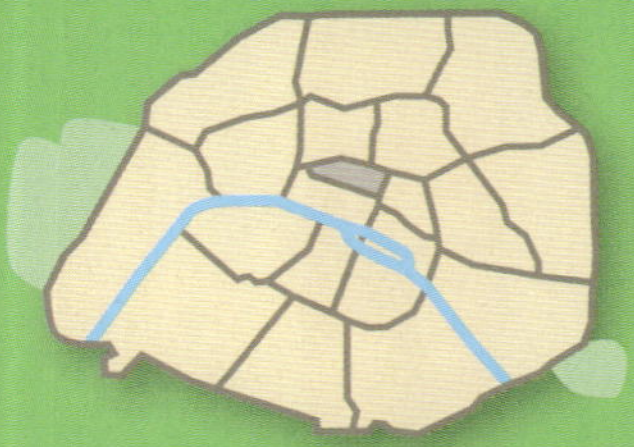

Bourse · Sentier

B. Gardel / hemis.fr

2e
Bourse, Sentier
A
B
9e
1er
0
200 m
Havre Caumartin
Auber
Chaussée d'Antin
Le Peletier
Richelieu Drouot
Opéra
Quatre Septembre
Bourse
Pyramides
Tuileries
Palais Royal Musée du Louvre
Louvre Rivoli
OPÉRA GARNIER
PLACE VENDÔME
ST-ROCH
Pl. des Pyramides
JARDIN DU PALAIS ROYAL
PALAIS ROYAL
JARDIN DES TUILERIES
JARDIN DU CARROUSEL
MUSÉE DU LOUVRE
Boulevard Haussmann
Rue La Fayette
Rue de Provence
R. Le Peletier
R. Drouot
Rue de la Chaussée d'Antin
Rue Auber
Rue Scribe
R. de Caumartin
Bd des Italiens
Rue du Quatre Septembre
Rue Saint Marc
Rue de Richelieu
Rue Vivienne
R. de la Paix
R. D. Casanova
Av. de l'Opéra
Rue des Petits Champs
Saint Honoré
R. St-Roch
R. des Pyramides
Rivoli
R. Croix des Petits Champs
Rue Saint Honoré
Les Jalles - Bistrot Bordelais
Pascade
Le Céladon
Goust
Bistro Volnay
Pur'
Zinc Opéra
La Fontaine Gaillon
Drouant
Aux Lyonnais
Le Versance
Dorcia
Vaudeville
Mori Venice Bar
Terroir Parisien - Palais Brongniart
Bi Zan
Liza
1
2
3

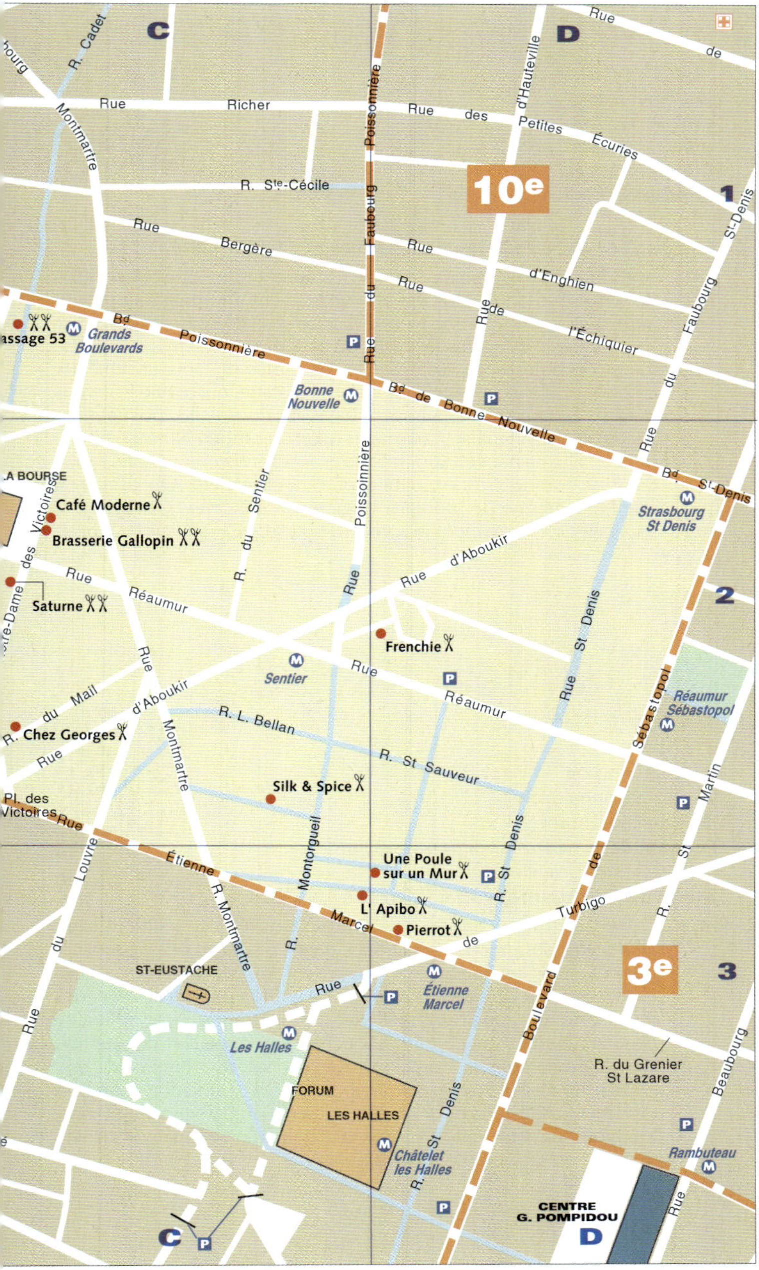
C
D
10e
3e
1
2
3
R. Cadet
Rue Richer
Rue des Petites Écuries
d'Hauteville
Montmartre
R. Ste-Cécile
Rue Bergère
Rue du Faubourg Poissonnière
Rue d'Enghien
Rue de l'Échiquier
Rue du Faubourg St-Denis
Bd Poissonnière
Grands Boulevards
Passage 53
Bonne Nouvelle
Bd de Bonne Nouvelle
Bd St-Denis
Strasbourg St Denis
LA BOURSE
Café Moderne
Brasserie Gallopin
Saturne
Rue des Victoires
Notre-Dame
R. du Sentier
Rue Poissonnière
Rue d'Aboukir
Rue Réaumur
Frenchie
Sentier
Rue St Denis
Réaumur Sébastopol
Boulevard de Sébastopol
R. du Mail
Chez Georges
Rue Montmartre
R. L. Bellan
R. St Sauveur
Silk & Spice
Pl. des Victoires
Rue Étienne Marcel
Rue du Louvre
R. Montorgueil
Une Poule sur un Mur
L'Apibo
Pierrot
Rue de Turbigo
R. St Martin
ST-EUSTACHE
R. Montmartre
Étienne Marcel
Les Halles
FORUM LES HALLES
Châtelet les Halles
R. St Denis
R. du Grenier St Lazare
Rue Beaubourg
Rambuteau
CENTRE G. POMPIDOU

L'Apibo

Moderne

C3

31 r. Tiquetonne
01 55 34 94 50
www.restaurant-lapibo.fr
Etienne Marcel
Fermé lundi midi et dimanche

Formule 22 € – Menu 26 € (déjeuner en semaine), 32/55 € – Carte 41/54 €

A/C

Anthony Boucher, l'ancien chef du restaurant Jean – une bonne table du 9e –, s'est lancé dans une nouvelle aventure : ouvrir sa propre adresse ! Son choix s'est porté sur ce pas-de-porte du quartier Montorgueil, qui joue la carte de la simplicité : murs chaulés, tomettes, poutres au plafond, petites tables en bois et tableaux colorés... L'essentiel est ailleurs : dans l'assiette, qui révèle le savoir-faire et la finesse du cuisinier. Ravioles de volaille pochées au zaatar (épice libanaise), artichauts sautés et mousseline de patate douce ; filet de bar cuit sur un lit de gros sel et riz noir vénéré, sauce tandoori ; abricot rôti et pannacotta vanillée ; etc. On découvre une belle cuisine de produits, originale et délicate... Qui plus est, l'accueil est charmant et les prix sont mesurés. Haro sur L'Apibo !

Aux Lyonnais

Lyonnaise

B1

32 r. St-Marc
01 42 96 65 04
www.auxlyonnais.com
Richelieu Drouot
Fermé août, samedi midi, dimanche et lundi
– Réservation conseillée

Menu 32 € (déjeuner)/35 € – Carte 43/55 €

A/C

Ouvert en 1890, ce bistrot délicieusement rétro a vraiment belle allure avec ses miroirs, moulures, faïences, tableaux et vieux zinc. Bien calé sur les banquettes, on se sent tout de suite à son aise. La découverte de Lyon est assurée avec de savoureuses recettes locales faisant appel aux meilleurs produits régionaux : planche de charcuteries, œuf cocotte aux écrevisses, quenelles de brochet, tarte et île flottante aux pralines roses, etc. Même choix côté cave, où le Rhône et la Bourgogne s'imposent. De l'ambiance et un bon rapport qualité-prix pour le menu déjeuner (attention aux vins, toutefois, un peu chers) : un vrai "bouchon lyonnais parisien", membre du groupe Alain Ducasse.

Bistro Volnay

Traditionnelle A2

8 r. Volney
01 42 61 06 65
Opéra
Fermé 3 semaines en août, samedi et dimanche

Menu 38 € (semaine)/55 €

Miroirs, luminaires, comptoir en bois, murs de bouteilles et banquettes moelleuses… Cet élégant bistrot posté entre Madeleine et Opéra revisite avec réussite l'esprit des années 1930. Une carte postale ancienne redevenue réalité sous l'impulsion de deux jeunes amies passionnées, qui ont repris l'affaire en 2009. Et au Volnay, l'assiette aussi a du caractère : ajustés aux saisons et même au marché du jour, les plats canailles et bistrotiers rencontrent la gastronomie, et sont traités avec beaucoup de soin. Terrine de pâté maison, foie de veau en persillade ou tarte au citron meringuée : on redécouvre avec plaisir ces classiques joliment réinterprétés !

Bi Zan

Japonaise B2

56 r. Ste-Anne
01 42 96 67 76
Quatre Septembre
Fermé dimanche, lundi et fériés

Formule 40 € – Menu 70 € /120 € – Carte 68/135 € dîner

Hirashimase ! Si vous ne connaissez pas encore cette table nippone, appréciée des amateurs, n'hésitez pas. Bi Zan – nom d'une montagne à Tokushima – ne démérite pas dans le quartier le plus japonais de la capitale. Sa qualité ? La cuisine traditionnelle de Kyoto, avec une carte faisant la part belle aux sushis et aux sashimis. Le chef réalise des préparations plaisantes à l'œil et d'une grande fraîcheur. Vous pourrez assister à cet exercice de précision en mangeant au comptoir au rez-de-chaussée ou choisir une table à l'étage. Comme le veut la coutume, le décor reste d'un minimalisme absolu, d'une géométrie zen réchauffée par le bois blond.

Brasserie Gallopin

Traditionnelle

C2

40 r. N.-D.-des-Victoires
01 42 36 45 38
www.brasseriegallopin.com
Bourse

Formule 20 € – Menu 35 € – Carte 35/82 €

En 1876, Monsieur Gallopin ouvre ici sa première affaire et invente la fameuse chope en métal argenté (20 cl) qui porte son nom. Depuis, les "gallopins" défilent au comptoir. Après Arletty et Raimu, les Parisiens et les touristes s'y pressent, profitant ainsi du décor : vénérable zinc, boiseries victoriennes en acajou de Cuba, cuivres rutilants, miroirs et surtout superbe verrière 1900 (dans la salle Belle Époque), à voir absolument ! Historique, la carte l'est aussi, déclinant les grands classiques de la brasserie avec un maximum de goût : foie gras de canard au naturel, vinaigrette de haricots verts et champignons de Paris, sole meunière, tartare de bœuf, baba au rhum, ou encore paris-brest. Service et ambiance décontractés, pour apprécier chaque gorgée de bière... Et la suite !

Café Moderne

Moderne

C2

40 r. N.-D.-des-Victoires
01 53 40 84 10
Bourse
Fermé 1er-24 août, samedi et dimanche

Menu 28/45 €

Business as usual… À deux pas du palais Brongniart aujourd'hui déserté par les boursicoteurs, ce Café Moderne permet de se replonger dans l'ambiance toujours très affairée du quartier : le midi, l'endroit est bondé ! Le soir venu, la clientèle troque son costume pour un autre, au profit des duos et des compagnies d'amis… À toute heure en effet, la cuisine proposée fait mouche : sous l'égide d'une nouvelle équipe arrivée aux fourneaux en 2013, les produits de saison bénéficient de toutes les attentions et sont les rois d'assiettes sans chichis, cuisinées dans le souci du bon. Le rapport qualité-prix est excellent ! Le tout dans un décor de "café moderne" soigné et chaleureux : à la bourse des petits plaisirs, l'adresse a la cote...

Le Céladon ✿

Moderne
Hôtel Westminster,
15 r. Daunou
✆ 01 42 61 77 42
www.leceladon.com
Ⓜ Opéra
Fermé août, samedi et dimanche

A2

Menu 49 € (déjeuner)/64 € – Carte 80/120 €

Le Céladon

Tout en nuances et en raffinement : le restaurant du confidentiel hôtel Westminster, à mi-chemin entre la place Vendôme et l'Opéra Garnier, n'a rien d'un endroit tape-à-l'œil ou branché. Bien au contraire. Son sens du luxe se révèle sans ostentation, dominé par la couleur délicate et emblématique de la maison : le fameux vert céladon.

Dans cet univers feutré et cossu, mêlant style Régence, tableaux anciens et pointes d'Orient (vases en porcelaine chinoise), on voyage vers de lointains ailleurs le temps d'un repas parfumé de saveurs subtiles. Une gastronomie créative qui maîtrise totalement le répertoire français, entre tradition et modernité. Grâce au savoir-faire de Christophe Moisand (ancien du Relais de Sèvres et du Meurice), qui réalise des assiettes harmonieuses sublimées par l'accord de vins bien choisis, on passe ici un moment savoureux.

Entrées

- Girolles et cochon ibérique, pluma grillé et jambon en copeaux
- Homard bleu févettes et thym citron au parfum d'aïoli

Plats

- Turbot sauvage cuit sur l'arête, gelée aux crevettes grises et thym citron
- Pigeon farci au foie gras et aux girolles

Desserts

- Pêche rôtie, chutney au romarin et brioche tiède
- Rhubarbe poêlée à la grenadine et en sorbet, gelée et crème citron

Chez Georges

Traditionnelle C2

1 r. du Mail
01 42 60 07 11
Bourse
Fermé août, vacances de Noël, samedi et dimanche

Carte 38/73 €

A/C Une institution du Sentier, fondée en 1964 et reprise en 2010 par deux jeunes associés (œuvrant déjà au Bistrot de Paris et Chez René). Zinc, banquettes, stucs et miroirs : cet authentique bistrot parisien a conservé son beau décor et toute son atmosphère, très bon enfant. L'assiette est à l'unisson, généreuse, gourmande et... immuable : terrine de foies de volaille, harengs pommes à l'huile, entrecôte grillée, profiteroles au chocolat, etc. Des produits de grande qualité – mention spéciale pour les viandes, dont le succulent pavé de bœuf –, des cuissons maîtrisées et des vins français bien choisis : on comprend que l'adresse (malgré des tarifs un peu élevés) compte de nombreux fidèles !

Le Dorcia

N

Moderne B2

24 r. Feydeau
01 42 36 09 95
www.ledorcia.com
Bourse

Formule 27 € – Menu 37 €

A/C À un jet de lingot du palais Brongniart – qui n'abrite plus la Bourse depuis belle lurette ! –, ce restaurant nous replonge dans l'ambiance rétro du Palm Springs des années 1950. Un sympathique esprit vintage qui ravira les nostalgiques de cette époque, tout comme les adeptes du genre. Derrière les fourneaux, le chef privilégie les bons produits du marché et respecte ainsi les saisons. Vous pourrez, par exemple, apprécier un gravlax de saumon mariné, suivi d'un effiloché d'agneau aux girolles, et pour finir une soupe de fraises gariguette avec sa glace au fromage blanc... Le tout servi par un personnel aimable et disponible. Une bonne adresse, à la déco résolument différente !

Drouant

Moderne B2

16 pl. Gaillon
01 42 65 15 16
www.drouant.com
Quatre Septembre

Menu 44 € (déjeuner en semaine) – Carte 41/95 €

Un hôtel particulier mythique : on y décerne le prix Goncourt depuis 1914 ! Dans cette brasserie chic, les idées comme les saveurs se mêlent dans une atmosphère festive... Sous la houlette d'Antoine Westermann, le Drouant connaît une nouvelle jeunesse : le décor, épuré, feutré et lumineux, donne la priorité aux volumes harmonieux, jouant sur le contraste d'un mobilier sombre et de murs clairs ornés de photos. L'escalier de Ruhlmann mène à l'agréable mezzanine ; l'espace bar est tout paré d'or et les salons privatifs dégagent un beau cachet classique. Dans ce bien bel écrin, on déguste une cuisine associant tradition et touches fusion (la carte se décline notamment par thèmes et par produits). Mention spéciale au choix de vins, joliment étoffé.

La Fontaine Gaillon

Poissons et fruits de mer A-B2

pl. Gaillon
01 47 42 63 22
www.restaurant-la-fontaine-gaillon.com
Quatre Septembre
Fermé 3 semaines en août, samedi et dimanche

Formule 47 € – Menu 52/110 € – Carte 65/79 €

Depuis que Gérard Depardieu a repris les rênes de cette maison, tout le monde en parle... Mais ce n'est pas là le plus fort attrait de ce bel hôtel particulier, bâti en 1672 par Jules Hardouin-Mansart. La cuisine de Laurent Audiot, un ancien de chez Marius et Janette, fait la part belle aux produits de la mer – en arrivage direct de petits ports de pêche – mais aussi aux classiques de la gastronomie française. La cave réserve de belles surprises et met à l'honneur les vignobles du célèbre acteur. Et le décorum n'est pas qu'un simple figurant : salon Empire parsemé de gravures érotiques, collection d'œuvres d'art au rez-de-chaussée, petits salons chics et intimes à l'étage, sans oublier la très agréable terrasse "à la provençale" lovée autour de la fontaine...

Frenchie

Moderne D2

5 r. du Nil
01 40 39 96 19
www.frenchie-restaurant.com
Sentier
Fermé 2 semaines en août, vacances de Noël, le midi, samedi et dimanche – Réservation conseillée

Menu 45 €

A/C Drôlement *Frenchy*, le jeune chef Grégory Marchand, lui qui a fait ses classes dans plusieurs grandes tables anglo-saxonnes (Gramercy Tavern à New York, Fifteen – par Jamie Oliver – à Londres, Mandarin Oriental à Hong-Kong…). Il a aujourd'hui pris ses quartiers dans ce restaurant de poche, au cœur du Sentier : la petite salle (briques, poutres, pierres apparentes, vue sur les fourneaux) ne désemplit pas ! La "faute" à sa cuisine, qui partage tout du goût international contemporain, avec des associations de saveurs originales, centrées sur le produit. À la carte, régulièrement renouvelée : truite fumée minute ; purée de rutabaga, choux de Bruxelles et ail confit ; gnocchis maison ; agneau, piquillos et pois chiches ; tarte aux pralines roses, cheesecake. Drôlement *savoury*.

Les Jalles - Bistrot Bordelais

Bordelaise A2

14 r. des Capucines
01 42 61 66 71
Opéra
Fermé samedi midi et dimanche midi

Menu 42 €

A/C Les deux jeunes femmes qui ont ressuscité le fameux Bistro Volnay ont récidivé à deux pas avec ces Jalles, dont Magali, sommelière de formation, a pris le commandement. On découvre une brasserie chic, marquée par le style Art déco (ou art rétro ?) et dont la carte fait déjà figure de valeur sûre dans le quartier. Fait original, la gastronomie bordelaise est mise à l'honneur : tartine croquante au grenier médocain et moutarde au tanin, lamproie à la bordelaise, sans oublier le gibier en saison ; les assiettes sentent bon le pays et se révèlent bien savoureuses – à accompagner, idéalement, d'un bon verre de bordeaux. Pour l'anecdote, en gascon, "jalle" signifie "cours d'eau"… et comme on le sait, les petits ruisseaux font les grandes rivières !

Goust

N

Moderne

A2

10 r. Volney
01 40 15 20 30
www.enricobernardo.com
Opéra
Fermé 2 semaines en août, samedi et dimanche

Formule 35 € – Menu 45 € (déjeuner), 75/110 € – Carte 69/84 €

A/C

Enrico Bernardo

Connaissez-vous Éléphant Paname ? Créé notamment à l'initiative de la danseuse Fanny Fiat, ce centre d'art et de danse s'épanouit dans un élégant hôtel particulier Napoléon III, situé à mi-chemin de la place Vendôme et de l'Opéra. C'est dans ses propres murs que se cache Goust. Déjà connu pour son restaurant Il Vino (7e arrondissement), le Meilleur Sommelier du Monde, Enrico Bernardo, mène ici également la danse, avec la complicité du chef espagnol José Manuel Miguel. C'est peu dire que les mets et les vins exécutent un suave duo ! Fort de ses origines, le cuisinier rehausse évidemment d'influences méditerranéennes une partition gastronomiquement française – savoir-faire compris –, à l'image de ces délicieuses langoustines poêlées, écume de tortilla, pommes grenaille et coulis de cresson. Quant au choix de plus de 600 vins, venus de tous les horizons, il vient parfaire l'éclat de chaque assiette... Nous voilà au cœur du sujet : celui du plaisir de la bonne chère, dans toutes ses dimensions.

Entrées

- Légumes de saison et sabayon aux truffes
- Riz bomba albuféra

Plats

- Jarret de veau confit, jus de veau et topinambour
- Filet de cochon ibérique et mousseline de carotte

Desserts

- Millefeuille aux noisettes et chocolat
- Pannacotta et framboises, glace pistache

Liza

Libanaise

B2

14 r. de la Banque
01 55 35 00 66
www.restaurant-liza.com
Ⓜ Bourse
Fermé samedi midi et dimanche soir

Formule 21 € – Menu 42 € (dîner) – Carte 36/63 €

A/C

La table de Liza Shoughayar ressemble au Liban d'aujourd'hui : moderne et métissé. Loin des clichés, la décoration, confiée à une équipe de designers du pays du Cèdre, dévoile les ponts qui existent entre l'Orient et l'Occident. Ainsi, les matériaux précieux et ornementaux (panneaux de nacre, bois blanc sculpté, métal martelé, cuivre, éclats de miroirs) agrémentent le mobilier épuré et contemporain. Cette atmosphère, raffinée tendance lounge, est accentuée par une bande-son originale mariant oud et jazz oriental. En cuisine, la tradition est judicieusement réinterprétée et permet de découvrir des recettes moins connues : agneau aux cinq épices douces, kebbé méchouiyé (bœuf, sauce betterave et menthe), potiron confit... Le midi, sympathiques plateaux thématiques (végétarien, méditerranéen, etc.).

Mori Venice Bar

Italienne

B2

2 r. du Quatre-Septembre
01 44 55 51 55
www.mori-venicebar.com
Ⓜ Bourse

Menu 40 € (déjeuner en semaine) – Carte 66/141 €

A/C

Venise et les Maures : l'enseigne évoque ces liens commerciaux séculaires qui ont fait la fortune et l'esprit de la ville, si imprégnée d'Orient… Ici, point de ciselures de marbre, mais une atmosphère feutrée signée Philippe Starck, évoquant avec sobriété le raffinement et le secret : murs habillés d'acajou, sol chocolat, lustres de Murano, masques de carnaval, jolie véranda et comptoir pour prendre un verre en savourant des antipasti. La gastronomie vénitienne est méconnue, et le chef, passionné, a à cœur de la défendre – une mission déjà accomplie à New York et en Uruguay. Sa démonstration est exemplaire, avec d'excellents produits de Vénétie et de nombreuses spécialités (*cicchetti* – amuse-bouches –, foie de veau *alla veneziana*, poissons de l'Adriatique, etc.). Des plats… envoûtants, Venise oblige.

Pascade

N

Traditionnelle

A2

14 r. Daunou
01 42 60 11 00
www.alexandre-bourdas.com
Opéra
Fermé dimanche et lundi

Menu 30 € – Carte 35/45 €

A/C

Alexandre Bourdas, chef fameux installé à Honfleur, est l'auteur de ce concept original : à mi-chemin entre Vendôme et Opéra, une "cantine-auberge" revendiquée (déco industrielle façon bistrot chic et contemporain), où il rend hommage à sa région d'origine, l'Aveyron, à travers l'une de ses spécialités emblématiques, la pascade. Cette délicieuse crêpe soufflée, à l'origine préparée pour Pâques, est ici déclinée tout au long du menu en salé et sucré, garnie de bons produits, version gastronomique. Ainsi de celle-ci : queue de lotte marinée au citron vert, tombée d'épinard et émulsion de lait coco ; ou encore de celle-là, en dessert : mousse et glace au café corsé. Les saveurs sont bien équilibrées, marquées, et la crêpe se dévore d'autant mieux que son format prête à se laisser aller à la gourmandise !

Pierrot

Traditionnelle

D3

18 r. Étienne Marcel
01 45 08 00 10
Etienne Marcel
Fermé dimanche

Carte 40/55 €

A/C

Un bistrot typique (banquettes, zinc, miroirs...) en plein quartier des Halles, avec une atmosphère à la fois chaleureuse et bon enfant : de quoi donner envie de pousser la porte. Une autre très bonne raison de le faire : découvrir les saveurs et les beaux produits de l'Aveyron. Viande fermière de l'Aubrac, confit de canard, foie gras maison, carré d'agneau rôti aux herbes, ou encore rognons de veau à la graine de moutarde... tous les petits plats francs, simples, généreux et bien faits s'alignent sur l'ardoise, ainsi que les suggestions du moment. Service convivial, souriant et rapide. Aux beaux jours, on s'installe en terrasse, pour profiter de la trépidante rue Étienne-Marcel.

Passage 53 ✿✿

Créative C1

53 passage des Panoramas
01 42 33 04 35
www.passage53.com
Ⓜ Grands Boulevards
Fermé 2 semaines en août, dimanche et lundi – Réservation conseillée

Menu 60 € (déjeuner en semaine)/130 €

A/C

Mr Uenaka

Alors qu'au 19e s. les coquettes ne juraient que par eux, les passages couverts sont tombés dans une douce désuétude : celui des Panoramas (1800) demeure emblématique de ce Paris en noir et blanc. Sauf au n° 53. Iconoclaste parmi des boutiques surannées (numismates, philatélistes, etc.), ce restaurant né en 2009 offre – tout l'annonce – l'occasion d'une expérience rare. Tel un passage dérobé vers une avant-garde discrète mais pointue, la salle est minuscule, étroite et immaculée (murs chaulés, banquettes et fauteuils crème aux reflets irisés). On s'y installe sans cérémonial, mais avec cérémonie : à la première bouchée, le "menu du marché" (annoncé de vive voix en début de repas) ouvre sur des contrées insoupçonnées. Une gageure soutenue par Shinichi Sato, jeune chef d'origine japonaise, formé notamment auprès de Pascal Barbot (L'Astrance). Il délivre une cuisine d'instinct, où l'épure le dispute à la finesse. Produits de choix, cuissons millimétrées, présentations soignées, associations de saveurs harmonieuses et saisissantes : le passage, assurément, emmène loin.

Entrées

- Assiette blanche de calamars et chou fleur
- Huîtres spéciales, pomme golden et mousse de haddock fumé

Plats

- Turbot et légumes de saison
- Pintade, coco de Paimpol, œuf mollet et truffe blanche

Desserts

- Crème brûlée, crème de sureau, crème anglaise à la fleur d'acacia et sorbet au miel
- Tiramisu, gelée de café, glace café et crumble de cacao

Une Poule sur un Mur

Moderne

D3

5 r. Marie-Stuart
01 42 33 05 89
www.unepoulesurunmur.fr
Etienne Marcel
Fermé 6-25 août, 23 décembre-2 janvier, samedi midi, dimanche et lundi

Formule 16 € – Menu 19 € (déjeuner en semaine) – Carte 35/47 €

Pas d'inquiétude : ici, les poules ne picorent pas que du pain dur ! En cuisine, le chef compose une jolie cuisine du marché, qu'il rehausse de subtiles touches personnelles. Ainsi, on peut se régaler d'un artichaut barigoule au magret de canard fumé, d'un crumble de fenouil et courgette et son fromage de chèvre frais, ou encore d'un filet de lieu jaune relevé d'une tapenade bien parfumée et d'une belle purée de pomme de terre... En dessert, pourquoi ne pas craquer pour un excellent riz au lait, onctueux et crémeux à souhait, accompagné d'un délicat caramel au beurre salé ? Et pour sauter du coq à l'âne, il faut ajouter que cette Poule a adopté une déco élégante et très tendance... Un vrai nid gourmand, en somme !

Saturne

Moderne

C2

17 r. N.-D.-des-Victoires
01 42 60 31 90
www.saturne-paris.fr
Bourse
Fermé août, vacances de Noël, samedi et dimanche

Menu 37 € (déjeuner), 60/69 €

Saturne : dieu de l'agriculture et anagramme de "natures"... Une bien jolie enseigne, qui dit tout : le jeune chef, formé auprès d'Alain Passard à l'Arpège (7e arrondissement), et son associé, sommelier de son état, sont amoureux du bon produit. Vins naturels, petits producteurs, respect des saisons : on trouve tout cela chez Saturne, et bien plus encore ! Ris de veau accompagné d'une émulsion d'huître, comté vieux de 21 à 28 mois d'affinage, poire pochée au miel et sa glace au lait, etc. : les assiettes sont pleines de saveurs, les accords mets-vins harmonieux... Quant à l'atmosphère, elle est résolument jeune et parisienne, façon loft de copains (grande armoire à vin vitrée, verrière). Pour l'anecdote – qui a son importance au pays du fromage – le pain est tout simplement... divin !

Pur' ✿

Créative

A2

Hôtel Park Hyatt,
5 r. de la Paix
01 58 71 10 60
www.paris-restaurant-pur.fr
Opéra
Fermé août et le midi

Menu 115/180 € – Carte 93/225 €

Park Hyatt

Deux restaurants contemporains au Park Hyatt : les Orchidées à l'heure du déjeuner et Pur', plus feutré, pour un bien agréable dîner. Ce dernier est évidemment à l'image de l'hôtel de la rue de la Paix, où le luxe est affaire de raffinement, de modernité et de discrétion. Laissée à l'imagination d'Ed Tuttle, la décoration crée une atmosphère à la fois confortable et spectaculaire. Une réussite, incontestablement. Tout est pensé pour concilier majesté et intimité : les harmonies de couleurs claires et foncées, les éclairages indirects diffusant une lumière tamisée... et l'espace lui-même – vaste rotonde surmontée d'une coupole et cerclée d'une colonnade abritant une grande banquette capitonnée. Le chef d'orchestre ? Jean-François Rouquette (Taillevent, le Crillon, la Cantine des Gourmets, les Muses), qui trouve ici un lieu à sa mesure pour exprimer la grande maîtrise de son talent. Sa cuisine, créative et inspirée, accorde avec finesse d'excellents produits, sans fausse note. Un pur plaisir !

Entrées

- Vapeur d'escargots sauvages petit-gris, bouillon moussé aux aromates et radis
- Foie gras de canard confit à l'hibiscus, figue et datte mi-confites

Plats

- Agneau allaiton aux épices chimichurri, salade de quinoa et pulpe de piquillos
- Bar de ligne aux huiles de basilic et sureau, fleur de courgettes

Desserts

- Le "Paquin" version 2012, grand cru de chocolat du Ghana
- Fine tarte de fraises des bois, bloody-mary glacé et sorbet basilic

Silk & Spice

Thaïlandaise

C2

6 r. Mandar
01 44 88 21 91
www.silkandspice.fr
Ⓜ Sentier
Fermé samedi midi et dimanche midi

Menu 24 € (déjeuner), 38/50 € – Carte 33/50 €

A/C

Le raffinement en guise d'exotisme, étonnant ? Pas chez Silk & Spice, où l'atmosphère épurée, feutrée et intime remplace judicieusement le folklore en matière de dépaysement, au cœur du quartier Montorgueil. Le décor ? Dominantes sombres rehaussées de feuille d'or, bel éclairage tamisé, murmure d'une fontaine, orchidées blanches... Dans l'assiette, fine et soignée, un savant mélange de douceurs et d'épices transporte au royaume de Siam : filet de bar sauce au tamarin et légumes sautés, gambas et crevettes dans une réduction à la citronnelle, bœuf mijoté au curry vert, ou encore flan coco et sorbet aux litchis. Service discret et délicat... à l'image du lieu.

Terroir Parisien - Palais Brongniart

N

Traditionnelle

B2

28 pl. de la Bourse
01 83 92 20 30
www.yannick-alleno.com
Ⓜ Bourse
Fermé dimanche

Carte 35/57 €

A/C

Après le succès de son Terroir Parisien dans le 5e arrondissement, Yannick Alléno a créé cette "filiale" au sein du palais Brongniart, l'ancien siège de la Bourse de Paris. C'est dire si le concept a la cote ! On retrouve donc ici ces recettes franciliennes que le grand chef a à cœur de faire redécouvrir, et cuisinées avec savoir-faire : gratinée des Halles aux p'tits oignons, saucisson de ris de veau et pommes de terre tièdes à l'échalote, raie aux câpres et beurre noisette, pièce de bœuf au poivre "café de Paris", brioche Nanterre perdue et glace vanille... Sans oublier la superbe charcuterie, confectionnée sur place par un Meilleur Ouvrier de France, dont on peut découvrir les créations au "rillette bar" ! Le tout dans une ambiance stylée et conviviale. Fort indice de satisfaction en vue...

Vaudeville

Traditionnelle B2

29 r. Vivienne
01 40 20 04 62
www.vaudevilleparis.com
Bourse

Formule 28 € – Menu 34 € – Carte 44/74 €

À midi, c'est la "cantine" des hommes d'affaires et des journalistes (la Bourse et l'Agence France Presse sont à deux pas). Le soir, place à la foule animée déboulant des théâtres voisins. Le cadre Art déco brille alors de tous ses feux, les décibels montent et les serveurs, toujours souriants, slaloment de table en table. Pas de doute, Le Vaudeville connaît son rôle sur le bout des doigts : la vraie brasserie parisienne ! À l'affiche, tous les classiques du genre agrémentés de spécialités maison, tels les fruits de mer, l'escalope de foie gras de canard poêlée, l'andouillette, la tranche de morue fraîche à la plancha, ou encore les œufs à la neige. Le tout en formules ou en menus, dont un – clientèle oblige – servi à l'heure du souper. Le petit plus aux beaux jours : la terrasse face au palais Brongniart.

Le Versance

Moderne B2

16 r. Feydeau
01 45 08 00 08
www.leversance.fr
Bourse
Fermé 22 juillet-20 août, 24 décembre-2 janvier, samedi midi, dimanche et lundi

Formule 33 € – Menu 39 € (déjeuner) – Carte 66/96 €

A/C

Un cadre où poutres, vitraux, mobilier design et tables tirées à quatre épingles font des étincelles. Dans cet écrin gris-blanc épuré, la sobriété le dispute à l'élégance, et le lieu dégage une vraie sérénité. Un coup de maître pour Samuel Cavagnis, dont c'est le premier restaurant. En cuisine, ce jeune globe-trotter formé à bonne école reste fidèle aux saveurs hexagonales. Un retour aux racines françaises illustré par des plats joliment contés et teintés d'exotisme : homard bleu rôti au curry et sa sauce au vin jaune, ris de veau et leur cake au stilton accompagné d'une poire aux épices, Saint-Jacques et ravioles au topinambour, ou encore joli dessert examinant la pomme sous toutes ses coutures...

Zinc Opéra

Moderne

8 r. de Hanovre
01 42 65 58 95
www.restaurant-zinc.com
Opéra
Fermé août, samedi et dimanche

B1

Formule 25 € – Menu 30 € (déjeuner)/35 € – Carte 36/62 €

Après le Zinc de Gennevilliers et celui de Courchevel, Paris a désormais le sien... À deux pas de l'Opéra, cet opus se révèle particulièrement séduisant. Les fourneaux ont été confiés à une équipe très solide, qui signe des recettes à la fois simples et soignées, centrées sur les produits. Ainsi ce confit de canard à la cuisson parfaite, accompagné de pommes de terre sautées et parfumées aux herbes, ou encore ce clafoutis aux cerises des plus savoureux... Des classiques parfaitement maîtrisés et pleins de parfums. Le décor, façon bistrot chic et cosy, et l'accueil, très sympathique, ajoutent à l'intérêt des lieux !

Ce guide vit avec vous : vos découvertes nous intéressent. Coup de colère ou coup de cœur, faites-nous part de vos impressions : écrivez-nous !

3e

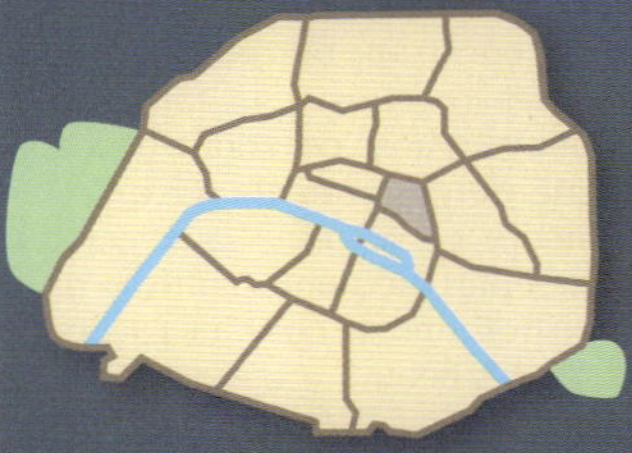

Le Haut Marais · Temple

J. Heintz / hemis.fr

3e Le Haut Marais, Temple

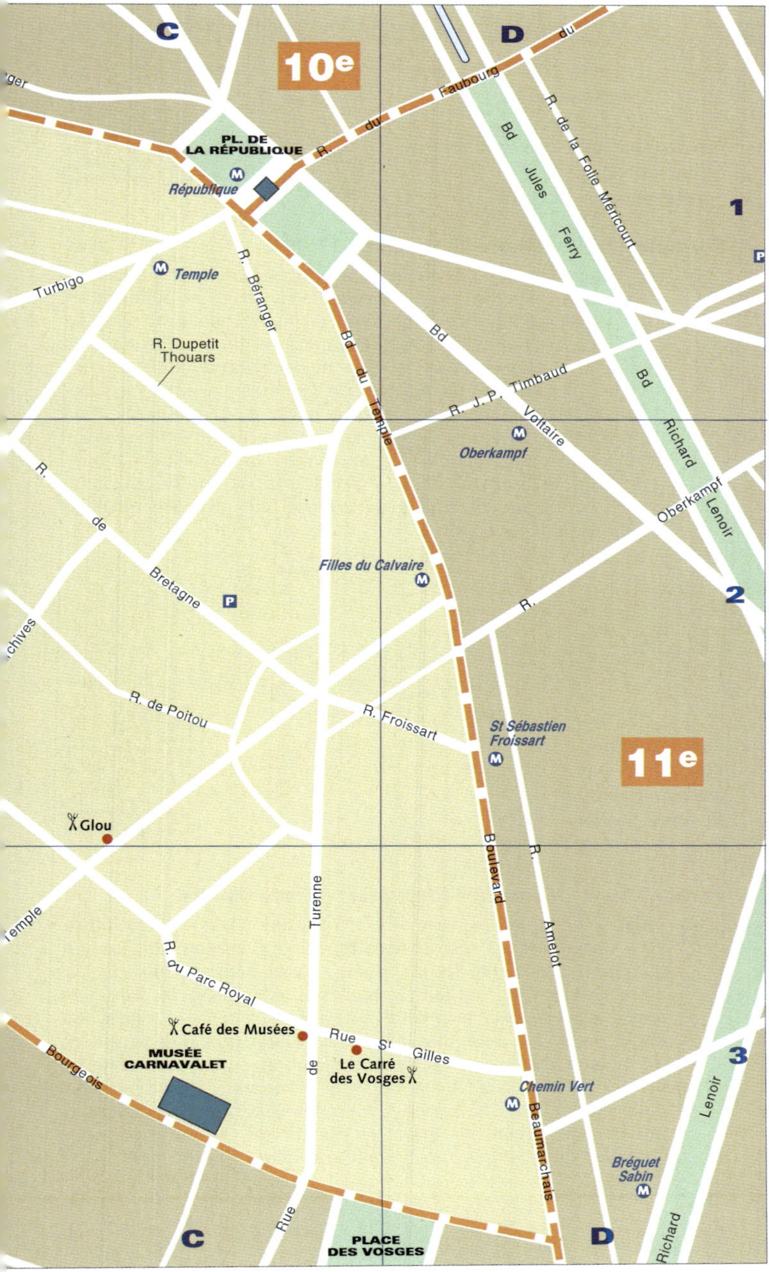

C
D
10e
PL. DE LA RÉPUBLIQUE
République
R. du Faubourg du
Bd Jules Ferry
R. de la Folie Méricourt
1
Turbigo
Temple
R. Béranger
R. Dupetit Thouars
Bd du Temple
Bd Voltaire
R. J. P. Timbaud
Oberkampf
Bd Richard Lenoir
Oberkampf
R. de Bretagne
Filles du Calvaire
2
R.
R. de Poitou
R. Froissart
St Sébastien Froissart
11e
Glou
Boulevard
R. Amelot
Temple
Turenne
R. du Parc Royal
Café des Musées
Rue St Gilles
Le Carré des Vosges
MUSÉE CARNAVALET
Bourgeois
de
Chemin Vert
Beaumarchais
3
Lenoir
Bréguet Sabin
Rue
C
PLACE DES VOSGES
D
Richard

Ambassade d'Auvergne

Régionale et terroir B2

22 r. du Grenier-St-Lazare
01 42 72 31 22
www.ambassade-auvergne.com
Rambuteau

Formule 22 € – Menu 32 € – Carte 33/49 €

Où mange-t-on l'un des meilleurs aligots de Paris ? À l'Ambassade d'Auvergne, bien sûr, où la cérémonie du filage en salle mérite toute votre attention. Les autres spécialités régionales ne sont pas oubliées : cochonnailles, lentilles vertes du Puy, potée de porc fermier aux choux braisés... Que des bons produits pour des recettes pleines d'authenticité et de générosité. En "ambassade" digne de ce nom, la maison ne lésine pas non plus sur la sélection de fromages (l'Aveyron est également bien représenté sur le plateau) et de vins locaux. Quatre élégantes salles à manger thématiques – Auberge, Artisans, Peintres, Rotonde – pour une délicieuse et copieuse escapade culinaire au cœur d'une province riche de traditions et de saveurs.

Au Bascou

Régionale et terroir B1

38 r. Réaumur
01 42 72 69 25
www.au-bascou.fr
Arts et Métiers
Fermé août, 23-29 déc., samedi et dimanche

Formule 19 € – Menu 25 € (déjeuner) – Carte 36/70 €

Indéboulonnable ! La carte de cette institution basque reste fidèle à ce qu'elle était à ses débuts : Bertrand Guéneron, qui œuvre aujourd'hui à la tête de la maison, aurait bien tort de toucher aux classiques qui ont fait sa réputation et son succès. Ainsi, on retrouve avec plaisir les recettes de toujours, à peine revisitées. Au choix, piperades, pimientos del piquillo, chipirons sautés au piment d'Espelette, fricassée d'escargots au jambon, soupe de châtaigne, raviole de foie gras, axoa de veau, clafoutis... D'authentiques plats aux accents euskariens, mitonnés à partir de produits en provenance directe du "pays" et servis dans un cadre patiné – pierres et murs voûtés franchement rustiques – et convivial.

Café des Musées

Traditionnelle

C3

49 r. de Turenne
01 42 72 96 17
www.cafedesmusees.fr
Chemin Vert
Fermé 10-25 août et 2-8 janvier

Formule 15 € – Menu 25 € (dîner) – Carte 24/50 €

A/C Dans le quartier des musées Picasso et Carnavalet, un café parisien dans l'âme, avec un décor 1900 très fidèle à l'idée que l'on peut s'en faire. Charme typique et indémodable... On y mange au coude-à-coude évidemment, dans une ambiance très conviviale. Sans surprise, la cuisine joue la carte de la tradition – on ne change pas des recettes qui marchent ! –, avec à la fois des petits plats bistrotiers, du marché ou canailles. Quelques-unes des spécialités que l'on peut trouver à la carte : terrine ménagère au foie de volaille, champignons farcis à l'escargot, entrecôte à la plancha, échine de cochon noir de Bigorre, crème caramel et son financier, terrine de chocolat...

Le Carré des Vosges

Moderne

C3

15 r. St-Gilles
01 42 71 22 21
www.lecarredesvosges.fr
Chemin Vert
Fermé 2 semaines en août, samedi midi, dimanche et lundi

Formule 17 € – Menu 39 € – Carte 41/60 €

A/C À deux pas de la rue des Francs-Bourgeois et de ses jolies échoppes branchées, ce bistrot de quartier compte bon nombre d'habitués, et pour cause... Non seulement il affiche un style contemporain sobre et plaisant, dans un esprit convivial, mais il est aussi – et surtout – un délicieux repaire gourmand. Le jeune chef, passionné et dynamique, signe une savoureuse cuisine du marché et renouvelle chaque jour son petit menu du déjeuner... À la carte, cruel dilemme ! Velouté de potimarron et sa mousse légère de chèvre ou langoustines en carpaccio à l'huile de truffe ? Onglet de bœuf et son émulsion de pomme de terre ou encornet farci au pied de porc ? Tarte meringuée au citron niçois ou millefeuille et sa glace verveine-citronnelle ? À peine parti, on programme déjà son prochain festin.

Glou

Moderne C2

101 r. Vieille-du-Temple
01 42 74 44 32
www.glou-resto.com
Ⓜ St-Sébastien Froissart

Formule 16 € – Menu 21 € (déjeuner en semaine) – Carte 31/51 €

Deux consonnes, autant de voyelles : tel est fait Glou. Syllabe franche et revigorante, comme un verre de vin qui réchauffe les papilles. L'enseigne nous transporte, fort justement, au cœur du concept de ce bistrot où l'on porte la même attention à l'assiette et au flacon. Dans un cadre au format loft (murs en brique, abat-jour d'usine), assise sur des tabourets, la jeune clientèle décontractée, à l'image des serveurs, se délecte de bons petits plats : burger 100 % Aubrac, thon blanc fumé de l'île d'Yeu et sa crème généreuse, lard italien mariné aux herbes et aux épices, tartelette au caramel... Le tout s'accompagne de belles bouteilles, variées et de qualité, avec un choix intéressant au verre. Une adresse attachante, où être à tu et à toi semble parfaitement naturel, dès le début des agapes.

Pramil

Moderne B1

9 r. Vertbois
01 42 72 03 60
www.pramilrestaurant.fr
Ⓜ Temple
Fermé 29 avril-4 mai, 19-31août, 23-29 décembre, dimanche midi et lundi

Formule 22 € – Menu 33 € – Carte 38/48 €

Des pierres apparentes, beaucoup de sobriété : le décor est plaisant, mais il a l'élégance de se faire oublier... Il faut dire qu'on vient avant tout ici pour la cuisine d'Alain Pramil. Pour l'anecdote, ce chef autodidacte nourrit une véritable passion pour l'art culinaire, mais il a d'abord été... professeur de physique ! Depuis, il a troqué ses tubes à essai pour des casseroles rutilantes et concocte de bons plats du marché teintés d'influences contemporaines. On ne résiste pas à sa salade de ficoïde glaciale (un légume oublié !), à son onglet de veau poêlé, à son cochon de lait sauce miso ou à ses tartes aux fruits de saison. Quant à la sélection de vins, elle se révèle intéressante. De la générosité, des prix doux et un accueil chaleureux : on fonce chez Pramil.

S. Sonnet / hemis.fr

4e

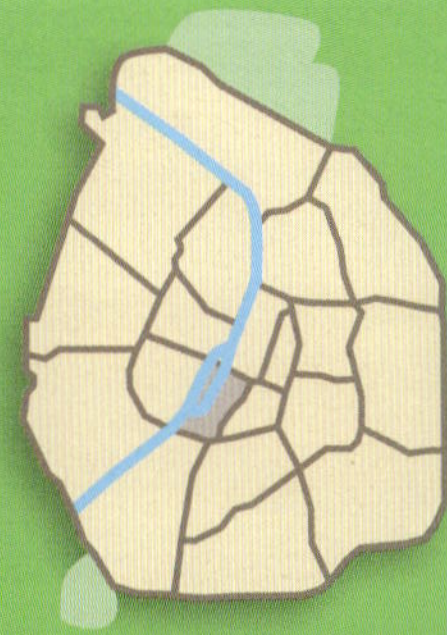

Île de la Cité · Île St-Louis · Le Marais · Beaubourg

R. Mattes / hemis.fr

Île de la Cité, Île St-Louis, Le Marais, Beaubourg
4e
1er
5e
6e
A
B
1
2
3
FORUM LES HALLES
Châtelet les Halles
Rambuteau
R. Rambuteau
CENTRE G. POMPIDOU
Claude Colliot
Suan Thaï
Benoit
R. des Halles
R. St-Denis
Bd de Sébastopol
Martin
Rue du Renard
Rue du Temple
R. des Archives
R. du Pont Neuf
Pont Neuf
Quai de la Mégisserie
Pl. du Châtelet
Châtelet
Rue de Rivoli
Av. Victoria
Hôtel de Ville
Q. de Gesvres
Pl. de l'Hôtel de Ville
HÔTEL DE VILLE
R. F. Miron
CONCIERGERIE
PALAIS DE JUSTICE
Pont au Change
Pont N.-Dame
SEINE
Pont d'Arcole
Quai de l'Hôtel de Ville
STE-CHAPELLE
Bd du Palais
Cité
R. de la Cité
ÎLE DE LA CITÉ
R. d'Arcole
Quai aux Fleurs
Pont L. Philippe
Pont St-Michel
St Michel
R. du Cloître Notre-Dame
Q. de Bourbon
Pont St-Louis
NOTRE-DAME
Pont au Double
Quai de Montebello
Pont de l'Archevêché
Les Fous de l'Ile
Mon Vieil Ami
R. St-Louis
Le Sergent Recruteur
Isami
Cluny La Sorbonne
Saint Germain
THERMES DE CLUNY
R. Lagrange
Quai de la Tournelle
Pont de la Tournelle
Rue des Écoles
Maubert Mutualité
Bd Saint Germain
Rue Monge
SORBONNE
Rue des Écoles
R. Valette
0
200m
UNIVERSITÉS PARIS VI-PARIS VII
Cardinal Lemoine
PANTHÉON
R. Clovis
Jussieu
R. Jussieu

C
D
R. de Poitou
R. Froissart
St Sébastien Froissart
R. des Quatre Fils
3e
Turenne
Boulevard
R. Amelot
1
11e
Temple
R. des Francs Bourgeois
du
Vieille
R. du Parc Royal
de
Rue St Gilles
Lenoir
MUSÉE CARNAVALET
Chemin Vert
Bréguet Sabin
Beaumarchais
Richard
Rue
PLACE DES VOSGES
Rue de Rivoli
L'Osteria
R. François Miron
L'Ambroisie
Au Bourguignon du Marais
St Paul
R. Saint Antoine
Le Gorille Blanc
Bofinger
2
Bd
Pl. de la Bastille
Pont Marie
Rue St Paul
P
Bastille
Q. des Célestins
Quai d'Anjou
Sully Morland
IV
Henri
Bd
ÎLE
ST-LOUIS
Boulevard Morland
Bourdon
Bd
R. de Lyon
OPÉRA DE PARIS BASTILLE
Bd de la Bastille
P
Pont de Sully
INSTITUT DU MONDE ARABE
Quai Henri IV
Quai Saint Bernard
3
12e
SEINE
Quai de la Rapée
C
D

L'Ambroisie ✿✿✿

Classique

D2

9 pl. des Vosges
01 42 78 51 45
www.ambroisie-paris.com
Ⓜ St-Paul
Fermé 2 août-2 septembre, 15 février-4 mars, dimanche et lundi

Carte 205/345 €

A/C

Owen Franken

Ambroisie : (n. f.) "nourriture des dieux de l'Olympe, source d'immortalité" et, par extension, "nourriture exquise". Tout est dit ! Que peut-on donc ajouter pour décrire la divine cuisine de Bernard et Mathieu Pacaud – père et fils de concert –, qui culmine avec une plénitude qui n'a d'égale que leur modestie ? Un hymne à la tradition revisitée avec grâce, des produits soigneusement choisis, des cuissons d'une précision horlogère, des alliances de goûts sans faille, etc. Autant de petits détails qui font toute la différence ; l'essentiel se résumant à ceci : un classicisme maîtrisé, point.

Le cadre luxueux du restaurant – une demeure du 17e s. sous les arcades paisibles de l'une des plus belles places de Paris – est à l'unisson : miroirs anciens, immense tapisserie, sol en marbre blanc et noir, orchidées. Un vrai petit palais italien. Et la place des Vosges de devenir quasi florentine ! Conclusion : pour un repas aussi raffiné qu'élégant, un régal des sens à tous points de vue.

Entrées

- Feuillantine de langoustines, sauce curry
- Chaud-froid d'œuf mollet au céleri et caviar golden

Plats

- Navarin de homard et de pommes de terre confites au romarin
- Noix de ris veau braisée à la financière

Desserts

- Tarte fine sablée au chocolat, glace à la vanille Bourbon
- Boule nacrée au fruits de saison, crème foisonnée

Au Bourguignon du Marais

Traditionnelle C2

52 r. François-Miron
01 48 87 15 40
St-Paul
Fermé 2 semaines en février, 3 semaines en août, dimanche et lundi

Formule 20 € – Menu 25 € (déjeuner) – Carte 32/74 €

L'enseigne dit tout... ou presque. Dans ce petit restaurant sans chichi, la Bourgogne s'invite dans l'assiette et dans le verre ! On s'installe dans une salle sobre et conviviale pour savourer des petits plats tout en générosité. Œufs pochés en meurette, jambon persillé, andouillette au bourgogne aligoté, escargots à l'ail, incontournable bœuf bourguignon et – rare détour exotique dans cet antre dédié au terroir – croustillant de gambas au chutney et salade d'herbes fraîches... L'alléchante carte est complétée par quelques suggestions faites de vive voix ; quant à la cave des vins, elle ravit les amateurs de beaux flacons 100 % bourguignons. Et dès que le temps le permet, on file en terrasse !

Bofinger

Traditionnelle D2

5 r. Bastille
01 42 72 87 82
www.bofingerparis.com
Bastille

Formule 29 € – Menu 36/59 € – Carte 36/109 €

A/C

Succès presque immédiat lorsque Frédéric Bofinger ouvre cette brasserie en 1864 : les Parisiens y font la découverte de la bière "à la pompe", ou bière pression. Royer, Panzani, Spindler et d'autres parmi les plus grands artisans d'art ont par la suite modelé ce "lieu de mémoire" gourmand de la capitale. À l'étage, plusieurs salles offrent un cadre remarquable, dont une aux boiseries peintes par Hansi représentant pêle-mêle kougelhopf, bretzel, cigognes, coccinelles et Alsaciennes en costume. L'endroit fascine toujours autant avec sa magnifique coupole en verre à motifs floraux, ses vitraux, marqueteries, vases animaliers, tableaux... Le livre d'or ? Un vrai bottin mondain du 20e s. Au menu : fruits de mer, grillades... et choucroutes bien sûr !

4e

Benoit ✿

Classique

B1

20 r. St-Martin
✆ 01 42 72 25 76
www.benoit-paris.com
Ⓜ Châtelet-Les Halles
Fermé août

Île de la Cité • Île St-Louis • Le Marais • Beaubourg

Menu 38 € (déjeuner) – Carte 60/120 €

A/C

Marie Hennechart

Pour retrouver l'atmosphère d'un vrai bistrot parisien, poussez donc la porte du 20, rue St-Martin. C'est ici, en plein cœur de Paris, que l'enseigne vit le jour dès 1912, du temps des Halles populaires. À l'origine bouchon lyonnais, le bistrot est resté dans la famille Petit pendant trois générations, lesquelles ont façonné et entretenu son charme si désuet. Belle Époque, plus exactement : boiseries, cuivres, miroirs, banquettes en velours, tables serrées les unes contre les autres... Chaque élément, jusqu'aux assiettes siglées d'un "B", participe au cachet de la maison. Rien à voir avec les ersatz de bistrots à la mode ! Et si l'affaire a été cédée au groupe Ducasse (2005), elle a préservé son âme.

Traditionnelles à souhait, les recettes allient produits du terroir, justesse des cuissons et générosité. Les habitués le savent bien : "Chez toi, Benoît, on boit, festoie en rois." Surtout si l'on pense aux plats canailles que tout le monde connaît, mais que l'on ne mange quasiment jamais... sauf ici.

Entrées

- Pâté en croûte, cœur de laitue à l'huile de noix et chapons aillés
- Langue de veau Lucullus

Plats

- Filet de sole Nantua, épinards à peine crémés
- Tête de veau ravigote

Desserts

- Profiteroles Benoit sauce chocolat chaud
- Soufflé glacé à l'orange

Claude Colliot

Moderne

B1

40 r. des Blancs Manteaux
01 42 71 55 45
www.claudecolliot.com
Ⓜ Rambuteau
Fermé août, dimanche et lundi

Formule 24 € – Menu 29 € (déjeuner en semaine)/59 € – Carte environ 45 €

Chez Claude Colliot, ancien chef du Bamboche (7e arrondissement), point d'énoncés pompeux, mais une cuisine de saison, qui traite les meilleurs produits avec tous les égards. Les légumes sont excellents (fondants quand il se doit, croquants s'il le faut), les cuissons maîtrisées, les jus bien aromatiques, et le menu "Carte blanche" – cinq plats – offre une jolie palette du savoir-faire de notre homme... En trois mots : léger, sain et savoureux ! Côté flacons, Chantal Colliot est aux commandes. Sa courte carte met en avant les jeunes producteurs adeptes de la biodynamie, cette culture misant sur la synergie des sols et des plantations. Quelques pierres apparentes, du parquet blond, des sièges pistache ou violets : le lieu est chaleureux et compte de vrais fidèles... Pour un dîner en ville, réservez !

Les Fous de l'Île

Traditionnelle

B2

33 r. des Deux-Ponts
01 43 25 76 67
www.lesfousdelile.com
Ⓜ Pont Marie

Formule 19 € – Menu 25 € (déjeuner en semaine), 28/33 € – Carte 37/43 €

A/C

Ce restaurant du cœur de l'Île-St-Louis est entièrement dédié à la basse-cour. Finie l'ancienne épicerie, le cadre offre désormais un joli décor de bistrot avec tableaux, affiches et une riche collection de coqs et de poules. Une bonne centaine de bibelots de toutes formes et de toutes couleurs sont perchés sur les grandes étagères qui bordent la longue salle à manger. Dans une ambiance très conviviale, sur de petites tables noires, on mange une sympathique cuisine de bistrot en cohérence avec le cadre : terrine, steak tartare, entrecôte, poule au pot, clafoutis et mousse au chocolat. La carte des vins présentée par vigneron offre un choix intéressant, tant pour les provenances, les prix que pour l'offre de vins au verre. Brunch le dimanche.

Le Gorille Blanc

Traditionnelle D2

4 impasse Guéménée
01 42 72 08 45
Bastille
Fermé dimanche

Formule 17 € – Carte 33/59 €

Gare au Gorille Blanc, il est si gourmand ! Mais dans ce bistrot parisien pur jus, au décor rustique et rétro en diable, le chef concocte une cuisine bistrotière généreuse et bien troussée parsemée de clins d'œil au Sud-Ouest – la région natale du propriétaire –, ainsi que de bons petits plats ménagers qui savent venir à bout des appétits les plus gargantuesques... Terrine de champignons à la crème d'ail, petits chipirons sautés à l'huile d'olive et risotto à l'encre, fricassée de lapin aux oignons et aux raisins secs, confit de canard croustillant et pommes de terre sautées, agneau de lait rôti des Pyrénées, croustade aux pruneaux et à l'armagnac... Après ce bon repas, on pousserait presque la chansonnette chère à Brassens !

Isami

Japonaise B2

4 quai d'Orléans
01 40 46 06 97
Pont Marie
Fermé août, vacances de Noël, dimanche et lundi – Réservation conseillée

Carte 49/82 €

A/C

On sert ici probablement l'un des meilleurs poissons crus de Paris. Voilà qui explique la renommée de l'établissement auprès des Japonais, qui savent où se rendre pour manger "comme chez eux". La clientèle parisienne et internationale ne s'y trompe pas non plus : derrière son bar, Katsuo Nakamura réalise des merveilles de sushis et chirashis. Des produits ultrafrais et une maîtrise fascinante des couteaux ont propulsé ce restaurant confidentiel au premier rang des adresses nippones de la capitale. Pas de folklore suranné dans le décor de la petite salle, juste quelques calligraphies et le mot "Isami" (signifiant ardeur, exaltation), gravé sur un panneau de bois, placé en évidence. Réservation impérative.

Mon Vieil Ami

Traditionnelle
B2

69 r. St-Louis-en-l'Île
01 40 46 01 35
www.mon-vieil-ami.com
Ⓜ Pont Marie

Menu 38/46 €

Ce Vieil Ami-là ne vous veut que du bien, parole d'Antoine Westermann ! Dans son bistrot de chef plutôt chic se pressent la clientèle étrangère et les gourmets de la capitale... preuve que le talentueux Alsacien a su lui donner la "French touch" qui fait – ou non – le succès universel de ces adresses "nouvelle génération". Sous les hauts plafonds de ces anciennes écuries (près de 5 m !), un décor tout en modernité dont les tons marron et noir épousent les murs en verre dépoli ; une longue table d'hôtes sur la gauche, de petites tables en bois joliment dressées sur la droite : des allures d'auberge tendance, en quelque sorte, où le chef vous régale de goûteuses recettes traditionnelles ponctuées de notes actuelles et de clins d'œil à l'Alsace.

L'Osteria

Italienne
C2

10 r. Sévigné
01 42 71 37 08
Ⓜ St-Paul
Fermé 2 semaines en août, dimanche, lundi et fériés – Réservation conseillée

Formule 19 € – Menu 23 € (déjeuner en semaine) – Carte 32/63 €

Ni enseigne, ni menu indiqués sur la façade : L'Osteria cultive un esprit sélect, façon club privé, qui séduit une clientèle fidèle autant que people. De fait, les célébrités en ont fait leur trattoria d'élection, à deux pas de St-Paul : en guise de témoignage dans la salle, des dessins, tableaux et autographes en tout genre... Que le commun des mortels se rassure néanmoins : moyennant un budget tout de même bien parisien, lui aussi pourra déguster l'irréprochable cuisine du chef. Gnocchis, risottos, légumes croquants, salade de poulpe, carpaccio de thon, pannacotta, tiramisu... Toutes les stars de la gastronomie italienne – en particulier vénitienne –, aussi irrésistibles les unes que les autres.

Le Sergent Recruteur ✿

Créative B2

41 r. St-Louis
✆ 01 43 54 75 42
www.lesergentrecruteur.fr
Ⓜ Pont Marie
Fermé 1er-16 août, 23-30 décembre, vacances de février, dimanche et lundi

Menu 75 € (déjeuner), 95/145 €

A/C

Benoist Linero

Comment transformer une taverne historique de l'île St-Louis, dont le nom évoque une autre époque, en... une table gastronomique à la pointe des tendances ? En comptant simplement sur le talent d'un seul homme : Antonin Bonnet, jeune chef formé notamment chez Michel Bras, à Laguiole, et connu pour avoir tenu les cuisines de Greenhouse à Londres – après diverses expériences internationales. L'année 2012 aura donc été celle de son retour au pays : une bonne nouvelle, tant le cuisinier démontre de savoir-faire et d'inspiration ! Au fil d'un menu imposé (de 6 à 12 plats) qu'il crée en fonction des beaux produits qu'il peut glaner – on pourrait dire "recruter", tant sa sélection est soignée –, on découvre des assiettes aussi vives que créatives. Jeux sur l'amertume et l'épicé, le salé et le sucré, le croquant et la douceur : chaque assiette est ciselée avec finesse, de manière très avisée. Le moment est d'autant plus agréable que la maison distille une ambiance élégante et feutrée, associant habilement design contemporain et murs anciens. D'ores et déjà une valeur sûre...

Spécialités

- Cuisine du marché

Suan Thaï

Thaïlandaise

35 r. Temple
01 42 77 10 20
www.suanthai.fr
Ⓜ Rambuteau

B1

Formule 15 € – Menu 18 € (déjeuner), 25/38 € – Carte 33/56 €

Plus grand, plus beau, plus confortable : fin 2011, Suan Thaï a déménagé à 100 mètres de son ancienne adresse, mais ses nombreux habitués y ont vite repris des habitudes... Au menu : d'authentiques recettes thaïes, concoctées par des cuisiniers tous directement recrutés en Thaïlande. De plus, le jeune patron met un point d'honneur à ne servir que des recettes de son pays : salade de bœuf mi-cuit à la citronnelle, soupe de galanga au poulet, filet de cabillaud aux trois saveurs, salade de fruits exotiques ou encore soupe de jacquier au lait de coco, etc. Chaque plat est présenté avec soin et les parfums font voyager...

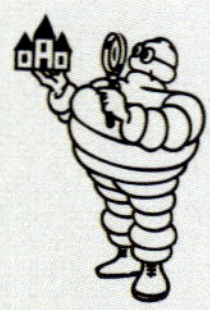

Grand luxe
ou sans prétention ?
Les "couverts"
et les pavillons
notent le confort,
de 1 à 5.

5e

Quartier latin · Jardin des Plantes · Mouffetard

C. Pinheira / Author's Image / Photononstop

Quartier Latin, Jardin des Plantes, Mouffetard

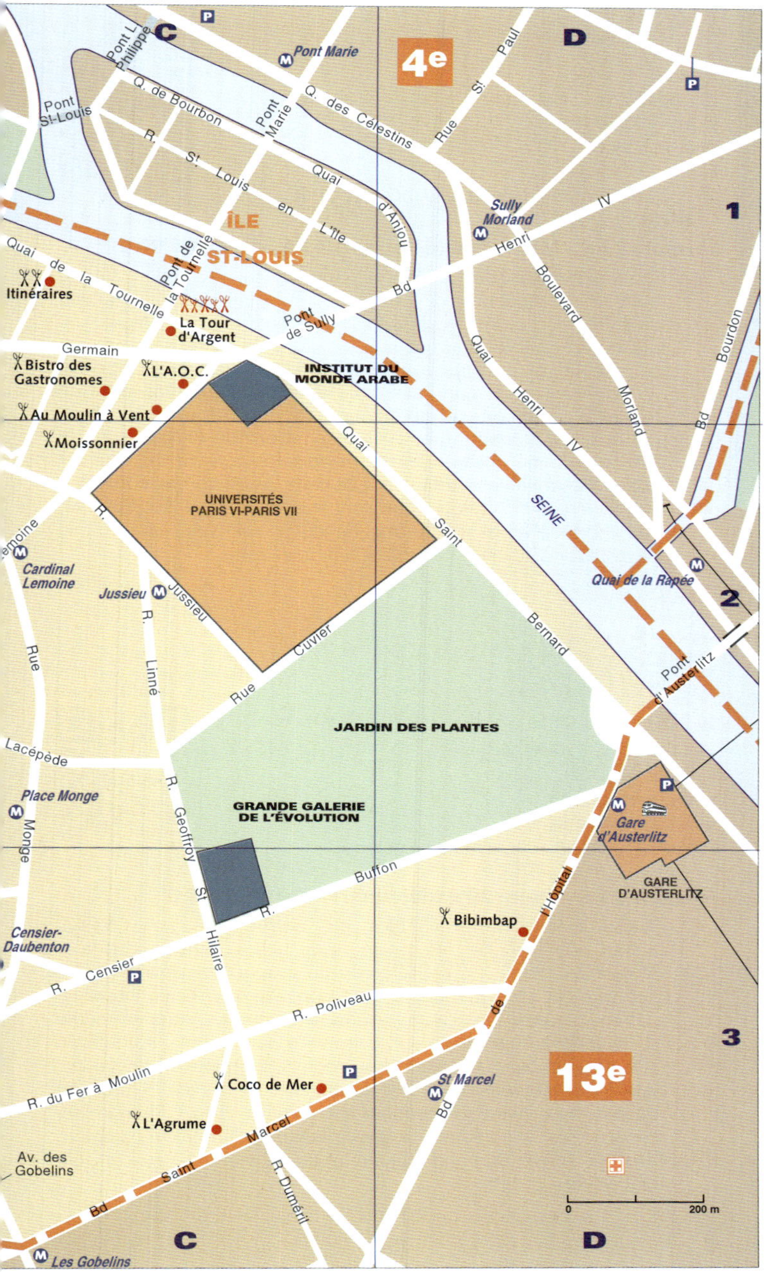
4e
13e
ÎLE
ST-LOUIS
Pont Marie
Sully Morland
Pont L. Philippe
Pont St-Louis
Q. de Bourbon
R. St Louis en L'Île
Pont Marie
Q. des Célestins
Quai d'Anjou
Rue St Paul
Bd Henri IV
Quai de la Tournelle
Pont de la Tournelle
Pont de Sully
Boulevard Morland
Quai Henri IV
Bd Bourdon
Itinéraires
La Tour d'Argent
Germain
Bistro des Gastronomes
L'A.O.C.
Au Moulin à Vent
Moissonnier
INSTITUT DU MONDE ARABE
UNIVERSITÉS PARIS VI-PARIS VII
Quai Saint Bernard
SEINE
Quai de la Rapée
Cardinal Lemoine
Jussieu
R. Jussieu
R. Linné
Rue Cuvier
Rue Lacépède
JARDIN DES PLANTES
Pont d'Austerlitz
Place Monge
GRANDE GALERIE DE L'ÉVOLUTION
Gare d'Austerlitz
GARE D'AUSTERLITZ
Monge
R. Geoffroy St Hilaire
R. Buffon
Bd de l'Hôpital
Bibimbap
Censier-Daubenton
R. Censier
R. Poliveau
R. du Fer à Moulin
Coco de Mer
St Marcel
L'Agrume
Av. des Gobelins
Bd Saint Marcel
R. Duméril
Les Gobelins
0
200 m
C
D
1
2
3

L'Agrume

Moderne C3

15 r. des Fossés-St-Marcel
01 43 31 86 48
St-Marcel
Fermé 13-28 avril,
août, 22 décembre-6 janvier, dimanche et lundi

Formule 22 € – Menu 25 € (déjeuner)/45 € – Carte 45/90 €

A/C

Dans la famille "bistrot de chef", demandez l'Agrume ! Grand comme un mouchoir de poche – il ne peut accueillir qu'une vingtaine de gourmands à la fois, dont quatre au comptoir avec pleine vue sur les fourneaux – et d'une sobriété reposante, il se niche dans une rue résidentielle, à deux pas des Gobelins. Franck Marchesi-Grandi, passé par de grandes maisons avant de fonder la sienne, y exécute une cuisine simple et précise, à base d'excellents produits frais. Le poisson vient de Bretagne, où le patron a officié quelque temps, et pour les primeurs, ce dernier connaît les meilleures adresses... La carte, assez courte, comme le menu, renouvelé chaque jour, sont très vitaminés ! Au déjeuner, l'addition est sans acidité aucune et, le soir venu, place à la dégustation autour de cinq plats. Un beau zeste.

L'A.O.C.

Viandes et grillades C1

14 r. des Fossés-St-Bernard
01 43 54 22 52
www.restoaoc.com
Maubert Mutualité
Fermé 28 juillet-19 août, dimanche et lundi

Formule 21 € – Menu 29 € (déjeuner) – Carte 37/64 €

A/C

Autoproclamé "bistrot d'initiés" ou "bistrot carnivore", l'A.O.C. a tout pour allécher les amateurs de belles viandes, certifiées d'origine contrôlée. C'est le credo du propriétaire, Jean-Philippe Lattron, qui connaît parfaitement son affaire. Ancien boucher, comme son père et ses grands-pères, il continue à porter lui-même ses viandes à maturation. Un gage de sérieux auquel s'ajoute un second leitmotiv, la qualité des produits, uniquement de saison, qui accompagnent bœuf de Normandie, de Galice, Simmental de Bavière... Avec son ambiance conviviale, son cadre simple, ses ardoises, sa rôtissoire trônant à l'entrée, derrière le comptoir, l'A.O.C. affiche une mine réjouie et une envie de bien faire qu'il faut saluer.

Atelier Maître Albert

Traditionnelle

B1

1 r. Maître Albert
01 56 81 30 01
www.ateliermaitrealbert.com
Maubert Mutualité
Fermé samedi midi et dimanche midi

Formule 26 € – Menu 31 € (déjeuner)/36 € – Carte 42/63 €

Quand le chef Guy Savoy et l'architecte Jean-Michel Wilmotte s'unissent pour relancer une maison ancienne face à Notre-Dame, cela donne un restaurant-rôtisserie chic et design qui fait le plein de touristes et d'habitués. Poutres, pierres et tons gris se déploient en trois espaces distincts : un salon aux allures de bar new-yorkais ; une salle à manger nantie d'une grande cheminée médiévale, à laquelle répondent une rôtissoire et des cuisines ouvertes ; et un coin vinothèque, plus intime. Au menu, saladier du moment servi avec des foies de volaille, selle d'agneau à la broche accompagnée d'un tian de courgettes et de tomates, volaille fermière rôtie, fondant au chocolat pralin-feuilleté. Produits, précision des cuissons, mise en scène des assiettes, professionnalisme du service... Tout y est.

Au Moulin à Vent

Traditionnelle

C1

20 r. des Fossés-St-Bernard
01 43 54 99 37
www.au-moulinavent.com
Jussieu
Fermé août, samedi midi, dimanche et lundi

Formule 25 € – Menu 29 € (déjeuner) – Carte 40/66 €

Ne vous fiez pas à sa modeste devanture : ce bistrot très "atmosphère, atmosphère" cache une jolie petite salle coquille d'œuf qui n'a pas changé depuis sa création, en 1946. Vous êtes au Moulin à Vent, autant prisé des Parisiens que des touristes en quête d'un lieu "frenchy" et authentique. Une longue rangée de tables simplement dressées : à gauche, un groupe d'habitués savoure un bœuf ficelle, un foie de veau ou un magret de canard ; à droite, un couple d'Américains découvre les délicieux escargots de Bourgogne et cuisses de grenouille "à la provençale". Goûtez, vous aussi, à ces plats intemporels sans chichi et ne faites pas l'impasse sur les viandes de race salers, spécialité de la maison, et les gibiers en saison. Desserts et vins au diapason. Classiquement bon !

Aux Verres de Contact

Moderne

B1

33 r. de Bièvre (angle du bd St-Germain)
01 46 34 58 02
www.auxverresdecontact.com
Maubert Mutualité
Fermé dimanche

Formule 17 € – Menu 34 € – Carte 48/59 €

L'équipe du Jadis – dans le 15e – gère ce sympathique bistrot contemporain et coloré, dont le nom emprunte à l'écrivain et journaliste Antoine Blondin (qui mentionnait "verres de contact" sur ses notes de frais...). Dans ses cuisines ouvertes sur la salle, la chef, Sarah Barandon, cisèle de savoureuses recettes du marché, propres à satisfaire les gourmets d'aujourd'hui ; on les dévore en n'oubliant pas de lever haut son verre. Et l'on conclut par un mot célèbre de Blondin (encore lui !), inscrit sur l'un des murs de la salle : "Quand on meurt de faim, il se trouve toujours un ami pour vous offrir à boire"... À la vôtre !

Bibimbap

Coréenne

D3

32 bd de l'Hôpital
01 43 31 27 42
www.bibimbap.fr
Gare d'Austerlitz

Formule 13 € – Menu 18 € – Carte environ 40 €

Êtes-vous plutôt ssambap ou bap ? Pour en décider, faites un tour chez Bibimbap ! Le ssambap est un incontournable de la gastronomie coréenne : un grand bol de riz panaché de légumes – cuisinés avec art – et éventuellement de viande. Quant au bap, il est préparé au barbecue traditionnel : tout juste cuits, bœuf, porc, poulet ou encore fruits de mer sont roulés dans une feuille de salade bien fraîche… Vive, soignée, diététique (pour les initiés : fondée sur l'énergie), cette cuisine est un vrai plaisir ! La carte des boissons permet aussi de continuer la découverte : soju (alcool de céréales), liqueur de riz, vins de framboise ou de prune, thés et bières de Corée, etc. Et l'on se régale en oubliant la modestie du décor (murs en pierre, cave voûtée)…

Bistro des Gastronomes

Traditionnelle C1

10 r. du Cardinal-Lemoine
01 43 54 62 40
Cardinal Lemoine
Fermé lundi midi, samedi midi et dimanche

Formule 22 € – Menu 28 € – Carte 40/66 €

A/C Avis aux gastronomes : voici une bonne cantine au cœur du Quartier latin, un bistrot comme on les aime, créé en 2011 à l'initiative d'un jeune chef pour le moins partageur ! Pourquoi changer des recettes qui marchent quand il est question de plaisirs indémodables ? Céleri rémoulade au haddock, onglet de Black Angus poêlé aux pommes grenaille et pleurotes... Bref, de généreux classiques, reproduits avec une belle sincérité dans toute la fraîcheur du dernier marché. Évidemment, le décor est à l'avenant : boiseries de bois blond, bocaux de condiments, livres de cuisine et nappes blanches.

Ciasa Mia

Italienne B2

19 r. Laplace
01 43 29 19 77
www.ciasamia.com
Maubert Mutualité
Fermé 2 semaines en septembre, 2 semaines en janvier, samedi midi et dimanche – Réservation conseillée

Formule 25 € – Menu 48/71 € – Carte 62/80 €

Dans cette petite rue tranquille près du Panthéon, cette jolie trattoria est une vraie découverte. C'est Francesca, la souriante et pétillante jeune patronne, qui vous reçoit, déjà enthousiaste à l'idée de vous faire découvrir la cuisine de son compagnon, Samuel Mocci. Tous deux originaires du Nord de l'Italie, ils aiment à mettre en valeur un patrimoine gustatif qui s'avère aussi savoureux que surprenant. Tout ici est fait maison, du pain jusqu'aux desserts ! En automne, par exemple, Samuel livre sa version très personnelle des produits de saison. Imaginez un consommé de poulet au foin accompagné de gnocchettis de potiron, un carpaccio de cerf, un "5 minutes" de Saint-Jacques à la fumée de vigne... le tout accompagné de vins italiens, allemands, français. Une vraie maison des délices !

Coco de Mer

Seychelloise

C3

34 bd St-Marcel
01 47 07 06 64
www.cocodemer.fr
Ⓜ St-Marcel
Fermé 2 semaines en août, lundi midi et dimanche

Formule 14 € – Menu 23 € (déjeuner) – Carte 33/44 €

Les vacances sont finies ? Pour vous consoler, réservez une table au Coco de Mer. Ce restaurant vous emmène illico aux Seychelles. Confortablement assis, les pieds nus dans le sable fin (la terrasse est aménagée en plage !), entre une fresque marine et des cocotiers, on se prend volontiers au jeu de ce paradis exotique. Dans l'assiette, la véritable cuisine des îles, mi-indienne, mi-africaine, est au rendez-vous. Tout comme les poissons, importés directement de l'océan Indien et délicatement fumés, marinés, grillés, pochés... Après avoir goûté au tartare de thon frais au gingembre, au bourgeois et son chutney de mangue verte, au cari de poulpe et à la crème gratinée à la banane, vous n'aurez qu'une envie : filer à Mahé !

Les Délices d'Aphrodite

Grecque

B3

4 r. Candolle
01 43 31 40 39
www.mavrommatis.fr
Ⓜ Censier Daubenton

Formule 22 € – Carte 33/50 €

A/C

Celle que l'on prend pour l'annexe du restaurant des frères Mavrommatis est en fait leur première adresse, créée en 1981. Plus décontractée que la table gastronomique de la rue Daubenton, cette conviviale taverne régale de spécialités grecques pleines de fraîcheur et de parfums ensoleillés. Feuilleté au fromage de brebis, feuilles de vigne farcies au riz et pignons de pin, caviar d'aubergine servi avec une salade d'aubergines fumées, poêlée de poulpe à l'huile d'olive ou mahalepi (crème de lait à la fleur d'oranger) sont servis avec la générosité et l'amabilité typiques du pays. Le cadre bleu et blanc digne des paysages des Cyclades, le lierre qui dégringole du plafond, un vibrant rébétiko en fond sonore... Vous voilà en Grèce !

Itinéraires

Moderne

C1

5 r. de Pontoise
01 46 33 60 11
www.restaurant-itineraires.com
Maubert Mutualité
Fermé 4-25 août, 20-29 décembre, samedi midi, dimanche et lundi – Réservation conseillée

Formule 32 € – Menu 38 € (déjeuner), 55/85 € – Carte 45/75 € déjeuner

A/C

Itinéraires

La cuisine est-elle histoire d'itinéraires ? Sylvain Sendra n'aura pas attendu le nombre des années pour installer son restaurant parmi les bonnes tables de la capitale. Avant de créer cet établissement, le jeune trentenaire avait déjà expérimenté plusieurs concepts, en particulier dans son bistrot Le Temps au Temps, où il a été l'un des premiers à vouloir cuisiner, en toute créativité, pour un nombre limité de couverts. L'esprit d'invention et la capacité à flairer les tendances, voilà sans doute ce qui caractérise le chef, qui n'en néglige pas pour autant les fondamentaux : une chose est sûre, chez lui, on mange fort bien ! Les assiettes révèlent un vrai travail de cuisinier, soucieux des produits (les fournisseurs sont triés sur le volet), des cuissons comme des assaisonnements. Et si les recettes sont originales, elles respectent toujours l'esprit des ingrédients, sans rien laisser au hasard. De même, le décor de la salle a le bon goût d'associer esprit contemporain, luminosité et confort. Élégance, finesse, saveurs : l'itinéraire de clients gâtés.

Entrées

- Tarte à l'oignon doux, foie gras poêlé, champignons de Paris et noix de muscade
- Velouté d'herbes glacé, anguille fumé et maquereau, granité d'huître

Plats

- Homard breton en cocotte, girolles et ventrèche
- Pintade rôtie, purée de pomme de terre en deux textures

Desserts

- Cassata citron vert et basilic, pannacotta huile d'olive et vanille
- Soufflé au Grand Marnier, glace au chocolat

Lengué

Japonaise B1

31 r. Parcheminerie
01 46 33 75 10
web http://lengue.fr
St-Michel
Fermé 3 semaines en août, dimanche midi et lundi

Formule 18 € – Carte 15/33 €

Du nom d'une petite fleur rose qui pousse dans les rizières... Une jolie appellation pour un charmant restaurant, plus précisément un *izakaya*, ces tables dont la spécialité est, au Japon, de proposer une cuisine en petites portions (à l'image des tapas). La formule fait aujourd'hui florès : le concept incarne bien la délicatesse attachée à l'esprit nippon, son goût de la miniature et des petites touches... Lengué en offre une belle démonstration : à sa tête œuvre un couple de Japonais passionnés, originaires de Nagoya. On est immédiatement séduit par la qualité des ingrédients, la finesse d'exécution et la subtilité des saveurs, rehaussées par une belle sélection de vins de Bourgogne. La chaleur du cadre – une bâtisse du 17e s. proche de la Huchette – et le charme de l'accueil ajoutent à l'agrément de cette jolie fleur du Japon...

Lhassa

Tibétaine B1

13 r. Montagne-Ste-Geneviève
01 43 26 22 19
Maubert Mutualité
Fermé lundi

Formule 12 € – Menu 20/26 € – Carte 23/29 €

Pour respirer un peu d'air himalayen sans avoir à prendre trop d'altitude, vous n'avez qu'à escalader... la rue de la Montagne-Ste-Geneviève. Là se trouve l'un des rares bons restaurants tibétains de Paris : Lhassa. Éclairages tamisés, tapis anciens, broderies, poupées, objets de culte, photo du dalaï-lama... On entre ici comme dans un temple sacré, apaisé par l'atmosphère zen et la douce musique d'ambiance. L'accueil attentionné confirme le sentiment de bien-être immédiat. La cuisine ? Elle exhale des parfums d'ailleurs : vapeurs, soupe à base de farine d'orge grillé, d'épinard et de viande, raviolis de bœuf, boule de riz chaud aux raisins dans un yaourt et thé au beurre salé ! Les prix sont dans l'esprit des lieux : pleins de sagesse. Prêt pour le voyage ?

Mavrommatis

Grecque

42 r. Daubenton
01 43 31 17 17
www.mavrommatis.fr
Censier Daubenton
Fermé août, dimanche soir, mardi midi, mercredi midi, jeudi midi et lundi

B3

Menu 38/68 € – Carte 46/62 €

A/C

Si, pour vous, manger grec se réduit au régime "souvlaki-tzatziki-moussaka", rendez-vous chez Andreas et Evagoras Mavrommatis pour un irrésistible cours de rattrapage. Leur pari ? Marier les terroirs grecs avec la richesse de la tradition culinaire française. Objectif atteint ! Pour débuter en beauté, un verre d'ouzo s'impose, à siroter sur la terrasse bordée d'oliviers et de vignes... Puis vient la cuisine, qui ne mise pas sur le folklore – à l'image du décor, très sobre – mais sur la tradition et une qualité de produits irréprochable. Poulpes marinés, céleri, aubergine fumée, vinaigrette kumquat ; soupe de topinambour à la Mastiha ; dégustation de cochon de lait de Bigorre et ibérique, pomme kolokassi et céleri-rave... Des plats raffinés pour une belle expérience au carrefour des saveurs !

Mirama

Chinoise

17 r. St Jacques
01 43 54 71 77
Cluny La Sorbonne

B1

Carte 20/30 €

A/C

À deux pas du boulevard St-Michel, juste derrière l'église St-Séverin, impossible de manquer Mirama avec ses canards suspendus derrière la vitrine et les vapeurs de bouillons que l'on voit s'échapper au-dessus des fourneaux ! Le ton est donné : nous voici dans un restaurant chinois... et même l'un des meilleurs de l'arrondissement. Le décor est tout simple, mais on retiendra la salle en sous-sol, un étonnant caveau au plafond duquel pendent... de petites stalactites. La cuisine joue la carte de l'authenticité et de la générosité : le canard laqué est la spécialité de la maison – cuisiné sans chichi, avec une chair tendre et savoureuse –, et les incontournables soupes (aux ravioles de crevettes et de nouilles, par exemple) sont parfumées à souhait. Bon rapport qualité-prix.

Moissonnier

Lyonnaise C2

28 r. des Fossés-St-Bernard
01 43 29 87 65
Ⓜ Jussieu
Fermé août, 25 décembre-2 janvier, dimanche et lundi

Carte 32/65 €

Un typique bouchon lyonnais face à l'Institut du Monde Arabe. L'adresse n'est pas nouvelle, le décor non plus, mais le plaisir reste intact. Ce bistrot "pur jus" met à l'aise avec son zinc rutilant, ses grandes banquettes en moleskine, ses tables en bois, et – touches d'originalité – ses luminaires en forme de cep, ses fûts et sa hotte de vendangeur... Pas de doute, la convivialité et la bonne humeur sont ici la règle. Autour de quelques pots de beaujolais et de vins franc-comtois, Philippe Mayet prépare ses "lyonnaiseries" et autres spécialités avec une réjouissante générosité : queue de bœuf en terrine, tablier de sapeur sauce gribiche, rognons de veau, quenelle de brochet soufflée, poulet au vin jaune et aux morilles... Une adresse tout en tradition, qu'on aurait tort d'oublier.

Officina Schenatti

N

Italienne B1

15 r. Frédéric-Sauton
01 46 34 08 91
www.officinaschenatti.com
Ⓜ Maubert Mutualité
Fermé 3 semaines en août, 22-26 décembre, lundi midi et dimanche

Formule 19 € – Menu 25 € (déjeuner en semaine) – Carte 42/58 €

Ivan Schenatti, originaire de Lombardie (et ayant un parcours dans de bons établissements de la péninsule et en France), a choisi cette rue proche de la Seine pour y installer son "officina" – son atelier –, tout à la gloire de la gastronomie à l'italienne. Dans la salle, murs en pierres apparentes, banquettes de velours aux formes langoureuses et mobilier design créent un cadre chaleureux et cosy, parfait pour déguster une savoureuse cuisine où se mêle le meilleur des régions de la Botte : fleurs de courgette farcies au crabe frais en tempura, raviolis maison à la ricotta et à la girolle hachée... entre autres spécialités incontournables, réalisées avec un soin certain, voire un vrai tour de main de *mamma* ! Le tout accompagné de bons vins transalpins...

Les Papilles

Traditionnelle A2

30 r. Gay-Lussac
01 43 25 20 79
www.lespapillesparis.com
Luxembourg
Fermé 20-30 mars, 20 juillet-20 août, vacances de Noël, dimanche et lundi

Formule 28 € – Menu 35 € – Carte environ 50 €

Sur place ou à emporter ? Non, vous n'êtes pas dans un fast-food anonyme – loin de là ! – mais aux Papilles, le restaurant-cave-épicerie fine de Bertrand Bluy, situé à proximité du jardin du Luxembourg. Mode d'emploi... De grands casiers à vins, où l'on se sert soi-même contre un droit de bouchon, des étagères garnies d'appétissantes conserves de terrines, foie gras, confitures et autres produits soigneusement sélectionnés, et, au centre, des tables en bois pour savourer une cuisine bistrotière plutôt contemporaine. Quelques exemples de plats à choisir sur la carte à midi ou le soir au menu : gaspacho froid de concombre à la menthe, magret de canard au madère pommes de terre grenaille, et pour finir crème brûlée au café.

Ribouldingue

Traditionnelle B1

10 r. St-Julien-le-Pauvre
01 46 33 98 80
Maubert Mutualité
Fermé 8-31 août, dimanche et lundi

Formule 28 € – Menu 34 €

A/C

À quelques pas des quais de Seine, les tripes et les abats sont encore et toujours à la mode ! Pour vous en convaincre, foncez chez Ribouldingue. Osé, ce sympathique néobistrot a réussi le pari de remettre à l'honneur les "canailleries". Les amateurs seront ravis de déguster un ensemble de recettes – classiques ou revisitées – qui fondent en bouche : groin, tétine, cervelle, langue, joue, ris de veau... Pour ceux que les abats n'inspirent pas, la carte et les suggestions du jour offrent aussi un large choix de mets plus conventionnels : terrine de foies de volaille à la confiture d'oignons, rognons de veau poêlés et gratin dauphinois, glace au yaourt... Les assiettes sont généreuses et parfumées, l'ambiance est conviviale : un véritable coup de cœur à prix d'amis.

Sola

Moderne B1

12 r. de l' Hôtel-Colbert
01 43 29 59 04
www.restaurant-sola.com
Maubert Mutualité
Fermé août, 30 décembre-7 janvier, dimanche et lundi

Menu 48 € (déjeuner)/98 €

A/C

© www.tibo.org

Dans ce très vieil immeuble près des quais, il faut tirer une lourde porte en bois pour entrer dans ce qui ressemble à un vénérable restaurant parisien, avec plafond bas et poutres apparentes. Or, c'est un décor zen qui se présente à vous. Un cadre particulièrement étonnant au sous-sol où, dans la cave voûtée, les tables à même le sol figurent un tatami. La cuisine de Hiroki Yoshitake participe de cette même inspiration, à mi-chemin entre exigence et précision de la gastronomie nippone, richesses du terroir français et saveurs d'Extrême-Orient. On se laisse capter avec plaisir par des menus surprises où le chef imagine des tempura de maïs aux trompettes de la mort, un millefeuille de chou chinois à l'aubergine confite, des pêches au granité de vin rosé et à la gelée de vin rouge… Une cuisine harmonieuse et raffinée, profondément personnelle, que l'on ne saurait réduire à ces simples adjectifs, si élogieux soient-ils.

Entrées

- Truite mi-cuite prune, radis et tomate sur crème de mascarpone
- Homard, crème aux jeunes oignons

Plats

- Bar sur purée de carotte, girolles poêlées et vinaigrette de citron
- Porc ibérique

Desserts

- Noisettes caramélisées, cookies sur crème chocolat et glace vanille
- Matcha sésame

Terroir Parisien - Maison de la Mutualité

Traditionnelle B1

20 r. St-Victor
01 44 31 54 54
www.yannick-alleno.com
Ⓜ Maubert Mutualité
Fermé 3 semaines en août

Carte 32/57 €

A/C

"Ma cuisine est comme ma ville, et ma ville, c'est Paris." Chef parisien s'il en est, Yannick Alléno entend cultiver le terroir francilien, ses produits, ses spécialités... Pour le grand cuisinier, créer un tel bistrot était une évidence ! Maquereaux au vin blanc, soupe aux oignons, pâté chaud, matelote de Bougival, niflette feuilletée, etc. On redécouvre les recettes emblématiques ou méconnues de la région, fort bien cuisinées – et l'on peut même déguster un bon "jambon-beurre" au comptoir ! Le goût retrouvé de l'Île-de-France... dans un décor original signé Jean-Michel Wilmotte. Bon à savoir : une deuxième adresse est née en 2013 sur la rive droite, dans l'ancien palais de la Bourse (voir 2e arrondissement).

Hôtels et restaurants évoluent chaque année. Chaque année, changez de guide MICHELIN

La Tour d'Argent

Classique

C1

15 quai de la Tournelle
01 43 54 23 31
www.latourdargent.com
Maubert Mutualité
Fermé août, dimanche et lundi

Menu 80 € (déjeuner), 180/200 € – Carte 150/350 €

A/C

Tour d'Argent

Une demeure historique liée depuis 1912 à la famille Terrail : André, le fondateur, son fils Claude, et à présent son petit-fils, André. Pour autant, la "saga" de la Tour d'Argent débuta bien avant. Déjà en 1582, l'enseigne signalait une élégante auberge, qui devint un restaurant en 1780. Mais la légende commence véritablement au début du 20e s. lorsque Terrail l'achète, avec cette idée de génie dans la tête : élever l'immeuble d'un étage pour y installer la salle à manger, et jouir ainsi d'un panorama unique sur la Seine et Notre-Dame.

Le cadre cossu a conservé son lustre d'antan. Le service, parfaitement réglé, assure toujours le spectacle, dont le fameux rituel du canard de Challans au sang, inventé en 1890 par Frédéric Delair. L'emblème d'un classicisme indétrônable, mais nullement figé : véritable palimpseste, la carte conserve la mémoire de plusieurs décennies de haute gastronomie française – sans s'interdire des incursions vers la modernité. Quant à l'extraordinaire cave du sommelier David Ridgway, elle renfermerait... près de 500 000 bouteilles !

Entrées

- Quenelles de brochet André Terrail
- Foie gras des trois Empereurs

Plats

- Caneton "Tour d'Argent"
- Filet de sole cardinal

Desserts

- Crêpes Belle Époque
- Sphère chocolat au parfum de caramel et de citron vert

La Truffière ✿

Moderne

B2

4 r. Blainville
01 46 33 29 82
www.latruffiere.com
Place Monge
Fermé 21-29 décembre, mardi midi en juillet-août, dimanche et lundi

Formule 32 € – Menu 35 € (déjeuner), 85/145 € – Carte 108/158 €

A/C

La Truffière

Une valeur sûre que cette maison du 17e s., toute de pierres, de poutres et de voûtes... Au cœur du vieux Paris – à deux pas de la truculente rue Mouffetard –, la Truffière cultive des plaisirs intemporels. À l'unisson de l'atmosphère feutrée et chaleureuse, l'assiette se révèle aromatique et subtile, les produits du terroir et de la mer charnus et colorés. Des parfums nourrissants ! C'est là le travail d'un jeune chef bourguignon, Jean-Christophe Rizet, issu d'une famille d'agriculteurs du Charolais et passionné par la gastronomie depuis l'enfance. Par toutes les gastronomies, car il navigue avec aisance entre recettes traditionnelles et saveurs d'ailleurs. Mais l'enseigne le rappelle : en saison, les suaves fumets de la truffe blanche ou noire viennent rehausser ses créations, pour le plus grand plaisir des amateurs. Sachez également que la carte des vins est tout simplement remarquable, avec pas moins de... 3 200 références, françaises et mondiales. L'adresse a assurément du nez.

Entrées

- Œuf cuit à basse température, légumes croquants, mayonnaise truffée
- Foie gras de canard cuit entier dans un vin chaud servi tiède, cerises en vinaigrette

Plats

- Parmentier de queue de bœuf à la truffe noire, fine purée de pomme de terre
- Saint-pierre, légumes au jus d'herbes et carpaccio de seiche

Desserts

- Pêche blanche et menthe sauvage en papillote sur un biscuit thé vert
- Rose et basilic en délicate gelée, glace fraise et fraise au naturel

6e

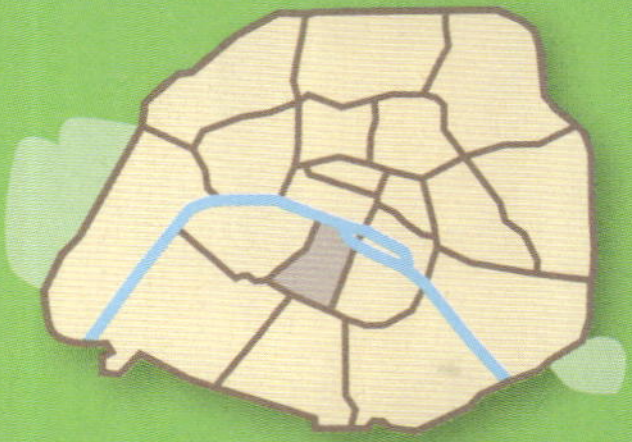

St-Germain-des-Prés · Odéon · Jardin du Luxembourg

J. Loic / Photononstop

St-Germain-des-Prés, Odéon, Jardin du Luxembourg

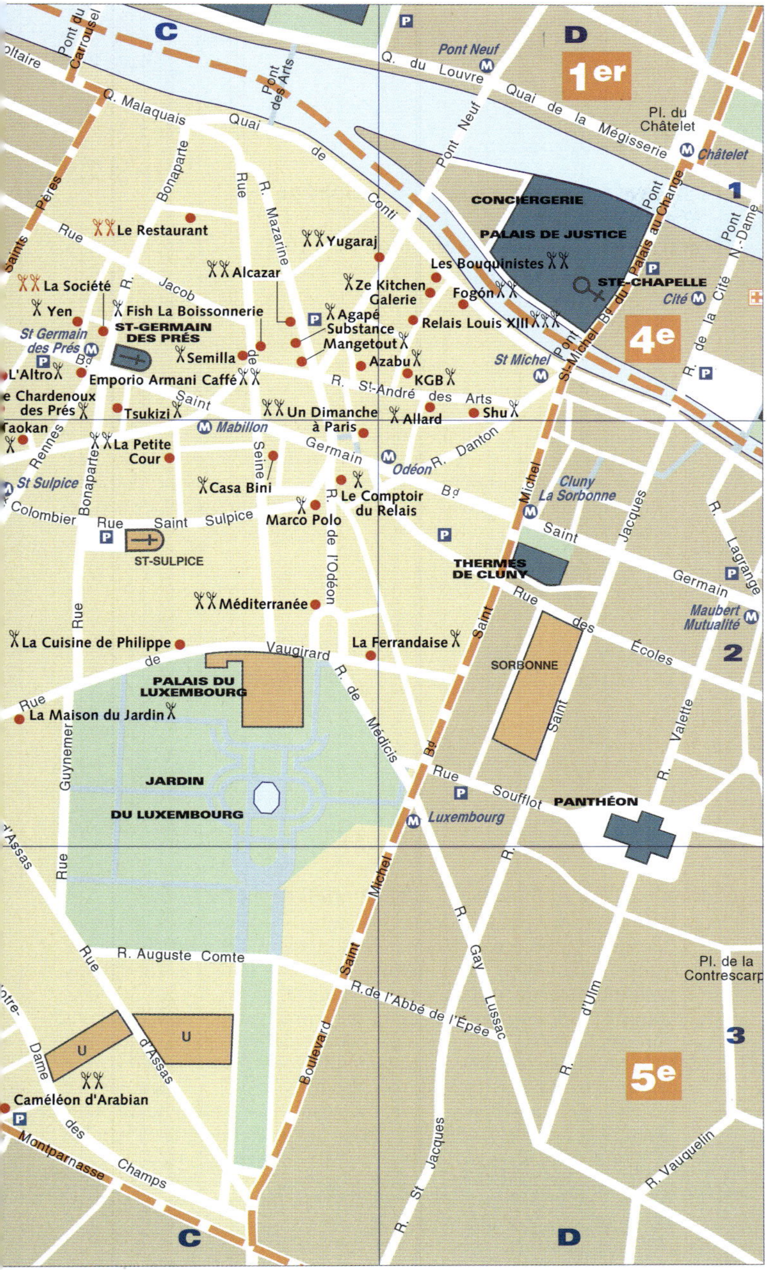
C
D
1er
4e
5e
1
2
3
Pont du Carrousel
Q. Voltaire
Q. Malaquais
Quai de Conti
Pont des Arts
Pont Neuf
Q. du Louvre
Quai de la Mégisserie
Pl. du Châtelet
Châtelet
Pont au Change
Pont N.-Dame
Cité
St Michel
Pont St-Michel
CONCIERGERIE
PALAIS DE JUSTICE
STE-CHAPELLE
R. de la Cité
Saints Pères
Rue Jacob
R. Bonaparte
Rue de Seine
R. Mazarine
Le Restaurant
Yugaraj
Alcazar
Les Bouquinistes
Ze Kitchen Galerie
Fogón
La Société
Yen
Fish La Boissonnerie
Agapé Substance
Mangetout
Relais Louis XIII
St Germain des Prés
ST-GERMAIN DES PRÉS
Semilla
Azabu
L'Altro
Emporio Armani Caffé
KGB
R. St-André des Arts
Le Chardenoux des Prés
Tsukizi
Un Dimanche à Paris
Allard
Shu
Taokan
Bd Saint Germain
Mabillon
La Petite Cour
Odéon
R. Danton
Rennes
St Sulpice
Casa Bini
Cluny La Sorbonne
Rue du Vieux Colombier
Le Comptoir du Relais
Marco Polo
Rue Saint Sulpice
R. de l'Odéon
ST-SULPICE
THERMES DE CLUNY
Saint Germain
R. Lagrange
Maubert Mutualité
Méditerranée
Rue des Écoles
La Cuisine de Philippe
La Ferrandaise
Rue de Vaugirard
SORBONNE
PALAIS DU LUXEMBOURG
R. de Médicis
Rue Saint Jacques
R. Valette
La Maison du Jardin
Rue Guynemer
Bd Saint Michel
Rue Soufflot
PANTHÉON
JARDIN DU LUXEMBOURG
Luxembourg
R. d'Assas
R. Gay Lussac
Rue
R. Auguste Comte
Pl. de la Contrescarpe
R. de l'Abbé de l'Épée
Notre-Dame des Champs
Rue d'Assas
U
R. d'Ulm
Caméléon d'Arabian
Boulevard
Montparnasse
R. St Jacques
R. Vauquelin

Agapé Substance

Créative C1

66 r. Mazarine
01 43 29 33 83
www.agapesubstance.com
Ⓜ Odéon
Fermé 15 juillet-21 août, dimanche et lundi – Réservation conseillée

Menu 65 € (déjeuner en semaine), 99/129 €

Cette annexe de l'Agapé du 17e arrondissement a vu le jour en 2011 et son concept original a marqué les esprits. Véritable symbole : sa table principale, haute (façon comptoir) et tout en longueur, où l'on s'assoit au coude-à-coude et qui devient à son extrémité... le plan de travail des cuisiniers ! De plus, des miroirs sur tous les murs et même au plafond permettent de ne rater aucun des gestes de l'équipe. Autant dire que l'on fait ici l'expérience même de la "substance" de la cuisine, sans nulle frontière entre création et dégustation... Et de création, il est bien évidemment question, car la carte épouse les dernières tendances : priorité au produit brut, saisi sur l'instant et dans le vif de l'inspiration du chef... pour des agapes atypiques, voire inédites.

Alcazar

Moderne C1

62 r. Mazarine
01 53 10 19 99
www.alcazar.fr
Ⓜ Odéon

Formule 30 € – Menu 38 € (déjeuner)/43 € – Carte 44/60 €

Adresse pour public adepte des ambiances lounge ! Cet ancien cabaret, relancé en 1998 par le designer avant-gardiste Terence Conran, combine déco moderne, cuisine dans l'air du temps, musique électro et chanteurs lyriques (tous les lundis). Rendez-vous à la mezzanine pour boire un verre, accoudé au bar en zinc brossé. Ou en bas, dans la salle du restaurant baignée de lumière, avec ses tables en bois, ses banquettes violettes et sa superbe expo de photos. Le spectacle de la brigade en action chapeautée par Guillaume Lutard (passé par Taillevent) met immanquablement l'eau à la bouche. Caille de Vendée farcie au foie gras et lentilles vertes du Puy, escargots au beurre d'ail, millefeuille à la vanille... La carte, façon brasserie contemporaine, marie un répertoire classique et des recettes du monde, le tout accompagné d'une large sélection de vins étrangers.

Allard

Traditionnelle

D1

1 r. de l'Éperon
✆ 01 43 26 48 23
Ⓜ St-Michel

Menu 34 € (déjeuner) – Carte 42/90 €

A/C Allard, qui occupe le haut de l'affiche des tables bistrotières depuis 1931, a vu passer de nombreuses personnalités et fidélise de génération en génération les adeptes d'une cuisine franche et sincère. Si l'adresse fait désormais partie du groupe Ducasse, la formule persiste et l'on trouve toujours dans l'assiette des plats généreux et ancrés dans la tradition des recettes de nos grands-mères. Entre les escargots de Bourgogne, la cocotte de cervelas, le canard de Challans aux olives, la blanquette de veau, le paris-brest et le savarin au rhum, c'est tout un pan de notre patrimoine culinaire qui se rappelle à nos papilles. Et le cadre 1900, témoin de l'atmosphère d'antan, joue sur le même registre (zinc, banquettes en cuir, carrelage et gravures). Un charme inégalable.

L'Altro

Italienne

C1

16 r. du Dragon
✆ 01 45 48 49 49
Ⓜ St-Germain des Prés
Fermé 1 semaine en août

Formule 17 € – Menu 22 € (déjeuner en semaine) – Carte 30/60 €

A/C L'Altro, ou l'autre table branchée de l'équipe qui œuvre également aux Cailloux (13e). Toujours italienne, séduisante et décontractée. La carte – en version originale, comme le service sans chichi – parle d'elle-même : délicieux antipasti (assortiment de charcuteries, mozzarella et légumes grillés), penne à la crème de citron, calamars grillés servis avec salade de trévise et fenouil, et mousse au chocolat à l'italienne. À noter aussi un menu du jour et une dizaine de vins au verre. Quant au décor, associant banquettes noires, carrelage en céramique blanche aux murs et cuisines vitrées, il fait le trait d'union entre le bistrot de quartier et le loft new-yorkais. Le style germanopratin en prime.

Azabu

Japonaise

C1

3 r. André-Mazet
01 46 33 72 05
www.azabu.fr
Odéon
Fermé 2 semaines en août, dimanche midi et lundi – Réservation conseillée

Menu 43/62 € – Carte 40/60 €

A/C

À Tokyo, Azabu est un quartier reconnu pour sa gastronomie. À Paris, près du carrefour de l'Odéon, c'est le nom d'un restaurant japonais sobre et discret, comme le veut l'habitude pour ce genre d'adresses. Le cadre adopte le même minimalisme, et l'on y déguste son repas en toute tranquillité. Au menu, des classiques de la culture culinaire nippone cuits au teppanyaki – tofu sauté et sa sauce au poulet, bar grillé et coulis de petits pois au dashi –, mais aussi quelques poissons crus. Le chef, tout en restant fidèle à la tradition, s'ouvre aussi aux influences occidentales. Vous pourrez l'admirer en pleine action en vous attablant au comptoir.

Les Bouquinistes

Moderne

D1

53 quai des Grands-Augustins
01 43 25 45 94
www.guysavoy.com
St-Michel

Formule 31 € – Menu 35 € (déjeuner) – Carte 70/85 €

A/C

Situé face à la Seine, à deux pas des célèbres échoppes de bouquinistes, ce restaurant figure au nombre des adresses siglées Guy Savoy. Entièrement revu en 2013 par Jean-Michel Wilmotte, le décor joue la carte d'une modernité chic et épurée, face au spectacle des quais et des collectionneurs en quête du "bouquin" de leurs rêves... Côté cuisine, place à la simplicité, et parfois à l'inventivité. En parlant – pourquoi pas ? – littérature, on apprécie par exemple un thon blanc mi-cuit aux épices grillées, mousse de hareng et aubergine fumée ; un cabillaud rôti, ragoût de légumes oubliés et beurre thym citron ; une épaule de veau confite et grillée, jus marengo au curry rouge, ou encore un dessert "pur chocolat"... Tout un roman !

Brasserie Lutetia

Traditionnelle B2

Hôtel Lutetia,
45 bd Raspail (fermeture prévue pour travaux au deuxième semestre 2014)
01 49 54 46 76
www.lutetia.concorde-hotels.com
Sèvres Babylone

Formule 39 € – Menu 55 € (dîner) – Carte 61/78 €

A/C Roland Barthes, dans un entretien accordé au *Nouvel Observateur* en 1977, racontait avoir vu André Gide "en 1939, au fond de la Brasserie Lutetia, mangeant une poire et lisant"... Tout est dit ! Le Lutetia est évidemment synonyme de chic parisien rive gauche, et sa Brasserie à l'atmosphère inimitable incarne l'élégance et la décontraction "made in St-Germain-des-Prés"... Parmi les chromes et les miroirs, on déguste de beaux plateaux de fruits de mer et de grands classiques, tels un tartare de bœuf, une sole meunière, une bouillabaisse, un poulet de Challans rôti à l'ail, ou encore un riz au lait et un baba au rhum... Et l'on ressuscite soudain "un temps que les moins de vingt ans ne peuvent pas connaître", mais qu'ils adorent imaginer !

Caméléon d'Arabian

Classique C3

6 r. Chevreuse
01 43 27 43 27
www.cameleonjeanpaularabianparis.com
Vavin
Fermé 3-25 août, samedi midi, dimanche et lundi

Formule 29 € – Menu 35 € (déjeuner)/45 € – Carte 62/105 €

Pour Jean-Paul Arabian, cela ne fait aucun doute : c'est chez lui qu'on déguste le meilleur foie de veau de la capitale. Il est vrai que son plat vedette a de quoi tenter les amateurs : directement arrivé de Corrèze, doré au beurre, déglacé au vinaigre de vin et simplement accompagné d'un gratin de macaronis au parmesan... Le maître des lieux se révèle intarissable sur le sujet ! Aussi affable que volubile, il vous accueille dans une salle au cadre simple mais confortable et vous présente une carte bien pensée, honorant la cuisine bourgeoise revisitée : langue de veau sauce gribiche, jambon persillé, sole entière de Bretagne cuite au plat, léger baba au rhum... et son dessert fétiche, le "Tout Noir", une mousse légère au chocolat et sa sauce, sorbet cacao.

Casa Bini

Italienne
C2
36 r. Grégoire-de-Tours
01 46 34 05 60
www.casabini.fr
Odéon

Formule 25 € – Menu 29 € (déjeuner en semaine) – Carte 39/57 €

Une trattoria chaleureuse dans une rue calme de St-Germain-des-Prés... Bini, c'est le nom de jeune fille de la mère du patron, qui selon lui sonne bien mieux que le sien ! Cette "casa" est bien une histoire de racines : la salle arbore les couleurs chaleureuses de la Toscane, avec de belles photos rétro de Florence : c'est de là qu'est originaire la famille. Et l'on peut dire que la cuisine a l'accent gourmand de cette si belle région, à travers des recettes bien ficelées, pleines de couleurs et de saveurs, et en particulier un large choix de carpaccios et de pâtes – excellentes – dont les sauces changent souvent. Chaque jour, on réimprime en effet le menu qui se renouvelle selon l'inspiration du moment et la saison. Et c'est ainsi que le quartier des éditeurs prend des airs de *dolce vita*...

Le Chardenoux des Prés

Moderne
C1
27 r. du Dragon
01 45 48 29 68
www.restaurantlechardenouxdespres.com
St-Germain des Prés

Menu 27 € (déjeuner en semaine) – Carte 47/69 €

A/C

Décidément, rien n'arrête Cyril Lignac ! Cette fois, la star du PAF culinaire s'attaque à une institution de la rive gauche. Dans l'une des salles, les portraits des présidents de la République sont toujours là, témoins de la passion de l'ancien propriétaire pour la politique, comme les banquettes en skaï et le papier peint à fleurs sur fond noir. La nostalgie des années 1970 est bien dans la tendance après tout. Et ils sont nombreux à venir goûter la cuisine de bistrot revisitée par Cyril Lignac ! Carpaccio de Saint-Jacques, curry de lotte en cocotte, entrecôte béarnaise ou côte de cochon du Sud-Ouest au satay : les produits sont frais, les préparations font des allusions à la gastronomie contemporaine... Le bonheur est dans le Chardenoux des Prés.

Le Cherche Midi

Italienne B2

22 r. du Cherche-Midi
✆ 01 45 48 27 44
www.lecherchemidi.fr
Ⓜ Sèvres Babylone
Fermé 24 décembre - 1er janvier – Réservation conseillée

Carte 35/50 €

On cherchait le Midi, on a trouvé l'Italie dans ce bistrot aussi sympathique qu'authentique. Banquettes en moleskine, comptoir en marbre, lampes boules, murs couleur beurre frais... et l'essentiel dans les assiettes : des antipasti tout simplement divins, de superbes charcuteries – dont le jambon de Parme, affiné au moins 24 mois –, des sauces chaque jour différentes... La maison possède même son propre atelier de confection de pâtes fraîches (à l'étage), et la mozzarella – bien crémeuse – arrive par avion deux ou trois fois par semaine ! Tous les lundis, c'est spaghettis aux vongole : les épicuriens énamourés de ce bel endroit (parmi eux quelques grands chefs...) ne manqueraient ce rendez-vous pour rien au monde.

Le Comptoir du Relais

Traditionnelle C2

Hôtel Relais St-Germain,
5 carr. de l'Odéon
✆ 01 44 27 07 50
www.hotelrsg.com
Ⓜ Odéon
Réservation conseillée

Menu 60 € (dîner en semaine) – Carte 23/86 €

A/C

Bienvenue chez Yves Camdeborde ! Ce chef qui, gamin, dans son Béarn natal, rêvait de rugby, était loin d'imaginer ce parcours gastronomique et parisien... Sa passion pour la cuisine s'affirme auprès de Christian Constant, avec lequel il travaille au Ritz, puis au Crillon. En 1992, il se lance seul dans l'aventure en créant la Régalade (14e arrondissement), devenant alors le chef de file de la tendance "bistronomique". Aujourd'hui, on le retrouve, avec son épouse Claudine, à la tête de cet authentique bistrot Art déco, aux tables serrées et aux grands miroirs faisant office d'ardoises... La table alterne deux concepts complémentaires : une cuisine façon brasserie le midi et des préparations plus élaborées le soir, autour d'un menu unique.

La Cuisine de Philippe

Traditionnelle

C2

25 r. Servandoni
01 43 29 76 37
St-Sulpice
Fermé 2 semaines en août, 1 semaine à Noël, dimanche et lundi

Formule 23 € – Menu 32 € (dîner)/38 €

A/C

Un sympathique petit bistrot rétro face au jardin du Luxembourg... C'est ici que Philippe Dubois, un chef au parcours déjà riche, a décidé d'établir "sa cuisine". Son parti pris, c'est celui de la tradition, de la générosité et du partage. Avis aux amateurs : il a pour spécialité le soufflé, salé ou sucré (guacamole et saumon fumé, noisettes, etc.). Quel plaisir d'en briser la croûte, croustillante à souhait, et de humer les délicieux fumets qui s'en échappent... Que les plus gourmands prennent garde à ne pas se brûler ! La salle, aux allures de bonbonnière (murs abricot, carrelage ancien, chaises et petites tables en bois, casseroles en cuivre), se révèle aussi sympathique. Bref, voilà une bonne adresse où le repas réchauffe le corps, et l'ambiance conviviale… le cœur. Le tout à prix doux.

Un Dimanche à Paris

Moderne

C2

4 cours du Commerce-St-André
01 56 81 18 18
www.un-dimanche-a-paris.com
Odéon
Fermé 28 juillet-18 août, mardi midi, dimanche soir et lundi

Formule 25 € – Menu 32 € (semaine), 39/62 € – Carte 38/63 €

A/C

Chocolat addicts, ce "concept store", à la fois restaurant, salon de thé, boutique et école de cuisine, est pour vous ! Ce paradis dédié au cacao sous toutes ses formes est élégant, épuré selon les critères de la décoration contemporaine, et s'enroule drôlement autour des vestiges de la tour Philippe-Auguste. 1210 ! Époque cruelle où l'Europe n'avait pas encore eu vent de l'existence du cacao… Heureusement ces temps sont révolus, et viandes et poissons, grâce à l'inventivité de William Caussimon, sont habilement rehaussés de jus ou de vinaigrette au chocolat noir, de sauce aux effluves épicés, d'émulsion de chocolat blanc, etc. Les rappels sont discrets, les harmonies subtiles et les produits de qualité. Mention spéciale pour les desserts, qui sont de pures délices ! Enfin, n'hésitez pas à faire un détour par la boutique, dans les locaux qui abritaient autrefois l'imprimerie de Marat...

Emporio Armani Caffé

Italienne

C1

149 bd St-Germain
01 45 48 62 15
www.massimomori.com
St-Germain des Prés

Menu 38 € (déjeuner en semaine) – Carte 51/93 €

A/C

Emplacement original pour ce restaurant, situé au 1er étage de l'emporium Armani de St-Germain-des-Prés (non loin de l'église). La salle est épurée et élégante, dans le style du créateur bien sûr : tons noir et chocolat noir, banquettes orange, plateaux en verre, lumière tamisée... N'aurait-on affaire là qu'à un autre type de vitrine ? Au contraire, ce "caffé" compte parmi les bonnes tables italiennes de la capitale ! Le chef, originaire de la péninsule, accommode des produits de grande qualité, très frais, dans l'esprit de la cuisine transalpine contemporaine : carpaccio, appétissant osso-buco, spaghettis à la carbonara, baba à la napolitaine très prisé des habitués, panettone et agrumes... Des saveurs pleine d'authenticité !

L'Épi Dupin

Moderne

B2

11 r. Dupin
01 42 22 64 56
www.epidupin.com
Sèvres Babylone
Fermé 1er-24 août, lundi midi, samedi et dimanche
– Réservation conseillée

Formule 27 € – Menu 38 €

Intéressant rapport qualité-prix pour ce petit restaurant situé à deux pas du Bon Marché : sous l'apparence d'un bistrot au cadre rustique, il dissimule une table tout en finesse qui mérite que l'on s'y arrête. Le décor est d'un charme pas si courant à Paris, avec ses murs en pierre et sa massive charpente en bois aux poutres apparentes. On mange au coude-à-coude, et cela se révèle convivial ! Autour de produits à la fraîcheur irréprochable, le chef, François Pasteau, prépare des plats simples et goûteux dans la tradition – un peu revisitée – de nos campagnes : pressé de queue de bœuf au sorbet à la moutarde de Meaux, rognons de veau poêlés, baba au rhum crème vanillée... Fort de son succès, il a aussi ouvert une annexe juste en face, L'Épi Malin, où l'on mange sur le pouce dans une ambiance simple et chaleureuse.

La Ferrandaise

Traditionnelle C2

8 r. de Vaugirard
01 43 26 36 36
www.laferrandaise.com
Odéon
Fermé 3 semaines en août, lundi midi, samedi midi et dimanche

Menu 16 € (déjeuner), 35/41 € – Carte 42/56 €

A/C

Ne soyez pas surpris si, en poussant la porte de ce joli restaurant près du Luxembourg, il vous semble humer l'air pur de la chaîne des Puys. Gilles Lamiot, le patron, est passionné par cette région, son terroir et la race ferrandaise ! Régulièrement, il rend visite aux meilleurs éleveurs pour ramener des veaux de lait que le jeune chef breton transforme en terrines, en blanquettes... Bien sûr, il imagine aussi des plats tels que le gratin de moules à la bretonne ou l'épigramme d'agneau aux cocos paimpolais. Un conseil avant le dessert : gardez un peu de place pour les fromages fermiers du Puy-de-Dôme !

Fish La Boissonnerie

Traditionnelle C1

69 r. de Seine
01 43 54 34 69
Odéon
Fermé 1 semaine en août et 20 décembre-2 janvier

Formule 15 € – Menu 27 € (déjeuner)/35 €

A/C

Rue de Seine, tout le monde connaît les méandres fantastiques de sa façade en mosaïque Art nouveau. C'est qu'il y a belle lurette que cette ancienne poissonnerie (avec un p !) s'est transformée en restaurant et bar à vins pour mieux vous prendre dans ses filets. Vieux zinc, allusions marines et bons petits crus... Ici, la cuisine de l'océan prend de la bouteille – mais de belles viandes sont aussi à l'honneur. Praires de Normandie servies crues, gelée de limonade et mini-betterave Chioggia ; magret de canard, courgettes, pêche blanche, purée d'oignons rouges et basilic ; etc. : les habitués sont toujours plus nombreux à tomber sous le charme de ces (re-) créations bistrotières !

Fogón

Espagnole D1

45 quai des Grands-Augustins
01 43 54 31 33
www.fogon.fr
St-Michel
Fermé 3 semaines en août et lundi

Menu 35/48 € – Carte 42/73 €

Issu d'une vieille famille de restaurateurs castillans, Juan Alberto Herráiz connaît bien les secrets de la cuisine espagnole, qu'il défend avec passion. Une cuisine vivante, conviviale et authentique. Pour preuve, les charcuteries ibériques et les traditionnelles paellas à déguster seul ou à partager à deux ou plus (aux légumes, à la valencienne, noir aux seiches et calamars, aux langoustines, etc.), les tapas réinterprétées avec originalité, jusque dans le registre sucré... Cette singularité se retrouve dans le décor élégant de la salle habillée de blanc et de mauve. Chaque élément y a été pensé, de l'éclairage au design des tables, imaginées par le chef lui-même, cachant des tiroirs où sont rangés les couverts. Belle carte des vins 100 % espagnole et petite sélection du mois.

Guy Martin Italia

Italienne B3

19 r. Bréa
01 43 27 08 80
www.guymartinitalia.com
Vavin
Fermé 3 semaines en août, lundi midi et dimanche

Menu 34 € (déjeuner en semaine), 75 € (vin compris)/100 € (vin compris) – Carte 46/58 €

Pilotée par le grand chef français Guy Martin (Le Grand Véfour, Paris 1er), l'adresse rend hommage, comme son nom l'indique, à la gastronomie italienne. Les saveurs de la Botte sont omniprésentes et mises en valeur avec beaucoup de savoir-faire. La carte évolue au gré des saisons et fait honneur aux produits transalpins : raviolis de blette, roquette et parmesan ; filet de rouget à la mode de Gênes ; côte de veau à la milanaise et artichauts frits ; tiramisu "classico al caffè" ; le tout accompagné de superbes charcuteries et fromages artisanaux... Un alléchant panorama transalpin donc, qui s'apprécie dans un décor élégant : lumière tamisée, banquettes et fauteuils en velours, œuvres d'art contemporain, etc. Une véritable trattoria chic.

6e

Hélène Darroze ✿

St-Germain-des-Prés • Odéon • Jardin du Luxembourg

Moderne B2

4 r. d'Assas
01 42 22 00 11
www.helenedarroze.com
Ⓜ Sèvres Babylone
Fermé dimanche et lundi

Formule 38 € – Menu 56 € (déjeuner en semaine), 138/175 €

A/C

Hélène Darroze

Passé la façade noire de l'enseigne, fleurie par les créations de Christian Tortu, on oublie tout dans la maison d'Hélène Darroze, à l'atmosphère chic et glamour. On découvre d'abord l'espace lounge du rez-de-chaussée, parfait pour un apéritif, puis on gagne l'étage pour le repas proprement dit. Un univers tamisé et cosy, dans des tonalités aubergine et orange, propice à la dégustation d'un menu gastronomique unique (possibilité de choisir "l'accord mets et vins").

Née dans une famille de cuisiniers et de restaurateurs, Hélène Darroze allie talent et intuition. Celle qui "dévoile ses émotions" réalise une cuisine inspirée aussi bien par son terroir landais que par ses maîtres (dont Alain Ducasse) et sa curiosité. Bref, une cuisine de cœur, racontée à travers un menu attentif aux saisons et aux produits du marché. Ajoutez une sélection de vins intéressante et des armagnacs hors pair : la promesse d'une belle expérience.

Entrées

- Chipiron de ligne, chorizo, tomate confite et parmesan
- Foie gras de canard des Landes

Plats

- Poulet jaune des Landes, girolles, foie gras, févettes et vin jaune d'Arbois
- Pigeonneau de Racan, pois chiche, raisin et épices du Sultan

Desserts

- Baba signature au bas-armagnac
- Chocolat Madong, moka d' Harrar et yaourt grec

Invictus

N

Traditionnelle B3

5 r. St-Beuve
01 45 48 07 22
Ⓜ Notre-Dame des Champs
Fermé 3 semaines en août, 1 semaine vacances de Noël, lundi midi, samedi midi et dimanche

Menu 34 €

"Je suis le maître de mon destin / Je suis le capitaine de mon âme" : voilà la magnifique conclusion d'*Invictus,* poème cher à Nelson Mandela, qui a donné son nom au film que Clint Eastwood a consacré au grand homme. Ces mots n'ont pu qu'inspirer Christophe Chabanel, ancien chef de la Dînée (dans le 15e arrondissement), de retour à Paris après six années passées en Afrique du Sud. Il a installé son nouveau bistrot dans une petite rue voisine du jardin du Luxembourg, derrière une belle façade de bois et de verre. À la carte, tarte sablée au pied de porc, jarret de veau, millefeuille ; une cuisine sobre et parfumée, qui évolue tous les mois et respecte le rythme des saisons. Un régal ! Assez logiquement, le chef a rapidement retrouvé les suffrages de la clientèle et fait salle comble. Ce n'est que justice...

KGB

Créative D1

25 r. des Grands-Augustins
01 46 33 00 85
www.kitchengaleriebis.com
Ⓜ St-Michel
Fermé 1er-20 août, dimanche et lundi

Formule 28 € – Menu 35 € (déjeuner en semaine)/62 € – Carte 50/58 €

A/C

L'enseigne semble un nom de code pour initiés ; elle est pourtant d'une parfaite – et savoureuse – transparence. KGB, pour Kitchen Galerie Bis, table épigone de la célèbre Ze Kitchen Galerie lancée par l'infatigable William Ledeuil. L'esprit est le même qu'à la maison mère, et l'on s'en réjouit : mobilier minimaliste, touches de couleurs et murs couverts de tableaux contemporains, façon galerie d'art... La carte perpétue les recettes fusion qui ont fait le succès du chef, mêlant tradition hexagonale et assaisonnements asiatiques : gingembre, miso ou coriandre se marient au maquereau, à la joue de veau et aux champignons, pour de délicats mariages de saveurs. Les plats proposés sont juste plus simples – et un peu moins chers – qu'à la première adresse. "Ze" bonne affaire !

Mangetout

Moderne

C1

82 r. Mazarine
✆ 01 43 54 02 11
www.mangetout.fr
Ⓜ Odéon
Fermé 2 semaines en août, dimanche et lundi

Formule 23 € – Carte 32/50 €

Pinxo est devenu Mangetout, mais pas de panique : les habitués retrouveront leurs marques ! Alain Dutournier (Carré des Feuillants) est toujours le maître d'œuvre de ce concept original, celui de tapas à la française. Et c'est ainsi que l'on peut "picorer" des huîtres d'Arcachon en gelée de cèpes, un cœur de canard à la plancha, du bœuf de Chalosse et charlottes écrasées aux cébettes, ou encore un sorbet à la poire fumée et chocolat noir épicé. Les amoureux du Sud-Ouest apprécieront les clins d'œil à leur région fétiche – Dutournier est né dans les Landes –, et les autres, le côté gourmand et canaille de ces belles préparations... Le cadre, lui, est sobre et un brin arty, avec du mobilier signé Alberto Bali. Dernier atout : des prix plutôt raisonnables. On ne fait qu'une bouchée d'une telle formule !

La Maison du Jardin

Traditionnelle

C2

27 r. Vaugirard
✆ 01 45 48 22 31
Ⓜ Rennes
Fermé 1er-22 août, samedi midi et dimanche – Réservation conseillée

Formule 27 € 🍷 – Menu 33 €

A/C

"Servir une cuisine simple réalisée avec des produits frais", voilà le credo de Philippe Marquis, le chef-patron de ce bistrot situé à deux pas du jardin du Luxembourg. Midi et soir, il présente un sympathique menu-carte inspiré du marché, qu'il complète au déjeuner par une ardoise du jour. Petit avant-goût savoureux : terrine maison, soupe de saison, cabillaud juste salé servi avec une purée à l'huile d'olive, pièce de bœuf grillée au pistou, mousse au chocolat... La carte des vins est plutôt courte, à prix sages. Quant au décor, il marie tons chauds, petits miroirs et photos noir et blanc de monuments parisiens. De quoi ravir la clientèle étrangère, mais aussi les habitants du quartier et les sénateurs gourmands...

Marco Polo

Italienne

8 r. de Condé
01 43 26 79 63
Odéon
Réservation conseillée

C2

Formule 21 € – Menu 37 € – Carte 40/60 €

Sénateurs venus en voisins, éditeurs du quartier et amateurs de cuisine transalpine : les habitués sont nombreux et apprécient l'atmosphère à la fois feutrée et conviviale qui règne au Marco Polo... D'ailleurs, ça ne date pas d'hier, puisque Renato Bartolone a ouvert ce restaurant en 1977. Le chef qu'il a embauché, originaire de la région des Pouilles, concocte une cuisine sans esbroufe, mais franche, solide et soignée. Les antipasti mettent évidemment en appétit, et les pâtes sont travaillées dans les règles de l'art. Raviolis aux cèpes, spaghettis aux vongole : il y en a vraiment pour tous les goûts, sans même parler du risotto du jour... Un conseil : pour suivre Marco Polo dans son voyage, réservez votre traversée !

La Marlotte

Traditionnelle

55 r. du Cherche-Midi
01 45 48 86 79
www.lamarlotte.com
St-Placide
Fermé 10-21 août

B2

Formule 23 € – Menu 28 € (déjeuner)/32 € – Carte 35/60 €

Ici, plus que pour le cadre, on vient pour l'ambiance ! C'est que cette "auberge d'aujourd'hui", comme aime à l'appeler Gilles Ajuelos, est un véritable concentré de restaurant parisien : au cœur de la rive gauche, l'adresse fait le bonheur des éditeurs, galeristes et hommes politiques du quartier. Les propositions sont simples et ultraclassiques : harengs pommes à l'huile, terrine de foies de volaille, pieds et paquets, île flottante, crème caramel... Vous l'aurez compris, le chef respecte la tradition. Ce qui fait la différence ? De beaux produits de saison et une générosité indéniable !

La Méditerranée

Poissons et fruits de mer C2

2 pl. Odéon
01 43 26 02 30
www.la-mediterranee.com
Odéon
Fermé 24-31 décembre

Formule 28 € – Menu 35 € – Carte 40/65 €

Sur une élégante placette en face du théâtre de l'Europe, ce restaurant assume avec panache son héritage marin : joliment habillée d'un dessin de Cocteau, la façade bleu nuit évoque subtilement les profondeurs mystérieuses de "mare nostrum". Les trois salles à manger composent un décor agréable, très parisien avec ses fresques, et ensoleillé par une plaisante véranda. Sans surprise, la carte fait la part belle aux produits de la mer, préparés avec talent par une équipe bien rodée. Soupe de poissons de roche, bouillabaisse, coquillages et crustacés cuisinés à la minute sont de première fraîcheur, exhibant sans complexe leur accent du Sud, autour de marinades d'huile d'olive, d'herbes parfumées et de saveurs safranées. Il ne manque que la Grande Bleue et le clapotis des vagues !

La Petite Cour

Moderne C2

8 r. Mabillon
01 43 26 52 26
www.lapetitecour.fr
Mabillon
Fermé samedi midi

Formule 29 € – Menu 38 € – Carte 45/90 €

Il faut descendre quelques marches en face du marché St-Germain pour découvrir ce restaurant rétro et son étonnante terrasse, dans une jolie cour pavée. Un cadre doucement fané pour une cuisine... qui ne l'est pas ! Un œuf cocotte à la chlorophylle de cresson et ses dés de chorizo, un filet de maquereau mariné minute, une épaule d'agneau confite et sa royale d'oignon à la carbonara, un risotto vanillé et sa glace caramel au beurre salé... Le jeune chef, Yannick Tessier, a été formé à bonne école – il a côtoyé Alain Senderens au Lucas Carton, les frères Pourcel à Maison Blanche ; il revisite avec gourmandise la tradition des régions françaises, avec un faible avoué pour le gibier. Il faut bien le dire : il joue déjà dans la Petite Cour... des grands !

Paris ✿

Moderne

B2

Hôtel Lutetia, 45 bd Raspail (fermeture prévue pour travaux au deuxième semestre 2014)
✆ 01 49 54 46 90 – **www.lutetia.concorde-hotels.com**
Ⓜ Sèvres Babylone
Fermé vacances scolaires, août, samedi, dimanche et fériés

Menu 50 € (déjeuner), 97 € 🍷/145 € 🍷 – Carte 72/172 €

Hôtel Lutetia

Ne soyez pas impressionné par l'immense façade sculptée de ce monument de la rive gauche ; l'accueil au restaurant de l'hôtel Lutetia, tout en étant d'une grande élégance, sait rester simple pour vous mettre tout de suite à l'aise. En outre, le cadre Art déco de la salle à manger, réplique de celle de l'ancien paquebot Normandie, vaut le coup d'œil : cet archétype du design des années 1930 a été revisité en douceur par Sonia Rykiel, pour offrir un décor feutré, d'un luxe sobre et élégant. Mobilier de style, boiseries, grands miroirs sur un pan de mur entier, plantes... Tout a été pensé pour préserver l'atmosphère sereine et agréable d'antan.

Le chef lui-même limite volontairement le nombre de couverts, les tables sont bien espacées et le service se fait discret et efficace. De quoi satisfaire les exigences de la clientèle huppée du quartier, amatrice d'une cuisine fine et respectueuse des saisons – la carte est renouvelée chaque mois. À l'heure du déjeuner, le menu se révèle attractif.

Entrées

- Araignée de mer au pamplemousse rose, pêche jaune et avocat, jus émulsionné à la moutarde au chablis
- Foie gras de canard des Landes à la rhubarbe

Plats

- Ris de veau doré à la pistache et au pain d'épice, fondue d'échalotes à la tétragone
- Homard breton en fricassée, riz arborio aux petits pois

Desserts

- Le "tout chocolat" d'un gourmand de cacao
- Mirabelles de Lorraine, tarte sablée, crème épaisse d'Isigny et noisettes dorées

Relais Louis XIII ✿✿

Classique D1

8 r. des Grands-Augustins
01 43 26 75 96
www.relaislouis13.com
Ⓜ Odéon
Fermé 1 semaine en mai, 2-27 août, 1 semaine en janvier, dimanche, lundi et fériés

Menu 55 € (déjeuner), 85/140 € – Carte environ 120 €

A/C

Relais Louis XIII

Une table chargée d'histoire, bâtie sur les caves de l'ancien couvent des Grands-Augustins : c'est ici que, le 14 mai 1610, une heure après l'assassinat de son père Henri IV, Louis XIII apprit qu'il devrait désormais régner sur la France... La salle à manger semble se souvenir des grandes heures du passé : poutres, pierres apparentes, boiseries, vitraux et tentures, tout distille un charme d'autrefois, avec çà et là des objets de collection (tableaux)...

Une atmosphère toute particulière, agréablement hors du temps, propice à la découverte de la belle cuisine classique de Manuel Martinez. Après un joli parcours chez Ledoyen, au Crillon, à la Tour d'Argent, ce Meilleur Ouvrier de France a décidé de poser ses valises chez Louis XIII, en toute simplicité. Ce temple à la gloire des Bourbons et de la gastronomie, si atypique, n'a pas manqué de séduire bon nombre d'habitués, qui apprécient aussi l'intéressante formule déjeuner et les salons particuliers dans les caves.

Entrées

- Ravioli de homard breton, foie gras et crème de cèpes
- Classique quenelle de bar, mousseline de champignons

Plats

- Caneton challandais cuisiné au gré des saisons
- Lièvre à la royale

Desserts

- Millefeuille à la vanille de Tahiti
- Tartelette à la mangue et avocat, gelée au gin

Le Restaurant ✿

Moderne

Hôtel L'Hôtel,
13 r. des Beaux-Arts
01 44 41 99 01
www.l-hotel.com
Ⓜ St-Germain des Prés
Fermé août, 23-28 décembre, dimanche et lundi

C1

Formule 45 € – Menu 55 € (déjeuner), 110/180 € – Carte 98/139 €

A/C

Le Restaurant

Le Restaurant de l'Hôtel n'a rien d'une table gastronomique conventionnelle. Il doit son atmosphère baroque, anachronique et éclectique au designer Jacques Garcia, adepte du style Empire revisité. Dans un esprit salon privé, le décor rivalise de drapés, banquettes et fauteuils bas, alcôves, moulures dorées et tons fauves, tel un tableau d'Ingres dans sa période orientaliste. Un peu trop chargé pour certains, dépaysant pour d'autres, en tout cas original ! Le tout agrémenté d'une ravissante cour intérieure où la terrasse et la fontaine font oublier que l'on se trouve au cœur de Paris.

Pour satisfaire les exigences de sa clientèle de "happy few" – people et stars sensibles à son intimité et à ses hôtes illustres (Oscar Wilde, Borges, etc.) –, il fallait tout le savoir-faire d'un jeune chef au beau parcours. Autrefois second et seul aux commandes depuis 2011, ce dernier travaille d'excellents produits et aime revisiter les classiques de la gastronomie française ; ses créations parfumées changent au fil du marché. Accord réussi : les mets eux aussi sortent de l'ordinaire.

Entrées

- Bonite marinée à l'huile parfumée, gel de pastèque et soja
- Foie gras de canard, poêlé puis vinaigré, pois chiche et jus de viande

Plats

- Ris de veau, jus aux herbes, crousti-moelleux, girolles et aubergine fumée
- Cabillaud roulé dans des cheveux d'ange, jus de carotte-orange

Desserts

- Muscovado, caramel laitier, parfait glacé au citron, crème montée noisette
- Framboise, chantilly rafraîchie à l'hibiscus, blanc-manger

La Rotonde

Traditionnelle B3

105 bd Montparnasse
01 43 26 68 84
www.rotondemontparnasse.com
Vavin
Fermé 1er mars -13 avril

Formule 21 € – Menu 42 € – Carte 41/76 €

A/C

À deux pas des nombreux théâtres de la rue de la Gaîté, cette Rotonde incarne depuis plus d'un siècle l'essence même de la brasserie parisienne. Le décor est typique – très marqué par les années 1930 – avec ses cuivres omniprésents et ses banquettes de velours rouge. Quant à la carte, elle combine opportunément les classiques du genre et les plats de facture plus traditionnelle, toujours réalisés avec de bons produits : le bœuf de Salers et les plateaux d'huîtres, par exemple, sont des incontournables de la maison. L'équipe en salle est aimable et souriante – c'est toujours appréciable ! – et comme dans toutes les authentiques brasseries de Paris ou d'ailleurs, on vous accueille jusque tard dans la nuit (2h). Un repaire de choix pour les théâtrophiles affamés !

Semilla

Moderne C1

54 r. de Seine
01 43 54 34 50
Odéon
Fermé 1 semaine en août et 23 décembre-8 janvier

Formule 23 € – Carte 35/63 €

A/C

Une bonne "graine" (*semilla* en espagnol) que ce bistrot né à l'initiative des patrons du fameux bistrot Fish La Boissonnerie, situé juste en face. Cette adresse a donc de qui tenir et elle est elle-même emmenée par une équipe passionnée, jeune et ultramotivée : il suffit de regarder la petite brigade en train de s'activer derrière les fourneaux (ouverts sur la salle) pour en mesurer le professionnalisme – mais aussi la décontraction contagieuse... Les fournisseurs sont triés sur le volet, les assiettes ficelées avec soin et inspiration, et accompagnées de jolis petits vins (intéressant choix au verre) – avec aussi de très bons fromages, ce qui n'est plus si courant. Le tout se joue dans un décor plutôt branché et sympathique. Semilla, sémillante adresse !

Shu

Japonaise D1

8 r. Suger
01 46 34 25 88
www.restaurant-shu.com
Ⓜ St-Michel
Fermé vacances de printemps, 3 semaines en août, dimanche et le midi – Réservation conseillée

Menu 38/63 €

Une cave du 17e s. dans le quartier St-Michel, à laquelle on accède par une minuscule porte et un escalier périlleux qui imposent de courber l'échine... Ainsi pourrait débuter une messe secrète... Et en effet, on rendrait bien des dévotions à la cuisine d'Ukai Osamu, grand maître de Shu ! Ce jeune chef, formé auprès de quelques grandes tables nippones de la capitale, se montre intraitable sur la qualité des produits. Il excelle notamment dans les kushiage – de petites brochettes frites de légume, viande, tofu et autres, bien croustillantes, légères et parfumées –, mais vous concocte aussi des recettes japonaises variant au gré des saisons, ainsi que les incontournables sushis et sashimis... Précision dans la découpe du poisson, dans le frémissement des bouillons, flaveur des assaisonnements (gingembre, sésame, wasabi, etc.) : on sort converti.

La Société

Moderne C1

4 pl. St-Germain-des-Prés
01 53 63 60 60
www.restaurantlasociete.com
Ⓜ St-Germain des Prés

Carte 50/100 €

A/C

Au cœur de St-Germain-des-Prés, face à l'église et à son décor de carte postale, un antre ultracontemporain né en 2009. Aplats de noir et de gris, réseaux étudiés de lignes géométriques, sculptures en marbre de Carrare, œuvres d'art : le lieu vaut un précis d'architecture intérieure. Glamour et stylé, ce restaurant de la dynastie Costes mérite donc le coup d'œil, d'autant qu'il est imparable pour voir et être vu, notamment sur la jolie terrasse ! Le service est lui-même à la fois très show et très bises, tandis que l'assiette tient ses promesses (prix fort compris) : des produits de choix, cuisinés sans fioritures, dans la tradition française mais avec quelques incursions en Asie. Du terroir pour décor, du marbre en accoudoir et quelques saveurs "jet lag" : ainsi va la société germanopratine d'aujourd'hui, et l'on fait difficilement mieux...

Taokan

N

Chinoise C2

8 r. du Sabot
01 42 84 18 36
www.taokan.fr
St-Germain des Prés
Fermé 4-17 août et dimanche

Menu 22 € (déjeuner), 29/37 € – Carte 35/55 €

A/C

Au cœur de St-Germain-des-Prés, ce joli restaurant s'est fixé un défi de taille : offrir une vision nouvelle de la gastronomie chinoise (et particulièrement cantonaise, avec quelques détours par Taïwan) en réinventant les codes du genre. La carte offre un large panorama de préparations originales et raffinées : poisson, canard façon Taokan, bœuf spicy ou loc lac, et surtout les incontournables dim-sum maison, pour lesquels on se déplace depuis tous les arrondissements de la ville... L'ensemble se déguste dans un décor actuel avec son parquet clair, son mobilier en ébène, ses plaques translucides aux murs et ses teintes de rouge en clin d'œil aux claustras traditionnels, tandis que la cuisine vitrée, à demi ouverte sur la salle, communique à la clientèle une belle énergie créatrice. Dépaysant !

Le Timbre

Traditionnelle B3

3 r. Ste-Beuve
01 45 49 10 40
www.restaurantletimbre.com
Notre-Dame des Champs
Fermé 29 avril-6 mai, 19 juillet-19 août, dimanche et lundi – Réservation conseillée

Formule 22 € – Menu 26 € (déjeuner)/32 € – Carte 32/40 €

Un homme seul aux fourneaux (visibles de la salle), une serveuse, une vingtaine de couverts, une ardoise du jour qui change chaque semaine : voilà pour la brève présentation du lieu, grand comme un timbre-poste. Dans la catégorie "bistrots de poche", celui-ci tire son épingle du jeu. Simple et convivial, il affiche souvent complet, attirant bon nombre de nos voisins anglais, compatriotes du chef, Chris Wright. Ce talentueux autodidacte n'en célèbre pas moins la pure tradition "made in France" à travers une jolie cuisine : terrine de campagne, hure de cochon aux câpres, agneau des Pyrénées accompagné de piquillos... Seule exception, les surprenants fromages anglais (stilton, cheddar...) qui varient au gré du marché. À ne pas rater : le traditionnel millefeuille.

Toyo

Créative B3

17 r. Jules-Chaplain
01 43 54 28 03
Ⓜ Vavin
Fermé août, 23-29 décembre, lundi midi et dimanche

Menu 39 € (déjeuner), 89/120 €

A/C

Dans une autre vie, Toyomitsu Nakayama était le chef personnel du couturier Kenzo ; aujourd'hui, il excelle dans l'art d'assembler les saveurs et les textures, entre France et Japon. Dans son petit restaurant zen et très épuré, pas de carte, mais deux menus le midi et le soir, qui changent selon l'inspiration du moment... Toyo a évidemment quelques plats-signatures, dont le turbot mariné entre deux feuilles de kombu et accompagné de fines lamelles de boutargue, ou encore le carpaccio de veau à sa façon, dans lequel il a subtilement remplacé le fromage par un effiloché d'algues. Et que dire du tiramisu au thé vert ? Il résume à lui seul la cuisine du lieu : fraîche, fine et parfumée. Un mariage franco-nippon des plus heureux !

Tsukizi

Japonaise C1

2 bis r. des Ciseaux
01 43 54 65 19
Ⓜ St-Germain des Prés
Fermé 1er-22 août, 26 décembre-9 janvier, dimanche midi et lundi

Formule 17 € – Carte 30/60 €

Cette minuscule adresse, essentiellement fréquentée par les habitués – des Japonais et quelques touristes –, se fait discrète dans une ruelle entre la rue du Four et le boulevard St-Germain. Elle respire la simplicité avec trois petites tables au fond de la salle. Comme au Japon, on s'installe en priorité au comptoir (une dizaine de places) afin d'observer, aux premières loges, ce qui se joue en cuisine. Là, le chef découpe les poissons du jour, exposés dans de petites vitrines réfrigérées, pour ses sashimis, sushis, makis et autres préparations. Dans le respect de la tradition, évidemment. Le temps d'un repas, on s'imaginerait presque dans un vrai sushi ya de Tokyo.

Wadja

Traditionnelle B3

10 r. Grande-Chaumière
01 46 33 02 02
Ⓜ Vavin
Fermé 3 semaines en août, 1 semaine en février, samedi midi, dimanche et fériés

Formule 18 € – Menu 20 € (déjeuner)/36 €

Fondé en 1942 par les Wadja, un couple d'origine polonaise, le Wadja porte non seulement toujours le nom des anciens propriétaires, mais il n'a rien perdu de son âme d'antan... Sol en mosaïque, zinc, miroirs, vieilles affiches : tout ici respire l'authenticité, à l'instar des petits plats de Thierry Coué (Senderens, Les Amognes). Au gré du marché, ce chef épatant vous concocte des ris de veau poêlés au beurre de citron et romarin, une tête de cochon rôti et ses pommes de terre, un jarret de veau confit aux oignons, une crêpe fourrée à la compote d'aubergine et à la cardamome... Des délices qui s'accompagnent de vins de petits propriétaires privilégiant la biodynamie. Une adresse pour les amoureux de la tradition bistrotière et... de l'ambiance surannée du Montparnasse d'autrefois.

Yen

Japonaise C1

22 r. St-Benoît
01 45 44 11 18
Ⓜ St-Germain-des-Prés
Fermé 2 semaines en août et dimanche

Formule 39 € – Menu 68 € (dîner) – Carte 40/68 €

A/C

Ce restaurant typiquement japonais est d'une extrême discrétion : sa façade en bois respire une sobriété tout orientale et s'ouvre par une modeste porte latérale. Elle cache deux salles d'inspiration zen (murs blancs, sobre mobilier en bois clair), mais le rez-de-chaussée, ouvert sur la rue, est assez animé : préférez l'étage pour plus d'espace et d'intimité (belles poutres apparentes). La spécialité du chef ? Le soba : des pâtes de sarrasin découpées en fines lamelles et assaisonnées de façon variée. Que les amateurs de sushis se rassurent, les traditionnels poissons crus sont également au menu. L'endroit attire une importante clientèle nippone qui apprécie l'authenticité des mets et la rigueur du service.

Yugaraj

Indienne

14 r. Dauphine
01 43 26 44 91
Odéon
Fermé août et lundi

C-D1

Formule 22 € – Menu 30/39 € – Carte 36/58 €

A/C

Fondé en 1986, Yugaraj est une valeur sûre de la gastronomie indienne. Celle du Nord plus précisément, où les saveurs se révèlent moins puissantes que dans la cuisine du Sud. Le sens de la mesure et l'usage subtil des épices, voilà les principaux secrets du chef, qui réussit à vous faire voyager à l'aide d'assiettes savoureuses. Sans oublier la qualité des produits (poulet de Bresse, agneau de lait de premier choix). Du coup, les tandooris et les currys préparés ici ne ressemblent à nul autre. Boiseries, statuettes anciennes : le décor est lui-même une invitation raffinée au rêve et à l'exotisme... L'Inde par voie express !

Déjeunons dehors, il fait si beau ! Optez pour une terrasse, repérable au symbole .

Ze Kitchen Galerie ✿

Créative D1

4 r. des Grands-Augustins
01 44 32 00 32
www.zekitchengalerie.fr
Ⓜ St-Michel
Fermé 2 semaines en août, 1 semaine fin décembre, samedi midi et dimanche

Formule 40 € – Menu 46 € (déjeuner), 70/82 € – Carte environ 80 €

A/C

Bruno Delessard

Galerie d'art contemporain, atelier de cuisine, cantine arty à la mode new-yorkaise ? Sous son nom hybride, Ze Kitchen Galerie joue sur les frontières entre art et cuisine, avec pour ambition d'unir ces deux expressions dans le décor et l'assiette. Un dessein visible dès qu'on passe la porte de ce restaurant conçu par Daniel Humair : dans des volumes épurés – sans être froids – cohabitent mobilier et vaisselle design, matériaux bruts, tableaux colorés, autour d'une cuisine vitrée pour suivre en direct le spectacle de la brigade.

Aux fourneaux, William Ledeuil donne libre cours à sa passion pour les saveurs de l'Asie du Sud-Est (Thaïlande, Vietnam, Japon) où il puise son inspiration. Galanga, ka-chaï, curcuma, wasabi, gingembre... Autant d'herbes, de racines, d'épices et de condiments du bout du monde qui relèvent avec brio les recettes classiques françaises. Sa carte fusion – à base de poissons, bouillons, pâtes, plats à la plancha – décline ainsi une palette d'assiettes inventives, modernes et ciselées, pour un voyage entre saveurs et couleurs.

Entrées

- Moules de bouchot, girolles, jus thaï de coquillages
- Poulpe, condiment d'agrumes, pomme et coriandre

Plats

- Cochon de lait, condiment mostarda-mirabelle
- Encornets, condiments aïoli-gingembre

Desserts

- Figue confite, citronnelle, verveine et jus de mûre
- Glace chocolat blanc-wasabi et framboise-pistache

J. Loïc / Photononstop

7e

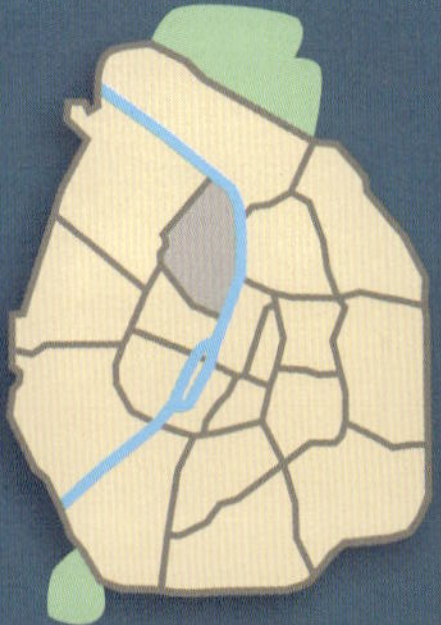

Tour Eiffel · École Militaire · Invalides

I. Wooster / Fotolia.com

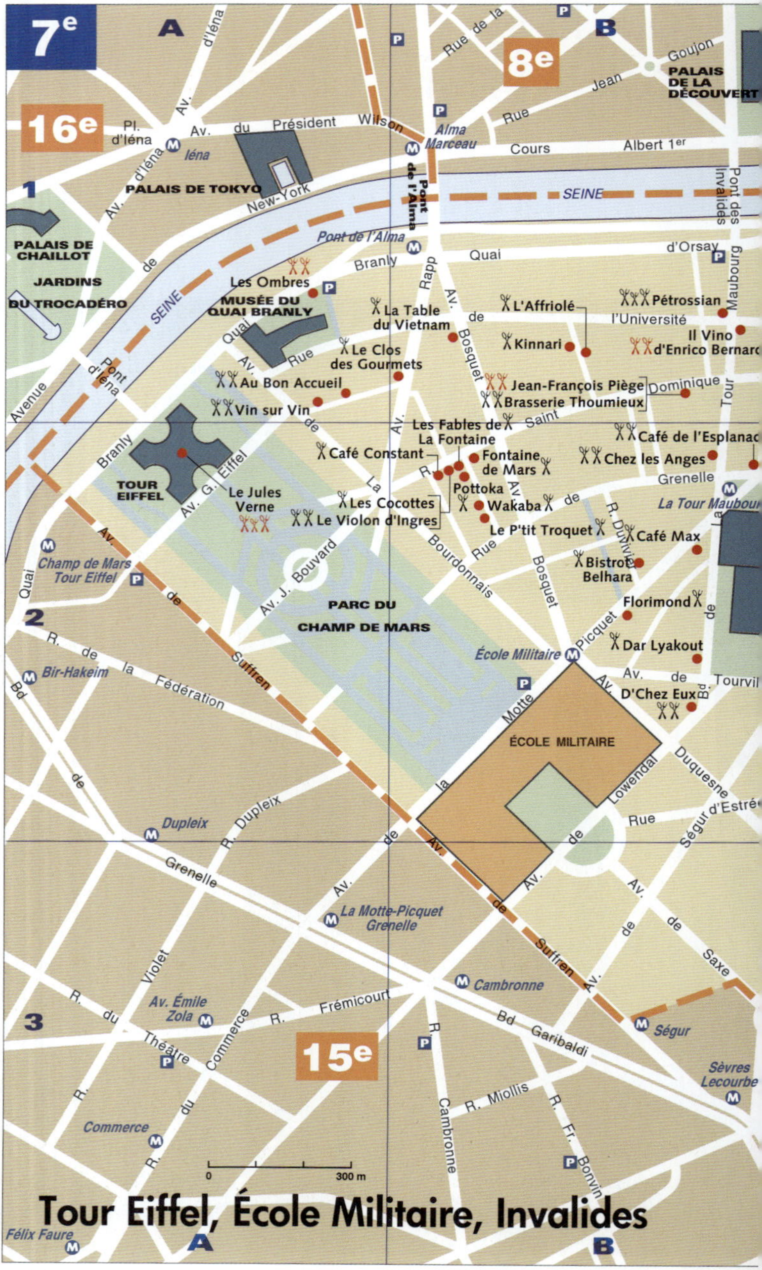

Tour Eiffel, École Militaire, Invalides

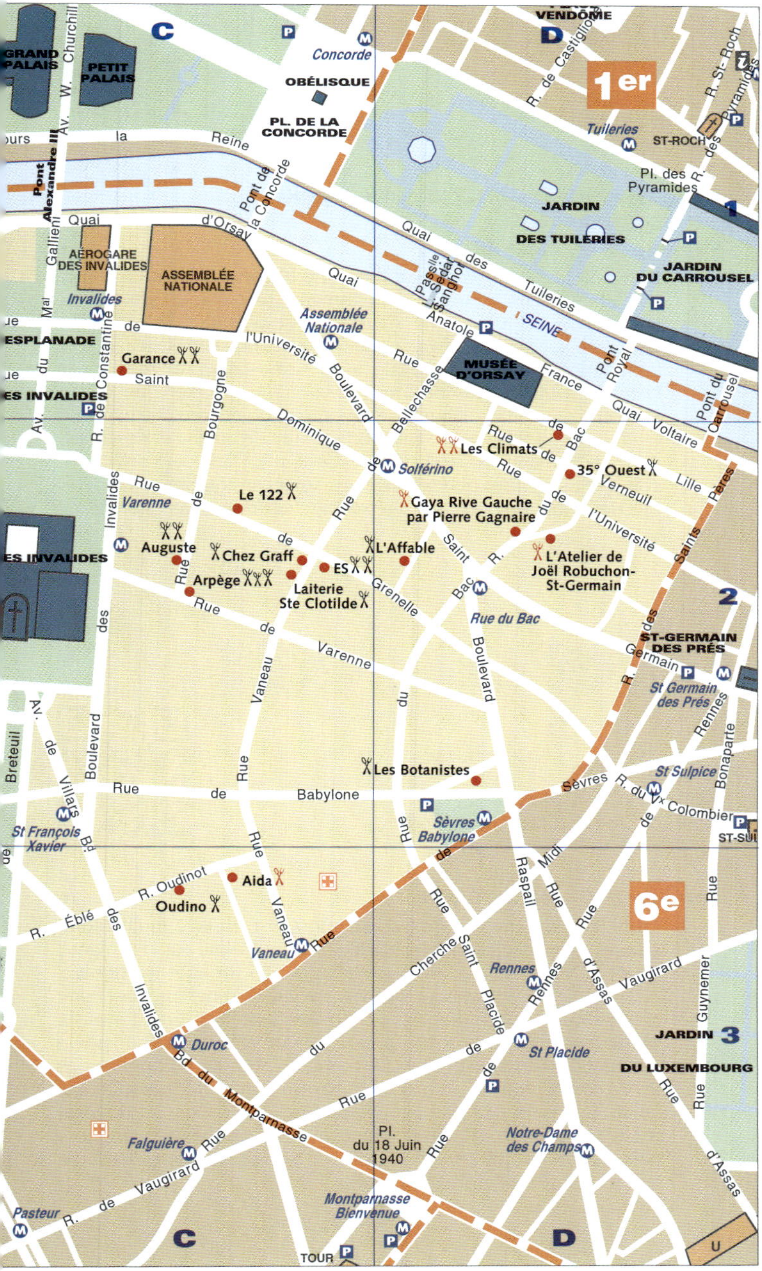
VENDÔME
C
D
1er
6e
GRAND PALAIS
PETIT PALAIS
Av. W. Churchill
Concorde
OBÉLISQUE
PL. DE LA CONCORDE
R. de Castiglione
R. St-Roch
R. des Pyramides
Tuileries
ST-ROCH
Pl. des Pyramides
JARDIN DES TUILERIES
JARDIN DU CARROUSEL
Pont Alexandre III
Cours la Reine
Pont de la Concorde
Quai d'Orsay
Quai des Tuileries
SEINE
Passerelle Léopold Sédar Senghor
Pont Royal
Pont du Carrousel
Quai Anatole France
Quai Voltaire
AÉROGARE DES INVALIDES
ASSEMBLÉE NATIONALE
Assemblée Nationale
Invalides
ESPLANADE
ES INVALIDES
Rue de l'Université
Rue Saint Dominique
R. de Constantine
Rue de Bourgogne
Boulevard Saint-Germain
Rue de Bellechasse
MUSÉE D'ORSAY
Garance
Les Climats
35° Ouest
Le 122
Solférino
Gaya Rive Gauche par Pierre Gagnaire
L'Affable
L'Atelier de Joël Robuchon-St-Germain
Auguste
Chez Graff
ES
Arpège
Laiterie Ste Clotilde
Rue de Grenelle
Rue du Bac
Rue de Verneuil
Rue de Lille
Rue de Varenne
Rue des Saints Pères
ST-GERMAIN DES PRÉS
St Germain des Prés
Boulevard Raspail
Rue Vaneau
Les Botanistes
Rue de Babylone
Rue de Sèvres
St Sulpice
R. du Vx Colombier
Rue Bonaparte
ST-SULPICE
Sèvres Babylone
Boulevard des Invalides
Av. de Villars
Av. de Breteuil
St François Xavier
R. Oudinot
Aida
Oudino
R. Éblé
Vaneau
Rue du Cherche Midi
Rue Saint Placide
Rue de Rennes
Rennes
Rue d'Assas
Rue de Vaugirard
Rue Guynemer
JARDIN DU LUXEMBOURG
St Placide
Duroc
Bd du Montparnasse
Pl. du 18 Juin 1940
Notre-Dame des Champs
Falguière
Rue de Vaugirard
Pasteur
Montparnasse Bienvenüe
TOUR
1
2
3
U

L'Affable

Moderne

D2

10 r. de St-Simon
✆ 01 42 22 01 60
www.laffable.fr
Ⓜ Rue du Bac
Fermé 3 semaines en août, 25 décembre-1er janvier, samedi et dimanche

Formule 28 € – Carte 48/74 €

Dans une rue résidentielle non loin du boulevard Saint-Germain, cet Affable vous accueille, évidemment, avec grande amabilité ! L'ambiance est conviviale dans ce bistrot plutôt élégant, qui joue une jolie carte rétro (comptoir en zinc, carrelage ancien, banquettes rouges...) et régale avec savoir-faire. Au menu, par exemple, des ravioles de tourteau, pomme et céleri, un ris de veau croustillant aux légumes du moment, ou encore une ganache tendre au chocolat tonka. Les produits sont de qualité et de saison, les saveurs bien marquées dans les assiettes. Dans ces conditions, comment s'étonner que les riverains soient si nombreux à y avoir pris des habitudes ? Pensez à réserver, c'est très souvent complet...

L'Affriolé

Moderne

B1

17 r. Malar
✆ 01 44 18 31 33
Ⓜ Invalides
Fermé 2-22 août, dimanche et lundi

Formule 26 € – Menu 30/35 €

A/C

Mobilier moderne et esprit contemporain (carrelage multicolore, chaises en plexiglas) : le bistrot de Thierry Verola est charmant ; quant à sa cuisine, elle réserve de vraies bonnes surprises... À l'écoute du marché et de ses envies, le chef propose une ardoise quotidienne dont les généreuses assiettes flirtent avec la modernité : ballottine de foie gras de canard et lentilles, thon poêlé aux carottes, brioche perdue à la mangue... Et pour les hommes (et les femmes) pressés, on propose aussi une formule "bento", dans laquelle tous les plats sont servis ensemble. On vient ici pour un repas à la fois décontracté et soigné, où les attentions ne manquent pas (radis en amuse-bouche, pots de crème en mignardises). Le tout à prix doux. Affriolant, non ?

Aida

Japonaise

1 r. Pierre-Leroux
01 43 06 14 18
www.aidaparis.com
Vaneau
Fermé 1 semaine en mars, 3 semaines en août, le midi et lundi – Réservation conseillée

C3

Menu 160 €

A/C

Aida

La façade blanche de ce petit restaurant niché dans une ruelle se fond si bien dans le paysage qu'on risque de passer devant sans la remarquer. Grave erreur ! Derrière se cache un secret jalousement gardé, celui d'une délicieuse table nippone. L'intérieur se révèle élégant et sans superflu, à l'image des établissements que l'on trouve au Japon. Au choix, attablez-vous au comptoir (seulement neuf places) pour être aux premières loges face aux grandes plaques de cuisson (teppanyaki), ou dans le petit salon privé sobrement aménagé avec son tatami.

Au gré d'un menu dégustation unique, vous découvrirez une cuisine fine et pointue, tissant de beaux liens entre le Japon et la France ; les assaisonnements, les cuissons et les découpes ne font que souligner l'ingrédient principal, servi dans sa plus simple expression. Sashimis, homard de Bretagne, chateaubriand ou ris de veau, cuits au teppanyaki, s'accompagnent de bons vins de Bourgogne, sélectionnés avec passion par le chef. Service très attentif et prévenant.

Entrées	Plats	Desserts
• Sashimi	• Teppanyaki	• Wagashi

Arpège ✿✿✿

Créative

84 r. de Varenne
✆ 01 45 51 47 33
www.alain-passard.com
Ⓜ Varenne
Fermé samedi et dimanche

C2

Menu 135 € (déjeuner)/365 € – Carte 220/310 €

A/C

Aurore Deligny

Plusieurs décennies déjà qu'Alain Passard a pris ses quartiers près du musée Rodin, en lieu et place de l'Archestrate, l'ancienne table de Senderens, son maître. Artiste "impressionniste", expert en cuissons et auteur d'une cuisine épurée, aboutie, d'une apparente simplicité, il s'attache depuis de nombreuses années à explorer les possibilités culinaires du légume, apportant toute sa noblesse à ce produit d'ordinaire servi en accompagnement. Très attentif aux saisons, il possède même trois potagers dans l'Ouest de la France. Illustration, si besoin est, du goût pour l'authenticité de cet homme passionné et exigeant...

Son discret restaurant – presque insoupçonnable dans la rue de Varenne – lui ressemble : sérénité et modernité du décor ponctué de bacchanales en cristal Lalique, motifs de vagues sur les vitres, et un unique portrait, celui de Louise, sa grand-mère cuisinière. À la fin du repas, les curieux feront une halte à l'Arrière-Cuisine, pour admirer à loisir les créations graphiques du chef, comme ces collages de fruits et légumes, inspirés... et inspirants !

Entrées

- Robes des champs arlequin à l'huile d'argan
- Fines ravioles potagères multicolores, consommé végétal

Plats

- Aiguillettes de homard bleu nuit au vin de Côtes du Jura
- Poularde cuite au foin, gnocchis des jardiniers

Desserts

- Tarte aux pommes "bouquet de roses"
- Millefeuille "caprice d'enfant"

L'Atelier de Joël Robuchon - St-Germain

Créative D2

5 r. de Montalembert
01 42 22 56 56 – **www.joel-robuchon.net**
Rue du Bac
Accueil de 11h30 à 15h30 et de 18h30 à minuit.
Réservations uniquement pour certains services : se renseigner.

Menu 169 € – Carte 75/165 €

A/C

L'Atelier de Joël Robuchon

Restaurant à part dans le paysage gastronomique, qui balaie les conventions sans négliger le goût du raffinement, l'Atelier de Joël Robuchon a de quoi intriguer. Plongés dans une semi-pénombre étudiée, deux bars se répondent autour de la cuisine centrale où les plats sont élaborés sous le regard des hôtes, assis au comptoir sur de hauts tabourets (on peut aussi préférer la petite salle voisine, plus traditionnelle mais tout aussi confidentielle). Laque noire, granit sombre, faisceaux rougeoyants : le travail de l'architecte Pierre-Yves Rochon colle parfaitement à cette première déclinaison du concept imaginé par Robuchon – qui en a essaimé depuis dans le monde entier. Une idée de "cantine chic", version occidentale du teppanyaki et des bars à sushis nippons, avec au menu une cuisine "personnalisable" (sous forme de petites portions et d'assiettes) ciselée avec une précision d'orfèvre et des ingrédients de choix. Et même, en prime, des influences ibériques et une belle sélection de vins au verre ! À noter : pas de réservation hormis pour les services de 11h30 et 18h30.

Entrées

- Langoustine en raviole truffée à l'étuvée de chou vert
- Caviar dans une délicate gelée recouverte d'une onctuosité au chou-fleur

Plats

- Merlan frit Colbert, beurre aux herbes
- Agneau de lait en côtelettes à la fleur de thym

Desserts

- Fruit de la passion en soufflé chaud, sorbet exotique
- Chocolat "tendance", ganache onctueuse au chocolat araguani, glace au grué de cacao

Au Bon Accueil

Moderne A1

14 r. Monttessuy
✆ 01 47 05 46 11
www.aubonaccueilparis.com
Ⓜ Pont de l'Alma
Fermé 3 semaines en août, samedi et dimanche

Formule 28 € – Menu 32 € – Carte 40/65 €

A/C Ce bistrot gastronomique a plus d'un tour dans son sac pour conquérir le cœur du public. À commencer par son emplacement, à deux pas de la tour Eiffel. Sous les auspices de la grande dame, on se réfugie avec bonheur dans la salle au décor soigné, à l'élégance discrète. Question cuisine, le marché et les produits de qualité dictent au quotidien les intitulés du menu. Les plats au goût du jour, enrichis de gibier en saison, expriment des saveurs nettes et simples, rehaussées par des crus du Rhône ou de Bourgogne : saumon français mariné puis fumé, écrasé de pomme de terre au beurre noisette ; brioche perdue au caramel, à la sauce mangue et passion... Le rapport qualité-prix est excellent ! Quant à l'accueil, il suffit de lire l'enseigne pour l'imaginer.

Bistrot Belhara

N

Traditionnelle B2

23 r. Duvivier
✆ 01 45 51 41 77
www.bistrotbelhara.com
Ⓜ École Militaire
Fermé 5-25 août, 24-30 décembre, dimanche et lundi

Formule 22 € – Menu 30 € (déjeuner), 35/50 €

Belhara ? Ce haut fond proche de St-Jean-de-Luz est bien connu des surfeurs car il donne naissance à des vagues superbes. C'est par ce clin d'œil que le chef de ce bistrot né en 2013 rend hommage à ses origines basques... mais on ne saurait leur résumer son parcours – impressionnant (Guérard, Loiseau, Ducasse, etc.) – et son savoir-faire : converti à la mode bistrot, Thierry Dufroux fait des merveilles en revisitant les classiques du genre ! Ainsi ce velouté de potimarron crémeux à souhait, ou encore ce délicieux petit pâté chaud de canard et foie gras accompagné d'une sauce rehaussée à la cerise. Le tout à apprécier dans un joli décor rétro : vieux comptoir, moulures, banquettes rouges, etc. Entre Invalides et École militaire, cette nouvelle adresse tient le haut de la vague !

Auguste ✿

Moderne

54 r. de Bourgogne
01 45 51 61 09
www.restaurantauguste.fr
Ⓜ Varenne
Fermé 1er-22 août, samedi et dimanche – Réservation conseillée

C2

Menu 35 € (déjeuner), 85/150 € – Carte 76/102 €

A/C

Auguste

Ambiance zen du côté des ministères ! La petite maison de Gaël Orieux – à peine une trentaine de couverts – offre un calme inattendu dans son élégant cadre contemporain, aux lignes faussement simplistes. Le blanc domine, mais réchauffé d'autant d'éléments qui apportent à cette architecture subtile une pointe d'originalité : touche rouge vif d'une grande banquette, parquet gris anthracite, fleurs et, sur les murs, deux toiles originales représentant le visage de Bouddha.

Un espace chic et "cool" où l'on déguste une cuisine d'une sage modernité : huîtres creuses perles noires, gelée d'eau de mer, mousse de raifort, poire comice ; bar de ligne à la compotée de tomates, écume d'orange fleurée à la cannelle... La carte, courte mais très souvent renouvelée, séduit par sa variété et la qualité des produits. Gaël Orieux s'approvisionne au marché et a fait notamment le choix de ne servir que des poissons dont l'espèce n'est pas menacée (mulet noir, maigre, tacaud). Quant au choix de vins, il invite à d'agréables découvertes à prix étudiés.

Entrées

- Croustillants de langoustine à la verveine
- Foie gras de canard, enoki et chou pak choï

Plats

- Ris de veau, pralin de cacahouètes caramélisées, pleurotes aux abricots secs et vin du Jura
- Homard breton, condiments et thé vert

Desserts

- Soufflé au chocolat, glace miel et pollen
- "Comme" un millefeuille au chocolat, mousse à la vanille Bourbon

Les Botanistes

Traditionnelle D2

11 bis r. Chomel
01 45 49 04 54
Sèvres-Babylone
Fermé 3 semaines en août, dimanche et fériés

Formule 18 € – Carte 33/58 €

Les Botanistes ? Cela fait tout simplement référence à la profession de Pierre-Jean-Baptiste Chomel (1671-1740), membre de l'Académie des sciences qui a donné son nom à la rue. Pourtant, on va le voir, la cuisine de cette petite adresse ne se résume pas à de la verdure, loin s'en faut ! Foie gras de canard mi-cuit au torchon, chipirons au piment d'Espelette et leur risotto d'épeautre au chorizo, filet de bœuf poêlé et son gratin de pomme de terre, baba au rhum, financier... Ouf ! À l'ardoise, on retrouve la fine fleur de la cuisine bistrotière, dans un décor qui ne fait pas plante verte : carrelage en damier, buffet en bois clair, banquettes douillettes, appliques florales d'esprit Art déco, herbiers et natures mortes distillant leur charme champêtre, si joliment suranné.

Brasserie Thoumieux

Moderne B1

Hôtel Thoumieux,
79 r. St-Dominique
01 47 05 79 00
www.thoumieux.fr
La Tour Maubourg

Formule 29 € – Carte 40/77 €

A/C

Fondée en 1923, cette brasserie mythique, marquée du sceau de la Belle Époque, vit une seconde jeunesse sous la houlette de Jean-François Piège (qui a son restaurant gastronomique à l'étage). Modernisé, le décor flamboie : grands miroirs, moulures, lampes boules et longues banquettes rouges. Avec le ballet des people et aficionados attirés par la renommée du chef, les lieux ont même renoué avec toute la théâtralité de ces brasseries autrefois capitales, où s'encanaillaient bourgeois, hommes du monde et actrices... La carte elle-même, originale, fait de jolies œillades à l'esprit des lieux ! De midi à minuit, on propose salade de homard bleu au mesclun d'herbes et salade de saison, barbue sauvage aux légumes, curry et citron vert, big burger, volaille jaune des Landes rôtie...

Café Constant

Traditionnelle B2

139 r. St-Dominique
01 47 53 73 34
www.maisonconstant.com
École Militaire

Formule 16 € – Menu 23 € (déjeuner en semaine) – Carte 34/47 €

A/C

Lentement mais sûrement, l'ancien chef du Crillon, Christian Constant, a fait de la rue St-Dominique un vrai QG gourmand. À deux pas de son restaurant gastronomique, le Violon d'Ingres, cette annexe (dirigée par une jeune équipe) occupe un petit bistrot d'angle sans prétention. Et sans réservation ! Ici, la simplicité règne en maître. Le décor, brut de décoffrage, ne verse pas dans l'épate. La cuisine témoigne d'un sens aigu du produit, conservant un peu de l'esprit des grandes maisons (les manières et les prix en moins). Sur l'ardoise, on trouve de goûteux plats de bistrot, pensés selon le marché : œufs mimosa, tartare de saumon, huîtres et bar au gingembre, parmentier de cuisse de canard croisé au vin rouge, pommes gaufrettes... Constamment épatant, le Constant !

Café de l'Esplanade

Moderne B2

52 r. Fabert
01 47 05 38 80
La Tour Maubourg

Carte 45/90 €

A/C

Les frères Costes peuvent se vanter de transformer tout ce qu'ils touchent en or. À savoir en endroits branchés, comme cette Esplanade, alchimie réussie d'un lieu, d'une ambiance et d'une cuisine résolument tendance. Démonstration en quatre points. La superbe vue sur les Invalides, notamment en terrasse. La griffe "Jacques Garcia", qui a signé un décor en phase avec le monument voisin. La carte, qui oscille entre plats de brasserie chic et recettes du monde, avec une certaine influence asiatique : petits nems, club sandwich, tom yam chili sea bass, belle tranche de foie de veau et sa réduction de vinaigre de cidre, millefeuille framboise du dimanche... Enfin, le personnel looké, avec voiturier, au service d'une clientèle people et politique. Verdict : y courir pour voir et être vu, après avoir réservé.

Café Max

N

Traditionnelle

B2

7 av. de la Motte-Picquet
01 47 05 57 66
Ⓜ École Militaire
Fermé 3 semaines en août, Noël au Nouvel An, samedi et dimanche

Carte 35/68 €

Tout près des Invalides, ce discret restaurant semble presque enveloppé d'une aura de mystère. Les habitués – dont de nombreux hommes politiques – s'installent à toute heure de la journée dans cet intérieur de bistrot chic, presque rococo ; des tableaux classiques et des photos anciennes tapissent les murs, d'un noir de jais, et, assis sur les banquettes en velours rouge, on devise doucement sous un éclairage tamisé... La carte joue fièrement la tradition : œuf mayonnaise, oreilles de cochon sur salade de lentilles, rognon de veau grillé entier et sa sauce moutarde, parmentier de bœuf aux parfums de truffes, boudin... avec, pour finir, si vous conservez de l'appétit, les fameuses crêpes Suzette. De quoi mettre d'accord tous les politiques, de quelque bord qu'ils soient !

Le 122

Moderne

C2

122 r. de Grenelle
01 45 56 07 42
www.le122.fr
Ⓜ Solférino
Fermé 25 juillet-25 août, samedi et dimanche

Formule 20 € – Menu 27 € (déjeuner) – Carte 45/55 €

A/C

Dans le quartier des ministères, rue de Grenelle (au numéro... 122), un bistrot chic pour une savoureuse cuisine actuelle. Ancien kiné, le patron, passionné de gastronomie, a tout abandonné pour passer un bac pro en hôtellerie ; une expérience chez Laurent où il rencontre son chef de cuisine, et l'affaire est lancée. Sa vocation ? Faire beau et bon à prix doux. La cuisine relève le pari : assiette de légumes printaniers, volaille marinée au masala, turbot au beurre noisette et son émulsion de crustacés au vin d'Arbois, selle d'agneau rôtie et polenta crémeuse, croustillant de pied de cochon, brioche italienne... Dans les deux salles, le décor design (tons gris et mauve, globes lumineux, chaises Ghost signées Starck) se marie parfaitement à ces assiettes bien dans leur époque.

Chez les Anges

Traditionnelle B2

54 bd de la Tour-Maubourg
01 47 05 89 86
www.chezlesanges.com
La Tour Maubourg
Fermé 3 semaines en août, samedi et dimanche

Menu 35/55 € – Carte 35/67 €

A/C

Manger au paradis, cela vous tente ? La salle profite pleinement de la lumière du jour grâce à ses larges baies vitrées, et l'on peut s'attabler autour d'un grand comptoir central... Côté déco, esprit contemporain oblige, des vitrines habillent les murs et abritent de bien jolis nectars honorant toutes les régions viticoles françaises. On déguste des plats traditionnels, justes et sincères, qui varient en fonction du marché : assiette de légumes de Joël Thiébault et son coulis de citron jaune, foie de veau en tranche épaisse et sa fricassée de champignons, ou encore tarte au chocolat noir Venezuela 72 %... Et en accompagnement, une belle carte de vins et whiskys.

Chez Graff

N

Traditionnelle C2

62 r. de Bellechasse
01 45 51 33 42
Solférino
Fermé dimanche et fériés

Formule 21 € – Menu 25 € (déjeuner en semaine) – Carte environ 40 €

Tables en bois massif, grand miroir et vieilles photos : un bistrot dans l'esprit des années 1960, relooké façon 2013 ! L'équipe de la Laiterie Sainte Clotilde (dans la même rue) a ouvert cette nouvelle adresse, qui doit son nom au grand-père de Thomas, l'un des trois associés. Dans la lignée de la maison mère, ils proposent ici une bonne cuisine française – salade d'endives à la pomme verte et gelée de concombre, bavette Angus Aberdeen marinée et salade de roquette et parmesan, suprême de volaille du Gers aux lentilles et champignons, mousse au chocolat, etc. – et des assiettes de charcuterie et fromage. La carte, volontairement courte, assure une belle rotation des produits, et l'ambiance est certifiée conviviale à toute heure !

Les Climats

N

Moderne

D2

41 r. de Lille
01 58 62 10 08
www.lesclimats.fr
Rue du Bac
Fermé 1er-10 janvier, août, dimanche et lundi

Formule 36 € – Menu 45 € (déjeuner)/75 € – Carte 55/95 €

A/C

Le restaurant est installé dans le cadre atypique de l'ancienne Maison des Dames des Postes, Télégraphes & Téléphones, qui hébergea à partir de 1905 les opératrices des PTT. Disons-le tout de go : l'intérieur, d'un style Art nouveau assumé, est somptueux. Mosaïque ancienne au sol, plafond dont les arches sont égayées de motifs fleuris, luminaires originaux en laiton, vitraux, gros fauteuils rouges... Sans oublier deux grandes caves vitrées offrant une vue sur de belles bouteilles, dont une superbe collection de bourgognes ! Quant à la carte, très alléchante, elle n'a rien de... téléphoné avec ses recettes d'inspiration française rehaussées de touches de modernité : king crab royal, poêlée d'encornets à l'avocat et pamplemousse, quasi de veau rôti au sautoir, gnocchis d'agria et poêlée de girolles... On se régale.

Le Clos des Gourmets

Moderne

B1

16 av. Rapp
01 45 51 75 61
www.closdesgourmets.com
Alma Marceau
Fermé 1er-25 août, dimanche et lundi

Menu 30 € (déjeuner), 34/56 € – Carte 39/57 €

L'adresse n'a pas volé son nom ! Côté clos, une belle salle habillée de boiseries peintes en blanc, relevée de panneaux gris ou bruns, avec des tables bien dressées et une véranda. Simplicité, élégance, chaleur : de tels clos, on en cultiverait beaucoup ! Côté gourmets, le style du chef, Arnaud Pitrois, se reconnaît sans hésitation. Tirant profit des leçons de ses maîtres (Guy Savoy, Christian Constant, Éric Frechon, etc.), il élabore une cuisine personnelle, inventive et pleine de parfums : persillé de lapin en gelée parfumée à l'estragon, poulette du Gers rôtie et ses pommes grenaille, tête de cochon croustillante à la vinaigrette d'herbes, fenouil confit aux épices douces et son sorbet citron. Et le chapitre n'est pas clos...

Visitez sur rendez-vous notre galerie d'exposition :
7 rue de Tilsitt, 75017 Paris, Tél. 01 58 05 20 20.
GAGGENAU

Les Cocottes

Traditionnelle

B2

135 r. St-Dominique
www.maisonconstant.com
Ⓜ École Militaire

Carte 29/55 €

Le concept imaginé par Christian Constant, dans le sillage des autres adresses de son fief gourmand (entendez par là la rue St-Dominique) ? Des cocottes ! Version Staub, en fonte gris anthracite, servies dans un décor à part : ni resto ni bistrot, le lieu s'organise autour d'un comptoir tout en longueur, très stylé avec ses tabourets haut perchés et son design épuré. À la carte de ce concept de "snacking" convivial, de bons petits plats mijotés : velouté de légumes d'autrefois, terrine de campagne, pommes de terre caramélisées farcies au pied de porc, pigeon fermier rôti à l'ail... Côté vins, une grande ardoise située au-dessus du bar annonce les réjouissances. L'adresse n'a pas de téléphone : on s'invite sans réserver, à la bonne franquette.

Dar Lyakout

Marocaine

B2

94 bd de la Tour-Maubourg
01 45 50 16 16
www.darlyakout.com
Ⓜ École Militaire

Menu 38 € – Carte 34/54 €

Bricks croustillants et dorés ; tajines subtils et raffinés ; couscous cuisinés dans les règles de l'art, aux légumes fondants et aux morceaux de viande tendres et savoureux ; pâtisseries au miel et loukoums délicatement parfumés... Dans la maison (dar) de Lyakout (prénom féminin), on se régale de bons petits plats orientaux, généreux et bien tournés. Telle une douce évocation des Mille et Une Nuits, à la manière d'un riad du Marrakech contemporain, la déco concilie le style lounge et l'artisanat marocain, mêlant tons à la mode (du brun, du prune), lumignons et mosaïques typiques. Entre deux douceurs sucrées et quelques rêveries, on pourrait presque espérer apercevoir le fabuleux génie de la lampe...

D'Chez Eux

Du sud-ouest B2

2 av. Lowendal
01 47 05 52 55
www.chezeux.com
Ⓜ École Militaire
Fermé 2 semaines en août

Formule 29 € – Menu 34 € (déjeuner en semaine) – Carte 48/116 €

A/C

D'Chez Eux, c'est une petite adresse avec un accent bien de là-bas. Ce sont les terres du Sud-Ouest dans tout leur débordant appétit, une charmante salle aux airs d'auberge de carte postale, où ne manquent ni les meubles rustiques ni les nappes à carreaux rouge et blanc. D'Chez Eux, tout fleure bon la tradition : produits régionaux, assiettes généreuses, cave imposante – axée en partie sur les bordeaux et les bourgognes – et serveurs en tablier de bougnat. Pas étonnant que la recette séduise depuis plus de 50 ans en restant invariablement sourde aux appels de la mode ! Laissez-vous tenter par le chariot de hors-d'œuvre, le panier de charcuteries, l'œuf mayonnaise et sa macédoine de légumes, la tête de veau sauce gribiche ou encore le confit de canard, tous irrésistibles...

Florimond

Traditionnelle B2

19 av. de La Motte-Picquet
01 45 55 40 38
www.leflorimond.com
Ⓜ École Militaire
Fermé 6-11 mai, 29 juillet-18 août, 1er-6 janvier, samedi midi et dimanche

Formule 20 € – Menu 24 € (déjeuner), 37/48 €

A/C

Florimond – du nom du jardinier de Monet à Giverny – a l'esprit bistrotier et convivial... Pour faire honneur à ce prénom chantant, le chef, Pascal Guillaumin, signe une goûteuse cuisine du terroir avec des produits tout droit venus de Corrèze, sa région d'origine. Ce digne fils et petit-fils de charcutier fait d'ailleurs lui-même ses saucisses, boudins et autres conserves. Et si sa carte fait la part belle à la viande, les amateurs de poisson ne sont pas oubliés pour autant. Le tout agrémenté des légumes du maraîcher Joël Thiébault ou encore de céréales cuisinées au wok. Rien que de belles impressions...

ES ✿

N

Moderne

C2

91 r. de Grenelle
01 45 51 25 74
Solférino
Fermé 3 semaines en août, mardi midi, dimanche et lundi – Réservation conseillée

Menu 45 € (déjeuner), 75/105 €

A/C

M.Yosuke Kojima

Une adresse créée en 2013 par Takayuki Honjo, jeune chef japonais adepte, comme nombre de ses compatriotes, de cuisine et de culture françaises. Ancien de plusieurs grandes maisons (Astrance à Paris, Quintessence à Tokyo, Mugaritz au Pays basque), il a pensé son restaurant dans les moindres détails : une salle blanche et très épurée, presque monacale, où le mobilier moderne ne cherche pas à attirer l'attention ; contre la baie vitrée, un léger voilage permet d'isoler la salle de la rue. Dans ce contexte, le repas peut s'apparenter à une forme de cérémonie...
Dès les premières bouchées, le talent du chef saute aux papilles ! Foie gras et oursins, ou pigeon et cacao : les associations fonctionnent sans fausse note, les saveurs se mêlent intimement, et l'harmonie des compositions est toujours subtile, avec un sens de l'économie qui rappelle les racines nippones du jeune homme – bien que les fondamentaux de la cuisine française soient parfaitement maîtrisés. Enfin, la carte des vins rend un vibrant hommage à la Bourgogne. Encore un bel apport du Japon à la France !

Spécialités

- Cuisine du marché

Les Fables de La Fontaine ✿

Poissons et fruits de mer B2

131 r. St-Dominique
01 44 18 37 55
www.lesfablesdelafontaine.net
Ⓜ École Militaire
Fermé 23-27 décembre – Réservation conseillée

Formule 30 € – Menu 35 € (déjeuner en semaine)/120 € – Carte 85/102 €

A/C

Les Fables de La Fontaine

Une fable gourmande et subtile... Dans la rue St-Dominique, le décor adopte l'esprit d'un bistrot chic bien dans son époque : la salle, tout en longueur, aligne tables en bois foncé (tout comme la devanture), comptoir à l'entrée, le tout rehaussé avec des pierres apparentes et des tons harmonieusement associés (dominantes de gris). L'essentiel est dit : simplicité et qualité.

Même programme côté cuisine. Le choix se porte sur le "tout poisson", avec une belle sélection de vins blancs : croustillant de langoustines au basilic et émulsion d'agrumes, turbot en vapeur de foin, laitue de mer aux coquillages, sole meunière, parfait passion-praliné, minestrone de melon et nectarine... La maîtrise technique, au rendez-vous dans toutes les réalisations, sait s'effacer devant l'excellence des produits, qui varient selon les arrivages de la marée. Car l'esprit d'authenticité prime toujours. Un point de plus en faveur de ces Fables d'aujourd'hui aux savoureuses histoires de poissons.

Entrées

- Œuf cocotte aux écrevisses, émulsion de crustacés et poireau confit au xérès
- Croustillant de langoustines au basilic, coulis d'épinard, mangue et sucrine

Plats

- Homard et coques rôtis, champignons des bois et sauce au foie gras
- Sole meunière, purée à la truffe

Desserts

- Figues crues et cuites, perles du Japon et glace à l'amande amère
- Tiramisu au café, marmelade de poire et mousse au caramel

Fontaine de Mars

Traditionnelle

B2

129 r. St-Dominique
01 47 05 46 44
www.fontainedemars.com
École Militaire

Carte 35/77 €

Quand Barack Obama choisit d'y dîner en 2009, le buzz fut énorme... Ce parfait bistrot des années 1930 (restauré à l'identique) est une véritable institution du 7e arrondissement. Dans les deux salles joliment rétro, où dominent les incontournables et délicieuses nappes à carreaux rouge et blanc, ou sur la terrasse qui fait face à la fontaine de Mars (d'où l'enseigne), il règne une atmosphère décontractée qui doit beaucoup à la gentillesse de la patronne. On s'y régale donc, à la bonne franquette, de plats traditionnels au parfait esprit bistrotier : foie gras, sole meunière, boudin, andouillette, filet de bœuf sauce béarnaise, magret de canard, terrine et cassoulet maison... Pas besoin d'être le président des États-Unis pour pouvoir en profiter !

Garance

N

Créative

C1

34 r. St-Dominique
01 45 55 27 56
www.garance-saintdominique.fr
Invalides
Fermé samedi et dimanche – Réservation conseillée

Menu 34 € (déjeuner)/65 € – Carte 58/72 €

A/C

Garance, où quand deux Guillaume (Muller et Iskandar), anciens de l'Arpège, s'associent pour créer leur propre restaurant. Le résultat : ce bistrot contemporain, tranquillement installé dans une bâtisse ancienne, à deux pas de l'esplanade des Invalides. On découvre une salle ouverte sur les cuisines ; attablée à un petit comptoir en bois, une poignée de privilégiés a la chance d'assister en direct à la réalisation des plats, tandis qu'à l'étage, accessible par un étroit escalier habillé de gris, on peut s'installer dans une petite salle moderne, toute de blanc vêtue, dotée de sièges très originaux. Velouté du jour, céleri cuit au foin et lard italien, agneau en deux services : les recettes sont bien dans leur époque et mettent toujours en avant le produit. Garance ? Celle des Enfants du Paradis ?

Gaya Rive Gauche par Pierre Gagnaire

Poissons et fruits de mer D2

44 r. du Bac
01 45 44 73 73
www.pierre-gagnaire.com
Ⓜ Rue du Bac
Fermé 10-17 août, vacances de Noël et dimanche

Menu 60 € (déjeuner) – Carte 62/103 €

A/C

Jacques Gavard

Sa seconde adresse à Paris, Pierre Gagnaire – qui possède plusieurs antennes dans le monde (Londres, Tokyo, Hong-Kong) – l'a souhaitée "élégante, joyeuse et décalée". Un restaurant quotidien plus accessible, donc, où la cuisine se veut à la fois "bonne et un peu drôle". Pari gagné avec son Gaya, niché au cœur de Saint-Germain, quartier rive gauche s'il en est. Sous l'impulsion de la décoratrice Violaine Jeantet, les deux salles ont été récemment réaménagées dans un style cosy, raffiné et intime, grâce notamment à des boiseries murales en sapelli...
Ambiance détendue et astucieuse cuisine très iodée sont toujours au rendez-vous : on ne se lasse pas de ces préparations délicates et créatives, déclinées de "marée modeste" en "marée noble", à l'image de cette chair de tourteau et concombre, mayonnaise d'artichaut au plancton, ou de cette délicieuse poêlée de langoustines au gingembre, brunoise mangue et pomme verte. Dans la mythologie grecque, Gaïa n'était-elle pas mère des divinités marines ?

Entrées

- Chair de tourteau et concombre, haricots verts liés d'une mayonnaise au plancton
- Gnocchis aux épinards, velouté vert, palette ibérique

Plats

- Turbot poêlé, pomme de terre Marguerite
- Langoustines à la coriandre fraîche, petit épeautre et oignons nouveaux, bisque au curry vert

Desserts

- Ganache chocolat d'Équateur, sorbet chocolat et sablé cheesecake aux amandes fraîches
- Compote de rhubarbe, loukoum et guimauve au coquelicot

Il Vino d'Enrico Bernardo ✿

Moderne B1

13 bd La Tour-Maubourg
01 44 11 72 00
www.enricobernardo.com
Invalides
Fermé 2 semaines en août, samedi midi, dimanche et lundi

Formule 29 € – Menu 38 € (déjeuner), 75 € 🍷/95 € 🍷 – Carte 36/48 € déjeuner

A/C

Enrico Bernardo

Connaissez-vous Enrico Bernardo ? Élu Meilleur Sommelier d'Italie à deux reprises et Meilleur Sommelier du Monde en 2004, l'homme a le chic pour faire partager sa passion du vin. C'est la raison d'être d'Il Vino ! Épaulé par le chef espagnol José Manuel Miguel, il fait découvrir à la clientèle ses coups de cœur viticoles du moment, autour de deux menus aux noms évocateurs : "Sur les routes du monde" et "Sur les routes de France et d'Italie". On adhère bien vite à ce concept "vins & mets", notamment grâce à une partition culinaire sans fausse note, à l'image de cet émietté de tourteau aux fines lamelles de légumes d'hiver, dés de pomme verte et espuma de daïkon, ou de ce filet de canard rôti aux girolles sautées et son risotto au blé...
Quant au décor, il est très chic et tout à fait dans le ton avec ses murs blancs et ses sarments de vigne peints. Les sommeliers amateurs – et les autres – seront ravis !

Spécialités

- Menu découverte du monde
- Menu découverte de la France et de l'Italie

Jean-François Piège ✿✿

Moderne B1

Hôtel Thoumieux,
79 r. St-Dominique (1er étage)
01 47 05 79 79
www.thoumieux.fr
La Tour Maubourg
Fermé août, samedi et dimanche – Réservation conseillée

Menu 99 € (déjeuner), 129/249 €

A/C

Restaurant Jean-François Piège

Un escalier discret, offrant un accès discret à l'étage de la brasserie Thoumieux… puis l'impression de pénétrer dans un appartement privé, au décor chic et feutré (une création d'India Mahdavi, inspirée par les années 1950). Après s'être rendu célèbre au Crillon – ou, pour le versant médiatique, en tant que juré de l'émission Top Chef –, Jean-François Piège vous reçoit ici comme à la maison : il cuisine en confidence, pour ainsi dire rien que pour vous (à peine vingt couverts par service). On dresse la table devant le client ; les effluves qui émanent de la cuisine contiguë – et en partie visible – aiguisent terriblement l'appétit et… la curiosité. On propose chaque jour un menu différent, intitulé "L'art de manger", avec 9 hors-d'œuvre froids et chauds déclinés en petites portions ; on choisit ensuite un ou plusieurs plats (4 ou 5 choix) sur la carte du moment. Les propositions du chef font mouche : des assiettes parfaitement pensées et dressées, véritables ateliers d'émotions culinaires, alliant qualité des produits, harmonie des saveurs, finesse, caractère... D'une sincérité éblouissante.

Spécialités

- Sélection des plus beaux produits de saison

Le Jules Verne ✿

Moderne

2ème étage Tour Eiffel, ascenseur privé pilier sud
01 45 55 61 44
www.lejulesverne-paris.com
Bir-Hakeim

A2

Menu 90 € (déjeuner en semaine), 210/310 € – Carte 160/230 €

Eric Laignel

Sans vous sentir obligé de gravir les 704 marches qui conduisent au 2e étage de la tour Eiffel, rendez-vous au pilier sud et laissez faire l'ascenseur privé qui mène directement au Jules Verne, à 125 m au-dessus du sol. Ce lieu emblématique dirigé par Alain Ducasse offre un cadre unique : le midi comme le soir, la vue sur Paris à travers les poutrelles métalliques de la tour est tout simplement spectaculaire ! Pensez à réserver très à l'avance (uniquement par Internet) votre table près des baies vitrées. Le décor contemporain signé Patrick Jouin (parois en nid-d'abeilles, fauteuils en cuir et fibre de carbone) est à la hauteur, de même que la cuisine classique revisitée façon Ducasse, réalisée ici par le jeune chef Jérémy Brouet. Les pâtisseries sont quant à elles signées Christophe Devoille, pâtissier-chocolatier et glacier de formation. Enfin, la carte des vins, remarquable, compte plus de 400 références de l'Hexagone, dont quelques crus d'exception. Une adresse au sommet du patrimoine français !

Entrées

- Daurade marinée à cru, citron et basilic
- Foie gras de canard confit

Plats

- Tournedos de bœuf et foie gras de canard, pommes soufflées et sauce Périgueux
- Filet de canette de Challans rôti

Desserts

- Baba imbibé de l'Armagnac de votre choix, crème peu fouettée
- L'écrou croustillant au chocolat, glace noisette

Kinnari

Thaïlandaise B1

8 r. Malar
01 47 05 18 18
La Tour Maubourg
Fermé dimanche

Formule 19 € – Menu 22 € (déjeuner), 30/39 € – Carte 32/47 €

Mais qui est Kinnari ? D'abord une divinité mi-femme, mi-cygne, connue pour la grâce de sa danse et de ses chants. Désormais, c'est également un restaurant parisien, tenu par Bounma Seng Vieng Kham, le frère du patron du Suan Thaï (4e arrondissement). La décoration, laques sombres et teintes mordorées, rend hommage à l'ancien royaume de Siam. Quant à la carte, elle reprend les recettes qui ont fait le succès du Suan Thaï : croustillants de crevettes frits à la thaïe, salade de papaye verte aux crevettes, magret de canard sauce tamarin et litchis. Sans oublier le poulet au curry vert, les larmes du tigre ou les nems au chocolat. Les cuisiniers sont recrutés en Thaïlande pour plus d'authenticité. Une adresse sympathique à prix assez raisonnables.

La Laiterie Sainte Clotilde

Traditionnelle C2

64 r. de Bellechasse
01 45 51 74 61
Solférino
Fermé 1er-24 août, vacances de Noël, samedi midi et dimanche – Réservation conseillée

Formule 20 € – Menu 24 € (déjeuner) – Carte 31/42 €

Une photo ancienne trône sur le comptoir et nous parle d'un temps où ces lieux faisaient office de laiterie de quartier, au début du siècle passé… Un véritable pedigree pour cette adresse qui entend creuser un sillon original au milieu des ministères, celui de la nostalgie, sans prétention et de manière informelle – façon bobo ! On y cultive donc le goût d'hier à travers une collection de chaises en formica (dépareillées, évidemment) et… une jolie cuisine ménagère et bistrotière. Soupe du jour (toute l'année), onglet de bœuf et ses pommes grenaille sautées, merlu rôti à la sauce à l'oseille, gâteau au chocolat, etc. : l'ardoise respire l'évidence ! En prime, un choix bien pensé d'une vingtaine de bouteilles (de vin) et une addition qui ne vous prend pas pour… une vache à lait. À déguster d'une traite.

Les Ombres

Moderne

A1

27 quai Branly (musée du Quai Branly - 5ème étage)
01 47 53 68 00
www.lesombres-restaurant.com
Alma Marceau

Formule 28 € – Menu 38 € (déjeuner), 65/95 € – Carte 70/100 €

A/C

P

Parallélépipèdes colorés, écrans de verre et formes organiques : le musée du Quai-Branly, signé Jean Nouvel, a été conçu comme un hymne à l'architecture contemporaine. Perché sur le toit, son restaurant relève le défi d'une situation unique, celle du voisinage immédiat de la tour Eiffel ! La salle, coiffée d'une structure métallique dont l'inspiration ne laisse aucun doute, est entièrement vitrée ; elle semble tutoyer la fameuse tour, toujours nimbée de superbes jeux d'ombres... La carte, dans l'air du temps, ouvre aussi de belles échappées : raviolis d'escargots de Bourgogne au jus de cressonade, calamars vivement sautés, riz vert croquant et moelleux cuit en chamba, et une délicieuse pomme d'amour "red chief" en conclusion. L'expérience est encore plus saisissante en terrasse, les jours de beau temps !

Oudino

Traditionnelle

C3

17 r. Oudinot
01 45 66 05 09
www.oudino.fr
Vaneau
Fermé 5-20 août, 24 décembre-1er janvier, samedi et dimanche

Formule 20 € – Carte 32/48 €

A/C

Une adresse sans prétention, où l'on aime prendre ses habitudes. L'Oudino a tout ce qu'il faut pour susciter la fidélité : une ambiance décontractée au cœur du quartier des ministères, une salle au décor simple – réplique moderne et épurée d'un bistrot Art déco avec miroirs, lustres à boules, mobilier en bois sombre et murs ivoire – et une cuisine bistrotière dans l'air du temps. Pousses d'épinards au chèvre frais, croustillant d'épaule d'agneau confite pendant sept heures, parmentier de canard, financier tiède aux framboises, œufs à la neige... Les plats suivent les saisons, le marché et les idées venues d'ici et d'ailleurs. En prime, de bons vins et un menu du jour affichés sur l'ardoise, et un accueil attachant qui répond à la devise du restaurant : "Que l'on s'y sente comme chez soi."

Petrossian

Poissons et fruits de mer B1

144 r. de l'Université
01 44 11 32 32
www.petrossian.fr
Ⓜ Invalides
Fermé août, dimanche et lundi

Formule 35 € – Menu 90/250 € – Carte 64/120 €

A/C

Petrossian... Le nom occupe une place à part dans la mythologie des amateurs de caviar – mais aussi de saumon – depuis des décennies : plus exactement depuis les années 1920, quand deux frères d'origine arménienne, Melkoum et Mouchegh Petrossian, se lancent dans l'importation en France de ces mets de prestige, avec le succès que l'on sait... Presque un siècle plus tard, les œufs d'esturgeon sont toujours à l'honneur au restaurant situé au premier étage de la boutique, à deux pas de l'esplanade des Invalides. Aujourd'hui comme hier, on s'y régale des spécialités de la maison (signées par un nouveau chef depuis 2013) : caviar, saumon fumé, coupes du tsar, tartare de bœuf en Napoléon, œuf Petrossian... Une valeur sûre pour les habitués, et une belle découverte pour tous les autres !

Pottoka

Basque B2

4 r. de l'Exposition
01 45 51 88 38
www.pottoka.fr
Ⓜ École Militaire
Fermé 3 semaines en août et 24-26 décembre

Formule 22 € – Menu 27 € (déjeuner en semaine), 35/60 € – Carte 47/55 €

Pottoka ? Il s'agit tout simplement de l'emblème historique de l'Aviron bayonnais – le club de rugby, comme son nom ne l'indique pas –, une sympathique mascotte à mi-chemin entre Footix et Petit Poney. Pourquoi ce nom ? Le chef, Sébastien Gravé, est originaire du Pays basque et ne jure que par ses bons produits... Depuis l'été 2011, il préside aux destinées de ce bistrot pelotonné au cœur du quartier des ministères. Jambon de Bayonne, chorizo, piment d'Espelette, ossau-iraty, gâteau basque, etc. : essai transformé sur toute la ligne pour une cuisine généreuse, colorée et bien tournée, qui fait galoper jusqu'à la frontière espagnole bien plus vite qu'un TGV. À s'en effilocher les espadrilles !

Le P'tit Troquet

N

Traditionnelle

B2

28 r. de l'Exposition
01 47 05 80 39
École Militaire
Fermé 3 semaines en août, 2 semaines en janvier, samedi midi, lundi midi et dimanche

Formule 16 € – Menu 23 € (déjeuner)/33 € – Carte 39/49 €

A/C

En voilà un qui porte bien son nom ! Dans une ruelle à deux pas du Champ-de-Mars, ce bistrot de poche entretient une atmosphère d'un autre temps : vieux carrelage, petit comptoir en zinc où trône un antique percolateur, vieilles affiches et luminaires que l'on date, à vue de nez, du début du 20e s. ; sans oublier les chaises et les banquettes délicieusement rétro, et les tables au coude-à-coude... Mais que serait un intérieur d'époque sans une carte à l'avenant ? Sur ce sujet, aucune inquiétude : tatin d'endives aux pommes et au chèvre frais, terrine de lapin et pistaches, bœuf bourguignon servi en cassolette, crème brûlée à la vanille ; la tradition est dans l'assiette et l'on se régale ! Ensuite, on repart vaquer à ses occupations, après avoir avalé un p'tit café et réglé la p'tite note...

La Table du Vietnam

N

Vietnamienne

B1

6 av. Bosquet
01 45 56 97 26
Pont de l'Alma
Fermé août, samedi midi et dimanche

Formule 32 € – Menu 39 € – Carte 38/59 €

A/C

En mars 2013, l'ancien restaurant Nabuchodonosor a été transformé au profit de cette table entièrement dédiée aux saveurs... du Vietnam ! Madame My, l'une des associées, s'est fixé un objectif de taille : faire découvrir les recettes de son pays natal, aussi bien le nord (région de Hanoï) que le centre (Hué) et le sud (Saigon). Dans un cadre sobre et confortable, on multiplie donc les découvertes : banh cuon (raviolis de pâte de riz fourrés aux crevettes), noix de Saint-Jacques à la mode de la baie d'Along, ou encore le "Saigon ardent", filet de bœuf grillé relevé à la citronnelle. Un conseil : pour une dégustation conviviale – et à la façon du Vietnam –, optez pour les entrées et les plats à partager !

35° Ouest

Poissons et fruits de mer D2

35 r. de Verneuil
01 42 86 98 88
Ⓜ Rue du Bac
Fermé 27 juillet-25 août, dimanche et lundi
– Réservation conseillée

Formule 38 € – Carte 50/104 €

A/C

Au 35, rue de Verneuil, vous avez rendez-vous avec la mer... Créée par Pascal Yar, cette petite table se veut totalement marine. Contemporain, son décor affiche une allure zen et étudiée, baignée dans un camaïeu gris-vert des plus apaisants. En complément des quelques tables design, le comptoir en bois ne manque pas de séduire la clientèle cravatée du 7e, parfois pressée le midi. Côté cuisine, le chef sait apprivoiser les saveurs de l'océan. Poissons et coquillages sont d'une grande fraîcheur, parfaitement choisis, cuisinés sans esbroufe mais avec tout le respect qui leur est dû. Un produit, une garniture : c'est simple et efficace. En outre, le service est diligent et courtois. Un seul mot d'ordre donc : cap à l'Ouest !

Vin sur Vin

Classique A1

20 r. de Monttessuy
01 47 05 14 20
Ⓜ Pont de l'Alma
Fermé 4-28 août, 22 décembre-8 janvier, lundi sauf le soir de septembre à mars, samedi midi et dimanche
– Réservation conseillée

Carte 82/116 €

A/C

"Un endroit privé que l'on ouvre au public", commente Patrice Vidal pour résumer l'atmosphère de sa maison. Pas plus de six tables et d'une quinzaine de couverts par service ! Vous conviendrez que ce discret restaurant, qui tient assez de la salle à manger familiale, n'est pas ordinaire. Et l'adresse cache un trésor : une exceptionnelle carte des vins – l'enseigne ne ment pas –, car la cave recèle plusieurs centaines de références dénichées avec patience et passion, dont quelques vieux millésimes. Voilà qui va bien à une cuisine qui joue avant tout la carte de la tradition et du classicisme. Au menu : galette de pieds de cochon, ris de veau français, navarin d'agneau, soufflé chaud, millefeuille, etc.

Le Violon d'Ingres ✿

Traditionnelle

135 r. St-Dominique
01 45 55 15 05
www.maisonconstant.com
Ⓜ École Militaire

B2

Formule 39 € – Menu 45 € (déjeuner en semaine)/90 € – Carte 66/85 €

A/C

Q photography

Une enseigne au sens double pour Christian Constant : elle évoque à la fois sa passion pour la cuisine, héritée de sa grand-mère, et sa fascination pour le peintre éponyme, originaire comme lui de Montauban. Le nom de son premier restaurant était donc tout trouvé, quand il a décidé de voler de ses propres ailes après une brillante carrière dans les palaces et les grandes maisons (Ledoyen, Ritz, Crillon). Mais ici, fini les grosses brigades, les ambiances très huppées et les recettes qui subjuguent au-delà de tout. Christian Constant s'exprime avec simplicité, faisant confiance à une équipe réduite, dans ce qui ressemble à une néobrasserie de luxe. La salle, entièrement repensée en 2013, se pare désormais de teintes taupe, brun et beige, avec de grands miroirs muraux pour en agrandir l'espace. On y déguste de belles recettes traditionnelles – où le Sud-Ouest tient une bonne place –, d'une parfaite maîtrise technique, mais joliment modernisées et toujours concoctées à base de produits de grande qualité. Un détail : pensez à réserver, c'est souvent complet. La rançon du succès.

Entrées

- Œufs de poule mollets roulés à la mie de pain, toasts de beurre truffé
- Pressé de langue de bœuf et foie gras de canard façon Lucullus

Plats

- Filet de bœuf cuisiné comme un steak au poivre, pommes de terre soufflées
- Ravioles de langoustines à l'estragon et concassé de tomates

Desserts

- Traditionnel millefeuille
- Soufflé chaud au Grand Marnier

Wakaba

N

Japonaise

B2

20 r. de l'Exposition
01 45 51 90 81
École Militaire
Fermé samedi midi, dimanche midi et lundi

Menu 20 € (déjeuner), 45/80 €

Wakaba ? Ce nom pourrait se traduire par "jeune pousse", mais aussi "débutant". Voilà qui illustre parfaitement l'humilité de M. Yamada, le patron de ce restaurant japonais, qui s'est lancé sur le tard dans la restauration après une carrière de conseiller commercial et une expérience de trois ans au Kinugawa (1er arrondissement). Avec l'aide d'un chef expérimenté, il permet à ses hôtes de découvrir de délicieuses spécialités nippones, et plus particulièrement de la région de Kyoto. Le midi, le petit menu offre un excellent rapport qualité-prix ; le soir, le choix est plus large et l'on pioche dans des compositions réalisées au gré des saisons. On accompagne le tout de saké, d'un vin français ou de thé vert... Simplicité, authenticité et humilité : une petite adresse qui a tout pour plaire !

Ne confondez pas
les "couverts"
et les étoiles.
Les couverts définissent
un standing,
tandis que l'étoile
couronne la meilleure
cuisine.

J. Loïc / Photononstop

8e

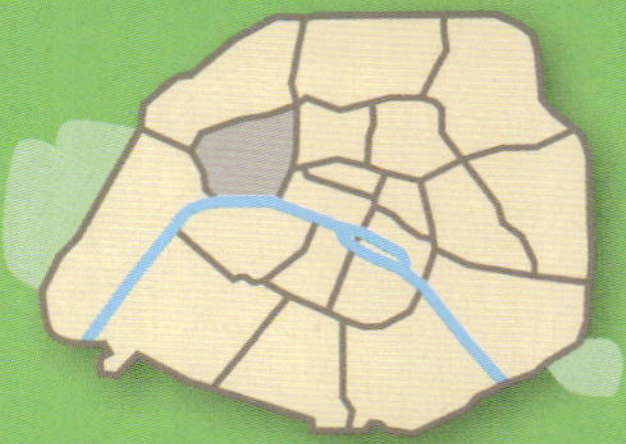

Champs-Élysées · Concorde · Madeleine

B. Rieger / hemis.fr

8e
Champs-Élysées, Concorde, Madeleine
0
200 m
17e
16e
PARC MONCEAU
ARC DE TRIOMPHE
Pl. Charles de Gaulle
Pl. des Ternes
Pl. des États-Unis
Pl. d'Iéna
PALAIS DE TOKYO
SEINE
Pont de l'Alma
Pont des Invalides
Rd-Pt des Champs-Élysées Marcel Dassault
Malesherbes
Pl. du Gal Catroux
Courcelles
Monceau
Ternes
Ch. de Gaulle Étoile
Kléber
George V
Franklin D. Roosevelt
St Philippe du Roule
Iéna
Alma Marceau
Daru
La Cuisine
Il Carpaccio
Les 110 de Taillevent
Helen
Taillevent
Pierre Gagnaire
Citrus Étoile
Le Chiberta
L'Atelier de Joël Robuchon-Etoile
Copenhague
Apicius
L'Arôme
Marloe
La Table du Lancaster
Vernet
Fouquet's
Le Diane
Le Boudoir
M64
Caffé Burlot
Le 39V
Diep
L'Instant d'Or
La Scène
Nolita
Maxan
Pershing Hall
Marignan
Le "Cinq"
Restaurant de Sers
Okuda
Ratn
Hanawa
Le Relais Plaza
Lasserre
Le Petit Marius
Marius et Janette
Maison Blanche
Av. des Champs-Élysées
Bd de Courcelles
Av. de Friedland
Av. Hoche
Av. Marceau
Av. George V
Av. Montaigne
Av. d'Iéna
Av. Kléber
Av. Franklin D. Roosevelt
Av. du Président Wilson
Cours Albert 1er
Rue François 1er
Rue Pierre Charron
Rue de Ponthieu
Rue La Boétie
Rue du Faubourg St-Honoré
Rue Washington
Rue de Berri
Rue d'Artois
Rue Marbeuf
Rue de Bassano
Rue Galilée
Rue de Chaillot
Rue Pierre 1er de Serbie
Rue de la Trémoille
Rue Jean Goujon
Av. de Wagram
Rue de Courcelles
Rue de Prony
Rue Cardinet
Rue Rennequin
Rue Poncelet
R. T. Ribot
Av. Niel
Av. Mac Mahon
Av. Carnot
R. Troyon
Av. Bayen
Av. d'Eylau
Rue Dumont d'Urville
Avenue Delano Roosevelt

C
D
Place de Clichy
Rome
Bd des Batignolles
Le Percolateur
Shin Jung
R. Clapeyron
R. de St-Pétersbourg
Villiers
Villiers
R. d'Amsterdam
R. de Clichy
R. de Constantinople
Il Piccolino
R. du Rocher
Bd Malesherbes
R. de Miromesnil
1
Liège
Pl. de l'Europe
R. de Liège
Europe
R. de Madrid
R. de Vienne
Monceau
R. de Londres
9e
Lisbonne
R. Portalis
R. du Rocher
R. de Rome
GARE ST-LAZARE
Rue Treilhard
Dominique Bouchet
R. de Messine
Miromesnil
Rue du Rocher
Lazare
Rue St-Lazare
St Lazare
ST-AUGUSTIN
Bd Haussmann
Pomze
Pl. St-Augustin
R. de la Pépinière
Bistrot du Sommelier
St Augustin
R. du Havre
Havre Caumartin
Rue La Boétie
Miromesnil
R. d'Astorg
Crom'Exquis
Rue d'Anjou
Rue Pasquier
R. de l'Arcade
Rue des Mathurins
Auber
Café Sud
R. Tronchet
Aoki Makoto
R. Mermoz
R. du Faubourg Saint-Honoré
114, Faubourg
Épicure
Pl. Beauvau
R. de la Ville l'Évêque
Rue de Surène
Chez Cécile "la Ferme des Mathurins"
R. de Caumartin
Pl. de la Madeleine
Av. Matignon
Market
Av. de Marigny
PALAIS DE L'ÉLYSÉE
Le Vraymonde
Tante Louise
1728
STE-MARIE-MADELEINE
Laurent
Av. Gabriel
R. d'Anjou
Lucas Carton
Madeleine
Bd de la Madeleine
Rue Royale
Royal Madeleine
R. Cambon
R. St-Florentin
PLACE VENDÔME
CHAMPS-ÉLYSÉES
Les Collections
R. B. d'Anglas
Champs-Élysées Clemenceau
Pavillon Elysée Lenôtre
Av. Gabriel
Av. W. Churchill
GRAND PALAIS
PALAIS DE LA DÉCOUVERTE
PETIT PALAIS
Ledoyen
Concorde
OBÉLISQUE
1er
R. de Castiglione
3
Mini Palais
PL. DE LA CONCORDE
Cours la Reine
Pont Alexandre III
Pont de la Concorde
Quai des Tuileries
Quai d'Orsay
JARDIN DES TUILERIES

Aoki Makoto

Moderne C2

19 r. Jean Mermoz
01 43 59 29 24
Mirosmenil
Fermé août, 23 décembre-7 janvier, lundi soir, dimanche et jours feriés

Formule 22 € – Menu 35 € (dîner)/65 € – Carte 65/80 €

Ne vous fiez pas aux apparences ! L'enseigne de ce petit bistrot contemporain a beau être japonaise, sa cuisine n'en est pas moins typiquement française – et de bonne tenue. Avant d'ouvrir son propre restaurant (à quelques minutes des Champs-Élysées, s'il vous plaît), Aoki Makoto a travaillé pour de belles maisons parisiennes (Palais Royal, Senderens...). C'est avec une application et une exigence toutes nippones qu'il se consacre depuis aux usages et techniques de la gastronomie hexagonale ! Parmi les spécialités proposées sur la courte carte : mosaïque de foie gras, côte de porc rôtie... La formule déjeuner présente un excellent rapport qualité-prix.

Bistrot du Sommelier

Traditionnelle C2

97 bd Haussmann
01 42 65 24 85
www.bistrotdusommelier.com
St-Augustin
Fermé 28 juillet-24 août, 24 décembre-4 janvier, samedi et dimanche

Formule 33 € – Menu 39 € (déjeuner), 54/115 € – Carte 53/77 €

A/C

Ou plutôt devrait-on dire : "Le Bistrot du Meilleur Sommelier du Monde, millésime 1992." Car c'est Philippe Faure-Brac, honoré de ce titre lors de la septième édition du prestigieux concours, qui tient ce restaurant depuis plus de 20 ans. Confortable salle et décor tout entier dédié à Bacchus, atmosphère conviviale, superbe cave aux mille et une références : s'initier aux accords mets-vins élaborés par le sommelier et son complice en cuisine, Guillaume Saluel, est un véritable plaisir ! À noter, "les vendredis du vigneron", des repas-dégustations thématiques au cours desquels un propriétaire présente ses bouteilles et son domaine ; réservation indispensable, of course ! Gastronomique et... pédagogique.

Apicius

Classique

20 r. d'Artois

01 43 80 19 66

www.restaurant-apicius.com

St-Philippe du Roule

Fermé août, samedi et dimanche

B2

Menu 160/200 € – Carte 110/210 €

Apicius

Aux fourneaux depuis plus de quarante ans, Jean-Pierre Vigato séduit les plus blasés en élaborant la cuisine qu'il aime : une "cuisine vérité", personnelle et limpide, qui valorise le produit – prédilection pour les plats canailles – et la tradition bourgeoise, entre classicisme et invention.

En 2004, son Apicius (hommage à cet épicurien de l'Antiquité romaine qui aurait écrit le premier livre culinaire) a investi le rez-de-chaussée d'un hôtel particulier classé, impressionnant par ses airs de petit palais et son parc. Si l'espace (trois salles en enfilade côté jardin, deux salons côté cour) profite d'une ampleur qui fait rêver, l'ambiance reste détendue. Le service y est pour beaucoup, le décor aussi : lustres de théâtre, objets d'art chinés, niches ornées de grands bouquets, vaisselle colorée, bar à colonnes antiques et plafond paré d'angelots... Alors, ancien, rococo, contemporain, tendance ? Le tout à la fois, et en tout cas très réussi !

Entrées

- Langoustines bretonnes cuites en coques, thé fumé de crustacés comme une soupe miso
- Poissons bleus : maquereau, homard et crevettes aux algues

Plats

- Tourte de canard "façon grande cuisine bourgeoise"
- Milieu de très gros turbot rôti, jus tranché aux épices

Desserts

- Bergamote acidulée et sorbet pamplemousse
- Soufflé au chocolat noir et chantilly sans sucre

L'Arôme ✿

Moderne

B2

3 r. St-Philippe-du-Roule
✆ 01 42 25 55 98
www.larome.fr
Ⓜ St-Philippe-du-Roule
Fermé 4-24 août, 21-29 décembre, samedi et dimanche

Formule 69 € – Carte 93/109 €

A/C

Exclusive Restaurants

Humer un arôme, un parfum, un bouquet : un beau programme proposé par Éric Martins, grand professionnel de l'accord mets et vins, qui sélectionne minutieusement chaque bouteille de sa cave. Il mène de main de maître cette table délicate, dont le décor a été revu en 2009 afin d'apporter plus de confort et de chaleur. Touches contemporaines, vue sur les cuisines et espace dédié à la sommellerie au sous-sol (avec quelques tables) : l'ensemble est plaisant, à l'unisson de l'assiette.
Grand amoureux des produits de saison, le jeune chef, Thomas Boullault – ancien du Royal Monceau et du George V –, élabore une cuisine raffinée, contemporaine et inventive. Les menus changent chaque jour au gré du marché... Vous tomberez sous le charme de la délicatesse et de l'équilibre des saveurs. Fleur de courgette farcie au tourteau, carré d'agneau de Lozère rôti aux épices du trappeur, déclinaison de noix de coco... entre autres subtils parfums.

Entrées

- Foie gras de canard poêlé, cacao amer, févettes au citron de Menton et confit de sureau
- Pressé de tourteau breton et avocat au vinaigre balsamique

Plats

- Veau de lait aux cèpes de Corrèze et noix de macadamia
- Cannelloni de tourteau breton et radis daïkon

Desserts

- Soufflé chaud aux fruits rouges et crème glacée à l'eau de rose
- Fraisier léger et sa crème de mascarpone à la vanille de Madagascar

L'Atelier de Joël Robuchon - Étoile ✿✿

Créative

A2

133 av. des Champs-Élysées (Publicis Drugstore niveau -1)
01 47 23 75 75
www.joel-robuchon.net
Ⓜ Charles de Gaulle-Étoile

Menu 42 € (déjeuner), 62/174 € – Carte 72/168 €

A/C

L'Atelier de Joël Robuchon

Paris, Londres, Las Vegas, Tokyo, Taipei, Hong Kong, Singapour... et encore une fois Paris. Avec deux pieds dans la capitale française, les célèbres Ateliers du grand chef font, au sens propre, le tour du monde. Beau symbole, cet opus est né fin 2010 à deux pas de l'Arc de Triomphe, au niveau - 1 du Publicis Drugstore des Champs-Élysées (également une entrée avec voiturier rue Vernet).

Destin franco-international, donc, pour ce concept qui colle à l'époque et à la tendance, version planète mondialisée – dans ce qu'elle a de plus chic. Un décor tout en rouge et noir ; un grand comptoir autour duquel on prend place sur de hauts tabourets, face à la brigade à l'œuvre ; une ambiance feutrée et à la fois décontractée : l'enseigne incarne une approche contemporaine de la haute cuisine. Sans se départir de la plus grande exigence, la carte se décline en petites portions, à la manière des tapas et des yakitoris (brochettes). Produits de première qualité, simplicité des préparations, saveurs marquantes... tout est millimétré et on ne s'en lasse pas. À quand le prochain atelier ?

Entrées

- Langoustine en ravioli truffé à l'étuvée de chou vert
- Œuf de poule mollet et friand au caviar et saumon fumé

Plats

- Caille caramélisée au foie gras avec pomme purée
- Côtelettes d'agneau de lait de Lozère à la fleur de thym

Desserts

- Chocolat tendance, crémeux onctueux au chocolat araguani, sorbet cacao, biscuit Oréo
- Parfum des îles, crémeux aux fruits de la passion

Le Boudoir

Moderne

B2

25 r. du Colisée
01 43 59 25 29
www.boudoirparis.fr
Ⓜ Franklin D. Roosevelt
Fermé 2-17 août, samedi midi et dimanche

Formule 28 € – Menu 30 € (déjeuner), 50/55 € – Carte 45/66 €

Meilleur Ouvrier de France en charcuterie à l'âge de 24 ans, Arnaud Nicolas exprime aujourd'hui dans ce Boudoir son amour du... boudin. Oui, la charcuterie cuisinée peut être un art : voyez son pâté en croûte de volaille et foie gras ! Terrines et autres saucisses sont évidemment créées sur place, mais on ne saurait leur résumer le savoir-faire du jeune homme, qui a travaillé de longues années au Louis XV d'Alain Ducasse, à Monaco. De là son goût pour les beaux produits et les saveurs franches dans l'assiette – ce qu'illustre par exemple son baba au rhum... Bref, sa table est fort gourmande. Côté décor, on découvre un sympathique bistrot coloré autour d'un comptoir en zinc au rez-de-chaussée, et trois petites salles cosy à l'étage (dont un fumoir à cigares). Comment bouder un tel Boudoir ?

Café Sud

Moderne

D2

12 r. de Castellane
01 42 65 90 52
www.cafesud.com
Ⓜ Madeleine
Fermé 14-19 août, samedi midi et dimanche

Formule 35 € – Menu 50 € – Carte 48/71 €

Derrière la place de la Madeleine et à deux pas des grands magasins se cache cette agréable table qui vous propose un petit tour... dans le Sud. Le voyage débute dès la première bouchée, et agit encore bien après la dernière : œufs brouillés aux truffes, daurade royale rôtie et sa purée d'aubergine fumée, brochette de queues de gambas accompagnée de riz pilaf à la cardamome, cheesecake à la vanille de Tahiti... Le chef témoigne d'un grand professionnalisme dans la préparation de ces appétissantes assiettes – auxquelles s'ajoutent quelques plats plus traditionnels, telles de bonnes grillades. Côté décor, une petite salle assez sobre : tons beige et gris, banquettes en tissu, chaises en alcantara et bibliothèque pleine de livres... Les hôtels du quartier n'hésitent pas à recommander l'adresse. Un signe qui ne trompe pas.

Caffè Burlot

Italienne

B2

9 r. du Colisée
01 53 75 42 00
Franklin D. Roosevelt
Fermé samedi midi et dimanche

Formule 29 € – Carte 42/78 €

Des architectes milanais ont signé le décor de ce Caffè Burlot, en s'inspirant du Miami des années 1950. Parti pris vintage, ambiance confidentielle et esprit glamour : à la croisée des tendances, l'ensemble distille une ambiance unique, à la fois surannée et cinématographique, qui ne dénoterait pas dans le quartier de la mode à Milan... Un bel écrin, donc, pour une cuisine qui veut jouer la carte de la Botte et de ses saveurs simples et franches. Une carte signée Thierry Burlot, chef déjà bien connu à Paris, qui sait choisir ses produits et les mettre en valeur avec finesse. Saveur du décor et beauté de l'assiette : une adresse à découvrir.

Les 110 de Taillevent

Traditionnelle

B2

195 r. du Faubourg-St-Honoré
01 40 74 20 20
www.taillevent.com/les-110
Charles de Gaulle-Etoile
Fermé 4-25 août et 25 décembre-1er janvier

Menu 41 € – Carte 45/100 €

Sous l'égide de la prestigieuse maison Taillevent, cette brasserie très chic joue la carte des associations mets et vins. Une vraie réussite... appuyée sur un choix exceptionnel de 110 vins au verre ! Sur le menu, chaque plat est associé à quatre suggestions originales : autant de correspondances susceptibles de ravir les amateurs comme les néophytes. On boude d'autant moins son plaisir que la cuisine elle-même ne manque pas de panache : traditionnelle et bien tournée, elle revisite nombre d'incontournables, tels la salade caesar, le pâté en croûte, la bavette sauce au poivre, le chocolat liégeois et sa chantilly... Des recettes soignées, concoctées avec des produits de qualité. Enfin, le cadre, élégant et chaleureux, convainc que l'on a là tiré le bon numéro...

8e

114, Faubourg ✿

Champs-Élysées • Concorde • Madeleine

Moderne

Hôtel Bristol,
114 r. Fg St-Honoré
✆ 01 53 43 44 44
www.lebristolparis.com
Ⓜ Miromesnil
Fermé 27 juillet-17 août, samedi midi et dimanche midi

C2

Formule 52 € – Carte 66/139 €

A/C

Jean-Michel Sordello

Au sein du Bristol, une brasserie unique, assurément ! La salle interpelle au premier coup d'œil : traversée d'imposantes colonnes dorées, elle arbore sur ses murs orangés de grands motifs de dahlias luminescents… En son cœur s'ouvre un grand escalier, qui dessert le niveau inférieur où les tables côtoient les cuisines ouvertes. Chic, chatoyant, à la fois animé et confidentiel, ce lieu est une réussite.

C'est dans ce cadre original que le jeune chef, Éric Desbordes, revisite, sous la houlette d'Éric Frechon, les beaux classiques de la cuisine de l'Hexagone : pâté en croûte, tartare de bœuf, joue de veau, suprême de volaille, millefeuille à la vanille Bourbon, ananas rôti... Sans craindre la simplicité, mais toujours avec un soin avéré, les assiettes débordent de saveurs. Une prestation dans les règles de l'art, aux tarifs certes élevés... mais ne sommes-nous pas dans un palace ?

Entrées

- Pâté de canard en croûte, légumes au vinaigre
- Soupe d'artichaut, escalope de foie gras poêlée, émulsion à la truffe

Plats

- Entrecôte Black Angus bio d'Irlande, sauce béarnaise
- Pintade rôtie au four en deux services

Desserts

- Millefeuille à la vanille Bourbon, caramel au beurre demi-sel
- Tartelette soufflée au chocolat, sorbet à la cerise amarena

Chez Cécile - La Ferme des Mathurins

Moderne D2

17 r. Vignon
01 42 66 46 39
www.chezcecile.com
Madeleine
Fermé samedi sauf le soir de septembre à juin et dimanche

Menu 35 €

A/C

Une institution du quartier de la Madeleine où l'on se sent réellement bien, sans parvenir à expliquer pourquoi. Est-ce l'ambiance bon enfant qui règne entre ces vénérables murs ? Ou la bonne humeur de la clientèle fidèle ? Sûrement un peu des deux... Si bien que le charme de ce bistrot d'antan – Georges Simenon y avait ses habitudes – opère toujours, même si le décor a été modernisé en 2009 (rassurez-vous, les banquettes rouges sont toujours là !). Côté assiettes, c'est soigné, copieux et gourmand (cuisine traditionnelle et du marché). À noter : les soirées jazz organisées le jeudi, au cours desquelles la patronne elle-même chante et swingue... Pensez à réserver !

Citrus Étoile

Moderne A2

6 r. Arsène-Houssaye
01 42 89 15 51
www.citrusetoile.com
Charles de Gaulle-Étoile
Fermé vacances de Noël, samedi, dimanche et fériés

Menu 52 € (déjeuner)/80 € – Carte 62/93 €

A/C

Le chef, Gilles Épié, étoilé au guide MICHELIN à l'âge de vingt-deux ans, a fait son retour à Paris après un séjour de dix ans en Californie. C'est avec son épouse Élizabeth qu'il a pensé cette maison qui est la leur. Elle en a supervisé la décoration (lignes épurées, atmosphère feutrée) et s'occupe de l'accueil, charmant. Lui invente en cuisine de nouvelles associations de saveurs, influencées par ses expériences américaine et asiatique. Imaginez un beignet de foie gras caramélisé au porto, une pièce de cabillaud marinée dans du soja et du saké puis grillée, un foie de veau à la vapeur, et pour le dessert, un cheesecake soufflé... À voir aussi : la cave vitrée et, sur chaque table, un poisson rouge dans son aquarium. Insolite !

Le Chiberta ✿

Créative

A2

3 r. Arsène-Houssaye
01 53 53 42 00
www.lechiberta.com
Ⓜ Charles de Gaulle-Etoile
Fermé 2 semaines en août, samedi midi et dimanche

Menu 100/155 € – Carte 90/130 €

A/C

Stevens Fremont

Le Chiberta version Guy Savoy s'est choisi le noir comme couleur, le vin comme symbole et l'inventivité comme fil conducteur. En entrant, on est plongé dans un autre univers, tamisé, calme et feutré. Parfait pour les repas d'affaires comme pour les rencontres plus intimes. L'aménagement intérieur, conçu par l'architecte Jean-Michel Wilmotte, surprend par son minimalisme radical, tout en chic discret et design. La grande originalité du lieu reste indéniablement la "cave à vins verticale" : de grands crus habillant les murs à la manière d'une bibliothèque ou d'œuvres d'art. Entre deux alignements de bouteilles, des tableaux modernes et abstraits colorent ponctuellement l'espace dominé par le bois et l'ardoise. Le premier menu n'est servi qu'au comptoir ; il convient de s'installer à table pour apprécier toute l'étendue de la cuisine, supervisée par le "patron", qui revisite joliment la tradition. Bon à savoir : le menu du marché est revu quotidiennement, le service irréprochable, et la cave, évidemment, parfaitement composée.

Entrées

- Marbré de foie gras de canard et volaille au pain d'épice en gelée de framboise
- Soupe d'artichaut à la truffe noire, brioche feuilletée aux champignons

Plats

- Homard bleu rôti à la truffe d'été, spaghettis frais de petits pois à l'amande et bisque de crustacés
- Faux-filet de bœuf charolais et foie gras de canard poêlé

Desserts

- Terrine d'orange et pamplemousse, tuile au thé earl grey
- Craquant à la vanille de Madagascar et texture de fruits rouges

Le Cinq ✿✿

Créative

Hôtel Four Seasons George V,
31 av. George V
✆ 01 49 52 71 54
www.fourseasons.com/paris
Ⓜ George V

A3

Menu 95 € (déjeuner), 160/260 € – Carte 166/263 €

Le "Cinq"

Tout palace qui se respecte exige le meilleur. Le restaurant de l'hôtel George V ne déroge pas à cette règle, qui rend l'exceptionnel quotidien… et vice versa. Le Cinq brille au firmament grâce à sa magnifique salle à manger Louis XVI, réinterprétée par l'architecte Pierre-Yves Rochon. Baignés dans une harmonie de tons ivoire, dorés et gris, les lieux allient faste et élégance : colonnes altières, énorme lustre en cristal, moulures, tableaux, hautes gerbes de fleurs et palmiers... Sans oublier la douce lumière provenant du jardin intérieur !

Depuis l'arrivée d'Éric Briffard (ancien chef du restaurant Les Élysées) au cours de l'année 2008, il souffle ici un air de renouveau. La table reste empreinte de classicisme, mais un classicisme porté par de savoureuses touches de modernité, de remarquables produits, des cuissons et des assaisonnements proches de la perfection. Cave de haute volée, équipe menée par Éric Beaumard (l'un des meilleurs directeurs de salle de l'Hexagone) pour vous servir. Le luxe, exactement.

Entrées

- Araignée de mer des côtes bretonnes
- Lobe de foie gras de canard des Landes

Plats

- Homard pêche au casier des îles de Chausey et de Bréhat
- Épaule d'agneau allaiton d'Aveyron

Desserts

- Lingot chocolat noir "After Eight"
- Fraisier minute George V

Les Collections

Moderne D3

Hôtel Sofitel le Faubourg,
15 r. Boissy-d'Anglas
01 44 94 14 24
www.sofitel.com
Concorde
Fermé samedi midi et dimanche
Carte 56/73 €

Keigo Kimura est arrivé ici en 2011 ; ce chef japonais, qui a émoustillé bien des papilles au restaurant Les Bons Enfants de St-Julien-du-Sault, connaît ses grands classiques... Et pour cause : il est passé par de grandes maisons, sous la houlette – entre autres – de Joël Robuchon ou de Marc Veyrat. D'un plat typiquement français, il délivre une interprétation personnelle, puisant aussi son inspiration dans les saveurs du monde. Et bien sûr, sa cuisine a vraiment toute sa place dans ce restaurant ouvert sur une terrasse plantée de palmiers, au cœur du Paris "modeux". Cuissons aux petits oignons, associations fructueuses des mets, table intemporelle mais pile dans l'esprit de l'époque... En un mot : chic !

Copenhague

Danoise A2

142 av. des Champs-Élysées (Maison du Danemark - 1er étage)
01 44 13 86 26
www.restaurants-maisondudanemark.com
George V
Fermé 4-24 août, samedi, dimanche et fériés
Menu 52 € (déjeuner), 75/100 € – Carte 75/150 €

Sur les Champs-Élysées, la Maison du Danemark vaut comme une ambassade culinaire du Grand Nord depuis 1955. Au 1er étage, le Copenhague offre un cadre apaisant avec son décor contemporain épuré et ses larges baies vitrées dominant l'avenue. C'est sous l'œil bienveillant de la reine Margaret – un grand portrait orne l'un des murs de la salle – ou installé sur l'agréable terrasse (dans une cour au calme, sur l'arrière), que vous découvrirez des spécialités qui fleurent bon la patrie d'Andersen : foie gras de canard confit à l'aquavit, saumon grillé à l'unilatéral, renne légèrement fumé et rôti, riz au lait aromatisé à la vanille et à la cannelle... "Velbekomme" (bon appétit) !

Crom'Exquis

Moderne

C2

22 r. d'Astorg
01 42 65 10 74
www.cromexquis.com
St-Augustin
Fermé 3 semaines en août, 24 décembre-1er janvier, samedi et dimanche

Formule 29 € – Menu 39 € (déjeuner)/65 € – Carte 59/102 €

A/C

Ce Crom'Exquis paraît un simple restaurant de quartier, mais on ne peut taire sa filiation : à sa tête œuvre Pierre Meneau, fils de Marc – chef fameux de L'Espérance, au pied de la colline de Vézelay, en Bourgogne. La grande cuisine se transmet-elle par les gènes ? Il n'est pas question d'en juger ici, car l'adresse joue résolument sur un autre terrain : non celui de la très haute gastronomie, mais celui d'une partition d'aujourd'hui soucieuse de valoriser de bons produits. Quelques extraits de la carte : velouté de potiron, foie gras poêlé et girolles ; sole aux gnocchis et brunoise d'aubergine ; suprême de volaille au homard, risotto à l'estragon ; ananas rôti dans l'huile d'olive et sorbet à la grenade... Avec bien sûr quelques cromesquis (par exemple à l'andouillette) en guise d'amuse-bouches !

Daru

Russe

B1

19 r. Daru
01 42 27 23 60
www.daru.fr
Courcelles
Fermé août, samedi midi et dimanche

Formule 29 € – Carte 50/150 €

A/C

La première épicerie russe de la capitale, créée par un officier de la garde de Nicolas II en 1918 ! Les lieux débordent de chaleur et de convivialité – la première salle distille l'ambiance d'une échoppe, la seconde est tout en rouge et noir – et transportent dans la Russie d'autrefois : vieux fûts, bouteilles de vodkas rares, portraits de tsars, tableaux, boiseries foncées, poupées... Aujourd'hui, la tradition perdure et l'on continue de régaler les hôtes de zakouskis (taramas en "farandole" pour deux personnes : oursin, saumon fumé, hareng mariné, etc.), de caviar, d'un koulibiac de volaille aux champignons ou d'un incontournable bœuf stroganoff (au paprika). À déguster sur fond de balalaïka et, pour les amateurs, en sirotant une vieille vodka. Typique autant qu'atypique !

La Cuisine ✿

Moderne

Hôtel Le Royal Monceau,
37 av. Hoche
01 42 99 88 00
www.leroyalmonceau.com
Ⓜ Charles De Gaulle-Etoile

A2

Formule 55 € – Menu 95 € (dîner)/128 € – Carte 82/130 €

Le Royal Monceau Raffles

"La Cuisine" du Royal Monceau... Nulle équivoque : la table distille toute l'atmosphère exclusive d'un restaurant de palace, ici déclinée, sous l'égide de Philippe Starck, dans une belle veine artiste et intime. Photos originales, lithographies, pampilles, bois précieux, hauts drapés habillant les murs – en écho aux nappes blanches qui revêtent les tables : la salle est aussi élégante que feutrée...

Un cadre raffiné pour un fort joli moment de cuisine française : la carte explore le répertoire classique avec beaucoup de goût. De superbes produits habilement mis en valeur, des associations de saveurs bien équilibrées et très harmonieuses, de la légèreté et du soin : on redécouvre les plaisirs de l'œuf mollet, de la sole meunière ou du baba au rhum... À noter : les desserts sont signés du grand pâtissier Pierre Hermé.

Conclusion : ce véritable salon particulier défend la gastronomie française avec une finesse... toute particulière.

Entrées

- Gnocchis de pâte à choux à la parisienne, escargots de Bourgogne
- Salade de homard du Maine, jeunes pousses d'épinard

Plats

- Bar de ligne poché, perles de caviar, saumon et huile d'olive
- Quasi de veau cuit au poêlon, millefeuille de pomme de terre et girolles étuvées

Desserts

- Ispahan
- Infiniment vanille

Le Diane ✿

Moderne
A2

Hôtel Fouquet's Barrière,
46 av. George-V
✆ 01 40 69 60 60 – **www.fouquets-barriere.com**
Ⓜ George V
Fermé 28 juillet-26 août, 1er-7 janvier, samedi midi, dimanche et lundi

Formule 68 € – Menu 88 € (déjeuner), 118/168 € – Carte 110/150 €

Hôtel Fouquet's Barrière

Confidentiel, chic et sobre : au sein de l'hôtel Fouquet's Barrière, le Diane sait rester discret et incarne le restaurant de grand hôtel par excellence ! Sa salle en rotonde, aux tons joliment mordorés, ouvre sur un agréable patio et distille une atmosphère on ne peut plus feutrée. À table règne le même esprit élégant... Le chef connaît bien sa partition et compose un thème gourmand tout en subtilité et finesse, où les produits nobles – choisis avec le plus grand soin – forment un chœur délicat et... délicieux ! Foie gras, truffe blanche, araignée de mer, turbot de ligne, langoustine, ris de veau, caviar, volaille de Bresse : on ne saurait mieux dire ! Le classicisme est à l'honneur, mais laisse poindre ici et là une touche de fantaisie, une note acidulée et quelques variations inattendues. Les règles du grand art culinaire à la française mettent en exergue la pureté des saveurs : Diane, ou la chasseresse des plaisirs du palais...

Entrées

- Tarte fine de tomates de collection, burrata et eau de tomate parfumée au thym citron
- Langoustine royale panée au grué de cacao

Plats

- Ris de veau braisé, écrasé de chou-fleur, girolles persillées
- Turbot, salpicon de foie gras et oseille en chiffonnade

Desserts

- Floralie de fruits frais, crème glacée au basilic, tuile croquante
- Croustillant de chocolat lacté, crème vanillée

Diep

Chinoise

B3

55 r. Pierre-Charon
01 45 63 52 76
www.diep.fr
George V

Carte 40/80 €

À deux pas des Champs-Élysées, ce restaurant fondé par la famille Diep en 1985 paraît… un véritable morceau d'Asie ! Sur la devanture comme dans la grande salle domine la couleur rouge, qui évoque instantanément la Chine, tandis que tout un mur arbore un bas-relief représentant le temple d'Angkor Vat. Des références variées exprimant le syncrétisme de la cuisine, laquelle fait honneur aux spécialités chinoises mais aussi thaïlandaises et, dans une moindre mesure, vietnamiennes : potage pékinois aux légumes, dim-sum, sole au caramel et échalotes, crevettes au gingembre, thon à l'ail et au poivre, canard laqué, filet de bœuf à l'impérial… Avis aux amateurs : crustacés et poissons sont nombreux à la carte.

Fouquet's

Classique

A2

99 av. Champs-Élysées
01 40 69 60 50
www.lucienbarriere.com
George V

Menu 88 € – Carte 90/150 €

Il accueille depuis toujours les lauréats de la nuit des Césars ; les prix Jean-Gabin, Romy-Schneider, Louis-Delluc et Marcel-Pagnol y sont décernés chaque année. Les jeunes aviateurs venaient célébrer leurs victoires à son Bar de l'Escadrille dès 1914. Sa célèbre terrasse sur la "plus belle avenue du monde" est le lieu de rendez-vous du Tout-Paris depuis plus d'un siècle… Le Fouquet's est un endroit mythique, une brasserie de luxe où l'on se rend comme on va voir la tour Eiffel lorsqu'on visite Paris. Rénové par Jacques Garcia en 1999, son bel intérieur – classé à l'inventaire des Monuments historiques – séduit hôtes prestigieux et anonymes du monde entier. Un emblème de la capitale, depuis 1899.

Dominique Bouchet ✿

Moderne

11 r. Treilhard
✆ 01 45 61 09 46
www.dominique-bouchet.com
Ⓜ Miromesnil
Fermé 3 semaines en août, samedi et dimanche
– Réservation conseillée

C1

Formule 55 € – Menu 105 € (dîner) – Carte 66/103 €

Dominique Bouchet

Du palace au bistrot. Dominique Bouchet a choisi. Lui qui dirigea les brigades du Crillon et de la Tour d'Argent (participant même à l'aventure japonaise de celle-ci) aspirait à plus de légèreté, et peut-être plus de liberté. Plus rien à prouver en matière de haute gastronomie, l'envie de laisser la place aux générations montantes pour ouvrir enfin un restaurant à son nom, la volonté aussi de ne plus courir après la perfection absolue ou les récompenses… Toutes ces raisons l'ont poussé à s'installer "chez lui" et à revenir à l'essentiel : une belle cuisine classique mise au goût du jour et incontestablement maîtrisée. C'est l'avantage de la sagesse que de ne pas s'égarer ! À noter, la belle sélection de vins au verre.

Sobriété, intimité et calme résument l'atmosphère générale de la salle, tout en longueur. Pour seul décor : murs de pierres apparentes, tables en bois wengé, tableaux et cuisines ouvertes au fond. Les repas s'y déroulent sans fausse note. Comme un long fleuve tranquille.

Entrées

- Œuf poché, foie gras poêlé, fricassée de girolles et jus de veau au fumet de truffe
- Beignets de grosses crevettes au basilic, crème de tomates séchées

Plats

- Gigot d'agneau de sept heures à la cuillère, sauce au vin et pomme purée
- Turbot rôti, câpres et citron, huile d'olive à la vanille, émulsion beurre-agrumes

Desserts

- Millefeuille à la vanille Bourbon
- Soufflé chaud au Grand Marnier

Épicure ✿✿✿

Moderne

Hôtel Bristol,
112 r. Faubourg-St-Honoré
01 53 43 43 40
www.lebristolparis.com
Miromesnil

C2

Menu 130 € (déjeuner)/290 € – Carte 160/310 €

Hôtel Le Bristol

Un nouveau nom, un cadre métamorphosé : en 2011, la célèbre table du Bristol a fait sa révolution. Dans ce qui était autrefois la salle d'été du restaurant, face au jardin de l'hôtel particulier, on découvre une salle d'un classicisme brillant, signée Pierre-Yves Rochon. L'esprit du 18e siècle s'y exprime avec sobriété et élégance : mobilier de style Louis XVI, pierre blonde, miroirs, etc., le tout scandé par de grandes portes-fenêtres ouvertes sur la verdure. Sachez qu'aux beaux jours la terrasse extérieure offre un luxe rare au cœur de Paris...

Le palace a choisi le nom d'Épicure pour enseigne : un philosophe grec, chantre du plaisir dans la tempérance. Presque une devise pour Éric Frechon ! La cuisine de ce Meilleur Ouvrier de France impressionne par la subtilité et l'harmonie de ses associations de saveurs, la finesse de ses sauces. Si le chef reste dans le droit fil de la plus belle tradition culinaire, en valorisant notamment de magnifiques produits du terroir, il détourne également les classiques avec talent et créativité. La liberté dans l'exigence, les délices dans la mesure !

Entrées

- Macaronis à la truffe noire, artichaut et foie gras de canard gratinés au vieux parmesan
- Langoustines royales et caviar, goût céleri branche et jus de yuzu

Plats

- Poularde de Bresse cuite en vessie, suprême au vin jaune, sauté d'écrevisses et bonbons d'abats
- Merlan de ligne en croûte de pain de mie

Desserts

- Précieux chocolat nyangbo, fine tuile croustillante
- Citron de Menton givré au limoncello, saveurs de poire et citron confit

Hanawa

Japonaise

B3

26 r. Bayard
01 56 62 70 70
www.hanawa.fr
Ⓜ Franklin D. Roosevelt
Fermé 4-17 août, dimanche et fériés

Menu 45 € (déjeuner en semaine), 54/120 € – Carte 41/81 €

Plus de mille mètres carrés, trois étages, huit ambiances thématiques. Avec un espace digne d'un mégastore, ce restaurant japonais voit les choses en grand. Contrairement aux premières adresses parisiennes du propriétaire (dont le traditionnel Kinugawa), Hanawa dépasse les frontières gourmandes de l'archipel, avec des chefs qui maîtrisent aussi bien les spécialités nippones que françaises. Ces dernières se dégustent au sous-sol (un salon en demi-lune et plusieurs comptoirs dédiés au teppanyaki). Pour la gastronomie asiatique, rendez-vous à l'étage où l'on propose en plus un sushi-bar. La sobriété raffinée du lieu (bois, fleurs) convient aux déjeuners d'affaires, et il n'est pas rare d'y croiser les élégantes du quartier et quelques têtes connues – les studios de RTL sont à deux pas.

Helen

Poissons et fruits de mer

B2

3 r. Berryer
01 40 76 01 40
www.helenrestaurant.com
Ⓜ George V
Fermé 3 semaines en août, samedi midi, dimanche et lundi

Menu 48 € (déjeuner)/120 € – Carte 78/160 €

Créé en 2012, Helen est déjà une valeur sûre parmi les restaurants de poisson des beaux quartiers. La qualité des produits (uniquement des pièces sauvages issues de la pêche quotidienne de petits bateaux) comme le soin apporté aux recettes, tout séduira les amateurs. La carte varie au gré des arrivages, proposant par exemple un carpaccio de daurade royale au citron caviar, des sardines à l'escabèche, un turbotin rôti à la sauge et pancetta, des rougets barbets meunière... Dans l'assiette, pas de fioritures, une seule règle compte : mettre en valeur les saveurs naturelles – et iodées – du poisson (cru, grillé, à la plancha, à la vapeur, etc.). Un parti pris de sobriété qui répond à celui de la salle, dont l'épure toute contemporaine est d'une belle élégance... Le raffinement dans la simplicité.

Il Carpaccio

Italienne A2

Hôtel Le Royal Monceau,
37 av. Hoche
01 42 99 88 00
www.leroyalmonceau.com
Charles de Gaulle-Etoile
Fermé août, dimanche et lundi

Formule 65 € – Menu 145/200 € – Carte 85/150 €

Le Royal Monceau Raffles

Au cœur du Royal Monceau, palace exclusif s'il en est, on accède à Il Carpaccio par un couloir nacré, orné de milliers de coquillages. Une belle évocation des nymphées du baroque italien ! Le ton est donné : vous voilà transporté en Italie, version artiste et raffinée. Dans le décor de la salle, le soleil de la Botte peut bien resplendir : c'est un véritable jardin d'hiver, entièrement ceint de verrières, aux couleurs printanières.

Un bel écrin, donc, pour une cuisine qui joue avec subtilité la carte de la gastronomie transalpine. Nulle sophistication inutile, point de fioritures : dans l'esprit du pays, les assiettes cultivent avant tout le goût des bons produits et des saveurs naturelles, autour d'ingrédients phares sélectionnés avec soin. Même esprit du côté des vins, principalement en provenance du Piémont et de la Toscane. Enfin, les desserts sont signés Pierre Hermé, qui revisite avec le talent qu'on lui connaît les classiques de la péninsule. Au final, voilà une belle évocation de l'Italie...

Entrées
- Salade de poulpe de roche
- Carpaccio de bœuf

Plats
- Farfalle à l'encre de seiche
- Risotto selon la saison

Desserts
- Pannacotta aux fruits rouges, granité au chocolat blanc
- Infiniment citron

Il Piccolino

Italienne

C1

10 r. de Constantinople
01 42 93 73 33
web http://ilpiccolino.fr
Ⓜ Europe
Fermé 30 avril-11 mai, 14-17 août, dimanche et fériés

Carte 36/64 €

Pour sûr, il est *piccolino* ("tout petit" en italien) ce restaurant, mais il en a sous la Botte ! Son propriétaire, milanais, élabore lui-même la carte, et s'il a gardé l'accent lombard, il n'en néglige pour autant aucune région de la péninsule : outre la charcuterie à la coupe (tel le fameux culatello di Zibello, accompagné par exemple de cèpes à l'huile) et les pecorino et parmesan présentés entiers, on découvre gnocchis au gorgonzola, raviolis à la double truffe, joue de bœuf braisée au barolo (vin piémontais) et polenta, pannacotta à l'amarena... Les produits sont de qualité, les recettes maîtrisées, et le joli choix de vins transalpins leur va d'autant mieux ! Enfin, l'ambiance se révèle plutôt raffinée malgré l'exiguïté de la salle, où retentissent des airs d'opéras italiens diffusés *a mezza voce*...

L'Instant d'Or

Moderne

A3

36 av. George-V
01 47 23 46 78
www.linstantdor.com
Ⓜ George V
Fermé 30 juillet-27 août, dimanche et lundi

Formule 30 € – Menu 80/100 € – Carte 75/90 €

A/C

Sur l'avenue George-V, au cœur du "triangle d'or" parisien, cette table promet des instants... en or. Le cadre, immaculé avec ses petits fauteuils design et surtout ses murs couverts d'une laque blanche d'une parfaite brillance, dessine un havre chic et glamour, bien à l'image du quartier.

Raffinée et originale : telle se présente également la cuisine proposée. Langoustines cuites à la nacre, royale de potimarron, chanterelles et châtaignes ; pigeonneaux de Mesquer cuits à la flouve odorante (une graminée), betterave, chou rouge, réduction de vieux balsamique et jus tranché ; courges confites à la vanille, caramel café, glace au sarrasin, graines de courge et kasha torréfiés... Autant de variations subtiles qui rehaussent, tel un fil d'or, une carte résolument ambitieuse !

Lasserre ✿✿

Classique B3

17 av. F.-D.-Roosevelt
01 43 59 53 43
www.restaurant-lasserre.com
Ⓜ Franklin D. Roosevelt
Fermé août, mardi midi, mercredi midi, samedi midi, dimanche et lundi

Menu 90 € (déjeuner)/220 € – Carte 210/280 €

A/C

Lasserre

Tout près des Champs-Élysées, cet hôtel particulier de style Directoire marque immanquablement les esprits. René Lasserre (disparu en 2006), monté à Paris pour apprendre le métier alors qu'il était adolescent, a élevé son restaurant au rang de symbole. Située à l'étage, la salle à manger arbore un luxueux décor : colonnes, jardinières d'orchidées et de plantes vertes, vaisselle et bibelots en argent, lustres en cristal, porcelaines de Chine… Autre élément propre à la magie de l'endroit, un étonnant toit ouvrant, devenu célèbre, illumine les tables au gré des saisons. Enfin, le service à l'ancienne des serveurs en queue-de-pie ajoute à l'intemporalité des lieux.

Le cadre ignore donc résolument l'époque... et la carte reste emblématique des grandes tables à la parisienne. Sans pour autant être figée. Sous l'égide du chef Christophe Moret, l'assiette relève même le défi d'exalter le classicisme dans la fraîcheur ! Ce qui est bien cuisiné semble indémodable... La griffe Lasserre, hier comme demain.

Entrées

- Légumes de nos maraîchers croquants et fondants, jus crécy acidulé
- Macaronis, foie gras et truffe noire

Plats

- Homard bleu et pêches rôties au sautoir, sucs savoureux
- Canard de Challans

Desserts

- Figues rôties au fruit de la passion et à l'amande
- Crêpes Suzette

Laurent ✿

Classique

C3

41 av. Gabriel
01 42 25 00 39
www.le-laurent.com
Champs Elysées Clemenceau
Fermé 23 décembre-2 janvier, samedi midi, dimanche et fériés

Menu 95 € (déjeuner)/180 € – Carte 160/240 €

Laurent

Personne ne sait vraiment pourquoi le nom de Monsieur Laurent, qui devint propriétaire de ce restaurant en 1860, a perduré jusqu'à consacrer définitivement l'ancien Café du Cirque édifié par Hittorff – auquel on doit aussi le Ledoyen – en 1842. Cela fait partie du mythe de cette vieille maison, située au cœur des jardins du rond-point des Champs-Élysées. Ancien pavillon de chasse de Louis XIV ou guinguette sous la Révolution – là encore, la légende varie –, Laurent conserve son cadre néoclassique et bourgeois, très en vogue à l'époque de sa création. Pilastres, colonnes, frontons et chapiteaux antiques, associés à de confortables banquettes, font toujours l'élégance et le charme – un brin désuet – des salles à manger et des salons particuliers.

La cuisine d'Alain Pégouret s'inscrit à merveille dans cet écrin. Classique, elle respecte et valorise les codes de la tradition bleu-blanc-rouge. On comprend que le Tout-Paris politique et des affaires apprécie cette institution. Encore plus aux beaux jours, quand on peut profiter de sa terrasse ouverte sur la verdure. Un lieu privilégié.

Entrées

- Araignée de mer dans ses sucs en gelée, crème de fenouil
- Foie gras de canard poêlé, mangue rôtie et gingembre

Plats

- Friands de pied de porc croustillants, purée de pomme de terre
- Tronçon de turbot nacré à l'huile d'olive, bardes et légumes verts

Desserts

- Glace vanille minute
- Soufflé chaud aux saveurs de saison

Lazare

Traditionnelle

D2

parvis de la gare St-Lazare, r. Intérieure
01 44 90 80 80
www.lazare-paris.fr
St-Lazare

Carte 30/75 €

Éric Frechon, chef fameux du Bristol, a plus d'un tour dans son sac ! Voici sa dernière trouvaille, qui a mis en émoi le Tout-Paris gourmand à la rentrée 2013 : une brasserie ferroviaire en plein cœur de la gare St-Lazare, fraîchement rénovée. Le succès ne s'est pas fait attendre : depuis l'ouverture, l'endroit accueille tous les jours (de 7h30 à minuit) une clientèle variée, allant du cadre en pause déjeuner au voyageur entre deux correspondances. Si la greffe a pris, c'est bien grâce à cette cuisine française et traditionnelle, qui respecte les canons du genre (œuf mimosa, maquereaux au vin blanc, filet de sole dieppoise, etc.) en s'autorisant quelques variantes salutaires, toujours avec goût. Quant au décor, il se montre convivial et chaleureux, et met à l'aise. Voilà un établissement sur les rails !

Lucas Carton

Moderne

D3

9 pl. de la Madeleine
01 42 65 22 90
www.senderens.fr
Madeleine
Fermé 3-26 août et fériés

Menu 116/160 € – Carte 90/120 €

D'entrée, le nom interpelle... Il évoque une longue histoire : Robert Lucas et sa "Taverne Anglaise" en 1732 ; Francis Carton en 1925 qui accole les deux patronymes et crée cette identité très sonore, "Lucas Carton", où il fera briller trois étoiles dans les années 1930 ; Alain Senderens, enfin, qui porte de nouveau l'adresse au firmament au milieu des années 1980, avant de choisir, en 2005, de lui donner son propre nom pour la repenser librement. Une nouvelle page s'ouvre fin 2013 : l'enseigne Lucas Carton renaît ! Les magnifiques boiseries créées par Majorelle au début du siècle dernier demeurent, tout en cohabitant avec un mobilier design, et l'adresse endosse avec tact les nouveaux codes de la gastronomie contemporaine. L'histoire continue pour cette vénérable institution de la place de la Madeleine...

Ledoyen ✿✿✿

Créative

8 av. Dutuit (carré Champs-Élysées)
01 53 05 10 01
Champs-Elysées Clemenceau
Fermé 4-24 août, samedi midi, dimanche et fériés

C3

Menu 128 € (déjeuner), 250/350 € – Carte 170/265 €

Ledoyen

Christian Le Squer, chef discret mais ô combien inventif, a redoré le blason du Ledoyen, table parisienne mythique. Ce pavillon néoclassique de 1848 rayonne désormais au firmament ! Repas d'exception dans un cadre d'exception, à deux pas des Champs-Élysées... et pourtant comme coupé du monde. De la guinguette du 18e s. tenue par le traiteur Doyen, il ne reste qu'un lointain souvenir, recouvert par l'architecture Second Empire de Hittorff : marquise à l'entrée, colonnes, boiseries blondes, peintures anciennes, passementeries et meubles Napoléon III donnent une idée du luxe du décor, le tout environné de verdure. Du raffinement en toutes choses : dans le service, parfaitement orchestré, et dans la cuisine superbement maîtrisée, pour une carte aussi variée qu'originale (mi-classique, mi-moderne). Exécutés avec finesse et pleins de saveurs, les plats "terre et mer" trahissent les origines bretonnes du chef, et la cave sait être au diapason. Sachez que le menu déjeuner présente un excellent rapport qualité-prix ! En un mot, une valeur sûre. Très sûre.

Entrées

- Grosses langoustines bretonnes, émulsion d'agrumes
- Saveur terre et rivière

Plats

- Blanc de turbot braisé, pommes de terre ratte truffées
- Noix de ris de veau aux bois de citronnelle, jus d'herbes fraîches

Desserts

- Croquant de pamplemousse cru et cuit au citron vert
- Le " Grand Dessert" Ledoyen

Maison Blanche

Moderne B3

15 av. Montaigne
✆ 01 47 23 55 99
www.maison-blanche.fr
Ⓜ Alma Marceau
Fermé 2 semaines mi-août, samedi midi et dimanche midi

Formule 48 € – Menu 69 € (dîner)/110 € – Carte 76/119 €

A/C

Un cadre grandiose ! Tel un cube posé sur le toit du théâtre des Champs-Élysées – un pont suspendu soutient cette étonnante Maison perchée –, la salle semble toiser la capitale à travers son immense baie vitrée... Quant à la terrasse, elle offre une vue tout simplement époustouflante sur la tour Eiffel. Si bien qu'on ne sait plus où poser le regard en entrant dans ce loft ultradesign ! Lové dans l'une des banquettes-alcôves ou installé sur la mezzanine, on ne se lasse pas du spectacle... Côté carte : une cuisine contemporaine bien réalisée, imprégnée d'influences méditerranéennes et asiatiques. Avec une belle sélection de vins venus du Languedoc et de la vallée du Rhône... juste là-bas, derrière les toits de Paris.

Marignan

N

Internationale B3

Hôtel Marignan,
12 r. de Marignan
✆ 01 40 76 34 56
www.hotelmarignanelyseesparis.com
Ⓜ Franklin D. Roosevelt

Carte 50/90 €

A/C

Très contemporain et à la fois rétro avec son inspiration fifties, élégant mais sans luxe ostentatoire... Au sein de l'hôtel Marignan, à deux pas des Champs-Élysées, l'endroit est fort agréable. Il se prête à un repas soigné, en l'occurrence proposé par un chef Meilleur Ouvrier de France, qui ne manque ni de savoir-faire ni d'inspiration pour revisiter les saveurs du monde. C'est ainsi que l'on déguste, par exemple, une soupe chinoise (servie bien chaude, avec des morceaux de poulet fondants et de fines ravioles aux crevettes), des nems végétariens, un burger au foie gras, un tartare de bœuf réalisé dans les règles de l'art, ou encore une très classique sole meunière... parmi de nombreuses autres propositions, toutes cuisinées avec de beaux produits et un soin avéré. Une adresse qui gagne à être connue...

Marius et Janette

Poissons et fruits de mer B3

4 av. George V
01 47 23 41 88
www.mariusjanette.com
Alma Marceau

Menu 48 € (déjeuner en semaine) – Carte 85/130 €

Une référence à l'Estaque et aux films de Robert Guédiguian ? Plutôt un petit coin de St-Tropez, à en juger par le décor de la salle à manger évoquant un yacht... et par la clientèle sélecte attablée au milieu des cannes à pêche, filets, espadons en plastique accrochés aux murs et autres hublots en cuivre. Dès les premiers rayons de soleil, changement de décor : lunettes tendance et bronzages dorés filent s'afficher en terrasse, installée sur l'avenue George-V. Côté cuisine naturellement, on a aussi le pied marin : poissons, coquillages et crustacés règnent sans partage sur la carte, qui évolue au gré des marées.

Market

Créative C2

15 av. Matignon
01 56 43 40 90
www.restaurant-market.fr
Franklin D. Roosevelt

Formule 38 € – Carte 44/97 €

En 2001, Jean-Georges Vongerichten – "le plus alsacien des New-Yorkais" – rentre au pays pour créer son adresse parisienne. Associé pour l'occasion à Luc Besson et François Pinault, il adapte sa formule d'outre-Atlantique au goût français. Résultat sans faille : un décor sagement contemporain – façon bistrot chic – orchestré par Christian Liaigre (matériaux bruts, tons gris, beige et blanc, masques africains) ; une équipe jeune et sympathique officiant dans les deux salles, dont l'une ouverte sur la cour intérieure. À la carte, une cuisine fusion qui mêle influences françaises, italiennes et asiatiques : tartare de thon-avocat-gingembre, pizza à la truffe noire, dorade aux épices et son bouillon aigre-doux, poulet en croûte de parmesan, cheesecake à la crème fraîche...

Marloe

N

Moderne

B2

12 r. du Cdt.-Rivière
01 53 76 44 44
www.marloe.fr
St-Philippe-du-Roule
Fermé 1er-21 août, 21-29 décembre, samedi et dimanche

Carte 36/68 €

A/C

Dans ce quartier huppé dessiné par les Champs-Élysées et l'avenue Roosevelt, à l'angle de deux jolies rues, Marloe est la nouvelle création de l'équipe de l'Arôme voisin. L'endroit a des allures de bistrot chic et cosy (tons rouge, blanc et noir, miroirs anciens, chaises et tables en formica) et fait déjà office de cantine – haut de gamme ! – pour la clientèle du quartier. De fait, la cuisine séduit : queues de gambas en panko, cœur de saumon fumé impérial et beurre aux algues, bœuf Black Angus au jus de cassis, croque-monsieur du grand-père Leroy au jambon de Paris... C'est cuisiné nettement et sans esbroufe, à partir de produits d'excellente qualité, et la carte évolue avec les saisons. Séduisant !

Maxan

Moderne

A3

3 r. Quentin-Bauchart
01 40 70 04 78
www.rest-maxan.com
George V
Fermé 1er-23 août, 24 décembre-3 janvier, samedi midi et dimanche

Formule 32 € – Menu 40 € – Carte 40/60 €

A/C

C'est donc ici, à deux pas de l'avenue Georges-V, que l'on retrouve Maxan, la table de Laurent Zajac autrefois installée près de Miromesnil. On découvre un décor élégant et discret, tout en camaïeu de gris, et on renoue surtout non sans plaisir avec une cuisine du marché bien parfumée. Le chef a été l'élève de Gérard Vié et d'Alain Dutournier : de là son exigence, son goût pour l'invention mais aussi une certaine simplicité. Velouté de petits pois et haddock mariné aux herbes ; queue de lotte rôtie et son jus au cidre ; moelleux et vaporeux chocolat... Le rapport qualité-prix se révèle très bon et la formule déjeuner particulièrement intéressante ! Pour l'anecdote, Maxan, c'est la contraction de Maxime et Andrea, les prénoms des enfants du chef.

1728

Créative

D2

8 r. d'Anjou
01 40 17 04 77
www.1728-paris.com
Madeleine
Fermé 3 semaines en août, samedi midi, dimanche et fériés

Formule 35 € – Menu 60 € (dîner) – Carte 65/97 €

Un lieu chargé d'histoire ! Construit par Antoine Mazin en 1728, cet hôtel particulier fut la demeure de La Fayette de 1827 jusqu'à sa mort. Les fastueux salons arborent leurs boiseries d'époque et leur mobilier de style. Les tapisseries et tableaux anciens sont toujours là... Rien ne semble avoir bougé, mais une restauration scrupuleuse a redonné tout son charme et son éclat à ce lieu unique et superbe. En cuisine, une jeune chef créative, Géraldine Rumeau, travaille des ingrédients frais dans les règles de l'art. Dans l'assiette, heureux mariage entre les saveurs de l'Occident et de l'Orient : les produits nobles se déclinent avec pétales de gingembre, algues marines, thé fumé du Tigre, curry rouge... Et de très belles signatures jalonnent la carte des vins, composée avec passion.

Mini Palais

Moderne

C3

Au Grand Palais - 3 av. Winston Churchill
01 42 56 42 42
www.minipalais.com
Champs-Elysées Clemenceau

Formule 28 € – Carte 33/71 €

Au Grand Palais se cache ce Mini Palais, dédié aux plaisirs du... palais ! Le cadre est superbe, laissant apparaître la structure métallique du bâtiment, mais son plus grand atout est la terrasse sous les immenses colonnes de la façade, avec ses mosaïques et sa vue sur le Petit Palais. On y croirait la Belle Époque ressuscitée ! Sous les rayons du soleil, l'endroit est tout simplement exquis, et l'après-midi il y fait bon goûter d'un thé et d'une petite pâtisserie... Même plaisir à l'heure du repas, avec une cuisine soignée, pensée sous la houlette d'Éric Fréchon (du Bristol) : galantine de volaille fermière et foie gras de canard ; merlan frit, chips et sauce tartare ; baba au rhum géant à partager, etc. Et pour les petits creux, on sert aussi quelques en-cas (tartines, planches, etc.), de midi à minuit.

M64

Moderne A2

Hôtel Intercontinental Avenue Marceau,
64 av. Marceau
01 44 43 36 50
www.ic-marceau.com
George V
Fermé dimanche soir

Formule 42 € – Menu 49 € (déjeuner)/99 € – Carte 64/80 €

C'est dans un cadre chic, contemporain et lounge que s'exprime le talent de Romain Marzet, un jeune chef dynamique et amoureux de son métier. Volontairement "nature", sa cuisine du marché privilégie la spontanéité et, évidemment, l'extrême fraîcheur de produits bien choisis. Sucrine, homard et girolles ; quasi de veau et sa salade tiède de pommes de terre ; cabillaud accompagné de chou chinois ; macaron à la framboise et au fruit de la passion avec un cœur de crème à la vanille ; millefeuille à la cazette : pas d'esbroufe, mais un savoir-faire indéniable ! Et comme les cuisines ouvrent sur la salle, on peut admirer Romain et sa brigade vaquer à leurs occupations avec sérieux et passion... Mention spéciale pour l'agréable terrasse.

Nolita

Italienne B2

1 av. Matignon (Motor Village - 2ème étage)
01 53 75 78 78
www.nolita-ristorante.fr
Franklin D. Roosevelt

Formule 39 € – Menu 49 € (dîner) – Carte 42/79 €

Sa localisation peut étonner – au sein du MotorVillage, le show-room d'un grand groupe automobile italien – mais ce restaurant est une vraie réussite ! Le décor, très urbain, a été conçu par Jean-Michel Wilmotte : noir et blanc, avec des lignes contemporaines et… une vitrine mettant en scène un bolide transalpin, pour les amateurs de belle mécanique. Pour autant, la cuisine ne fait pas figuration, avec des saveurs qui démarrent au quart de tour ! Le chef, passé par de belles maisons, sait magnifier l'esprit de la Botte : la carte puise dans l'authenticité de ses régions, tout en se teintant d'une belle modernité. Cochon de lait parfumé au tabac (un plat rustique d'origine sarde), salade de calamars extrafrais, carte des vins comptant quelque 150 références... Vrombissements de plaisir !

Okuda ✿ N

Japonaise

B3

7 r. de la Trémoille
✆ 01 40 70 19 19
www.okuda.fr
Ⓜ Alma Marceau
Fermé 1 semaine en août, mardi midi et lundi
– Réservation conseillée

Menu 185 € (déjeuner)/260 €

A/C

Okuda

Vingt-trois couverts, un décor sobre et élégant, des hôtesses en kimono traditionnel et un silence d'or : c'est dans cet écrin que l'on déguste depuis 2013 les créations "kaiseki" (un menu dégustation sans choix, constitué de nombreux petits plats) du célèbre chef japonais Toru Okuda, déjà couronné d'étoiles à Tokyo. Harmonie des saveurs, subtilité des sauces, délicatesse des textures... C'est bien du grand art que révèle chaque assiette : les meilleurs produits de saison, importés du Japon ou originaires de France, sont préparés avec un soin méticuleux, et s'associent en de magnifiques compositions, élégantes et subtiles, dans le respect des traditions nippones.
À peine éclose, la table s'impose d'ores et déjà comme une valeur très sûre de la gastronomie japonaise à Paris... sinon dans le monde !

Spécialités

- Menu kaiseki

Pavillon Elysée Lenôtre

Moderne C3

10 av. des Champs-Elysées
01 42 65 85 10
www.lenotre.fr
Champs Elysées Clemenceau
Fermé 3 semaines en août, 15 février-2 mars, dimanche sauf le midi d'avril à octobre et lundi de novembre à mars

Formule 35 € – Carte 46/65 €

À la fois boutique célébrant les arts de la table, école de cuisine et restaurant : le Pavillon Élysée Lenôtre est en quelque sorte la vitrine du célèbre traiteur parisien. Cette ambassade gourmande a trouvé son écrin sur la "plus belle avenue du monde", dans ce magnifique pavillon Napoléon III construit pour l'Exposition universelle de 1900. Superbement restauré et résolument contemporain, il donne sur une terrasse très courue... L'été, on s'y dore au soleil en lisant la carte, fort appétissante : tarte fine aux légumes et au chèvre, croustillante et pleine de saveur ; filet de dorade au fenouil braisé, bien parfumé... et les incontournables macarons ! Une cuisine dans l'air du temps, moderne, vive et bien sentie.

Le Percolateur

Traditionnelle D1

20 r. de Turin
01 43 87 97 59
www.lepercolateur.fr
Rome
Fermé 2 semaines en août, samedi midi et dimanche

Formule 16 € – Menu 30 € – Carte 33/54 €

Un bistrot tendance, cool et un rien arty ! On le doit à la belle inspiration de deux frères, David et Philippe Madamour, anciens patrons du "7-15" dans le 15e arrondissement. C'est à New York que Philippe, travaillant alors au célèbre Bilboquet, a commencé sa collection de percolateurs. Brillant de mille feux chromés, ils trônent désormais derrière le comptoir ; l'enseigne leur rend un juste hommage. Curiosité, goût du voyage, éclectisme : des traits de caractère qui résument plutôt bien la carte. Velouté de carotte à la vanille Bourbon, poulet laqué au miel et soja, crumble pommes-poires caramélisées, etc. : les habitués en redemandent ! Bonnes formules à petits prix au déjeuner en semaine.

Pershing Hall

Moderne

Hôtel Pershing Hall,
49 r. Pierre Charron
01 58 36 58 36
www.pershinghall.com
Ⓜ George V

B3

Formule 39 € – Menu 45 € (déjeuner en semaine) – Carte 53/85 €

A/C

Même si l'on vient au Pershing Hall surtout pour manger, le cadre, spectaculaire, est une destination en soi. Les fenêtres théâtrales de cet immeuble haussmannien – ayant abrité la légion américaine du général Pershing – s'ouvrent sur un grand patio surmonté d'une verrière. Là se dresse un mur végétal signé Patrick Blanc, baigné d'une lumière changeant selon le moment de la journée. À l'heure du déjeuner, la discrétion, propice aux repas d'affaires, est de rigueur ; une formule adaptée est d'ailleurs proposée. Dans une atmosphère plus festive et élégante le soir, la cuisine partage son inspiration entre tradition française et saveurs italiennes et asiatiques. Et bien sûr, elle varie avec les saisons !

Le Petit Marius

Poissons et fruits de mer

6 av. George V
01 40 70 11 76
Ⓜ Alma Marceau

B3

Menu 29 € (déjeuner en semaine)/49 € – Carte 48/80 €

Bar grillé au fenouil, friture d'eperlans et d'encornets, aïoli de morue... Ce Petit Marius chante une douce ritournelle, celle des produits de la mer ! Avec une légère pointe d'accent marseillais (exotique sur l'avenue George-V...), mais sans parti pris aucun : au gré des approvisionnements, la carte propose saumon bio d'Écosse, moules de bouchot de la baie du Mont-St-Michel, ou encore langoustines de Bretagne. Le tout s'apprécie dans un décor de bistrot moderne, aux tons chauds et largement ouvert sur la rue, où se distinguent quatre sculptures de barracudas en métal... pour suggérer un appétit féroce peut-être ?

Pierre Gagnaire ✿✿✿

Créative

A2

6 r. Balzac
01 58 36 12 50
www.pierregagnaire.com
Ⓜ George V
Fermé août, vacances de Noël, samedi et dimanche

Menu 115 € (déjeuner)/280 € – Carte 280/350 €

Francis Amiand

Chef "surbooké" jonglant d'une adresse à l'autre, entre Paris, Londres, Tokyo, Hong-Kong, Séoul et Dubaï, Pierre Gagnaire trace sa voie en solitaire. Comme personne, il réalise une cuisine d'auteur exploratrice, entière, excessive. Car cet équilibriste de talent – également grand amateur de jazz et d'art contemporain – cherche sans cesse : selon lui, l'excellence se joue sur le détail. Pour autant, il sait quand s'arrêter. "J'essaie d'épurer, d'éviter les fausses bonnes idées", souligne-t-il à l'envi. Lui qui ne rédige jamais de recettes compose une carte de mets qui ressemble à un poème, mettant l'imagination en branle et les papilles en émoi avant même le début du repas. Préparez-vous à un festival de saveurs ! Une avalanche de mets qui n'attend de vous que curiosité et ouverture d'esprit...

Un mot, enfin, sur le cadre du restaurant de la rue de Balzac – l'enseigne mère de Gagnaire : moderne et sobre, il joue la note du raffinement discret, ton sur ton avec le service délicat.

Entrées

- Fondant de poularde de Bresse et de foie gras d'oie marbré de figue sèche à l'amontillado
- Langoustine poêlée aux lentilles vertes du Puy en tartare

Plats

- Rouget de roche, livèche et bulagna, jus de rhubarbe au curcuma
- Côte de veau du Limousin rôtie, feuille de pruneau, échalote confite

Desserts

- Le grand dessert de Pierre Gagnaire
- Biscuit soufflé pur pistache

Pomze

Moderne

C2

109 bd Haussmann (1er étage)
01 42 65 65 83
www.pomze.com
Ⓜ St-Augustin
Fermé 22 décembre-2 janvier, samedi sauf le soir de septembre à juin et dimanche

Formule 29 € – Menu 34 € – Carte 45/64 €

Originale adresse que cette Pomze, qui invite à un "voyage autour de la pomme" ! La maison comporte trois espaces différents : une épicerie au rez-de-chaussée (vente de cidre, calvados, etc.), une saladerie au sous-sol et un restaurant au 1er étage. Dans la salle, à la sobriété toute contemporaine, des toiles représentant des vergers rappellent le concept de la table, dédiée au fruit défendu – mais plus largement à tous les beaux produits. Derrière les fourneaux, c'est une équipe japonaise qui œuvre, proposant une cuisine créative, voyageuse et soignée... Le rapport qualité-prix se révèle excellent.

Ratn

Indienne

B3

9 r. de la Trémoille
01 40 70 01 09
www.restaurantratn.com
Ⓜ Alma Marceau

Carte 50/75 €

Une authentique adresse indienne, dont le nom signifie... joyau. Le décor très soigné et élégant (tentures soyeuses, panneaux de bois sculptés, statues hindoues, etc.), l'accueil délicat, et surtout la carte qui offre un bel aperçu du répertoire moghol et indien : voilà qui a le parfum de l'ailleurs ! Qualité des produits, subtilité des marinades, harmonie des mariages d'épices, etc. : la cuisine fait montre d'une belle ambition, soutenue de génération en génération par la famille de ses propriétaires, originaire du pays et passionnée par la gastronomie indienne. L'adresse est donc parfaite pour qui souhaite s'initier à ses raffinements, d'autant que le cadre feutré, faut-il le répéter, permet de passer un agréable moment...

Le Relais Plaza

Traditionnelle B3

Hôtel Plaza Athénée,
25 av. Montaigne (réouverture en juin 2014 après travaux)
01 53 67 64 00
www.plaza-athenee-paris.com
Ⓜ Alma Marceau
Fermé août

Menu 54 € – Carte 85/165 €

C'est la cantine chic et intime des maisons de couture voisines ; la brasserie où le Tout-Paris a ses habitudes. Il faut dire que le Relais Plaza a vu et voit passer du beau monde : Grace Kelly, Charles Aznavour, Liza Minelli, Yves Saint Laurent, John Travolta, Albert de Monaco ou encore Junko Koshino. Le cadre original et superbe de cette institution – un élégant intérieur Art déco inspiré du paquebot Le Normandie – a grandement contribué à son succès ; on espère donc que les travaux engagés sauront en préserver tout le cachet, et que l'on retrouvera également à la carte tous les beaux classiques qui ont fait la réputation de l'adresse, de même que les fameuses soirées "Swing'in Relais" menées par le directeur de salle, Werner Küchler, fameux crooner à ses heures !

Restaurant de Sers

Moderne A3

Hôtel de Sers,
41 av. Pierre-1er-de-Serbie
01 53 23 75 13
www.hoteldesers.com
Ⓜ George V
Fermé en août et dimanche soir

Formule 39 € – Menu 80/125 € – Carte 66/104 €

Élégance minimaliste, esprit design empreint de quiétude, jolie terrasse et jardin d'hiver : le restaurant de l'hôtel de Sers est un lieu apaisant. En cuisine, le jeune chef privilégie les produits bio et concocte aussi des plats "basses calories", un détail utile lorsqu'on multiplie les repas d'affaires. Ainsi, les plus raisonnables opteront pour un maquereau en ligne mariné au miso, un filet de cardine cuit à la vapeur, sa marinière de coquillages et ses petits légumes, et finiront sur une note sucrée avec des perles du Japon au lait de coco accompagnées d'une gelée de fraise et rhubarbe ; les gourmands apprécieront quant à eux un foie gras de canard du Sud-Ouest, un suprême de pintade fermière et son risotto, sans parler de l'onctueux cheesecake...

Royal Madeleine

Traditionnelle D3

11 r. Chevalier-St-George
01 42 60 14 36
www.royalmadeleine.com
Madeleine
Fermé 1 semaine en janvier et week-ends en juillet-août

Carte 46/86 €

A/C

Foie gras, escargots au beurre d'ail et persil, blanquette de veau servie en cocotte, pied de porc pané, profiteroles, crêpes Suzette à l'ancienne... Dire que la carte est ancrée dans la tradition bistrotière est un euphémisme ! Et que penser de la salle avec son carrelage ancien en carreaux de ciment, son zinc et ses murs couverts de nombreux miroirs et de petites gravures rétro ? Elle comble simplement les touristes et les habitués, heureux de trouver tant d'authenticité à deux pas de l'église de la Madeleine. Les amoureux du nectar des dieux ronronneront également de plaisir à la seule lecture de la carte des vins, riche de beaux flacons et adaptée à toutes les bourses. Un bistrot... royal, donc, pour un repas fort soigné.

Shin Jung

Coréenne D1

7 r. Clapeyron
01 45 22 21 06
www.shinjung.fr
Rome
Fermé dimanche midi

Formule 14 € – Menu 37/45 € – Carte 25/40 €

Les fidèles de cette sympathique adresse familiale viennent déguster, en toute simplicité, une véritable cuisine coréenne. Souvent moins connue que celle des autres pays asiatiques, elle est pourtant tout aussi appétissante. La gastronomie de la Corée se caractérise notamment par son penchant pour le poisson cru, l'emploi du kimchi (chou mariné et pimenté) et l'importance des grillades, réalisées sur de petits barbecues. L'autre incontournable, c'est le bibimbap – ici un vrai délice... Authenticité garantie ! À découvrir dans une petite salle toute simple et sobre. Le service est rapide, agréable et sans chichi, ce qui explique l'affluence certains midis en semaine...

La Scène ✿

N

Moderne

A3

Hôtel Prince de Galles,
33 av. George-V
01 53 23 78 50
www.hotelprincedegalles.fr
Ⓜ George V
Fermé 3 semaines en août, samedi midi et dimanche

Menu 60 € (déjeuner), 135/180 € – Carte 103/165 €

Hôtel Prince de Galles

Au cœur de l'élégant hôtel Prince de Galles, situé à deux pas de l'avenue des Champs-Élysées, cette Scène braque tous les projecteurs sur les cuisines, séparées de la salle par un simple comptoir de marbre blanc. Celles-ci sont le domaine de Stéphanie Le Quellec, habituée des feux de la rampe car victorieuse de l'émission télévisée Top Chef en 2011.

On ne saurait cependant réduire son parcours à ce succès : la jeune chef justifie d'une formation des plus académiques et d'un solide parcours à travers des maisons de renom, qui ont sans doute répondu à une soif naturelle pour l'exigence et la rigueur. De là, des réalisations très techniques, précises et délicates, mais qui savent aussi oser l'invention et refuser la banalité, sans jamais se perdre dans des accords hasardeux. Sur cette Scène où tout se joue en direct, les assiettes révèlent de vives saveurs et... crèvent l'écran !

Entrées

- Langoustines pochées minute, verveine, avocat fumé et gelée de crevette grise
- Foie gras de canard des Landes

Plats

- Turbot sauvage cuit sur l'os, caviar de Sologne, courgette-fleur, citron et oignon doux
- Côte de veau de lait du Limousin rôtie

Desserts

- Vanille en cinq feuilles, crème onctueuse
- Chocolat grand cru au safran, chantilly

La Table du Lancaster ✿

Moderne

B2

Hôtel Lancaster,
7 r. de Berri
✆ 01 40 76 40 18
www.hotel-lancaster.fr
Ⓜ George V
Fermé samedi midi

Menu 45 € (déjeuner en semaine)/135 € – Carte 85/150 €

A/C

La Table du Lancaster

"Couleurs et saveurs de pleine terre", "De la rivière à l'étang", "Au gré des vents et marées"... Le jeune chef, Julien Roucheteau, décline sa carte en fonction de l'origine des produits ; ses assiettes, subtiles et bien composées, revisitent la gastronomie française autant qu'elles redessinent toute une géographie des saveurs ! Ainsi de ces aspics de coquillages et leur gelée de sauvignon et caviar, de ce bar en deux cuissons parfumé à l'anis, navets et purée de panais, ou encore de ce délicieux soufflé des Pères Chartreux. Quant au cadre du restaurant, au sein de ce fameux hôtel, il offre une élégance et une sobriété toute contemporaine. Aux beaux jours, n'hésitez pas à profiter de la terrasse aménagée dans la cour-jardin, à l'abri des regards. Confidentielle et intime, la Table du Lancaster l'est assurément.

Entrées

- Cuisses de grenouilles en tempura, tomate fumée et basilic
- Damier de foie gras de canard, cerise et thé sakura

Plats

- Rouget en deux couleurs au yuzukosho
- Grillons de ris de veau croustillants à la sauge

Desserts

- Biscuit Sacher à la menthe extrafraîche
- Tarte soufflée à la maracuja, noix de coco en sorbet

Taillevent ✿✿

Classique

B2

15 r. Lamennais
01 44 95 15 01
www.taillevent.com
Charles de Gaulle-Etoile
Fermé 26 juillet-25 août, samedi, dimanche et fériés
– Réservation conseillée

Menu 104 € (déjeuner), 218/360 € – Carte 150/290 €

A/C

Taillevent

Cette adresse qu'on ne présente plus porte fièrement les couleurs de la tradition. Par ses propriétaires, en premier lieu : la famille Vrinat qui, depuis trois générations, a fait la réputation de ce restaurant incontournable et est désormais associée à la famille Gardinier (Les Crayères à Reims). Par son nom : référence à l'auteur du "Viandier", le plus ancien manuscrit de recettes rédigé en français (vers 1379). Par son cadre, enfin : l'ancien hôtel particulier du duc de Morny (19e s.), classique, feutré et propice aux rendez-vous politiques et aux repas d'affaires. L'éclairage tamisé et l'harmonie de tons bruns, rouges et beiges favorisent un climat d'intimité, enrichi depuis 2004 par des œuvres d'art contemporain. Une façon d'entretenir des liens avec l'air du temps. Comme en cuisine, où le sixième chef de la maison, Alain Solivérès, mêle l'ancien au moderne, les recettes empruntées à la haute gastronomie à des touches méditerranéennes et actuelles. Et, cerise sur le gâteau : les caves, pléthoriques en vins rares, qui comptent parmi les plus belles de la capitale.

Entrées

- Rémoulade de tourteau à l'aneth
- Épeautre du pays de Sault en risotto

Plats

- Noix de ris de veau croustillante, jus à l'oseille
- Bar de ligne étuvé, poireaux, champagne et caviar

Desserts

- Marquise au chocolat et pistache "tradition Taillevent"
- Crêpes Suzette façon Taillevent

Tante Louise

Traditionnelle D2

41 r. Boissy-d'Anglas
01 42 65 06 85
www.bernard-loiseau.com
Ⓜ Madeleine
Fermé août, samedi, dimanche et fériés

Formule 29 € – Menu 39/61 € – Carte 53/75 €

A/C

Il y a Tante Marguerite près de l'Assemblée nationale, et Tante Louise à côté de la Madeleine, toutes les deux appartenant au groupe – ou à la famille ? – Bernard Loiseau. Cette aïeule-ci doit son nom à Louise Blanche Lefeuvre, véritable "Mère" parisienne qui créa le restaurant en 1929 et en fit une institution. Un passé glorieux dont on sent l'empreinte dès l'avenante façade où l'on peut lire : "Les produits de Bourgogne s'invitent à Paris." Rien de surprenant donc à ce que l'on puisse déguster ici une cassolette d'escargots au beurre persillé ou des rognons de veau accompagnés d'une purée de rattes bien moelleuse. Autre savoureux détail, la carte des vins est élaborée par le sommelier du Relais de Saulieu. Voilà une "tantine" à qui l'on aimerait rendre visite plus souvent !

Le Vernet

Moderne A2

Hôtel Vernet,
25 r. Vernet (réouverture après travaux au printemps 2014)
01 44 31 98 00
www.hotelvernet.com
Ⓜ Charles de Gaulle-Etoile
Fermé samedi et dimanche
Carte 80/100 €

A/C

D'abord, il y a le hall de l'hôtel Vernet, le petit salon fleuri d'orchidées, puis la salle à manger coiffée d'une impressionnante verrière signée Gustave Eiffel, typique du charme Belle Époque. L'ouvrage mérite assurément un coup d'œil, et il illumine joliment le travail du chef, Laurent Poitevin. Ce dernier, passé par des maisons prestigieuses comme Taillevent, élabore une cuisine maîtrisée, désireuse de transcender les classiques à partir de produits choisis. C'est avec disponibilité et politesse que l'on vous sert des tempura de grenouilles – à la chair tendre et fondante –, une déclinaison de veau de lait ou un sabayon aux fraises onctueux. Dans les règles de l'art...

Le 39V ✿

Moderne

A2

39 av. George-V (6ème étage - entrée par le 17 r. Quentin-Bauchart)
01 56 62 39 05
www.le39v.com
Ⓜ George V
Fermé août, samedi et dimanche

Formule 40 € – Menu 50 € (déjeuner), 95/125 € 🍷 – Carte 69/135 € XX

A/C

Le 39V

La température monte au 39… de l'avenue George-V ! Franchissez donc le porche de ce discret immeuble haussmannien : de là, un ascenseur vous mène directement au 6e étage. Dans les hauteurs, sur les toits de Paris, niche cette petite cité pour gastronomes... D'abord le bar, habillé de noir, où l'on peut siroter quelque cocktail avant de rejoindre sa table. Puis la grande salle, coiffée de verre et dont les larges baies ouvrent sur une délicieuse petite terrasse.

Les lieux sont raffinés ; l'assiette n'est pas en reste. Le chef, Frédéric Vardon, propose une belle relecture de la cuisine de tradition. Très attaché à la qualité des ingrédients, il met un point d'honneur à rendre visite à ses fournisseurs sur leur domaine de production. Un travail aux origines et une véritable clef de voûte pour des assiettes raffinées et démontrant de solides bases classiques. On s'enfièvre pour ce 39V plein de saveurs !

Entrées

- Œuf fermier cuit mollet, royale et émulsion de champignons
- Velouté de potiron muscade, parfait de volaille et de raisins confits, mousse truffée

Plats

- Homard bleu de casier, mousserons et pommes de terre de Noirmoutier
- Veau de lait fermier, écrevisses et girolles, jus de rôti

Desserts

- Soufflé classique à la framboise, glace à l'angélique
- Carré 39V tout chocolat

Le Vraymonde

N

Internationale

D3

Buddha-Bar Hotel,
4 r. d'Anjou
01 83 96 88 88
www.buddhabarhotelparis.com
Madeleine

Formule 29 € – Menu 39 € (déjeuner)/68 € – Carte 50/80 €

A/C

On connaissait le Buddha-Bar, adresse parisienne très branchée ; voici le Buddha-Bar Hotel, créé dans un hôtel particulier du 18e s. (entre la rue du Faubourg-St-Honoré et la place de la Madeleine), et son restaurant, le Vraymonde. Le lieu vaut le coup d'œil ! Un décor rare, chic et feutré, dont l'esthétique semble puiser à la source de la Chine éternelle, distillant une ambiance glamour et raffinée : voilà qui fait voyager... La cuisine également invite au dépaysement : métissée et saupoudrée d'épices, elle marie à merveille les accords sucrés-salés, à l'instar de cette poitrine de veau longuement confite et sa laque au miel et curry. À l'unisson du cadre, les recettes sont une ode au brassage culturel, à la rencontre des saveurs...

Hôtels et restaurants
évoluent chaque année.
Chaque année, changez
de guide MICHELIN

9e

Opéra · Grands Boulevards

A. Chicurel / hemis.fr

9e Opéra, Grands Boulevards

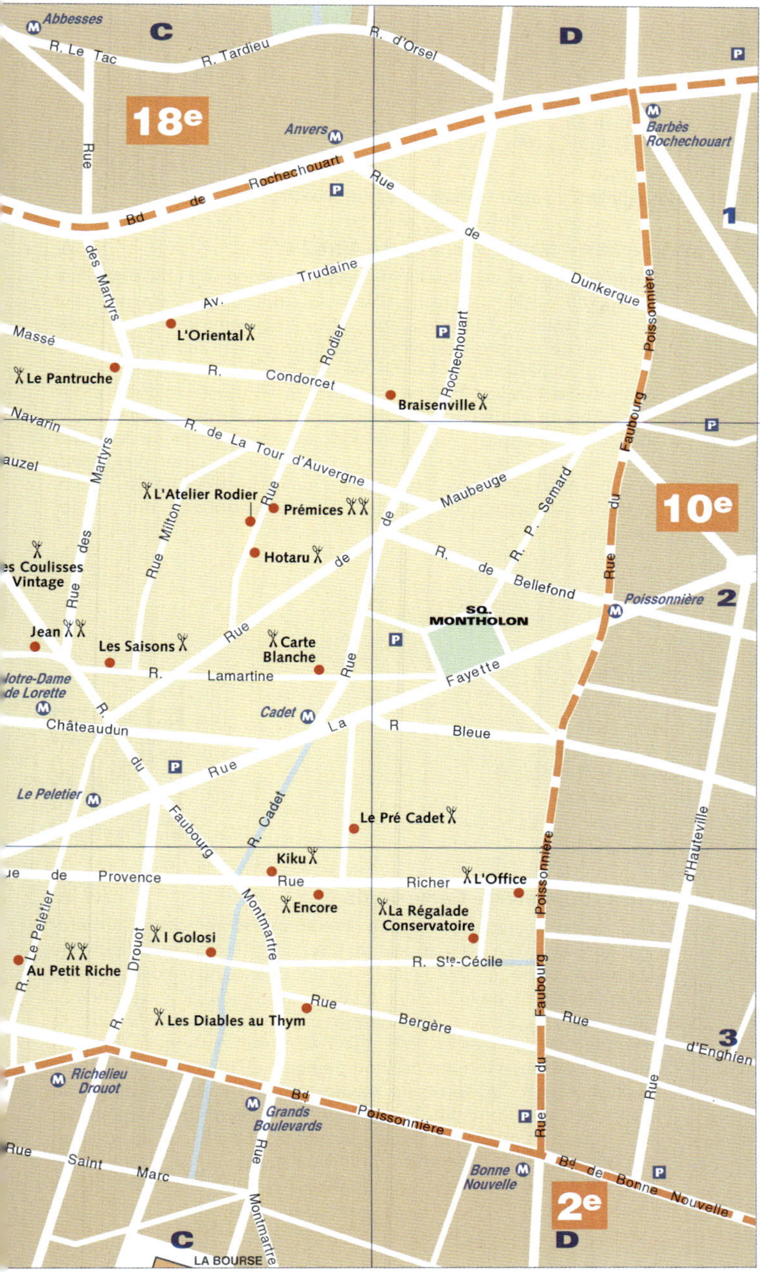

C
D
Abbesses
R. Le Tac
R. Tardieu
R. d'Orsel
18e
Anvers
Barbès Rochechouart
1
Rue
Bd de Rochechouart
Rue de Dunkerque
Av. Trudaine
des Martyrs
Massé
L'Oriental
Rodier
Rochechouart
Poissonnière
Le Pantruche
R. Condorcet
Braisenville
Navarin
Faubourg
R. de La Tour d'Auvergne
auzel
Martyrs
L'Atelier Rodier
Rue
Prémices
Maubeuge
R. P. Semard
10e
Milton
Rue
de
du
es Coulisses Vintage
Rue des
Hotaru
de
R. de Bellefond
Rue
SQ. MONTHOLON
Poissonnière
2
Jean
Les Saisons
Rue
Carte Blanche
Rue
otre-Dame de Lorette
R. Lamartine
Fayette
Châteaudun
R.
Cadet
La
R Bleue
du
Rue
Le Peletier
Faubourg
R. Cadet
Le Pré Cadet
Kiku
ue de Provence
Rue Richer
L'Office
Montmartre
Encore
La Régalade Conservatoire
Poissonnière
d'Hauteville
Le Peletier
I Golosi
Au Petit Riche
Drouot
R.
R. Ste-Cécile
Faubourg
Rue
Rue Bergère
Les Diables au Thym
Rue d'Enghien
3
du
Richelieu Drouot
Bd Poissonnière
Grands Boulevards
Rue
Rue
Rue Saint Marc
Rue
Bonne Nouvelle
Bd de Bonne Nouvelle
2e
C
D
Montmartre
LA BOURSE

Les Affranchis

Moderne B1-2

5 r. Henri-Monnier
01 45 26 26 30
www.restaurantlesaffranchis.fr
St-Georges
Fermé 24 juillet- 23 août, dimanche et lundi

Formule 26 € – Menu 35 € – Carte 40/62 €

Un hommage à l'excellent film de Martin Scorsese ? Une référence à la poste voisine ? Rien de cela : Les Affranchis, c'est avant tout une déclaration d'indépendance pour le binôme qui a ici choisi de voler de ses propres ailes ! Nul esprit revanchard cependant, sinon une belle envie de continuité : après avoir été formés à bonne école (Beurre Noisette, Les Fables de la Fontaine, etc.), les deux jeunes hommes peuvent rendre ce qu'ils ont appris, en imprimant leur propre marque... Au menu, donc, une bonne cuisine de bistrot contemporain (foie gras poché aux épices et chutney d'oignons, foie de veau taillé épais, etc.) qui a, comme la déco plutôt vintage, d'ores et déjà conquis la clientèle bourgeois-bohème du quartier St-Georges.

Arola

Espagnole B3

Hôtel W Paris Opéra,
4 r. Meyerbeer (1er étage)
01 77 48 94 44
www.restaurant-arola.fr
Chaussée d'Antin

Menu 38 € (déjeuner) – Carte 40/65 €

A/C

Pour son restaurant, le très chic et tendance Hôtel W Paris Opéra, inauguré en 2012, en a appelé au chef Sergi Arola – une figure de la cuisine ibérique, dont l'établissement madrilène est distingué de deux étoiles Michelin. Il signe ici une carte "pica pica", entendez : faite pour picorer... et démultiplier les plaisirs ! On le sait, la formule des tapas espagnoles est à la mode. Asperges vertes en tempura et sauce tomate-poivron ; langues d'oursin aux agrumes ; cochon de lait et purée de patate douce ; sphère "mojito" au citron vert et à la menthe : autant de "bouchées" déclinées sur un mode gastronomique et créatif. Le repas se révèle stylé, ludique et partageur... Du sur-mesure pour la clientèle de l'établissement, enclave très branchée au cœur du Paris haussmannien, face à l'Opéra Garnier.

Atelier Rodier

N

Moderne

C2

17 r. Rodier
01 53 20 94 90
www.latelier-rodier.com
Notre-Dame de Lorette
Fermé août, 1 semaine à Noël, mardi midi, mercredi midi, samedi midi, dimanche et lundi

Formule 29 € – Menu 39/59 € – Carte 36/50 €

C'est au nord du 9e arrondissement, au milieu de la rue Rodier dont la longue pente marque les prémices de la butte Montmartre, que l'on découvre ce petit restaurant né en 2013. Le lieu dénote... Au cœur de la salle, qui affirme un vrai style design, une grande vitre d'atelier ouvre sur les cuisines. Simple effet de mode ? C'est surtout une déclaration de confiance, tout à fait dans l'esprit de l'époque, destinée à montrer que l'on n'a rien à cacher, aussi bien en matière de traçabilité des produits qu'en matière de savoir-faire. L'établissement a en effet été créé par deux jeunes chefs – amis de longue date et passés par des maisons de renom – qui dévoilent un brio certain dans l'art de cuisiner. Leurs recettes, créatives et inspirées, pile dans la tendance bistronomique, réservent de savoureuses surprises...

Au Petit Riche

Traditionnelle

C3

25 r. Le Peletier
01 47 70 68 68
www.aupetitriche.com
Richelieu Drouot
Fermé week-ends de mi-juillet à fin août et fériés

Formule 26 € – Menu 31/37 € – Carte 33/65 €

A/C

Maupassant l'évoquait dans *Bel Ami*, Mistinguett et Chevalier le fréquentaient assidûment : c'est bel et bien une institution ! D'ailleurs, les "petits riches" qui venaient ici dès 1854 vous le diraient : ses salons façon 19e s. sont restés tels quels, avec banquettes en velours rouge, miroirs finement gravés, chapelières, élégantes tables au coude-à-coude... Le chef fait le bonheur des habitués – une belle clientèle de quartier et étrangère – en perpétuant une carte à l'esprit bistrotier traditionnel (pâté en croûte, huîtres, haddock poché, côte de veau et sa purée maison, baba au rhum, etc.). Une tranche d'histoire à "déguster" sur fond de recettes d'inspiration tourangelle, et à arroser d'une bouteille de la superbe sélection de vins de Loire.

Braisenville

N

Moderne

D1

36 r. Condorcet
✆ 09 50 91 21 74
Ⓜ Anvers
Fermé 1 semaine en août, samedi midi et dimanche soir – Réservation conseillée

Formule 16 € – Menu 19 € (déjeuner en semaine)/35 € – Carte 28/50 € dîner

Jeu de mot canaille pour l'enseigne de ce petit repaire très contemporain... voire très *hot* ! Sur le mur principal, une grande photographie représentant une femme nue empoignant un beau morceau de viande rouge – un cliché signé Michel Restany – attire tous les regards et affirme un côté volontiers glamour et décalé (comme le reste de la déco, typée années 1970). Plaisir des sens, goût pour la chose carnée et... chaleur de braise : le ton est donné, car la cuisine tourne autour d'un beau four à braise, qui permet des cuissons de précision. L'influence ibérique est palpable ; on la retrouve aussi à travers le choix de charcuterie (jambon bellota) et, le soir, une approche de type "raciones" avec une succession de petits plats. Inventive et pétillante, la formule fait mouche – avec les vins nature qui lui vont bien.

Les Canailles

Moderne

B2

25 r. La Bruyère
✆ 01 48 74 10 48
www.restaurantlescanailles.fr
Ⓜ St-Georges
Fermé 3 semaines en août, samedi et dimanche – Réservation conseillée

Formule 25 € – Menu 33 €

Parfaite pour s'encanailler, cette sympathique adresse a été créée en avril 2012 par deux Bretons formés à bonne école, notamment chez Dominique Bouchet et au Crillon. Ici, ils jouent la carte de la bistronomie, des recettes de saison et bien sûr des plats canailles. À l'image de cette belle tranche de pâté de tête et de cette échine de porc, poêlée de girolles et pommes grenaille. Ne passez pas à côté des spécialités de la maison : le carpaccio de langue de bœuf sauce ravigote et le baba au rhum avec sa chantilly à la vanille... On se régale d'autant plus que les portions sont généreuses ! Avec en prime une belle ambiance de bistrot de quartier, à deux pas de la butte Montmartre et du Moulin Rouge... où l'on pourra finir de s'encanailler.

Carte Blanche

Moderne

6 r. Lamartine
01 48 78 12 20
www.restaurantcarteblanche.com
Cadet
Fermé 29 juillet-20 août, samedi midi, dimanche, lundi et fériés

C2

Formule 28 € – Menu 35/49 €

A/C

Certes, les néobistrots se ressemblent souvent, mais derrière sa façade toute simple, proche du métro Cadet, celui-ci possède un caractère bien à lui, avec des murs en pierre, des poutres apparentes, des lignes épurées et, le soir venu, un éclairage tamisé... Quant à la cuisine, elle suit le marché tout en s'autorisant de jolies notes d'invention. Quelques exemples : garbure du Béarn en gelée, mousse de saucisse de Toulouse ; quasi de veau, chou rouge et jus de griottes ; tarte à la pastèque... Autant de recettes bien tournées et fraîches. La conclusion s'impose : on laisse carte blanche au chef !

Les Coulisses Vintage

N

Classique

19 r. Notre-Dame-de-Lorette
01 45 26 46 46
www.lescoulissesvintage.com
St-Georges
Fermé 3 semaines en août, samedi midi et dimanche

C2

Formule 16 € – Menu 40 € – Carte 75/100 €

Après toutes ces dernières années où le monde de la gastronomie a été marqué par le renouveau et l'expérimentation, la cuisine classique française est finalement devenue foncièrement... vintage. Or, on le sait, le vintage est aujourd'hui à la mode ! Pourquoi bouder son plaisir quand on (re-)découvre d'aussi appétissantes recettes que les pieds de veau sauce homardine, la poularde demi-deuil, les joues de bœuf ou le lièvre à la royale, et même le soufflé au chocolat ? Des classiques qui conservent toute la saveur qui a justifié leur création en leur temps, d'autant qu'ils sont ici très joliment cuisinés : les casseroles en cuivre sont même de rigueur sur le fourneau. Le tout dans un cadre sans prétention : nul doute, les règles du bon se moquent... des modes !

Les Diables au Thym

Moderne C3

35 r. Bergère
01 47 70 77 09
www.lesdiablesauthym.com
Ⓜ Grands Boulevards
Fermé 3 semaines en août, samedi midi et dimanche

Formule 28 € – Menu 35 € – Carte 45/60 €

A/C Ah, les Grands Boulevards... Le Palace et les Folies Bergère ne sont pas loin et, de jour comme de nuit, l'animation est à son comble. Hommes d'affaires et habitués du quartier aiment à se retrouver en ces Diables au Thym, petit restaurant contemporain où l'on savoure une cuisine du marché appétissante – sinon malicieuse –, tout en produits frais et de saison. Tentez par exemple la soupe du moment, des poivrons marinés... au thym, un pavé de maigre poêlé servi avec une ratatouille à la fleur... de thym, et, pour finir, osez le clafoutis aux fruits de saison. Les cuissons justes et les assaisonnements bien dosés flattent les papilles. Pour accompagner le tout, on propose de jolis vins "nature". Nul diablotin en ces lieux !

Encore N

Moderne C3

43 r. Richer
01 72 60 97 72
Ⓜ Le Peletier
Fermé 1 semaine en août, 1er-11 novembre, 2 semaines à Noël, samedi et dimanche

Formule 25 € – Menu 30 € (déjeuner), 48/75 €

Encore un bistrot branché, à la fois rétro et gastro comme il se doit ? Béton ciré, mobilier de récupération (banquettes en skaï, chaises dépareillées), tables en bois brut, suspensions d'esprit industriel, etc. : tous les codes du lieu tendance sont bel et bien réunis, mais avec une simplicité qui évite les stéréotypes... De fait, l'endroit n'a rien d'une énième copie, car c'est un vrai chef, avec un style bien à lui, qui fait tourner l'affaire ! Ainsi cette entrée originale, jouant sur l'amertume : bulots, poireaux et noix de muscade dans un jus d'herbes. Qu'il s'agisse de l'ardoise du jour au déjeuner, ou du menu dégustation le soir, on découvre un authentique travail de cuisinier, avec la touche d'inventivité qui va bien. La conclusion s'impose : encore et toujours plus !

Georgette

Traditionnelle

B2

29 r. St-Georges
✆ 01 42 80 39 13
Ⓜ Notre-Dame de Lorette
Fermé vacances de Pâques, août, vacances de la Toussaint, vacances de février, samedi, dimanche, lundi et fériés

Carte 32/42 €

Une plongée au cœur des sixties, voilà ce que propose Georgette. Derrière ce prénom rétro, il y a un sympathique bistrot qui réjouira les nostalgiques des tables multicolores en formica et des sièges en skaï vert olive. Le cachet insolite du lieu plaît aussi aux touristes en mal d'authenticité, heureux de goûter à cette atmosphère décontractée. "Retour aux sources" également dans la cuisine, inspirée par la tradition et réalisée avec des produits de qualité. Le chef vous régale avec ses harengs aux oignons doux, son pâté en croûte façon Ducloux ou des oreilles de cochon au vin blanc doux. Encore un petit creux ? Tentez le riz au lait ou un Eton mess, un dessert typiquement britannique. Si c'est Georgette qui vous le dit !

Hotaru

Japonaise

C2

18 r. Rodier
✆ 01 48 78 33 74
Ⓜ Notre-Dame de Lorette
Fermé dimanche et lundi

Formule 22 € – Carte 21/50 €

Association originale que celle d'une authentique cuisine japonaise et d'un décor de restaurant très parisien (mais rehaussé de touches asiatiques et d'expositions d'art). Aux fourneaux œuvre Isao Ashibe, jeune chef né à Paris, pour autant totalement imprégné de culture nippone : fils de l'un des premiers Japonais ayant créé un restaurant dans la capitale française (dans les années 1950 !), il a lui-même parfait sa formation de longues années durant dans l'archipel. Outre les incontournables makis et sushis, il propose des recettes moins connues, principalement à base de poisson et de fruits de mer (comme le foie de lotte, dit "le foie gras marin"), des plats mijotés et des fritures (agemono). Une vraie cuisine familiale japonaise, où la qualité et la fraîcheur des produits sont au rendez-vous.

I Golosi

Italienne

C3

6 r. de la Grange-Batelière
01 48 24 18 63
Richelieu Drouot
Fermé 2 semaines en août, samedi soir et dimanche

Carte 25/49 €

Épicerie italienne (pastas, huiles, biscuits, etc.), comptoir de dégustation au rez-de-chaussée et salle de restaurant à l'étage : on a l'embarras du choix dans cette trattoria du joli passage Verdeau, où résonne l'accent des serveurs. Le décor ne présente aucun intérêt particulier, pour mieux laisser parler l'assiette et ses saveurs authentiques. Un conseil : n'hésitez pas à demander la belle carte de vins transalpins – plus de 500 références –, afin d'accompagner antipasti, soupes de saison et alléchants plats de pâtes... Chaque semaine, une petite sélection originale d'accords mets-vins vous est d'ailleurs proposée. Sans oublier le café du patron, digne des meilleurs. Une botte secrète, en quelque sorte... Dernier détail, I Golosi signifie "les gourmands" en italien : tout est dit !

Kiku

N

Japonaise

C3

56 r. Richer
01 44 83 02 30
Cadet
Fermé 1 semaine en août, 1 semaine en décembre, samedi midi et dimanche

Formule 27 € – Menu 35 € (déjeuner)/55 €

A/C

Au Japon, on les appelle des "izakaya", ces bars à saké qui proposent à la dégustation une succession de petits plats. À deux coups de baguettes des Folies Bergère, le concept est original, et totalement convaincant : loin du diktat des sushis – et sans thon rouge, préservation de l'espèce oblige –, Kiku fait la part belle au répertoire traditionnel d'une vraie auberge nippone, avec chirashi, marmites, poisson du jour... Une cuisine à la fois fraîche, parfumée et soignée, qui sait aussi oser les variations contemporaines et s'adapter aux petites "manies" occidentales, par exemple avec un choix de desserts (ainsi cette délicieuse crème brûlée au sésame noir et sa glace au sésame blanc). Formule intéressante au déjeuner, menu dégustation le soir, et bon rapport qualité-prix dans les deux cas !

Jean ✿

Créative

8 r. St-Lazare
01 48 78 62 73
www.restaurantjean.fr
Ⓜ Notre-Dame de Lorette

C2

Menu 50 € (déjeuner), 75/138 € – Carte 76/98 €

A/C

Jean

Poutres peintes, tentures fleuries, atmosphère feutrée, charme bourgeois, etc. En plein cœur du 9e arrondissement, Jean donne l'illusion d'une charmante escapade en dehors du Paris contemporain... et sa cuisine cultive des plaisirs authentiques ! Aux fourneaux œuvre Attilio Marazzo, un jeune chef italien qui a fait ses armes chez Joël Robuchon ; c'est imprégné de son expérience chez ce grand nom de la gastronomie française, tout comme des goûts de son enfance, qu'il imagine des mets raffinés, aux saveurs tranchées, où cuissons et textures se mettent mutuellement en valeur. Ainsi ce délicat pigeon rôti au foie gras et aux parfums d'automne (navets, blettes, champignons, maïs), dans une délicieuse sauce soja-miel... Le soir, vous pouvez laisser faire le chef à travers un menu dégustation où il donne libre cours à son imagination. À noter : on propose un brunch au déjeuner le dimanche.

Entrées

- Cannelloni de tourteau, brunoise de légumes à l'estragon
- Mini burger de thon rouge mariné puis fumé et de foie gras parfumé aux agrumes, sauce thaïe

Plats

- Cabillaud confit, courgette farcie et parfumée à la marjolaine
- Filet mignon de veau rôti, fricassée de ris de veau et de girolles

Desserts

- Biscuit moelleux au chocolat noir, croustillant praliné et noix de pécan, sorbet citron vert
- Bavarois noix de coco, cœur au sorbet fruits de la passion

Le Lumière

Moderne

Hôtel Scribe,
1 r. Scribe
01 44 71 74 20
www.hotel-scribe.com/fr/le-lumiere.html
Opéra

A3

Formule 48 € – Menu 95 € (semaine) – Carte 54/77 €

Silence, moteur… action ! On peine à imaginer l'émotion qu'ont dû ressentir les spectateurs du premier film des frères Lumière. Et pourtant, c'est ici même, au sein de l'hôtel Scribe, qu'il fut projeté en 1895. Le décor de la salle leur rend hommage, et c'est sous une lumineuse verrière zénithale que l'on prend place pour le repas. Quand les premières assiettes apparaissent, le synopsis est convaincant : le chef sait mettre en scène les produits de qualité. Un savoir-faire et une originalité que l'on perçoit par exemple dans cette ventrèche de thon albacore piquée au lard de Colonnata, artichauts poivrade, girolles poêlées et écume de nougatine à l'ail doux. Cadrage, scénario : le film se révèle savoureux… avec pour "happy end" de délicats desserts.

Mamou

N

Traditionnelle

42 r. Taitbout
01 44 63 09 25
Chaussée d'Antin
Fermé 3 semaines en août, 1 semaine à Noël, lundi soir, mardi soir, samedi midi et dimanche

B3

Formule 19 € – Carte 35/52 €

Quelles qu'aient été les motivations du choix de ce nom de "Mamou", on y voit volontiers une évocation de l'amour maternel, voire des bons petits plats qui réchauffaient nos cœurs d'enfant… On se réfugiera donc avec plaisir dans les jupons de ce restaurant de quartier né en 2013 à deux pas des grands magasins. L'endroit – dont le décor joue plutôt la carte de la simplicité – est tout indiqué pour une pause réconfortante après une séance de shopping. Comment ne pas reprendre des forces, en effet, en dégustant un menu aussi généreux : crème de cèpes, quasi de veau rôti et pêche de vigne pochée à la verveine… À la dégustation, on ne s'étonnera pas d'apprendre que le chef est passé par de belles maisons. Il signe sans conteste un amour de cuisine du marché.

Momoka au n°5

Japonaise

B2

5 r. Jean-Baptiste-Pigalle
01 40 16 19 09
Trinité d'Estienne d'Orves
Fermé août, samedi midi, dimanche et lundi
– Réservation conseillée

Formule 29 € – Menu 39 € (déjeuner), 49/68 € – Carte 32/42 €

A/C

Masayo Hashimoto a passé neuf ans dans une pâtisserie française à Osaka... puis elle a rejoint l'Hexagone en emportant dans ses bagages la douceur des plats traditionnels de son enfance au pays du Soleil-Levant. En cuisinière passionnée et méticuleuse, elle fait évoluer ses créations du jour au gré du marché et de son inspiration, et elle adore plus que tout travailler les légumes et les poissons – toujours avec simplicité et précision. Et comme son Momoka est vraiment mini, la minicuisine est visible de la minisalle (quatorze couverts seulement), créant une vraie atmosphère "comme à la maison"... Évidemment, il faut penser à réserver, mais l'on pourra aussi tenter sa chance au n° 24, où la chef a récemment créé une succursale !

Momoka au n°24

N

Japonaise

B2

24 r. Jean-Baptiste-Pigalle
09 67 29 47 54
Trinité d'Estienne d'Orves
Fermé août, samedi midi, dimanche et lundi
– Réservation conseillée

Formule 29 € – Menu 39 € (déjeuner), 45/68 €

A/C

Installée depuis plusieurs années au n° 5 de la rue Jean-Baptiste-Pigalle, où elle devait refuser – étroitesse oblige – nombre de clients, Masayo Hashimoto a récemment dupliqué sa petite adresse en créant une succursale au n° 24. Heureuse nouvelle : avec une salle deux fois plus grande, on a donc dorénavant trois fois plus de chance de dégoter une place, ici ou là-bas, pour profiter de sa cuisine ! La carte est en effet la même que dans la maison mère : on retrouve ici tout le savoir-faire de cette authentique cuisinière japonaise, qui fut d'abord pâtissière (le goût de la précision, déjà...) à Osaka, et excelle dans la préparation de petites préparations bien tournées, où les légumes et le poisson sont rois. Le tout dans un décor épuré, rehaussé de bois clair... à la mode japonaise bien évidemment !

L'Office

Moderne

3 r. Richer
01 47 70 67 31
Poissonnière
Fermé 27 juillet-27 août, 23 décembre-4 janvier, samedi et dimanche – Réservation conseillée

D3

Formule 21 € – Menu 26 € (déjeuner)/33 €

A/C

Un bistrot de poche, à deux pas des Folies Bergère… On passerait presque devant sans le voir, tant il se fait discret, et pourtant ! Dans une ambiance décontractée, assis au coude-à-coude, on se régale d'une cuisine qui change au rythme du marché et des saisons. Des préparations justes et savoureuses signées par un chef japonais, passé notamment par les cases Robuchon, Ducasse, Piège ou encore Barbot. Ses recettes font mouche... et sont accompagnées d'un judicieux choix de vins. À chaque repas, on a le choix entre trois entrées, trois plats et trois desserts, le tout à prix serrés. Une formule qui en séduit visiblement plus d'un : il n'est pas rare que l'on refuse du monde. Si d'aventure c'était complet, tentez votre chance au Richer, juste en face (pas de téléphone, pas de réservation) : c'est la même équipe !

L'Opéra

Moderne

pl. Jacques-Rouché - Palais Garnier
01 42 68 86 80
www.opera-restaurant.fr
Opéra

B3

Formule 36 € – Carte 41/77 €

A/C

Fantôme ? Petit rat ? Non, gourmet de l'Opéra ! Au sein du palais Garnier lui-même – sous la rotonde qui accueillait autrefois les fiacres –, l'architecte Odile Decq a imaginé un espace tout en courbes... Les piliers d'origine prennent une nouvelle dimension, mis en valeur par une mezzanine "autoportante" aux airs de grand vaisseau spatial. À la fois fifties, sixties, contemporain et 19e s., ce lieu étonnant a du style, c'est indéniable ! Et la terrasse extérieure permet de profiter de l'architecture du monument... Dans l'assiette, même raffinement autour d'une cuisine de saison. Langoustines poêlées, yuzu et amandes fraîches ; cabillaud laqué, semoule de légumes croquants et grenade ; opéra en dessert (évidemment...) : en ces lieux dédiés à la danse et à la musique, la carte a tout d'une partition gourmande.

L'Oriental

Marocaine

47 av. Trudaine
01 42 64 39 80
www.loriental-restaurant.com
Pigalle

C1

Menu 38 € – Carte 34/54 €

Sur l'avenue Trudaine, où s'étend sa terrasse aux beaux jours, L'Oriental est fidèle à l'esprit marocain, sa patrie de cœur : tons ocre, banquettes confortables, éclairages tamisés... sans oublier quelques notes "couleur locale" comme les tables ornées de faïence, les tableaux classiques et la fontaine importée directement de Marrakech. En cuisine, la tradition demeure une valeur sacrée. Pour preuve, les plats authentiques et parfumés qui témoignent d'un savoir-faire transmis de génération en génération. Tajines, couscous et autres bricks se dégustent dans une ambiance chaleureuse, grâce à la clientèle d'habitués et au service attentionné.

Le Pantruche

Moderne

3 r. Victor-Massé
01 48 78 55 60
www.lepantruche.com
Pigalle
Fermé 3 semaines en août, 20-28 décembre, samedi et dimanche – Réservation conseillée

C1

Formule 18 € – Menu 35/40 € – Carte 41/47 €

Paris canaille, Paris la gouaille, Pantruche ! Les titis de Pigalle se sont transformés en gourmets avertis et se pressent dans ce bistrot vintage. Miroirs piqués, banquette rétro et zinc enjôleur : bien qu'actuel, le cadre fait de l'œil au Paris des années 1940. Sur l'ardoise, on reconnaît le style de Franck Baranger, un chef au beau parcours. Selon la saison, il imagine un tartare d'huîtres à la crème de laitue, une poitrine de veau confite à la verveine et petits pois à la menthe ou un inimitable soufflé au Grand Marnier. C'est efficace sans être simpliste, c'est généreux, et l'on repart le sourire aux lèvres : "Ah, Paname !"

La Petite Sirène de Copenhague

Danoise B1

47 r. Notre-Dame-de-Lorette
01 45 26 66 66
www.lapetitesireneparis.com
Ⓜ St-Georges
Fermé août, 23 décembre-2 janvier, samedi midi, dimanche et lundi – Réservation conseillée
Menu 35 € (déjeuner)/41 € – Carte 55/77 €

À peine entré, vous serez sous le charme de cette authentique ambassade du Danemark. Pourtant cette sirène-là n'envoûte pas en chantant : elle attire les gourmets dans ses filets avec de succulents harengs aigres-doux et un incomparable saumon fumé. Deux vedettes incontestées d'une carte de mets sucrés-salés en provenance directe de la patrie d'Andersen. Naturellement, le reste suit : Peter et sa sympathique équipe prennent votre commande avec un délicieux accent nordique, en vous proposant un pigeon au chou rouge, une sole et ses pommes de terre à l'aneth... ainsi que d'excellentes *øl* (bières danoises) et un incontournable aquavit – à consommer avec modération, bien sûr. Couleur locale aussi, le sobre décor : tomettes cirées, photos anciennes du parc de Tivoli de Copenhague... Un régal !

Le Pré Cadet

Traditionnelle C2

10 r. Saulnier
01 48 24 99 64
web http://restaurant-leprecadet.e-monsite.com
Ⓜ Cadet
Fermé 1 semaine en mai, 3 semaines en août, 1 semaine en décembre, samedi midi, dimanche et lundi – Réservation conseillée
Menu 30 € – Carte 34/62 €

A/C

Cantine du quartier des banques le midi ; point de ralliement des noctambules le soir... L'herbe est toujours verte au Pré Cadet, et la salle bien remplie. D'un coup d'œil sur la carte, on comprend les raisons de ce succès : une cuisine traditionnelle canaille et copieuse, proposée à prix d'amis. Ici, la tête de veau sauce gribiche, l'andouillette, le foie et les ris de veau sont l'orgueil de la maison ! Mais on peut évidemment se sustenter d'une solide côte de bœuf de race salers rehaussée d'une sauce marchand de vin et accompagnée de pommes de terre sautées. Pour finir, on hésite entre des profiteroles et une pêche melba... Tradi, on vous l'a dit !

Prémices

N

Moderne C2

24 r. Rodier
01 45 26 86 26
www.facebook.com/restaurantpremices
Ⓜ Cadet
Fermé août, 1 semaine vacances de Noël, lundi midi, samedi et dimanche – Réservation conseillée
Formule 24 € – Menu 48/53 € – Carte 52/60 €

Financier dans une banque d'affaires, Alexandre Weill est reparti de zéro... pour se livrer à sa passion de la gastronomie, apprendre la cuisine et ouvrir son propre restaurant. Bien lui en a pris ! On ne peut en effet lui dénier un vrai talent de cuisinier, précis dans ses réalisations, original dans ses propositions. Huîtres en gelée au gingembre et basilic ; volaille jaune des Landes, purée maison et jus à la marjolaine ; millefeuille (avec une superbe pâte feuilletée) et crème diplomate à la vanille... Autant de recettes subtiles et sans esbroufe, savoureuses, mettant en valeur des produits sélectionnés avec soin. Dans un cadre contemporain pensé avec beaucoup de goût, le repas se révèle des plus agréables. Et ce ne sont que les prémices...

La Régalade Conservatoire

N

Moderne D3

Hôtel de Nell,
7-9 r. du Conservatoire
01 44 83 83 60
www.hoteldenell.com
Ⓜ Bonne Nouvelle
Fermé 1er-18 août, samedi midi et dimanche – Réservation conseillée
Menu 35 €

A/C

Et de trois ! Après ses Régalades des 14e et 1er arrondissements, Bruno Doucet réplique à deux pas des Grands Boulevards, au sein du luxueux hôtel de Nell, décoré par Jean-Michel Wilmotte. Murs noirs, plafond blanc, sol en damier : l'esprit bistrot se fait chic, et la cuisine du chef toujours aussi enlevée, généreuse et savoureuse. Des exemples ? Tartare de maquereau relevé d'une vinaigrette aux agrumes, magret de canard cuit sur la peau et navets nouveaux, riz au lait "comme le faisait ma grand-mère", etc. Fidèle à l'habitude de l'enseigne, le rapport qualité-prix est excellent : vivement le prochain opus !

Les Saisons

Traditionnelle

C2

52 r. Lamartine
01 48 78 15 18
www.restaurant-les-saisons.com
Ⓜ Notre-Dame de Lorette
Fermé 3 semaines en août, dimanche et lundi

Formule 17 € – Menu 22 € (déjeuner en semaine) – Carte 32/47 €

Comme les années, les bistrots parisiens ont leurs saisons... L'heure du printemps est revenue pour cette adresse au cachet d'antan (banquettes en moleskine, petites tables serrées, etc.), sur laquelle un jeune chef fait aujourd'hui souffler un vent de fraîcheur. Jonathan Lutz a repris l'affaire fin 2011, après avoir fait ses classes dans quelques institutions du bistrot parisien. Ici chez lui, il s'approprie avec doigté les classiques du genre, proposant par exemple terrine de pâté de campagne maison et céleri rémoulade, filet de bœuf et légumes thaïs sautés au wok, crème brûlée à la vanille, etc. – avec aussi un joli choix de fromages. À noter : il concocte au déjeuner, en semaine, deux menus plutôt bon marché. Dans tous les cas, son credo, c'est la gourmandise... au plus près de chaque saison, évidemment !

Ce guide vit avec vous : vos découvertes nous intéressent. Coup de colère ou coup de cœur, faites-nous part de vos impressions : écrivez-nous !

S.Sonnet / hemis.fr

10e

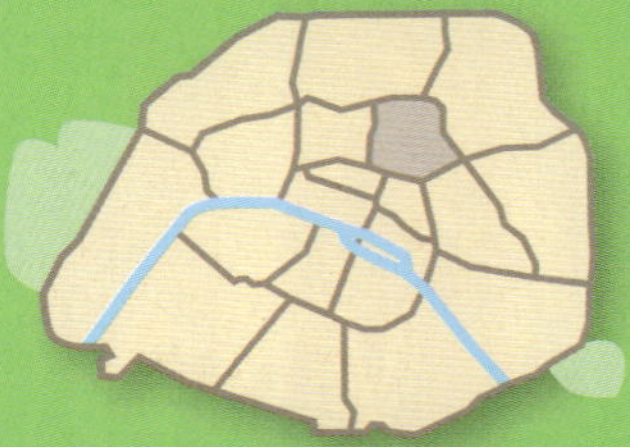

Gare de l'Est · Gare du Nord · Canal St-Martin

B. Rieger / hemis.fr

Gare de l'Est, Gare du Nord, Canal St-Martin

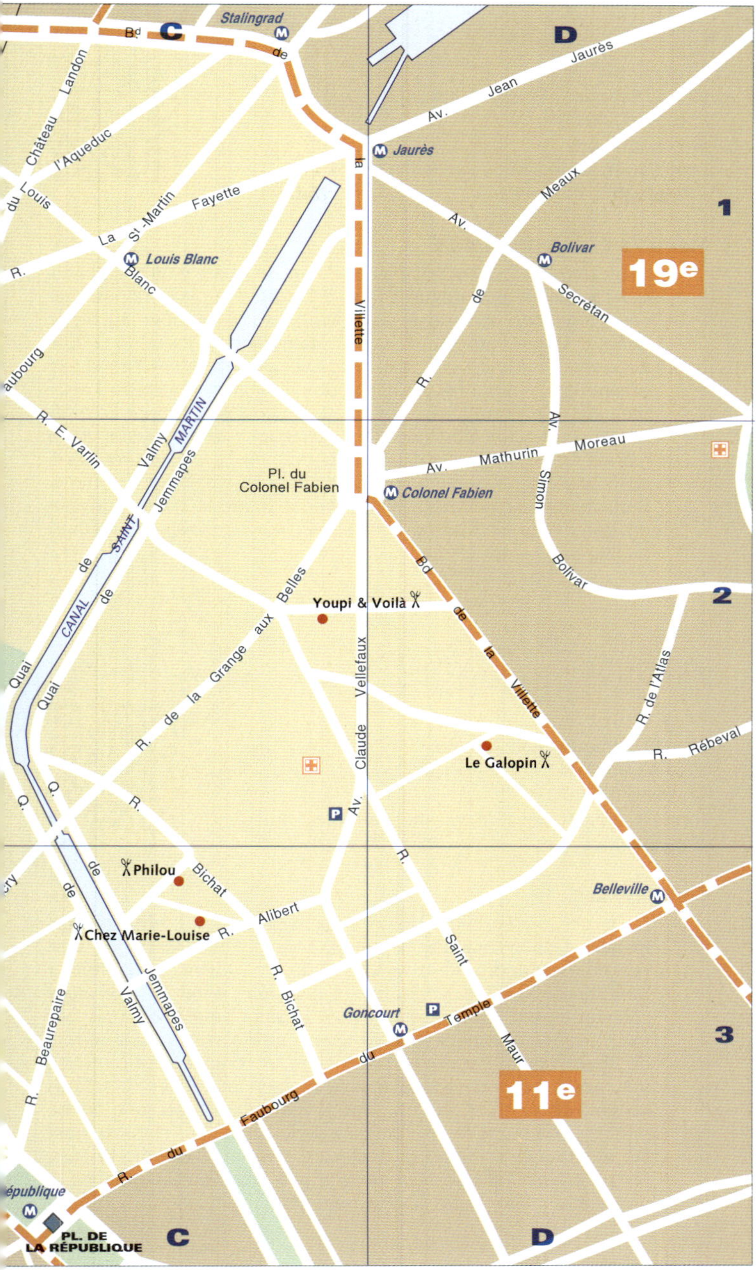

C
D
Stalingrad
Bd de la Villette
Av. Jean Jaurès
Jaurès
Château Landon
l'Aqueduc
R. du Faubourg
Louis Blanc
R. La Fayette
St-Martin
Louis Blanc
Av. Secrétan
Meaux
Bolivar
1
19e
R. de Meaux
R. E. Varlin
Quai de Valmy
Quai de Jemmapes
CANAL SAINT MARTIN
Av. Simon Bolivar
Av. Mathurin Moreau
Pl. du Colonel Fabien
Colonel Fabien
Bd de la Villette
Youpi & Voilà
R. de la Grange aux Belles
Av. Claude Vellefaux
2
R. de l'Atlas
R. Rébeval
Le Galopin
P
Q. de Valmy
Q. de Jemmapes
R. Bichat
Philou
Chez Marie-Louise
R. Alibert
R. Saint Maur
Belleville
R. Beaurepaire
Goncourt
R. du Faubourg du Temple
3
11e
République
PL. DE LA RÉPUBLIQUE
C
D

Abri

Moderne

92 r. du Faubourg-Poissonnière
01 83 97 00 00
Poissonnière
Fermé août, samedi midi, dimanche et lundi
– Réservation conseillée

A2

Menu 25 € (déjeuner)/40 €

Et un de plus ! Se sont-ils passé le mot, tous ces jeunes Japonais qui s'installent aujourd'hui à Paris ? On ne s'en plaindra pas, tant cette tendance apporte à la capitale, en ces années 2010, de belles et bonnes adresses... Passé notamment par La Table de Joël Robuchon et Taillevent, Katsuaki Okiyama s'est entouré d'une équipe 100 % nippone... mais sa cuisine est grandement française. Bien sûr, elle porte la marque de cette sensibilité propre à l'Asie, qui va si bien aux classiques de l'Hexagone : ainsi ce maquereau mariné au citron et sa salade de fenouil, ou ce cochon rôti servi doré avec un jus de viande et une sauce au vinaigre de pomme. Bref, malgré sa petitesse et son décor modeste (vingt couverts environ), voilà un Abri où l'on se réfugie avec plaisir ! Le rapport qualité-prix est excellent...

Albion

Moderne

80 r. du Faubourg-Poissonnière
01 42 46 02 44
Poissonnière
Fermé 3 semaines en août, vacances de Noël, samedi et dimanche

A2

Carte 40/52 €

Nulle perfidie en cette Albion où œuvre un chef... britannique ! Installé dans l'Hexagone depuis plus de dix ans, Matt Ong s'est parfaitement approprié le répertoire de nos provinces, au premier rang desquelles celui du bistrot parisien. Avec des produits soigneusement choisis, il crée des recettes originales mais pas excentriques, cuisinées avec justesse : qu'il s'agisse d'une terrine de "ham hock" (jarret de porc) ou d'un onglet de bœuf aux légumes croquants, les saveurs sont bien marquées. Les tarifs restent raisonnables, et l'on peut se faire plaisir avec une bonne sélection de bouteilles de petits propriétaires, car l'établissement fait aussi cave à vins. À la limite des 9e et 10e arrondissements, on peut donc allégrement réviser son anglais et s'entraîner à prononcer : *"This bistro is very friendly !"*

Café Panique

Moderne

A2

12 r. des Messageries
01 47 70 06 84
www.cafepanique.com
Poissonnière
Fermé août,1 semaine en février, dimanche et fériés

Formule 25 € – Menu 35/45 € – Carte 36/51 €

Adresse cachée – il faut traverser un long couloir pour y accéder –, le Café Panique réserve plus d'une surprise. Voici un atelier textile reconverti avant l'heure en restaurant aux allures de loft industriel (mezzanine, verrière, expositions de photos, sans oublier les cuisines vitrées). Installée ici depuis 1992, Odile Guyader a troqué l'enseignement de l'allemand pour la cuisine. Bien lui en a pris ! Affinées au fil du temps, ses recettes d'auteur, inventives et alléchantes, mettent l'eau à la bouche : roulé de betterave et chèvre à la menthe, filet de bœuf poêlé, émulsion de foie gras et gnocchis à la sauge, tiramisu au Carambar... De quoi piquer votre curiosité.

Chameleon

N

Traditionnelle

B3

70 r. René-Boulanger
01 42 08 99 41
www.chameleonrestaurant.fr
Strasbourg-St-Denis
Fermé 2 semaines en août, vacances de février, samedi midi, lundi soir et dimanche

Formule 17 € – Menu 21 € (déjeuner) – Carte 30/48 €

Mobilier chiné, luminaires postindustriels, cuisine bistronomique et terrasse colorée... Cette nouvelle adresse, à deux pas des théâtres de la Porte-St-Martin et de la Renaissance, s'inscrit tout droit dans la tendance urbaine et contemporaine (qui a dit bobo ?). À la baguette, deux associés que l'on ne s'attendait guère à voir dans cette affaire : Valérie vient du monde du théâtre et Arnaud est un ancien créateur d'entreprise... mais ils ont en commun une passion dévorante pour la gastronomie et les bons produits – passion que l'on partage. Sur la petite terrasse colorée, on se régale d'un œuf bio cuit à 65 °C, de betteraves à l'écume de pain brûlé et à la ciboule chinoise, d'un magret de canard aux épices, ou encore d'un ris de veau aux champignons de la saison... Belle représentation !

Chez Casimir

Traditionnelle A1

6 r. Belzunce
01 48 78 28 80
Gare du Nord

Formule 24 € – Menu 28 € (déjeuner en semaine)/32 €

Bistrot typiquement parisien – tables bien serrées, banquettes en skaï rouge, chaises bistrot – que ce Casimir imaginé par Thierry Breton, le patron de Chez Michel. Dans la semaine, on se régale d'une cuisine fraîche, simple et efficace, qui fait la part belle aux produits du marché. Mais la grande affaire, c'est le traou mad ("bonnes choses") des samedis et dimanches midi. Imaginez un peu : un buffet de hors-d'œuvre variés à volonté, de la soupe, de l'omelette, le plat en cocotte du jour et, pour ceux qui en sont encore capables, un dessert. Et le vin est à prix coûtant, on va le choisir soi-même à la cave ! Chut, ne dites rien, c'est déjà l'affluence…

Chez Marie-Louise

Traditionnelle C3

11 r. Marie-et-Louise
01 53 19 02 04
www.chezmarielouise.com
Goncourt
Fermé août, 24 décembre-2 janvier, samedi et dimanche

Formule 14 € – Menu 18 € (déjeuner) – Carte 28/43 €

Ah, le canal St-Martin et l'hôpital St-Louis, quartier bobo s'il en est ! Rue Marie-et-Louise, ce néobistrot est on ne peut plus au cœur du sujet. Banquettes en moleskine, moulures, propositions alléchantes à l'ardoise, etc. ; l'ambiance joue la carte rétro. On se laisse tenter, sur les conseils de Christophe, par une terrine de lapin en gelée et aromates, ou un magret de canard rôti, jus aux griottines et pomme paillasson. Nul doute : le chef revisite la tradition avec simplicité et goût ! Et l'on n'en finit plus de commenter l'excellent millefeuille à la vanille, spécialité de la maison...

Chez Michel

Traditionnelle

A1

10 r. Belzunce
01 44 53 06 20
Gare du Nord
Fermé 3 semaines en août, lundi midi, samedi et dimanche

Formule 28 € – Menu 34/100 €

Depuis de nombreuses années, l'atmosphère informelle et conviviale de Chez Michel attire tant les habitués du quartier que les touristes. Dans un décor où dominent le bois et les tons blanc et bleu, avec au niveau inférieur une petite salle aux airs de caveau de dégustation, on se délecte de la fameuse cuisine de Thierry Breton, qui a l'art de concocter une carte traditionnelle et... bretonne (sa terre natale, qui explique également le blanc et bleu du décor, CQFD), complétée par de jolies suggestions à l'ardoise. Bisque de homard, cotriade de lieu jaune, kouin "miam miam" (version personnelle du kouign amann), paris-brest-paris et gibier en saison... Breizh, mais pas seulement !

Le Galopin

Moderne

D2

34 r. Sainte-Marthe
01 42 06 05 03
www.le-galopin.com
Belleville
Fermé 2 semaines en août, 1 semaine vacances de Noël, le midi, dimanche et lundi – Réservation conseillée

Menu 48 €

Quel galopin, ce Romain Tischenko, lui qui après avoir remporté la très médiatique émission Top Chef sur M6 (édition 2010) a choisi... la discrétion ! A-t-il résisté aux sirènes de nombre d'investisseurs ? Refusé des ponts d'or ? Quoi qu'il en soit, il n'a laissé parler que sa passion – celle de la gastronomie, du partage, de l'humilité aussi peut-être... – en ouvrant ce petit bistrot sur la jolie place Ste-Marthe. Ici chez lui, derrière ses fourneaux ouverts sur la salle, il cuisine comme à des amis, avec l'envie palpable de faire découvrir et de faire plaisir. Jeux sur les ingrédients, les herbes, les températures, etc., exécutés avec brio et inspiration : il offre à tous un beau moment tout en saveurs. Une adresse très recommandable, avec ou sans l'estampille "Vu à la TV" !

La Grille

Traditionnelle
A2

80 r. du Faubourg-Poissonnière
01 47 70 89 73
Ⓜ Poissonnière
Fermé 3 semaines en août, samedi et dimanche

Carte 32/55 €

Passez la grille et voici le Paris d'autrefois qui resurgit ! Un bistrot "pur jus" avec ses vieux miroirs piqués par les années qui semblent refléter les dîneurs du temps passé, son carrelage hors d'âge et ses chaises bistrot… Le service cadre avec l'atmosphère de l'endroit, et l'on vous explique avec gouaille les classiques du lieu. Rien ne semble avoir changé et pourtant… En 2010, quatre associés ont repris en main cette institution, lui donnant un bel entrain. Il convient de faire honneur à une solide cuisine du genre, parfumée et soignée. Filets de hareng ? Tête de veau sauce gribiche ? Bœuf bourguignon ? Rognons de veau au porto ? On a l'embarras du choix et surtout la certitude qu'abondance et saveurs seront au rendez-vous.

Philou

Traditionnelle
C3

12 av. Richerand
01 42 38 00 13
Ⓜ Gouncourt
Fermé août, dimanche et lundi

Formule 27 € – Menu 34 €

De grandes et alléchantes ardoises, des miroirs, une affiche des *Enfants du paradis* de Marcel Carné... Voilà une sympathique adresse bistronomique qui joue la carte de la convivialité gourmande. Au gré du marché et pile dans la tendance, le chef japonais, Shin Maeda, vous concocte un millefeuille de thon, une crème de navet au jambon, un pigeon rôti, un blanc-manger d'estragon, un filet de maigre et sa poêlée de légumes du moment, une tarte au citron ou encore un fondant au chocolat... En vogue aussi, la carte des vins, qui fait la part belle aux petits vignerons indépendants, le tout à prix doux. Avec son bistrot de copains près du canal St-Martin, Philou a tout compris. Filez-y !

Playtime

Moderne

A2

5 r. des Petits-Hôtels
01 44 79 03 98
Gare du Nord
Fermé août, 23 décembre-2 janvier, lundi soir, samedi et dimanche

Formule 20 € – Menu 28 € (déjeuner), 36/45 €

A/C

Il est grand temps de jouer ! Viveka Sandklef et Jean-Michel Rassinoux sont restés de grands enfants, amoureux de l'originalité, et M. Hulot aurait certainement apprécié leur cuisine ludique, où le beau classicisme français se pare d'influences scandinaves et japonaises. Harengs en saumure sur miroir en jaune d'œuf et gelée de carotte et gingembre, tataki de veau aux épices, filet mignon de porc au manchego sauce prune rouge, sandwich au chocolat et parfait glacé de pêches au vin blanc : un voyage à travers le monde et une échappée dans le temps... Car ce lieu, vibrant hommage au film éponyme de Jacques Tati, revisite les fifties avec humour et décontraction. Time to play !

Youpi & Voilà

Moderne

C2

8 r. Vicq-d'Azir
01 83 89 12 63
www.youpietvoila.fr
Colonel-Fabien
Fermé 3 semaines en août, dimanche et lundi

Formule 20 € – Menu 25 € (déjeuner)/39 €

Youpi, voilà de la bistronomie à l'état pur ! Entre l'hôpital St-Louis et la place du Colonel-Fabien, on s'exclame de soulagement en découvrant, parmi de nombreuses pizzerias et kebabs, ce petit bistrot tout simple, qui, à la lecture de sa carte placardée sur la vitrine, annonce de jolis plaisirs... "Poulpe de St-Jean-de-Luz, tomates confites, fenouil braisé et ketchup de framboise" : comment ne pas avoir envie de pousser la porte ? L'assiette ne ment pas : voilà bel et bien de la bonne cuisine, signée par un vrai chef derrière les fourneaux – Patrice Gelbart de son nom. Son ambition : "créer des liens humains entre la terre, le producteur et le client." Pari réussi ! De surcroît chaleureuse, l'adresse est parfaite pour un repas entre amis, lequel se résumera d'un mot : youpi !

Zerda

Marocaine

B3

15 r. René-Boulanger
01 42 00 25 15
Strasbourg-St-Denis
Fermé 15-29 août, lundi midi, samedi midi et dimanche – Réservation conseillée

Carte 30/43 €

À la tête du Zerda – une institution née dans les années 1940–, Jaffar Achour, originaire de Kabylie, s'impose comme un spécialiste, un défricheur, voire un démiurge du couscous, toujours à la recherche de combinaisons inédites. Du classique couscous méchoui (agneau et merguez) à l'insolite couscous seffa (poulet, dattes, raisins secs, amandes, pistaches, fleur d'oranger, cannelle et spéculos), il joue avec les belles potentialités et les riches parfums de ce plat emblématique… qui hisse le partage au rang d'art de vivre. Le tout dans un décor arabisant, comme il se doit, et une ambiance familiale qui met à l'aise. Enfin, le joli choix de vins d'Afrique du Nord mérite attention. Une bonne graine, pour sûr !

Déjeunons dehors, il fait si beau ! Optez pour une terrasse, repérable au symbole .

B. Rieger / hemis.fr

11e

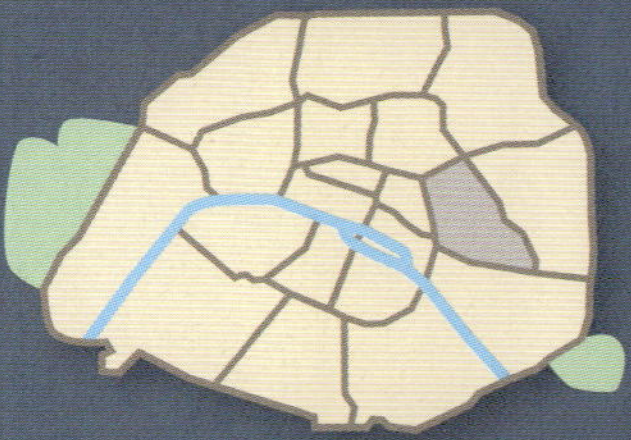

Nation · Voltaire · République

R. Mazin / Photononstop

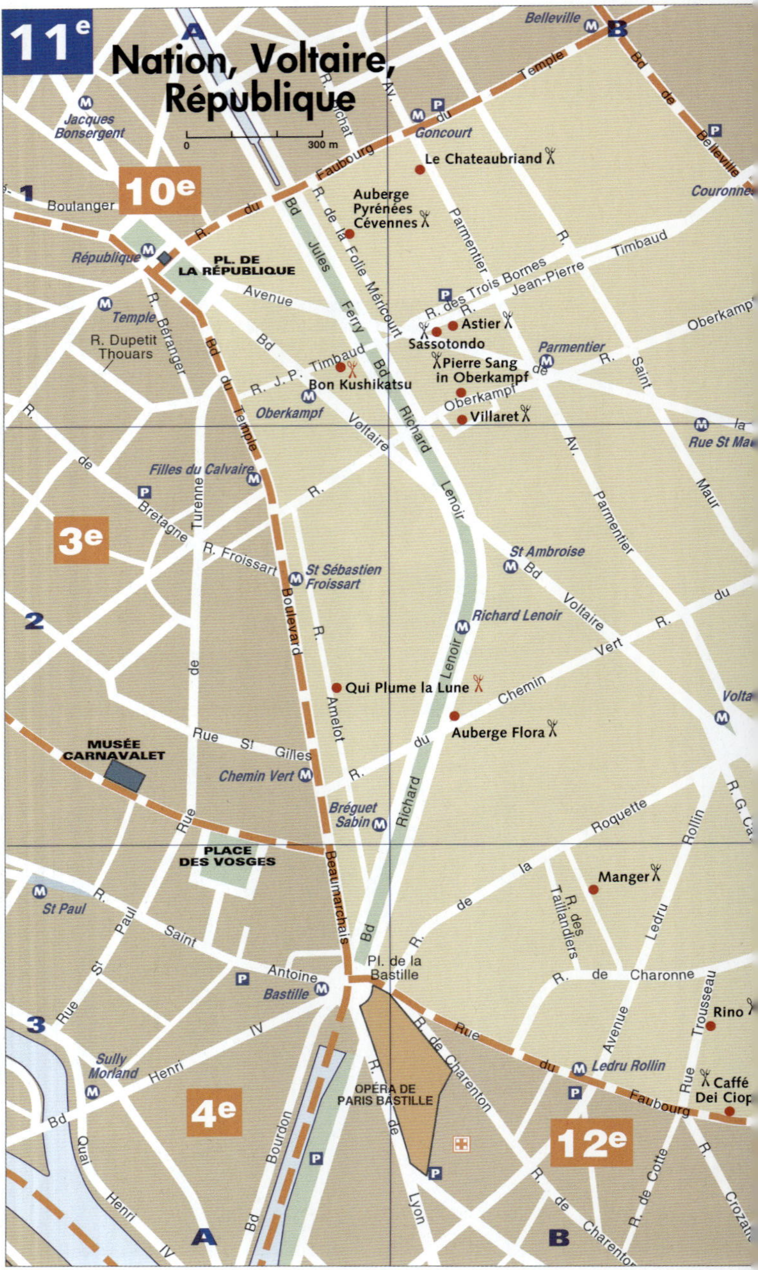

11e
Nation, Voltaire, République
0
300 m
10e
3e
4e
12e
PL. DE LA RÉPUBLIQUE
MUSÉE CARNAVALET
PLACE DES VOSGES
OPÉRA DE PARIS BASTILLE
Pl. de la Bastille
Le Chateaubriand
Auberge Pyrénées Cévennes
Astier
Sassotondo
Pierre Sang in Oberkampf
Villaret
Bon Kushikatsu
Qui Plume la Lune
Auberge Flora
Manger
Rino
Caffé Dei Ciop
Belleville
Goncourt
Jacques Bonsergent
République
Temple
Oberkampf
Parmentier
Filles du Calvaire
St Sébastien Froissart
St Ambroise
Richard Lenoir
Chemin Vert
Bréguet Sabin
St Paul
Bastille
Sully Morland
Ledru Rollin
Couronnes
Rue St Maur
Voltaire
Boulanger
R. Dupetit Thouars
R. Béranger
Bd du Temple
R. du Faubourg du Temple
Bd de Belleville
Av. Parmentier
R. Bichat
R. de la Folie Méricourt
Bd Jules Ferry
Avenue
R. des Trois Bornes
R. Jean-Pierre Timbaud
R. J. P. Timbaud
R. Oberkampf
R. de Bretagne
Turenne
R. Froissart
Bd Voltaire
Bd Richard Lenoir
R. Saint Maur
Boulevard Beaumarchais
R. Amelot
Rue St Gilles
R. du Chemin Vert
Rue de Turenne
R. de la Roquette
R. des Taillandiers
R. de Charonne
Avenue Ledru Rollin
Rue Trousseau
R. G. Ca
R. Saint Antoine
Rue St Paul
Bd Henri IV
Quai Henri IV
Bd Bourdon
R. de Lyon
R. de Charenton
Rue du Faubourg
R. de Cotte
R. Crozatier
A
B
1
2
3

PARC DE BELLEVILLE
R. du Transvaal
des Couronnes
R. J. Lacroix
R. H. Chevreau
R. de la Mare
R. de Ménilmontant
Ménilmontant
Bd de Ménilmontant
R. Sorbier
R. des Pyrénées
R. de la Chine
Av. Gambetta
Pelleport
R. Pelleport
Pl. Gambetta
R. Belgrand
Gambetta
Père Lachaise
Av. Gambetta
République
Vert
Chemin
20e
CIMETIÈRE DU PÈRE LACHAISE
R. des Pyrénées
Philippe Auguste
R. de la Roquette
R. Léon Frot
Bd de Charonne
R. de Bagnolet
Av. Philippe Auguste
Alexandre Dumas
La Pulpéria
Bd Voltaire
Charonne
R. de Charonne
Lenoir
Septime
Chardenoux
R. Chanzy
R. Alexandre Dumas
Le Sot l'Y Laisse
L'Écailler du Bistrot
Bistrot Paul Bert
R. Faidherbe
R. P. Bert
R. Titon
Rue des Boulets
R. des Boulets
Mansouria
Au Vieux Chêne
Le Temps au Temps
Tintilou
Buzenval
Avron
R. d'Avron
R. de Montreuil
Faidherbe-Chaligny
Saint Antoine
Place de la Nation
Nation
R. de Lagny
C
D
1
2
3

Astier

Traditionnelle B1

44 r. J.-P.-Timbaud
01 43 57 16 35
www.restaurant-astier.com
Parmentier
Fermé 1er-5 janvier, dimanche en août, lundi midi et samedi – Réservation conseillée

Formule 23 € – Menu 39 € – Carte environ 40 €

A/C

Boudin noir servi avec un jus de viande déglacé au cidre, poitrine de porc braisée au foin, pintade fermière, plateau de fromages (où l'on se sert à volonté) : un vrai "lieu de gourmandise et de bavardage", selon les vœux du patron ! Et il faut aussi parler de la cave, d'une belle richesse (environ 400 références), où les vins se déclinent avec poésie : vins de soif, vins gourmands, vins de méditation, grands flacons... Tradition, simplicité et bon rapport qualité-prix : la recette d'Astier est imparable. Et le succès de cette institution ne se dément pas. On ne se lasse pas de son accueillant décor de bistrot patiné, des tables à touche-touche, des nappes à carreaux et de la vaisselle siglées Astier – en un mot, de son caractère à la bonne franquette !

Auberge Flora

Moderne B2

44 bd Richard-Lenoir
01 47 00 52 77
www.aubergeflora.com
Bréguet Sabin

Formule 18 € – Menu 22 € (déjeuner), 45/55 € – Carte 30/60 €

A/C

Le dernier défi de la chef Flora Mikula, qui a décidé d'associer le couvert... et le gîte. C'est ainsi qu'en 2012 cet ancien hôtel proche de Bastille est devenu "son" auberge – une belle auberge d'aujourd'hui ! Comment résister aux charmes de l'endroit, véritable lieu de vie, où la cuisinière vous accueille pour ainsi dire comme à la maison ? Sa cuisine, toujours aussi pétillante, débordante de soleil et de saveurs, invite à la convivialité : petits farcis à la tomate, filet de dorade et légumes méditerranéens... On peut aussi passer simplement pour grignoter quelques tapas (crostinis de sardine en pissaladière, poulpes marinés au fenouil et citron vert, etc.), ou pour le brunch des samedi et dimanche. Avis aux Parisiens : pourquoi ne pas boucler vos valises et partir en week-end... boulevard Richard-Lenoir ?

Auberge Pyrénées Cévennes

Régionale et terroir A1

106 r. de la Folie-Méricourt
01 43 57 33 78
République
Fermé 1er-21 août, samedi midi, dimanche et fériés

Menu 31 € – Carte 30/70 €

A/C La bonne humeur qui se dégage de cette maison est communicative. Les plaisanteries fusent et la patronne prodigue un accueil inégalable. Dans la salle, les tables sont accolées ; des files de jambons, saucissons et grappes de piments d'Espelette pendent au plafond... Aucun doute, ici, les bons vivants sont rois ! L'assiette propose un véritable tour de France gourmand, qui passe inévitablement par les Pyrénées et les Cévennes, sans négliger pour autant les autres régions. Des recettes généreuses et authentiques, des plats canailles et des "lyonnaiseries" dont le plus fidèle compagnon – un gouleyant pot de beaujolais, par exemple – ne saurait être oublié. Tout le charme d'une auberge régionale, à prix sages et sans chichi.

Au Vieux Chêne

Traditionnelle C3

7 r. du Dahomey
01 43 71 67 69
www.vieux-chene.fr
Faidherbe Chaligny
Fermé 19-27 avril, 27 juillet-17 août, 24 décembre-1er janvier, samedi et dimanche

Formule 15 € – Menu 19 € (déjeuner)/33 € – Carte 40/50 €

Fondé en 1932 et... solide comme un chêne ! Le cadre est rétro, l'ambiance sympathique : toutes les racines d'un bistrot parisien. Dans une autre vie, le patron a officié au sein de belles maisons (Rostang, Savoy) ; aujourd'hui, il jongle allégrement entre la salle et la cuisine. Le midi, il propose un bon petit menu du jour et, pour les moins pressés, la carte offre un joli choix : bœuf braisé et sauté, lotte rôtie au chorizo et nage de légumes, poitrine de cochon fermier avec un croustillant de champignons, tous très tentants. Même verdict pour les desserts avec, par exemple, un financier aux noisettes et sa glace au fromage blanc. Quant à la carte des vins, elle compte quelque 150 références. Les néophytes pourront même combler leurs lacunes en lisant le petit livret qui décrit les crus !

Bistrot Paul Bert

Traditionnelle C3

18 r. Paul-Bert
01 43 72 24 01
Ⓜ Faidherbe Chaligny
Fermé août, dimanche et lundi – Réservation conseillée

Menu 19 € (déjeuner en semaine)/38 € – Carte 35/59 €

Deux salles décorées de bouteilles, de banquettes et de miroirs, et une troisième logée dans une ancienne boucherie aux jolies faïences murales de 1920 : vous êtes prêt pour découvrir une cuisine de bistrot au mieux de sa forme. Ici, on ne badine pas avec les bonnes choses ! Les assiettes sont copieuses, sans chichi et bien goûteuses : marbré de foie gras et poireaux, hure de cochon, parmentier de joue et queue de bœuf, cochon de lait aux girolles, filet de bœuf au poivre de Sarawak... On salive aussi à la pensée des desserts, tels le macaron aux framboises, le soufflé au Grand Marnier ou le fameux paris-brest maison. Vous êtes encore indécis ? Songez à l'impressionnante carte des vins, qui affiche près de 500 références !

Bon Kushikatsu

Japonaise A1

24 r. Jean-Pierre Timbaud
01 43 38 82 27
Ⓜ Oberkampf
Fermé le midi et dimanche – Réservation conseillée

Menu 58 €

A/C

Ce petit restaurant japonais cultive une spécialité culinaire toute particulière, venue de la ville d'Osaka : les *kushikatsu*, des minibrochettes panées et frites à la minute. L'occasion est belle pour s'initier à ce pan méconnu de la gastronomie nippone... Bœuf au sansho, filet de sole et sauce soja, foie gras légèrement poivré et aubergine citronnée au daïkon, crevette au sel et aux herbes sèches japonaises, etc. : au fil du menu dégustation, la succession des bouchées révèle finesse et parfums, et représente fort joliment le pays du Soleil-Levant. De même le décor, chic et typiquement japonais, et l'accueil, d'une grande gentillesse. Cette table se révèle un havre de délicatesse dans la belle tradition nippone...

Caffé dei Cioppi

Italienne B3

159 r. du Faubourg-St-Antoine
01 43 46 10 14
Ledru Rollin
Fermé 3 semaines en août, vacances de Noël, samedi, dimanche et lundi – Réservation conseillée

Carte 26/41 €

Une histoire digne du meilleur cinéma italien... À l'affiche ? Federica Mancioppi, pâtissière ayant grandi à Milan avant de gagner Paris, et Fabrizio Ferrara, passé de la Sicile au Relais Plaza. Le générique ? Une devanture toute simple, dans un passage piéton du faubourg St-Antoine. Le décor ? Cinq tables, pas une de plus, pas une de moins, réservées à quelques chanceux, avec en arrière-plan les fourneaux visibles de la salle, au-dessus desquels s'active le duo complice. Le scénario ? Tout un défilé de belles saveurs italiennes, pétillantes ou fondantes, incontournables ou plus inattendues : risotto à l'encre de seiche, linguine aux palourdes, sbrisolona (amandes et farine de maïs) et sa crème de mascarpone... À la fin du film, pas de doute : le héros, c'est vous !

Chardenoux

Traditionnelle C3

1 r. Jules-Vallès
01 43 71 49 52
www.restaurantlechardenoux.com
Charonne

Formule 22 € – Menu 27 € (déjeuner en semaine)/39 € – Carte 50/64 €

Rouvert à l'occasion de son 100e anniversaire en 2008, ce bistrot parisien trouve un second souffle sous l'impulsion du très médiatique Cyril Lignac. Ses deux petites salles à manger ont gardé tout leur charme d'origine : comptoir en marbre coloré, zinc, plafond mouluré orné de ciels peints et mobilier bistrot. Côté cuisine, la carte opte pour un séduisant registre traditionnel avec la terrine de campagne, l'œuf cocotte aux cèpes, le sauté de bœuf aux olives préparé en cocotte, l'andouillette et la côte de veau de lait de Corrèze à partager. Les plats du jour remettent sous les projecteurs hachis parmentier de canard ou bœuf bourguignon, et des desserts tels que le paris-brest ou le soufflé au chocolat. On en salive d'avance...

Le Chateaubriand

Moderne B1

129 av. Parmentier
✆ 01 43 57 45 95
www.lechateaubriand.net
Ⓜ Goncourt
Fermé 25 décembre-1er janvier, dimanche, lundi et le midi

Menu 60/120 €

Inaki Aizpitarte, célèbre jeune chef basque, attire la clientèle branchée du Tout-Paris avec son bistrot "pur jus". D'hier, le lieu a conservé le décor – tel qu'on pouvait encore en trouver dans les années 1930 – jouant sur le mélange néo-rétro (zinc, ardoises, haut plafond et tables étroites). D'aujourd'hui, il possède le répertoire culinaire et un service stylé avec des serveurs tout droit sortis d'un défilé de mode, aux allures décontractées. Chaque soir, l'unique menu dégustation offre une cuisine créative, osée et goûteuse. Produits et vins sont choisis avec soin chez des producteurs indépendants. Pensez à réserver, vu la médiatisation de cette table et la grande affluence.

L'Écailler du Bistrot

Poissons et fruits de mer C3

22 r. Paul-Bert
✆ 01 43 72 76 77
Ⓜ Faidherbe Chaligny
Fermé août, dimanche et lundi

Menu 18 € (déjeuner en semaine) – Carte 39/63 €

A/C

Ici, on ne sert que des produits de la mer. Les huîtres arrivent directement de Bretagne, en provenance de Riec-sur-Belon (maison Cadoret), mais aussi d'autres bassins ostréicoles. L'ardoise du jour présente plusieurs poissons, tous de belle fraîcheur, cuisinés très simplement pour conserver leurs agréables saveurs iodées. Autres points forts de la maison : le menu homard, servi presque toute l'année, et la carte des vins étoffée, comptant près de 500 références. Quant au décor des deux petites salles à manger, il transporte les Parisiens droit vers les flots avec ses maquettes de voiliers et autres embarcations, ses peintures marines et ses boiseries évoquant les cabines de bateaux. Avant d'embarquer, il est prudent de réserver.

Manger

N

Moderne B3

24 r. Keller
01 43 38 69 15
web http://manger-leresto.com
Ⓜ Bréguet-Sabin
Fermé dimanche soir

Formule 25 € – Menu 32/55 € – Carte 45/60 €

A/C Cette table, véritable coqueluche des jeunes branchés parisiens – entre autres ! –, est le prolongement dans l'assiette de l'association Toques et Partage, qui fait rimer gastronomie avec solidarité : un tiers de l'équipe est composée de chômeurs en réinsertion. Depuis la grande salle design, illuminée par un puits de jour, on jette un œil indiscret vers les cuisines ouvertes, avant de se régaler des créations du chef, actuelles et soignées. Au fil des saisons et du marché : foie gras poêlé aux épices, velouté de butternut, filet de bœuf, bar rôti... Et deux fois par mois, de grands chefs ou pâtissiers (Alléno, Gagnaire, Michalak, par exemple) sont invités à proposer un plat pendant une soirée spéciale, dont 10 % de la note est reversée à une association caritative. Un grand bravo !

Mansouria

Marocaine C3

11 r. Faidherbe
01 43 71 00 16
www.mansouria.fr
Ⓜ Faidherbe Chaligny
Fermé lundi midi et dimanche – Réservation conseillée

Menu 28/36 € – Carte 33/59 €

A/C Fatema Hal est une figure parisienne de la gastronomie marocaine et son restaurant une véritable institution en la matière. Ethnologue de formation, auteur de livres traitant de la cuisine de son pays, elle a insufflé à ce lieu authentique le meilleur de ses racines. Voilà pourquoi le Tout-Paris vient et revient depuis toujours dans ce décor mauresque pour savourer les "vraies" spécialités d'Afrique du Nord, préparées par d'habiles cuisinières originaires de là-bas : tajines, couscous, pastillas, crème parfumée à la fleur d'oranger, etc. Le service, aussi souriant que courtois et efficace, ne souffre aucune comparaison. Est-il besoin de le préciser : mieux vaut réserver sa table, en particulier le soir en fin de semaine...

Pierre Sang in Oberkampf

Moderne B1

55 r. Oberkampf
www.pierresangboyer.com
Ⓜ Parmentier
Fermé 2 semaines en août, 30 décembre-8 janvier, dimanche et lundi

Formule 15 € – Menu 20 € (déjeuner)/39 €

A/C

Qui est adepte de l'émission Top Chef, sur M6, connaît forcément Pierre Sang, finaliste en 2011. C'est ici, à Oberkampf, qu'il a décidé de s'installer. Une belle surprise ! On retrouve toute la gentillesse du jeune homme, qui délivre – on pouvait l'imaginer – une cuisine sensible et partageuse. Le menu change chaque jour en fonction du marché et de son inspiration, laquelle n'hésite pas à bousculer les habitudes, mais jamais vainement. Le cuisinier n'a pas oublié les fondamentaux, lui qui, après son BEP au Puy-en-Velay, a roulé sa bosse à Lyon, en Asie, à Londres, etc. De là sa patte cosmopolite, amatrice d'herbes et d'épices... Nul doute : ses assiettes ne manquent ni d'idées ni de saveurs ! Les produits viennent des commerçants voisins et on passe en ami (pas de réservation) : un endroit fort sympathique !

La Pulpéria

Traditionnelle C3

11 r. Richard-Lenoir
✆ 01 40 09 03 70
Ⓜ Voltaire
Fermé août, 31 décembre-6 janvier, samedi midi et dimanche – Réservation conseillée

Formule 18 € – Menu 22 € (déjeuner) – Carte 35/57 €

Elle se situe à Charonne, cette Pulpéria – du nom de ces épiceries qu'on trouve en Amérique latine –, mais elle porte bien cette appellation : c'est l'affaire de Fernando, jeune chef originaire d'Argentine, passé par de fameuses maisons parisiennes (Crillon, Royal Monceau). Ici chez lui, il réinterprète à l'envi les recettes de son pays et de l'Hexagone, à l'image de cette empañada (feuilleté farci à la viande) en entrée, croustillante et bien parfumée. Argentine oblige, la viande tient évidemment le haut du pavé. Avis aux amateurs : elle se révèle de grande qualité et préparée dans les règles de l'art... Dans l'esprit de l'arrondissement, la déco joue la carte du bistrot simple et branché. Bref, chez Fernando, tout est *bueno* !

Qui plume la Lune ✿

Moderne

50 r. Amelot
✆ 01 48 07 45 48
Ⓜ Chemin Vert
Fermé août, 1er-9 janvier, dimanche, lundi, mardi et fériés – Réservation conseillée

A2

Formule 45 € – Menu 60/110 €

Exclusive Restaurant

Qui plume la Lune, c'est d'abord un joli endroit, chaleureux et romantique... Sur l'un des murs de la salle trône une citation de William Faulkner : "Nous sommes entrés en courant dans le clair de lune et sommes allés vers la cuisine." Pierres apparentes et matériaux naturels (bois brut, branchages, etc.) complètent ce tableau non dénué de poésie...

Qui plume la Lune, c'est aussi un havre de délices, porté par un chef aussi humble que passionné : Jacky Ribault. Il a travaillé dans de belles maisons (en particulier en Asie, dont sa cuisine porte la marque) avant de créer ce restaurant avec son épouse. Ici, il démontre une détermination rare à ne sélectionner que de superbes produits – selon une éthique écologique, ainsi de beaux légumes bio – et à mettre à leur service son savoir-faire de cuisinier, avec une créativité toute maîtrisée : de là des assiettes pleines de vitalité, de fraîcheur et de senteurs ! Très agréable moment, donc, sous la clarté de cette table aussi lunaire que terrestre...

Spécialités

- Cuisine du marché

Rino

Italienne B3

46 r. Trousseau
01 48 06 95 85 – www.rino-restaurant.com
Ⓜ Ledru-Rollin
Fermé mi-août à mi-septembre, vacances de Noël, dimanche, lundi et le midi sauf vendredi et samedi – Réservation conseillée

Formule 23 € – Menu 28 € (déjeuner), 41/58 €

Juste à côté du square Trousseau, les habitués du quartier plébiscitent cette adresse discrète pour sa cuisine pleine de tempérament. Ici, c'est le plaisir gustatif qui prime ! Le chef, Giovanni Passerini, a travaillé dans de belles maisons un peu partout en Europe et a conservé de ses expériences un goût pour les beaux produits de saison et une inspiration franchement latine. Des gnocchis au citron confit auxquels des couteaux apportent une note iodée, un cabillaud dont la chair translucide atteste de la justesse de la cuisson, un canard en deux cuissons accompagné de quinoa : c'est à la fois équilibré, simple et bon. Ne venez pas sur un coup de tête, le nombre de places est limité : mieux vaut réserver…

Sassotondo

Italienne B1

40 r. J.-P. Timbaud
01 43 55 57 00
www.sassotondo.com
Ⓜ Parmentier
Fermé 3 semaines en août, 25 décembre-1er janvier, mardi et mercredi

Formule 16 € – Carte 36/65 €

Cette trattoria contemporaine s'épanouit rue Jean-Pierre Timbaud, au cœur d'un quartier branché s'il en est... Chaises et tables en bois sombre, lumières tamisées, ambiance décontractée : le ton est donné. Sassotondo est le nom d'un domaine viticole et tout ici vient de la Botte ! À commencer par les vins et par le chef, d'origine toscane. Le pain et les pâtes sont faits maison, à partir d'une farine italienne ; l'occasion de découvrir des plats trop souvent méconnus en France comme l'acquacotta (un bouillon de légumes servis avec des croûtons et des œufs), les crêpes à la florentine fourrées de ricotta et d'épinards, la côte de veau rôtie aux salsifis, etc. *Va bene !*

Septime ✿

Moderne
80 r. de Charonne
01 43 67 38 29
www.septime-charonne.fr
Ⓜ Charonne
Fermé 3 semaines en août, lundi midi, samedi et dimanche

C3

Menu 28 € (déjeuner)/55 €

F. Flohic

Des fournisseurs triés sur le volet, beaucoup de fraîcheur et d'aisance, de la passion et même un peu de malice, mais toujours de la précision et de la justesse : mené par le jeune Bertrand Grébaut (passé notamment par les cases Robuchon, Passard et Agapé), Septime symbolise le meilleur de cette nouvelle génération de tables parisiennes à la fois très branchées et... très épicuriennes !
Au milieu de la rue de Charonne, dans ce 11e arrondissement aujourd'hui très en vue, le lieu exploite à fond les codes de la modernité : grande verrière d'atelier, tables en bois brut, poutres en métal... Une vraie inspiration industrielle, plutôt chic dans son aboutissement, d'autant que le service, jeune et prévenant, contribue à faire passer un bon moment.
Le principal se jouant évidemment dans l'assiette, exemplaire de ce courant néobistrot aujourd'hui très porteur : une créativité décomplexée développant des accords de saveurs pointus et originaux, avec un respect total du beau produit, sans craindre de cultiver une heureuse simplicité... Ce Septime n'a vraiment rien de sévère !

Spécialités

- Cuisine du marché

Le Sot l'y Laisse

Moderne D3

70 r. Alexandre-Dumas
01 40 09 79 20
Ⓜ Alexandre Dumas
Fermé 3 semaines en août, 1 semaine en décembre, samedi midi, lundi midi et dimanche

Formule 18 € – Menu 24 € (déjeuner) – Carte 42/70 €

Bien sot qui laisserait de côté ce beau bistrot ! À la limite des 11e et 20e arrondissements, il participe d'un véritable phénomène aujourd'hui à Paris : celui des tables lancées par de jeunes chefs japonais. Comme les autres, Eiji Doihara, originaire d'Osaka, est venu parfaire sa formation dans l'Hexagone avant de décider de s'y installer. L'occasion de rendre un bel hommage à cette gastronomie française qui le passionne... Ventrèche de thon mi-cuit, vinaigrette au soja, légumes de Joël Thiébault et quelques fleurs ; fricassée de sot-l'y-laisse aux champignons sauvages ; blanc-manger au sésame noir et mousseline de lait : généreuses et gourmandes, ou légères et délicates, ses recettes valorisent de superbes produits et font mouche à chaque fois. L'adresse remporte un succès mérité !

Le Temps au Temps

Traditionnelle C3

13 r. Paul-Bert
01 43 79 63 40
Ⓜ Faidherbe Chaligny
Fermé 9-24 août, 20-29 décembre, mardi midi, dimanche et lundi

Menu 19 € (déjeuner en semaine)/30 €

A/C

Entre Nation et Bastille, le petit bistrot de Denis Sabarots est une valeur sûre. Parquet, murs caramel et vieilles pendules derrière le comptoir composent le décor de la salle à manger, grande comme un mouchoir de poche. Le chef-patron propose une cuisine de saison à tendance actuelle, déclinée sur l'ardoise du jour, courte et simple. Quelques exemples ? Tartine de maquereau et rillettes, carré de veau et caviar d'aubergine, baba au rhum et pêches au sirop, etc. À noter, l'alléchante formule du déjeuner et la sympathique petite sélection de vins de propriétaires. À (re) découvrir sans tarder, en réservant, car le nombre de couverts est limité.

Tintilou

Moderne C3

37 bis r. de Montreuil
01 43 72 42 32
www.letintilou.fr
Faidherbe-Chaligny
Fermé 3 semaines en août, 1 semaine en février, samedi midi et dimanche

Formule 12 € – Menu 35 € – Carte 47/63 €

Cet ancien relais de mousquetaires du 16e s., avec sa cour classée et ses plafonds à la française, a laissé derrière lui les couleurs arc-en-ciel qu'on lui connaissait pour des teintes plus neutres... Le résultat est élégant et original, comme cette cuisine qui rêve de voyages et de parfums. La carte est courte et change chaque mois, présentant les plats par d'alléchantes associations : "velouté de potiron et noisettes, fourme d'Ambert et crevettes black tiger", "joues de cochon, palourdes et blé vert du Liban", ou encore "saint-pierre de Bretagne, cocos de Paimpol et girolles", etc. Et lorsque l'on déguste une assiette de couteaux à la coriandre fraîche, on se prend à rêver de promenade en bord de mer à marée basse... Savoureuse simplicité !

Villaret

Traditionnelle B1

13 r. Ternaux
01 43 57 75 56
Parmentier
Fermé 2 semaines en août, samedi midi et dimanche

Formule 20 € – Menu 25 € (déjeuner), 32/55 € – Carte 40/60 €

A/C

Les délicieux parfums qui vous accueillent dès la porte ne trompent pas : voilà une vraie adresse gourmande ! Son credo : bien faire, en toute simplicité. Le décor de parfait bistrot met à l'aise : beau bar en zinc, bois omniprésent, briques et colombages. La cuisine est franche et sympathique, à base de produits de qualité que le chef sait travailler avec justesse : œufs cocotte à la crème de foie gras ; dos de cabillaud poêlé sur la peau, petits pois et lard ; croustillant au chocolat, glace thym-basilic. La cave offre un choix étonnant : les amateurs de bourgognes et de côtes-du-rhône devraient trouver leur bonheur ! On propose aussi des vins à petits prix désignés avec humour comme "les médicaments du jour", à l'unisson de l'accueil qui est... aux petits soins.

12e

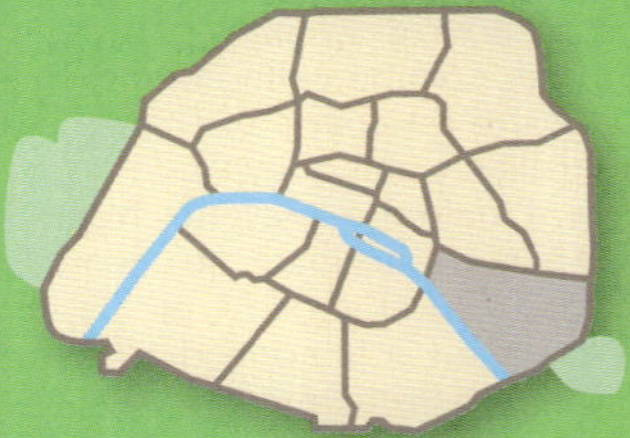

Bastille · Bercy · Gare de Lyon

Ph. Renault / hemis.fr

Bastille, Bercy, Gare de Lyon
12e
11e
4e
13e
A
B
1
2
3
Pl. de la Bastille
Bastille
Ledru Rollin
Faidherbe-Chaligny
Rue des Boulets
R. de Charonne
R. Chanzy
Rue du Faubourg Saint Antoine
R. de Montreuil
Bd Voltaire
R. des Boulets
R. Faidherbe
R. Titon
OPÉRA DE PARIS BASTILLE
La Gazzetta
Assaporare
Table - Bruno Verjus
La Biche au Bois
Le Cotte Rôti
Quincy
Quai de la Rapée
R. de Charenton
R. Ledru
R. de Cotte
R. Crozatier
R. Chaligny
R. de Lyon
Av. Ledru Rollin
Bd de la Bastille
Bd Bourdon
Bd Diderot
Reuilly Diderot
R. de Reuilly
Le Lys d'Or
Montgallet
R. Montgallet
Gare de Lyon
GARE DE LYON
R. de Chalon
Av. Daumesnil
R. de Rambouillet
Jodhpur Palace
Allée Vivaldi
Av. Daumesnil
Le Janissaire
Il Goto
Pont d'Austerlitz
Gare d'Austerlitz
GARE D'AUSTERLITZ
Pont Ch. de Gaulle
Quai de la Rapée
Rue de Bercy
R. Villiot
Bd de Bercy
Bercy
Dugommier
Bd de Bercy
Charenton
Av. Pierre Mendès France
Quai d'Austerlitz
Quai de la Gare
Pont de Bercy
PALAIS OMNISPORTS DE PARIS BERCY
PARC DE BERCY
Quai de Bercy
Passerelle S. de Beauvoir
L'Auberge Aveyronnaise
R. J. Kessel
Cour St Emilion
R. des Pirogues de Bercy
Bd de Bercy
R. B. le Roy
MUSÉE DES ARTS FORAI
Av. des Terroi de France
Chevaleret
Av. de France
Q. Fr. Mauriac
BIBLIOTHÈQUE NATIONALE DE FRANCE F. MITTERRAND
R. Neuve Tolbiac
Q. Panhard et Levassor
Bibliothèque F. Mitterrand
Rue Clisson
Rue du Dunois
R. de Domrémy
R. Jeanne d'Arc
Rue d'Arc
Place Jeanne d'Arc
R. Chevaleret
R. de Patay
Olympiades
R. Watt
SEINE
Pt National
Q. Berlier
R. J.B. Berlier
Rue Bruneseau
QUAI D'IVRY
d'Ivry
IVRY-SUR-SEINE
0
300 m

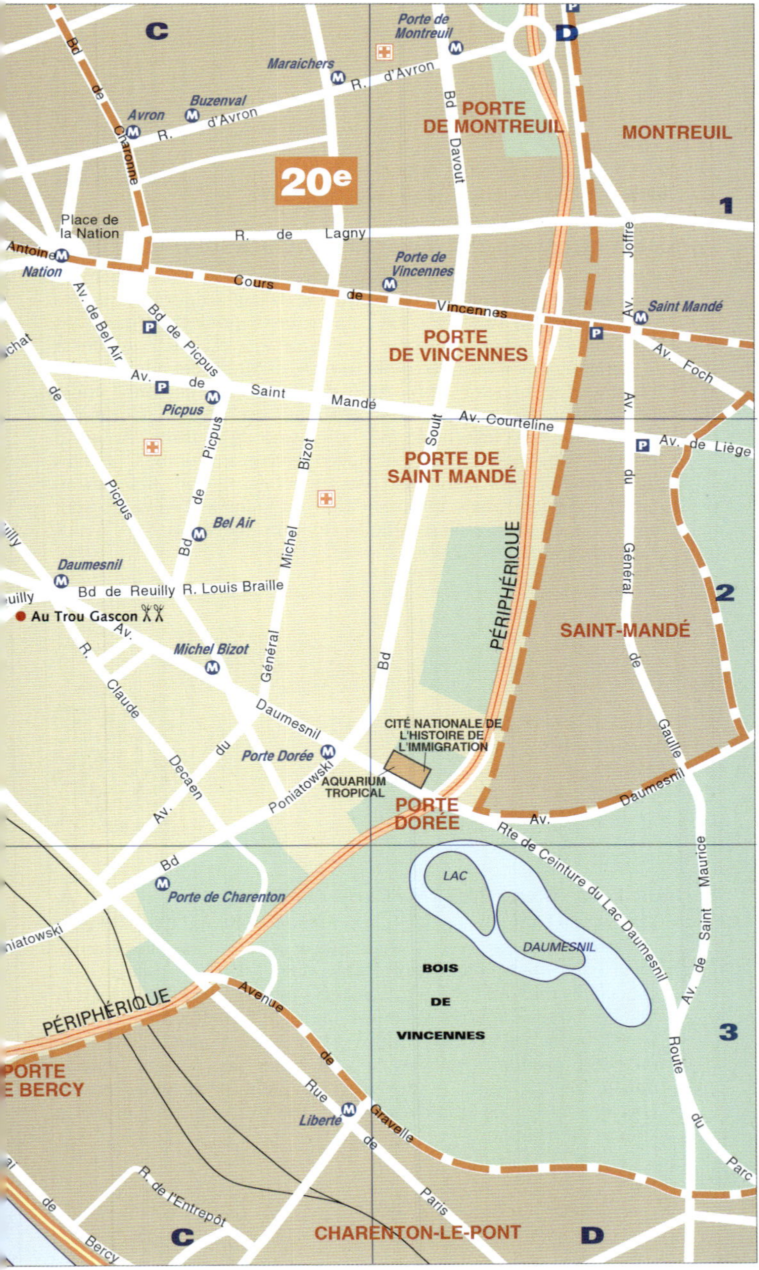
C
D
Porte de Montreuil
Maraîchers
R. d'Avron
Buzenval
Avron
Bd de Charonne
PORTE DE MONTREUIL
MONTREUIL
Bd Davout
20e
1
Place de la Nation
R. de Lagny
Nation
Porte de Vincennes
Cours de Vincennes
Av. Joffre
Saint Mandé
Av. de Bel Air
Bd de Picpus
PORTE DE VINCENNES
Av. Foch
Av. de Saint Mandé
Picpus
Av. Courteline
Av. de Liège
Bd Soult
Bd Michel Bizot
PORTE DE SAINT MANDÉ
R. de Picpus
Bd de Picpus
Bel Air
PÉRIPHÉRIQUE
Av. du Général de Gaulle
Daumesnil
Bd de Reuilly
R. Louis Braille
2
Au Trou Gascon
SAINT-MANDÉ
Av. Général Michel Bizot
R. Claude Decaen
Av. Daumesnil
CITÉ NATIONALE DE L'HISTOIRE DE L'IMMIGRATION
Porte Dorée
Av. du
Bd Poniatowski
AQUARIUM TROPICAL
PORTE DORÉE
Av. Daumesnil
Rte de Ceinture du Lac Daumesnil
Porte de Charenton
LAC DAUMESNIL
Av. de Saint Maurice
BOIS DE VINCENNES
PÉRIPHÉRIQUE
Avenue de Gravelle
3
Route du Parc
PORTE DE BERCY
Rue de Paris
Liberté
R. de l'Entrepôt
Quai de Bercy
CHARENTON-LE-PONT
C
D

Assaporare

Italienne A1

7 r. St-Nicolas
01 44 67 75 77
Ⓜ Ledru-Rollin
Fermé août, vacances de Noël, samedi midi, lundi soir, mardi soir et dimanche – Réservation conseillée

Formule 15 € – Menu 25 € (dîner)/30 € – Carte 30/47 €

A/C

Un lieu contemporain et... vintage, parisien et... tellement napolitain ! Pierres apparentes, poutres, dallage d'époque, cuisines ouvertes sur la salle et petit coin épicerie pour faire quelques emplettes : le chef, Guiseppe Lo Casale, qui est aussi architecte – son cabinet est au bout de la rue ! –, a fait de cet ancien local commercial un *Little Italy*. Aidé de Bianca, comédienne toute pétrie du beau savoir-faire de sa "mamma", et d'un autre Guiseppe, il concocte une franche et fraîche cuisine de la Botte. Antipasti délicats, marinés dans une huile d'olive parfumée, ravioles aux épinards et à la ricotta, pâtes fraîches maison, tiramisu au citron... Simple, mais tellement bon ! Quant aux vins, ils sont sélectionnés par le chef sommelier du très sélect Cinq. Il n'y a plus qu'à "assaporare" (savourer).

L'Auberge Aveyronnaise

Régionale et terroir B2

40 r. Gabriel-Lamé
01 43 40 12 24
Ⓜ Cour St-Émilion
Fermé 1er-15 août

Formule 20 € – Menu 26/32 € – Carte 35/48 €

A/C

Tout est dit dans l'enseigne : bienvenue en Aveyron ! Cette adresse du Bercy moderne, avec sa cheminée et ses traditionnelles nappes à carreaux, reste solidement ancrée dans le terroir rouergat. Les spécialités mettent l'eau à la bouche : tripoux, boudin, jarret aux lentilles, chou farci, charcuteries, aligot, millefeuille à l'ancienne, flan à la louche... Des portions généreuses, cuisinées avec les meilleurs produits (veau du Ségala, bœuf de l'Aubrac, tomme fraîche de Laguiole) et arrosées de pichets de vins locaux. En été, profitez de la terrasse sur la rue (ouverte uniquement à l'heure du déjeuner).

Au Trou Gascon ✿

Du sud-ouest

C2

40 r. Taine
✆ 01 43 44 34 26
www.autrougascon.fr
Ⓜ Daumesnil
Fermé août, 1er-7 janvier, samedi et dimanche

Menu 42 € (déjeuner)/62 € – Carte 63/79 €

A/C

Au Trou Gascon

Alain Dutournier y a fait ses débuts en 1973, donnant au terroir gascon ses lettres de noblesse dans la capitale. Aujourd'hui, le chef étoilé a conquis une autre grande table des beaux quartiers (le Carré des Feuillants, dans le 1er arrondissement), mais son ancien bistrot 1900 est resté une affaire de famille. Dirigé par son épouse, Nicole, avec aux fourneaux le chef Thibault Sombardier, le Trou Gascon continue d'attirer les fins connaisseurs des spécialités du Sud-Ouest. De l'Adour et de l'Océan, plus précisément. À commencer par le cassoulet – incontournable –, les gibiers ou le vieux jambon "au couteau". Autant de classiques qui ne doivent cependant pas faire oublier l'autre aspect de la cuisine : créative et contemporaine. Le terroir, respecté et revisité, valorisé par une sublime carte des vins (comptant près de 1 000 références), a décidément de beaux jours devant lui !

Entrées

- Daurade royale marinée, caviar d'aubergine, roquette et avocat
- Pâté en croûte de colvert et foie gras de canard

Plats

- Tendron de bœuf de Chalosse cuit à l'étouffée, macaronis aux cèpes
- Lièvre désossé à la royale avec truffe et foie gras

Desserts

- Russe pistachée et baies rouges macérées au guignolet
- Tourtière chaude et croustillante, glace caramel salé

À La Biche au Bois

Traditionnelle

45 av. Ledru-Rollin
01 43 43 34 38
Gare de Lyon
Fermé 25 juillet-25 août, 23 décembre-2 janvier, lundi midi, samedi et dimanche

A1

Formule 19 € – Menu 25 € (déjeuner)/30 € – Carte 30/42 €

Les inconditionnels de la Biche au Bois apprécient l'adresse pour sa qualité et ses prix serrés. Cadre simple de bistrot classique et convivial, tables nappées à touche-touche, argenterie... et cuisine à l'ancienne : le patron, consciencieux et motivé, met un point d'honneur à préserver la tradition. Foie gras au torchon, terrine de campagne au poivre vert, pavé de saumon sauce forestière tiennent le haut de l'affiche. Suivent d'autres incontournables, dont les gibiers, toujours à l'honneur en saison. Pour la note sucrée : l'"Opéra Biche" maison (un gâteau moelleux et sa crème anglaise) ou la tarte aux fruits. En un mot, une carte aux puissants accents du terroir qui justifie le succès de l'établissement.

Le Cotte Rôti

Moderne

1 r. de Cotte
01 43 45 06 37
Ledru-Rollin
Fermé 3 semaines en août, 24 décembre-2 janvier, samedi midi, dimanche et lundi

A1

Formule 19 € – Menu 39 €

Dans ce quartier d'Aligre toujours en ébullition, le Cotte Rôti est à l'image de son chef, Nicolas Michel : convivial et épicurien. À sa cuisine de bistrot, il apporte un certain sens de la rigueur hérité des belles maisons où il a travaillé. Le pressé de hareng rencontre l'aneth et la moutarde douce, la salade d'artichaut se frotte au citron frais et au parmesan, l'épaule d'agneau de sept heures fricote avec des lasagnes aux champignons... Les rencontres entre bons produits sont nombreuses et changent, comme le menu à l'ardoise, au gré de l'humeur et du marché, tout proche. Beaucoup de finesse donc dans cette adresse pour gourmands où les couleurs vives claquent aux murs. Et la carte des vins rend un hommage bien mérité aux crus de Bourgogne, sans faire l'impasse sur quelque jolie bouteille de côte-rôtie !

La Gazzetta

Moderne
29 r. de Cotte
01 43 47 47 05
www.lagazzetta.fr
Ⓜ Ledru Rollin
Fermé août, dimanche et lundi

A1

Formule 19 € – Menu 45/65 € – Carte environ 50 € dîner

A/C L'équipe du China Club et du Fumoir a ouvert une troisième adresse, La Gazzetta, mi-bistrot cosy, mi-brasserie moderne. Son concept tout en un – restaurant, bar à vins, café culturel (presse française et étrangère à disposition) – en fait un repaire branché où la cuisine ne démérite pas avec une carte dédiée aux produits de la Méditerranée. La Gazetta a trouvé son rythme de croisière grâce à Petter Nilsson (ex-chef des Trois Salons à Uzès). Suédois d'origine, parfaitement à l'aise avec les spécialités corses, italiennes et espagnoles, il privilégie les saveurs simples. Délicieuses, l'épaule d'agneau au miel et la "cassata" (ricotta sicilienne glacée et sucrée aux fruits confits), ensoleillés, les vins de terroir.

Il Goto

N

Italienne
212 bis r. de Charenton
01 43 46 30 02
www.ilgoto.fr
Ⓜ Dugommier
Fermé 3 semaines en août, vacances de Noël, dimanche et lundi

B2

Formule 16 € – Menu 20 € (déjeuner en semaine) – Carte 30/43 €

Sympathique, ce restaurant tenu par Simone et Marzia, un couple d'Italiens passionnés ! Lui, en cuisine, mitonne de délicieux petits plats en utilisant des produits venus tout droit du Trentin, du Frioul et de la Vénétie ; elle, en salle, fait preuve d'autant de passion que son cuisinier de mari. Les spécialités de la maison ? Le carpaccio de bœuf mariné au gros sel, romarin, genièvre et crème d'aubergine ; les gnocchis de pain aux saucisses et crème de grana padano, ou encore les tagliatelles maison au confit de canette et myrtilles... Des créations goûteuses et soignées, que l'on accompagne d'un bon petit rouge transalpin. Et, pour ne rien gâcher, les tarifs sont vraiment imbattables !

Le Janissaire

Turque

B2

22 allée Vivaldi
01 43 40 37 37
www.lejanissaire.fr
Ⓜ Daumesnil
Fermé samedi midi et dimanche

Formule 15 € – Menu 23 € 🍷/46 € – Carte 25/47 €

Le Janissaire offre un beau concentré de Turquie, certifié authentique grâce à une équipe originaire de là-bas. D'emblée, la terrasse invite à s'attabler avant même d'avoir vu la salle, tout aussi séduisante avec ses touches ottomanes : tapis, peintures, vitraux. Un bel écrin pour découvrir – ou redécouvrir – les spécialités gastronomiques de cette contrée : "ezme" (purée de tomates épicée), "borek" (feuilleté au fromage), "tavuk" (brochette de poulet)... Au dessert, osez les surprenants et rares "kabak tatlisi" et "yeniceri tatlisi" (aubergine et potiron confits). Si les vins de pays se révèlent tout à fait honnêtes, testez l'"ayran", cette boisson locale à base de yaourt salé et de citron... le dépaysement n'en sera que meilleur.

Jodhpur Palace

Indienne

B2

42 allée Vivaldi
01 43 40 72 46
www.jodhpurpalace.com
Ⓜ Daumesnil

Formule 14 € – Menu 25/29 € – Carte 23/54 €

A/C

Sous-représentée dans le 12e arrondissement, la cuisine indienne a trouvé refuge dans ce spacieux "palace" oriental à la devanture rouge très engageante. Pour sa deuxième adresse parisienne, Baldev Singh a choisi une rue calme près de la coulée verte. Un merveilleux havre de paix (précipitez-vous sur la terrasse ombragée !) qui vous emmène au pays des épices et des saris. Le décor étonne en associant les traditionnelles fresques et boiseries acajou au blanc immaculé des murs, plus moderne. On est loin de l'ambiance tamisée attendue (quoique préservée dans une petite alcôve au fond), mais les recettes classiques sont au rendez-vous : palak panir, poulet tikka, massala, byriani... Pour un voyage gastronomique vers le Nord de l'Inde.

Le Lys d'Or

Chinoise

B1

5 pl. Col-Bourgoin
01 44 68 98 88
www.lysdor.com
Reuilly Diderot

Formule 15 € – Menu 25/33 € – Carte 26/41 €

A/C

Toutes les saveurs gastronomiques de la Chine à Paris. Qui plus est dans un décor de palais luxuriant, dominé par la couleur rouge et la verdure (jardin intérieur de bambous, rivières et fontaines). Ouvert depuis 1993 et auréolé de prix, le Lys d'Or invite à découvrir l'art culinaire de l'Empire du Milieu, trop méconnu. Sichuan, Shanghai, Canton, Pékin : les quatre cuisines régionales étonnent par leur diversité et leur grand raffinement. Loin des seules bouchées vapeur – tout de même présentes sur la carte –, on se laisse tenter par les "gui fei" (grillades), le tartare de tofu à la coriandre, le crabe aux légumes croustillants, le "gou fen" (paella asiatique)... Le tout assorti d'un bon choix de vins chinois et français.

Quincy

Traditionnelle

A1

28 av. Ledru-Rollin
01 46 28 46 76
www.lequincy.fr
Gare de Lyon
Fermé 10 août-10 septembre, samedi, dimanche et lundi

Carte 45/80 €

A/C

Alors que Paris devient une grande bourgeoise, il reste encore des tables "tradi" à l'abri des vogues et des modes. Le Quincy en fait partie et c'est tant mieux ! Inchangé depuis une trentaine d'années, ce bistrot rustique comme on n'en fait plus (attention, même la carte de crédit n'a pas sa place ici !) est à l'image de son propriétaire, Michel Bosshard, dit "Bobosse". Bon vivant et volubile, généreux et entier, il propose des plats qui lui ressemblent, 100 % maison et influencés par l'Ardèche et le Berry. Viandes et charcuteries en tête, on trouve aussi le foie gras, la terrine fermière, le chou farci, le cassoulet, la mousse au chocolat... Mieux qu'une madeleine nostalgique, ces recettes au bon goût d'antan vous réservent un pur moment de bonheur.

Table - Bruno Verjus

N

Moderne

A1

3 r. de Prague
01 43 43 12 26
www.tablerestaurant.fr
Ledru Rollin
Fermé 3 semaines en août, vacances de Noël, samedi et dimanche – Réservation conseillée
Carte 40/89 €

Choisir les plus beaux produits, les cuisiner avec humilité : tel est le credo de Bruno Verjus, étonnant personnage, entrepreneur, blogueur et critique gastronomique... devenu chef ! Dans sa cuisine ouverte face aux clients, qui n'en manquent pas une miette, il parle de chacun de ses fournisseurs avec une petite lumière dans l'œil, dans l'apparente envie de s'effacer devant l'artisan qui a produit la matière de son travail. La carte, volontairement courte, présente des compositions atypiques, au plus près des ingrédients : thon rouge de St-Jean-de-Luz en tataki, févettes, groseilles et feuilles de cassis ; agnelle de l'île d'Yeu en gigot rôti, herbes mentholées, petits légumes au sautoir. Des recettes pleines d'énergie, tout en jeux de textures, où l'on devine une passion sincère et... communicative !

Le rouge est la couleur de la distinction : nos valeurs sûres ! Passés en rouge, le symbole repère donc les établissements les plus agréables.

R.Mattes/hemis.fr

13e

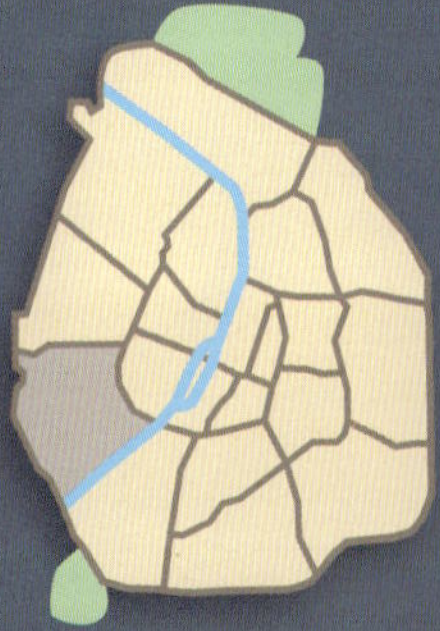

Place d'Italie · Gare d'Austerlitz · Bibliothèque nationale de France

J. Saget / AFP Creative/Photononstop

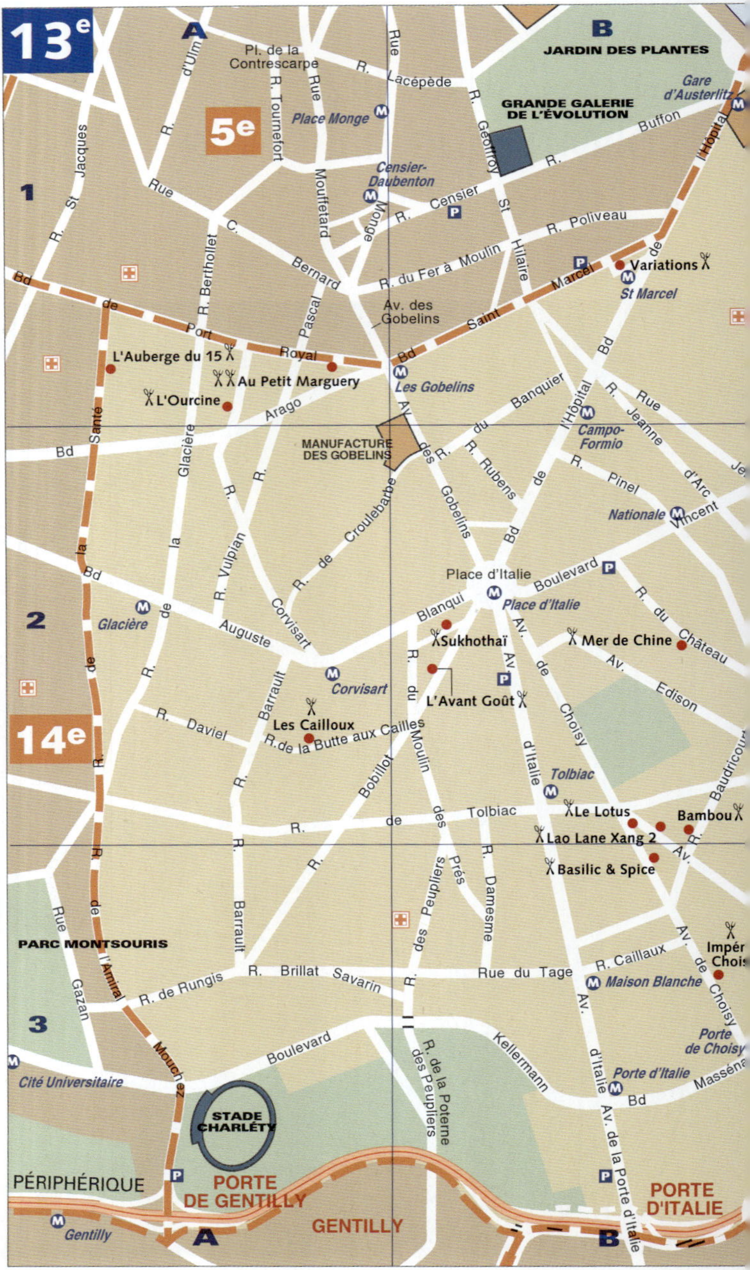
13e
5e
14e
A
B
1
2
3
JARDIN DES PLANTES
GRANDE GALERIE DE L'ÉVOLUTION
Gare d'Austerlitz
Pl. de la Contrescarpe
Place Monge
Censier-Daubenton
Les Gobelins
St Marcel
Campo-Formio
Nationale
Place d'Italie
Corvisart
Glacière
Tolbiac
Maison Blanche
Porte de Choisy
Porte d'Italie
Cité Universitaire
Gentilly
MANUFACTURE DES GOBELINS
PARC MONTSOURIS
STADE CHARLÉTY
PÉRIPHÉRIQUE
PORTE DE GENTILLY
GENTILLY
PORTE D'ITALIE
Variations
L'Auberge du 15
Au Petit Marguery
L'Ourcine
Sukhothaï
L'Avant Goût
Mer de Chine
Les Cailloux
Le Lotus
Bambou
Lao Lane Xang 2
Basilic & Spice
Impér Chois
R. d'Ulm
R. Tournefort
Rue Mouffetard
R. Lacépède
Rue Monge
R. Censier
R. Buffon
R. Geoffroy St Hilaire
R. Poliveau
R. du Fer à Moulin
Bd Saint Marcel
Bd de l'Hôpital
R. St Jacques
Rue C. Bernard
R. Berthollet
R. Pascal
Av. des Gobelins
Bd de Port Royal
Bd Arago
R. de la Glacière
R. de la Santé
R. Vulpian
R. Corvisart
R. de Croulebarbe
R. Banquier
R. du Banquier
R. Rubens
R. Jeanne d'Arc
R. Pinel
Rue Jenner
Bd Vincent Auriol
Bd Auguste Blanqui
Boulevard
R. du Château
Av. Edison
R. Barrault
R. Daviel
R.de la Butte aux Cailles
R. Bobillot
R. du Moulin des Prés
Av. d'Italie
Av. de Choisy
R. Baudricourt
R. de Tolbiac
R. des Peupliers
R. Damesme
Rue Gazan
R. de l'Amiral Mouchez
R. de Rungis
R. Brillat Savarin
Rue du Tage
R. Caillaux
Boulevard Kellermann
R. de la Poterne des Peupliers
Bd Masséna
Av. de la Porte d'Italie

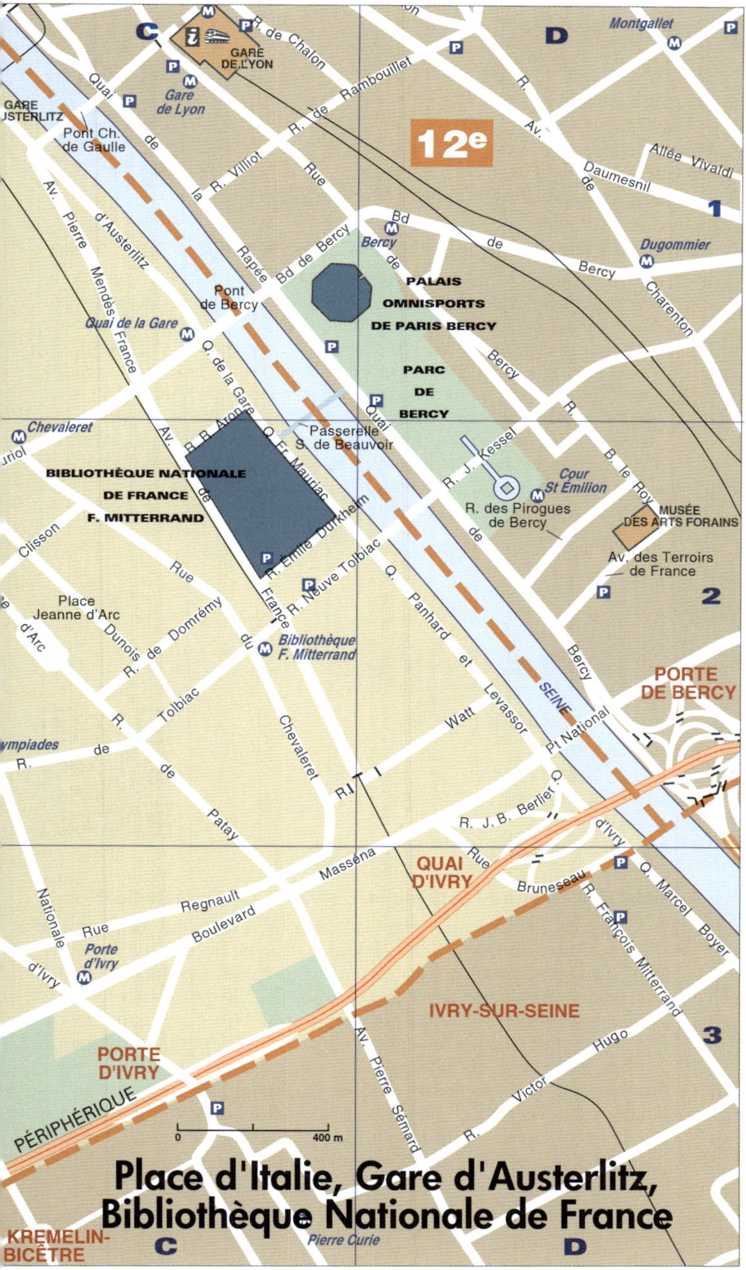

Place d'Italie, Gare d'Austerlitz, Bibliothèque Nationale de France

L'Auberge du 15

Classique A1

15 r. de la Santé
✆ 01 47 07 07 45
www.laubergedu15.com
Ⓜ Glacière
Fermé août, vacances de Noël, dimanche et lundi

Menu 30 € (déjeuner), 68/120 € – Carte 59/166 €

Après de jolis parcours dans de belles maisons, ces deux frères originaires de Lozère – respectivement chef et pâtissier – ont eu envie d'ouvrir leur propre restaurant... C'est chose faite avec l'Auberge du 15, un repaire gourmand, intemporel et élégant, en lieu et place d'un ancien pub irlandais. Fruits, légumes, viandes tendres à cœur : tout, ou presque, vient de l'Aubrac et tout est préparé avec soin... Les classiques prennent un vrai coup de jeune, mais ne perdent rien de leur sel : on se régale par exemple d'un carré de veau aux légumes de saison, d'une côte de bœuf à la sauce au vin rouge accompagnée d'un aligot gourmand, ou d'une tarte aux cerises et sa chantilly si délicate... Une bonne auberge !

Au Petit Marguery

Traditionnelle A1

9 bd de Port-Royal
✆ 01 43 31 58 59
www.petitmarguery.fr
Ⓜ Les Gobelins

Formule 24 € – Menu 27 € (déjeuner), 31/75 € – Carte 36/56 €

A/C

La réputation du Petit Marguery n'est plus à faire, et tout y semble immuable : le décor Belle Époque rose et bordeaux, digne de figurer au patrimoine ; les serveurs qui n'ôteraient leur classique tenue noir et blanc pour rien au monde ; l'esprit chaleureux du lieu et... la carte qui joue la grande tradition ! Les habitués ne s'y trompent pas et reviennent en nombre déguster de copieux plats bistrotiers, comme les terrines maison ou la tête de veau sauce ravigote. En saison, on se bouscule également pour les spécialités de gibier, tels le fameux lièvre à la royale ou le filet de chevreuil sauce grand veneur. Des plats aussi satisfaisants que le rapport qualité-prix... Une institution indéboulonnable !

L'Avant Goût

Moderne

26 r. Bobillot
01 53 80 24 00
www.lavangout.com
Ⓜ Place d'Italie
Fermé dimanche et lundi – Réservation conseillée

B2

Formule 15 € – Menu 33 € – Carte 33/45 €

A/C

L'engouement pour ce bistrot contemporain de la Butte aux Cailles ne se dément pas, il grandit même d'année en année ! Du coup, il affiche complet midi et soir. Indispensable donc de réserver. Le succès tient à la patte de Christophe Beaufront, ancien élève de Michel Guérard et Guy Savoy, qui invente sans cesse de nouvelles associations de saveurs, avec un penchant prononcé pour les épices. En dehors de l'emblématique pot-au-feu de cochon aux épices, laissez-vous tenter par la terrine de foie gras à la vanille, le dos de cabillaud et les fraises façon tiramisu... Les menus changent tous les mois, profitez-en ! Présentés à l'ardoise, ils participent au décor sympathique et simple (banquettes rouges, tables serrées) qui va de pair avec l'ambiance décontractée.

Bambou

Vietnamienne

70 r. Baudricourt
01 45 70 91 75
Ⓜ Les Olympiades
Fermé 1er-15 septembre et lundi

B2

Carte 16/33 €

Cette authentique cantine vietnamienne attire les foules ! Il n'est pas rare de faire la queue sur le trottoir avant de rentrer (la maison ne prend pas les réservations), et dans la salle, toute simple et souvent bondée, attendez-vous à jouer des coudes avec vos voisins... Bref, la bonne humeur est de mise, et plus encore la gourmandise, car Bambou doit tout son succès aux authentiques parfums de sa cuisine ! Crêpes vietnamiennes, grillades et surtout large choix de soupes (telle l'Impériale de Hué, au pied de porc et jambonneau de bœuf) : tout est aussi simple que savoureux. Mais le repas est déjà fini et il est temps de laisser sa table aux clients suivants, ce que le service saura vous faire comprendre avec plus ou moins de tact... Bref, l'adresse est parfaite pour manger vite fait, bien fait !

Basilic & Spice

N

Thaïlandaise B3

88 av. de Choisy
01 45 85 19 30
www.basilicspice.com
Porte de Choisy
Fermé 3 semaines en juillet

Formule 13 € – Menu 19 € (déjeuner en semaine)/36 € – Carte 25/40 €

A/C

Au cœur du Chinatown parisien, un petit restaurant asiatique dont le décor évoque avec une certaine originalité la culture thaïlandaise : fresques, photos de jeunes moines bouddhistes, bibelots, masques en bois, orchidées, murs en ardoise, etc. Quant à l'assiette, elle met évidemment à l'honneur les spécialités du pays, mais aussi certaines recettes du Cambodge voisin, dont les propriétaires du restaurant sont originaires. Salade de papaye aux crevettes, poulet sauté au curry rouge, ou encore bar entier grillé dans une feuille de bananier à la façon khmère... Une cuisine fraîche et bien réalisée, qui traverse les frontières : on ne boude pas son plaisir !

Les Cailloux

Italienne A2

58 r. des Cinq-Diamants
01 45 80 15 08
www.lescailloux.fr
Corvisart
Fermé 1 semaine en août et 1 semaine vacances de Noël

Formule 14 € – Menu 18 € (déjeuner en semaine) – Carte 34/49 €

Envie d'une virée en Italie dans le pittoresque quartier de la Butte-aux-Cailles ? Une seule adresse : Les Cailloux. Ce restaurant a déjà conquis le cœur de nombreux fidèles qui ne se lassent pas de son ambiance informelle et de sa cuisine ensoleillée. Carpaccio de bœuf, thon en croûte de tapenade avec fenouil mariné et roquette, mozzarella fumée et frite, pennette au confit de veau et romarin, tiramisu, pannacotta à la vanille. La carte des mets, imitée par celle des vins (jolie sélection à tous les prix), regorge de propositions 100 % transalpines. Côté décor, c'est un mélange de trattoria et de bistrot à la mode (plancher en bois brut, petit zinc, murs beiges). Service souriant et places prises d'assaut. N'oubliez pas de réserver !

Impérial Choisy

Chinoise

32 av. de Choisy
01 45 86 42 40
Porte de Choisy

B3

Carte 17/51 €

A/C

D'appétissants canards laqués suspendus en vitrine donnent tout de suite le ton et l'ambiance de ce restaurant : vous êtes au cœur du Chinatown parisien. Destination : la cuisine cantonaise avec ses nombreuses spécialités, réalisées ici dans les règles de l'art. Salade de méduse, soupe de raviolis aux crevettes et nouilles, poulet fermier au gingembre et à la ciboulette, canard laqué aux cinq parfums, mais aussi un bon choix de poissons diversement préparés. Les assiettes sont généreuses, les produits frais et parfumés. Pas de fioritures inutiles dans cette salle tout en longueur, sobre et claire, qui ne désemplit pas (service non-stop) et où l'on mange au coude-à-coude. Un vrai goût d'authenticité, sans se ruiner.

Lao Lane Xang 2

Vietnamienne

102 av. d'Ivry
01 58 89 00 00
www.restolaolanexang.com
Tolbiac
Fermé jeudi midi et mercredi

B2

Formule 11 € – Carte 19/35 €

A/C

L'histoire parisienne des Siackhasone, originaires du Laos, commence dans les années 1990, avec la création successive des restaurants Rouammit et Lao Lane Xang 1, aux 103 et 105 de l'avenue d'Ivry. En 2007, Do et Ken – frères et dignes héritiers du savoir-faire familial – ouvrent cette table "bis", située juste en face de ses aînées. La carte marie avec finesse spécialités laotiennes, thaïes et vietnamiennes, et le décor, sobre et contemporain, renouvelle totalement l'habituel style "cantine" du quartier. Pour savourer une soupe de crevettes à la citronnelle bien parfumée ou un canard laqué au tamarin, à la fois tendre et croustillant, pensez à réserver !

Le Lotus

N

Vietnamienne

B2

121 av. d'Ivry
01 53 61 00 61
www.lelotus13.com
Tolbiac
Fermé 1er-15 septembre et lundi

Carte 16/36 €

A/C

Forts de leur succès avec le restaurant-cantine Bambou, qui ne désemplit pas, Madeleine N'Guyen et son mari ont créé cette bouture non moins savoureuse, Le Lotus, à cheval entre les avenues d'Ivry et de Choisy. Comme sa grande sœur, cette adresse-ci mise tout sur une cuisine 100 % vietnamienne, avec une longue carte qui devrait vous mettre l'eau à la bouche : salade d'ananas aux fruits de mer, soupe de pâtes de riz aux crevettes, au poulet et au porc, crêpe vietnamienne, ou encore brochette de porc grillé ou bœuf sauté au basilic... La fraîcheur et les saveurs sont au rendez-vous, et l'on est servi avec simplicité et diligence. Pour un repas efficace et parfumé, ce Lotus sort du lot !

Mer de Chine

Chinoise

B2

159 r. Château-des-Rentiers
01 45 84 22 49
Place d'Italie
Fermé juillet

Menu 15 € (déjeuner en semaine)/25 € – Carte 20/80 €

A/C

De la cuisine cantonaise, on connaît bien peu de choses à l'exception de son riz, parfois bien maltraité. Dans cette Mer de Chine, à l'écart de l'agitation de Chinatown, on s'immerge dans des recettes aux subtils mariages de saveurs et de textures : salade de méduse au blanc de volaille, crabe en mue sauté à l'ail, nouilles sautées au soja et œuf de cent ans... Avec une bière Tsingtao et un (léger) fond musical "made in China", on ne boude pas son plaisir ! Signe qui ne trompe pas : les Asiatiques se précipitent à chaque service dans la coquette petite salle, qui arbore une sobre décoration d'inspiration chinoise. Non, la cuisine cantonaise ne se résume pas à son riz.

L'Ourcine

Traditionnelle

A1

92 r. Broca
01 47 07 13 65
Les Gobelins
Fermé 3 semaines en août, dimanche et lundi

Formule 26 € – Menu 34 €

Qualité et modestie résument joliment l'esprit de l'Ourcine, un sympathique bistrot qui compte de nombreux fidèles – et dont la salle a été rénovée en 2013. Sa façade attire l'œil en proclamant d'entrée de jeu qu'ici on a affaire à une "cuisine de cuisinier" et à des "vins de vignerons" ! De doux pléonasmes pour dire la passion du chef, Sylvain Danière (ayant travaillé chez Yves Camdeborde et à l'Épi Dupin), pour l'authenticité : sa cuisine du marché et de saison ne triche ni avec les produits ni avec les saveurs. Menu du jour, plats du moment, petite ardoise "coups de cœur" (parfois avec supplément) regorgent de belles propositions : bonbons croustillants d'agneau braisé aux dattes, tournedos de poulet de Challans farci au foie gras, blanc-manger aux mirabelles, au miel et aux épices douces...

Sukhothaï

Thaïlandaise

B2

12 r. Père-Guérin
01 45 81 55 88
Place d'Italie
Fermé 5-24 août, lundi midi et dimanche

Formule 13 € – Menu 24/27 € – Carte 26/35 €

A/C

Du nom de la première capitale du Siam (fondée au 13e s.), ce restaurant thaï situé à deux pas de la place d'Italie est vraiment beaucoup moins cher qu'un vol direct pour Bangkok ! Dans la salle à manger de poche, quelques bouddhas sculptés, des gravures et des fleurs de-ci de-là suffisent à planter le décor. Le service lui aussi joue la discrétion et les serveurs se faufilent avec aisance parmi les tables en rang d'oignons. Quant à la carte, elle présente un grand choix de saveurs thaïlandaises traditionnelles : bœuf, canard, porc et crustacés se frottent à la citronnelle, au basilic, au piment ou au lait de coco. Et quelques spécialités chinoises viennent compléter cette offre déjà large. Réservation fortement conseillée.

Variations

Traditionnelle B1

18 r. des Wallons
01 43 31 36 04
www.restaurantvariations.com
Ⓜ Saint-Marcel
Fermé août, samedi midi et dimanche

Formule 17 € – Menu 19 € (déjeuner), 37/48 € – Carte 36/64 €

Un vrai bistrot, celui-là : des banquettes, des tables en bois, des moulures et de grands miroirs anciens. Le chef (un ancien pilote de chasse !) compose de jolies... variations autour du marché et des saisons. Amoureux des beaux produits, il aime donner du piquant à la cuisine traditionnelle, avec une pincée de poivre de Madagascar par exemple, au parfum de bois et de fleur. À la carte : de spectaculaires pastas flambées à la grappa dans une meule de parmesan, un filet de dorade aux petits légumes et, pourquoi pas, une crème brûlée au sirop de coquelicot ou une brioche façon pain perdu, avec du caramel... Aux beaux jours, la salle s'épanche doucement sur la rue, si calme à deux pas de la Pitié-Salpêtrière.

Rappelez-vous :
les étoiles (✿✿✿...✿)
couronnent les meilleures tables.
Et peu importe le cadre :
ce que nous distinguons,
c'est la cuisine, rien que la cuisine.

B. Gardel / hemis.fr

14e

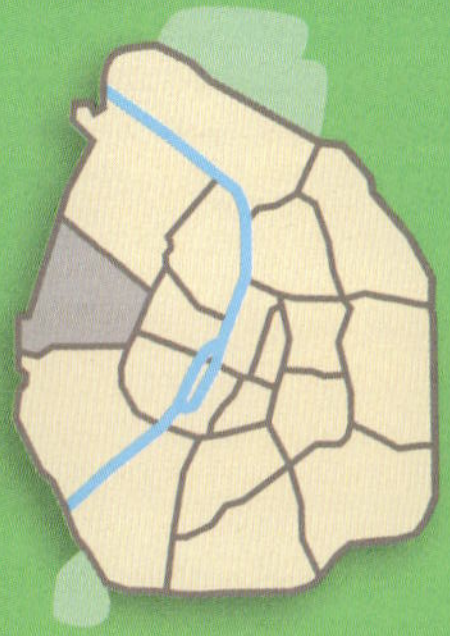

Montparnasse · Denfert-Rochereau · Parc Montsouris

J. Loic / Photononstop

14e
Montparnasse, Denfert-Rochereau, Parc Montsouris
15e
PARC GEORGES BRASSENS
GARE MONTPARNASSE 1
MONTPARNASSE 2
MONPARNASSE 3 VAUGIRARD
JARDIN ATLANTIQUE
Place de Catalogne
La Cagouille
Cobéa
La Cantine du Troquet
L'essentiel
Les Petits Plats
La Régala
Place du 25 Août 1944
PORTE BRANCION
PORTE DE VANVES
PORTE DE CHÂTILLON
MALAKOFF
PÉRIPHÉRIQUE
Pasteur
Vaugirard
Pernety
Plaisance
Porte de Vanves
Malakoff Plateau de Vanves

5e
13e
C
D
1
2
3
La Coupole
La Cerisaie
Le Dôme
Bd du Montparnasse
Edgar Quinet
Raspail
Le Cette
Le Duc
CIMETIÈRE DU MONTPARNASSE
Gaîté
R. Froidevaux
Bd Raspail
Av. Denfert Rochereau
La Contre Allée
R. du Faubourg St Jacques
R. St Jacques
R. de la Santé
Bd de Port Royal
R. Berthollet
R. Vauquelin
R. d'Ulm
R. Tournefort
Bd Arago
R. Daguerre
Le Cornichon
Aux Enfants Gâtés
Pl. Denfert Rochereau
Denfert Rochereau
Assiette
R. Liancourt
R. Gassendi
Maison Courtine
R. Boulard
Le Jeu de Quilles
Bd Saint Jacques
St Jacques
Glacière
R. de la Glacière
R. Vulpian
R. Corvisart
Zigawa
R. Mouton Duvernet
Severo
Grande Ourse
Les Fils de la Ferme
Mouton Duvernet
R. du Couédic
L'Ordonnance
Av. du Maine
Av. du Général Leclerc
ST PIERRE DE MONTROUGE
Alésia
R. d'Alésia
Av. René Coty
R. de la Tombe Issoire
R. Daviel
R. Barrault
R. Sarrette
R. A. Daudet
Rue d'Alésia
R. de Tolbiac
R. Reille
R. de l'Amiral Mouchez
R. Beaunier
Av. Reille
Pavillon Montsouris
Rue Gazan
Porte d'Orléans
Boulevard Jourdan
PARC MONTSOURIS
R. de Rungis
PORTE D'ORLÉANS
Cité Universitaire
STADE CHARLÉTY
MONTROUGE
Avenue Aristide Briand
Rue Barbès
PÉRIPHÉRIQUE
PORTE DE GENTILLY
Gentilly

L'Assiette

Classique C2

181 r. du Château

01 43 22 64 86

www.restaurant-lassiette.com

Mouton Duvernet

Fermé août, 1 semaine à Noël, lundi et mardi – Réservation conseillée

Formule 23 € – Menu 35 € (déjeuner en semaine) – Carte 44/70 €

Après plusieurs années derrière les fourneaux de deux restaurants de la galaxie Ducasse (Benoit, Aux Lyonnais), où il a appris la rigueur et l'amour des beaux produits, David Rathgeber a choisi l'indépendance. Sa maison a remplacé le bistrot Chez Lulu – une institution et une ex-boucherie – mais en a gardé la convivialité et la patine d'origine. Dans la cuisine, visible à l'entrée, le chef et sa brigade mitonnent de bons petits plats classiques revus à la mode bistrot chic. Cassoulet maison, rillettes de jarret de cochon confit, tartare de crevettes bleues, crème caramel au beurre salé, soufflé au chocolat : c'est tout simplement bon, de saison et sans esbroufe, à l'image du décor, plaisant avec ses tables en bois et ses céramiques au plafond.

Aux Enfants Gâtés

N

Moderne C1-2

4 r. Danville

01 40 47 56 81

www.auxenfantsgates.fr

Denfert Rochereau

Fermé 3 semaines en août, vacances de Noël, de février, dimanche et lundi

Formule 25 € – Menu 34 € – Carte environ 37 €

A/C

L'ancien petit bistrot de Julie Ferrault (L'Entêtée) est devenu un repaire... d'Enfants Gâtés ! L'intérieur, entièrement rénové, se pare de belles teintes contemporaines ; aux murs, des citations de grands chefs et quelques recettes donnent un côté presque "littéraire" à la salle, où l'on se sent vraiment à l'aise. Le chef est passé par plusieurs belles maisons, dont la Grande Cascade, au bois de Boulogne ; il compose des plats de caractère, agrémentant la tradition en fonction de son inspiration et de ce qu'il déniche au marché : terrine de faisan et compotée de chou rouge à l'aigre-doux ; poitrine de veau confite au four, endives caramélisées à l'orange ; figue pochée au vin épicé, chantilly et mascarpone... Des jus et bouillons délicieux, des saveurs percutantes : sans conteste, cette adresse nous gâte !

La Cagouille

Poissons et fruits de mer B1

10 pl. Constantin-Brancusi
01 43 22 09 01
www.la-cagouille.fr
Gaîté

Formule 26 € – Menu 42 € – Carte 40/70 €

Une placette empreinte de quiétude et un programme 100 % poissons, coquillages et crustacés de très belle fraîcheur, cela vous tente ? Cette table du quartier Montparnasse porte le nom du petit gris charentais, mais point d'escargots à la carte ! Que des produits des mers et rivières travaillés sans fioriture. Pavé de cabillaud à la crème d'ail, dos de saint-pierre grillé et beurre de cerfeuil, et en dessert des profiteroles ou encore le "noir au noir". La salle à manger dégage une sympathique atmosphère marine avec boiseries, poulies, cordages, coquillages et tables de bistrot en marbre. Et pour profiter des beaux jours, filez sur la délicieuse terrasse chlorophyllée. Belle collection de cognacs en prime.

La Cantine du Troquet

Traditionnelle B2

101 r. de l'Ouest
Pernety
Fermé 2 semaines en août, dimanche et lundi

Menu 32 € – Carte 29/38 €

Une Cantine, certes, mais la cantine du charismatique Christian Etchebest ! On s'y retrouve entre copains et l'on s'invite sans réserver, pour échanger une franche part de convivialité. Ambiance décontractée et décor de néobistrot : zinc, banquettes rouges, couverts et serviettes dans des pots à même les tables, photos des camarades. Sur la grande ardoise murale – ni menu ni carte –, les plats aux influences basques (cochonnailles, poulet des Landes, piquillos, fromages des Pyrénées servis avec une bonne confiture de cerise noire, etc.) fraternisent avec les classiques bistrotiers (œuf mayo, frites maison, riz au lait, tarte du jour...). Tous à la Cantine !

La Cerisaie

Du sud-ouest C1

70 bd Edgard-Quinet
✆ 01 43 20 98 98
www.restaurantlacerisaie.com
Ⓜ Edgar Quinet
Fermé 14 juillet-15 août, 25 décembre-1er janvier, samedi et dimanche – Réservation conseillée

Formule 25 € – Carte 34/42 €

Si vous venez sans réserver, Maryse Lalanne risque fort de vous annoncer, d'un air désolé mais charmant : "C'est complet !" Il faut dire que ce restaurant de poche (vingt places) est très prisé, et l'on s'y presse volontiers pour découvrir l'ardoise du jour et de savoureuses spécialités régionales. Parmi les classiques de la maison, les terrines de saison, le magret d'oie aux poires rôties et aux épices, ou encore la tarte fondante au chocolat... De bons petits plats qui reflètent tout le talent d'un chef passé par les plus grandes maisons toulousaines. Côté cave, des vins bien choisis les sublimeront sans mal. La Cerisaie ? Une belle ambassade du Sud-Ouest... en plein quartier breton !

Le Cette

N

Traditionnelle C1

7 r. Campagne-Première
✆ 01 43 21 05 47
Ⓜ Raspail
Fermé 3 semaines en août, samedi et dimanche

Formule 18 € – Menu 22 € (déjeuner) – Carte 40/60 €

À deux pas du boulevard du Montparnasse, cette rue est entrée dans l'histoire pour avoir accueilli en 1960 le tournage du film *À bout de souffle*, de Jean-Luc Godard. C'est donc dans ce quartier éminemment parisien qu'un restaurateur sétois ("Cette" est l'ancienne graphie de la ville) a repris le troquet du coin pour en faire un repaire gourmand. Dans un décor chaleureux – tables en formica, grands miroirs et beaux luminaires boules –, vous serez enthousiasmé par la cuisine du chef, japonais, qui œuvrait autrefois à l'Ourcine (13e) : à titre d'exemple, les favoris de l'ardoise sont le dos de cabillaud avec bouillon de choux et girolles, et l'épaule d'agneau confite... Une cuisine saine et fraîche, réalisée avec de bons produits du marché. Pour vous régaler à moindre coût, passez plutôt le midi.

Cobéa ✿

Moderne

B1

11 r. Raymond-Losserand
01 43 20 21 39
www.cobea.fr
Ⓜ Gaité
Fermé 15-21 avril, août, 22-29 décembre, dimanche et lundi – Réservation conseillée

Menu 48 € (déjeuner), 75/110 €

A/C

Restaurant Cobéa

Cobéa ? Une plante d'Amérique du Sud et un clin d'œil aux propriétaires : **Co** comme Jérôme Cobou en salle, **Bé** comme Philippe Bélissent aux fourneaux et **A** comme Associés. Mais avant d'être associés, ces deux compères sont surtout amis et... passionnés de gastronomie ! Après avoir fait leurs armes dans de belles maisons, Philippe et Jérôme décident de se lancer en 2011, pleins d'enthousiasme... Monsieur Lapin – institution du 14e arrondissement fondée dans les années 1920 – se libère : qu'à cela ne tienne, Cobéa est né ! Dans ce restaurant à la déco sage et élégante, on se sent tout simplement bien et l'on a tout loisir d'admirer Philippe Bélissent s'activer en cuisine, toujours inspiré... Déjà étoilé au Restaurant de l'Hôtel, dans le 6e arrondissement, il n'a rien perdu de son talent. Sens du produit, goût du bon, harmonie des saveurs et subtilité... Ses assiettes sont franches et fines. Couteaux en persillade, lotte confite à l'avocat grillé, foie gras poêlé, châtaignes et champignons : **Co** comme Contentement, **Bé** comme Béatitude et **A** comme Allez-y sans tarder !

Entrées

- Coquillages, fenouil et gingembre
- Foie gras, pêche et verveine

Plats

- Saint-pierre de ligne, gnocchis à l'encre de seiche et chou-fleur
- Ris de veau, truffe noire et cèpes

Desserts

- Chocolat en déclinaison
- Mangue, meringue et citron vert

La Contre Allée

Moderne

C1

83 av. Denfert-Rochereau
01 43 54 99 86
www.restaurant-contreallee.com
Denfert Rochereau
Fermé 3 semaines en août, 24-30 décembre, samedi et dimanche

Formule 31 € – Menu 37/70 € – Carte 50/65 €

Sur une discrète contre-allée de l'avenue Denfert-Rochereau, avec son grand auvent rouge et son cadre plutôt classique, l'adresse a tout du restaurant parisien traditionnel... Et pourtant ! On y découvre une vraie cuisine de cuisinier – réalisée par un chef japonais –, appuyée sur de solides bases classiques parfaitement accommodées aux goûts d'aujourd'hui. Les assiettes sont joliment dressées, les saveurs bien marquées, les associations relevées. Bref, une cuisine vivante et sans chichis, qui sait faire résonner l'époque en toute simplicité. De surcroît, les prix sont mesurés, et l'ambiance extrêmement conviviale. Voilà une formule qui mérite d'être encouragée sans contre-indications !

Le Cornichon

Moderne

C2

34 r. Gassendi
01 43 20 40 19
www.lecornichon.fr
Denfert Rochereau
Fermé août, 1 semaine vacances de Noël, samedi et dimanche

Menu 33 € (déjeuner)/35 € – Carte 41/66 €

Rassurez-vous, ce bistrot du quartier Denfert-Rochereau n'a rien d'un cornichon – si ce n'est quelques touches de couleur verte ! Cette affaire, c'est la seconde vie de Franck Bellanger, un ingénieur informatique hier salarié d'une fameuse chaîne de télévision privée, et depuis toujours passionné de restauration. Ce qui a fait basculer sa vie professionnelle ? La rencontre du jeune chef Matthieu Nadjar, formé à bonne école et avec lequel il a décidé de se lancer. On ne le regrettera pas : beaux produits, jolies recettes, beaucoup de saveurs, etc., leur Cornichon est un joli bistrot d'aujourd'hui plein de croquant et de peps !

La Coupole

Traditionnelle C1

102 bd Montparnasse
01 43 20 14 20
www.lacoupole-paris.com
Vavin

Formule 30 € – Menu 36/59 € – Carte 40/77 €

A/C

On manque d'adjectifs pour qualifier l'aura de cette Coupole, l'une des dernières véritables brasseries parisiennes. Mythique ? Pour le moins ! Créée en 1927, signée par les architectes Barillet et Le Bouc, elle fut au cœur des nuits parisiennes des Années folles. Restaurant phare du Montparnasse artistique et littéraire, ses hôtes illustres se nommaient Kessel, Picasso, Man Ray, Sartre, Giacometti ou Hemingway. Attablé dans une immense – et magnifique – salle Art déco, on assiste au ballet incessant des garçons, qui escortent d'un bout à l'autre du restaurant les classiques de la maison : escargots de Bourgogne marinés au chablis, curry d'agneau fermier à l'indienne, cœur de filet de bœuf poêlé au poivre et flambé à l'armagnac... Des plats fidèles à la tradition, accompagnés de sauces maison. Intemporel !

Le Dôme

Poissons et fruits de mer C1

108 bd Montparnasse
01 43 35 25 81
Vavin

Carte 75/130 €

A/C

Bienvenue dans ce qui fut l'un des temples de la bohème littéraire et artistique des Années folles. Le Dôme... La célèbre brasserie marine de Montparnasse, à l'atmosphère unique, chic et animée. Orné de photos d'époque et d'une fresque du peintre Carzou – un habitué –, le bel intérieur Art déco témoigne de ce glorieux âge d'or. Boiseries omniprésentes, banquettes en cuir fauve et vert, vitraux colorés, lumières tamisées par des abat-jour... Chaque détail participe à l'âme du lieu, précieusement conservée au fil du temps. La cuisine et le service sont au diapason. Les produits de la mer occupent la scène, préparés au gré des arrivages et joliment présentés dans des assiettes généreuses à souhait – les vins aussi font honneur à la table. Comme au temps des Montparnos.

Le Duc

Poissons et fruits de mer C1

243 bd Raspail
01 43 20 96 30
Raspail
Fermé 2 juillet-25 août, 23 décembre-3 janvier, samedi midi, dimanche et lundi

Menu 55 € (déjeuner) – Carte 62/140 €

On a beau être au cœur de la rive gauche, on se croirait dans une cabine de yacht... Peut-être celle d'un duc épris de voyages au long cours et de saveurs iodées ? Cette atmosphère chic et surannée a séduit bon nombre de fidèles de longue date, toujours ravis de déguster des plats goûteux et raffinés. Le chef, Pascal Hélard, ne sélectionne que des poissons et fruits de mer de tout premier choix – en provenance directe des ports de pêche –, et s'attache à les travailler avec simplicité, pour en magnifier la saveur... Un beurre émulsionné, une huile d'olive bien choisie : aller à l'essentiel, sans chichis mais avec savoir-faire. Évidemment, on se réjouit aussi à l'arrivée du chariot des desserts, qui regorge de délices incontournables : baba au rhum, millefeuille, île flottante, etc. Embarquement immédiat !

L'Essentiel

N

Traditionnelle B2

168 r. d'Alesia
01 45 42 64 80
Plaisance
Réservation conseillée

Formule 14 € – Menu 17 € (déjeuner en semaine) – Carte 24/35 €

Vous aimez les ambiances animées ? Ce café-bistrot du 14e arrondissement est pour vous : dans sa toute petite salle, souvent archi-comble, on mange au coude-à-coude... serrés comme des sardines dans une boîte ! Le service, qui peut être un peu anarchique, invite aussi à la convivialité, comme l'esprit de la cuisine, entre plats canailles (terrine maison, onglet de bœuf à l'échalote) et recettes de saison bien tournées (salade de girolles, dos de cabillaud aux petits légumes). Difficile de résister, d'autant que le tout s'accompagne d'une belle sélection de vins. En bref, l'adresse sait cultiver l'Essentiel… et l'addition reste extraordinairement légère !

Les Fils de la Ferme

Traditionnelle

C2

5 r. Mouton-Duvernet
01 45 39 39 61
www.filsdelaferme.com
Mouton Duvernet
Fermé 3 semaines en août, 2 semaines début janvier, dimanche et lundi

Formule 23 € – Menu 33 €

Issus d'une famille de restaurateurs – leurs parents tenaient La Ferme du Périgord dans le 5e arrondissement, – Jean-Christophe et Stéphane Dutter, après avoir fait leurs classes chez Ducasse et Robuchon pour l'un, chez Georges Blanc et Christian Morisset pour l'autre, ont ressenti le besoin de se poser sur leur propre territoire. Chose faite depuis 2004 avec cette table d'esprit très bon enfant, où ils concoctent à quatre mains une cuisine de bistrot légèrement modernisée (médaillons de foies de volaille au chutney orange-fenouil, filet mignon de cochon rôti, pannacotta au chocolat blanc...). Le cadre aux airs d'auberge, avec pierres apparentes, comptoir en zinc et mobilier rustique en bois sombre, a quelque chose d'attachant. À noter : prix sages et vins sélectionnés directement auprès de petits producteurs.

La Grande Ourse

Moderne

C2

9 r. Georges-Saché
01 40 44 67 85
www.restaurantlagrandeourse.fr
Mouton Duvernet
Fermé août, samedi midi, dimanche et lundi

Formule 18 € – Menu 21 € (déjeuner)/37 €

Inutile d'attendre la nuit tombée et de scruter le ciel pour profiter de la Grande Ourse. Il suffit de sillonner le quartier pour découvrir, campé sur une petite place, ce bistrot tout ce qu'il y a de terrien. Le cadre n'atteint pas la Lune et n'en est que plus chaleureux (tons prune et orange, tables en bois). Quant à la cuisine, elle rend bien hommage à la "Grande Casserole" (un clin d'œil ?) dont elle fait son enseigne : avec finesse, le chef travaille de savoureux produits frais. Au déjeuner, ses propositions sont assez simples ; elles se révèlent plus étoffées le soir. Extraits d'ardoise : tartare d'huîtres à la crème de beaufort, croustillant de joue de bœuf aux panais, sablé aux fraises... On finit la soirée le nez en l'air, pour apprécier les scintillements de l'autre Grande Ourse.

Le Jeu de Quilles

Traditionnelle C2

45 r. Boulard
01 53 90 76 22
www.jdequilles.fr
Mouton Duvernet
Fermé 3 semaines en août, 22 décembre-2 janvier, samedi soir, dimanche et lundi – Réservation conseillée

Carte 32/65 €

A/C Une adresse minuscule, conviviale et sans prétention. Esprit dépouillé – à l'entrée, un coin épicerie, et, au fond, une cuisine-comptoir communiquant avec la salle – car l'essentiel se joue autour des produits. Il faut dire que Benoît Reix (ex-Triporteur, Wadja, Fines Gueules) se fournit auprès des meilleurs commerçants de la place parisienne : le boucher Hugo Desnoyer pour les viandes, la Cave des Papilles pour les vins, Pierre Klucik pour les fromages... et cela fait toute la différence. L'ardoise du jour propose un choix volontairement limité ; à la simplicité des intitulés répondent des saveurs intactes (tartare de chinchard, poitrine de veau caramélisée, sablé breton façon Tatin). À l'heure du déjeuner comme le soir, la réservation est conseillée, pour ne pas arriver... comme un chien dans un jeu de quilles !

Kigawa

Traditionnelle C2

186 r. du Château
01 43 35 31 61
www.kigawa.fr
Mouton Duvernet
Fermé lundi midi et mardi – Réservation conseillée

Formule 22 € – Menu 35 € – Carte 42/62 €

Kigawa comme Michihiro Kigawa, le chef et patron de cet établissement tout simple... et comme Junko, sa femme, qui accueille les clients avec toute la politesse propre au pays du Soleil-Levant. Ne vous attendez pas pour autant à déguster makis ou sushis : le jeune chef a travaillé pendant une dizaine d'années dans un restaurant français d'Osaka avant de venir à Paris. En goûtant son pressé de caille au foie gras sauce ravigote, ou son filet de lieu jaune poêlé à la sauge, vous comprendrez mieux toute l'étendue de sa maîtrise de la gastronomie hexagonale, qu'il revisite avec tact !

Maison Courtine

Moderne

C2

157 av. du Maine
01 45 43 08 04
www.lamaisoncourtine.com
Ⓜ Mouton Duvernet
Fermé 3 semaines en août, 1 semaine en février, lundi midi, samedi midi et dimanche

Menu 26 € 🍷 (déjeuner), 39/49 €

A/C

Jadis bastion bien connu de la cuisine du Sud-Ouest entre Montparnasse et Alésia, la Maison Courtine est désormais un restaurant contemporain, intime, frais et coloré... On y savoure une cuisine du marché bien ancrée dans son époque, rehaussée de touches méridionales. Au gré de son inspiration, le chef vous propose par exemple une pièce de bœuf Hereford aux échalotes confites, fondant de pomme de terre à la crème d'Isigny et champignons ; ou encore de fines ravioles à la chair de crabe, fondue de jeunes poireaux, jus mousseux et piment d'Espelette... Pour accompagner tous ces mets, la carte des vins se révèle intéressante, avec un choix opportun de demi-bouteilles. Un dernier mot sur le service efficace, assuré par une équipe jeune et dynamique.

L'Ordonnance

Traditionnelle

C2

51 r. Hallé
01 43 27 55 85
Ⓜ Mouton Duvernet
Fermé 1er-15 août, samedi sauf le soir en hiver et dimanche

Menu 18 € 🍷 (déjeuner), 25/34 €

Dans une rue tranquille du 14e arrondissement, ce bistrot nouvelle vague appose sans les opposer cuisine sérieuse et bonne franquette. Les trois petites salles toutes simples respirent la franche convivialité : le chaleureux patron quitte souvent les cuisines pour se consacrer à ses clients ! Les plats forcent l'admiration par leurs saveurs franches, leurs cuissons et assaisonnements précis : poireaux vinaigrette, œuf poché et foie gras poêlé ; carré d'agneau rôti au thym ; clafoutis aux cerises (en saison)... Une ordonnance à prescrire sans hésitation, à un risque près : l'accoutumance.

Pavillon Montsouris

Moderne

D3

20 r. Gazan
01 43 13 29 00
www.pavillon-montsouris.fr
Cité Universitaire
Fermé vacances de février et dimanche soir de mi-septembre à Pâques

Menu 49 € – Carte 58/97 €

Cette adresse jouit d'une situation exceptionnelle : le parc Montsouris. Superbe, le pavillon Belle Époque offre à ses convives le luxe rare et enviable de la campagne en plein Paris. Sous une grande verrière – vrai puits de lumière –, le décor soigné d'inspiration coloniale (bois roux, plantes vertes, luminaires en bronze, etc.) fait oublier en un éclair l'agitation urbaine. Et lorsqu'on a la chance de prendre son temps sur la délicieuse terrasse cernée par la verdure et ouverte dès les beaux jours, le sentiment d'évasion est à son comble. Deux cadres enchanteurs pour déguster, en toute quiétude, une cuisine dans l'air du temps, franche et fine. On se régalera par exemple de gambas croustillantes au basilic accompagnées de petits légumes méditerranéens, d'une daurade royale au gâteau d'aubergine, de ris de veau... Salons particuliers à disposition.

Les Petits Plats

Traditionnelle

B2

39 r. des Plantes
01 45 42 50 52
Alésia
Fermé 4- 25 août et dimanche – Réservation conseillée

Formule 17 € – Carte 36/72 €

Moulures immaculées, miroirs, très beau comptoir en bois, parquet et grande ardoise présentant les mets du moment : un petit bistrot élégant, dans son jus 1910 ! Alexis Minot, le jeune patron, mène son affaire selon ce credo : faire partager son goût de la bonne chère et des jolis vins. Pari réussi : les petits plats bistrotiers du chef côtoient une cuisine ménagère goûteuse, simple et de saison ; la formule du jour, joliment canaille, s'affiche à prix très doux. Terrine de lapereau, croustillant de pied de porc et son jus à la sauge, viande d'Aubrac, vacherin à la vanille ou mi-cuit au chocolat servi en cocotte... C'est savoureux, convivial et sans chichis, avec la possibilité de choisir certains plats en demi-portion, pas bête ! Conséquence : la réservation s'impose.

La Régalade

Traditionnelle

B3

49 av. Jean-Moulin
01 45 45 68 58
Porte d'Orléans
Fermé 25 juillet-20 août, 1er-10 janvier, lundi midi, samedi et dimanche – Réservation conseillée

Menu 35 €

A/C

Ce bistrot qu'on ne présente plus ne désemplit pas, si bien que 2 autres adresses ont ouvert dans les 1er et 9e arrondissements. Aux fourneaux depuis 2004, Bruno Doucet (Gagnaire, Apicius...) propose une cuisine mi-terroir, mi-marché et toujours généreuse. Pour preuve, cette terrine déposée sur la table en guise d'amuse-bouche, à déguster avec du bon pain de campagne... La suite du repas est à l'avenant : les plats sont copieux, accompagnés de beaux vins de propriétaires, et mettent en valeur les produits. Authenticité, gentillesse, plaisir... On comprend le succès du lieu. Seul regret : on ne se régale qu'en semaine !

Severo

Viandes et grillades

C2

8 r. des Plantes
01 45 40 40 91
Mouton Duvernet
Fermé vacances de Pâques, de Noël, 25 juillet-25 août, samedi et dimanche – Réservation conseillée

Carte 31/105 €

A/C

Ce bistrot de viande, sans chichi ni manière, s'est taillé une bonne petite réputation. Il faut dire qu'à sa tête, William Bernet se démène. Il virevolte entre les tables pour prendre les commandes et partage avec ses convives son amour des bons nectars. Une passion qui s'exprime à travers les grandes ardoises posées sur toute la hauteur des murs. On peut y choisir des vins de propriété en provenance de tous les terroirs et accessibles à toutes les bourses. Spécialisée dans les grillades, la carte honore également la belle tradition bistrotière. Et rappelons qu'ici le patron – un ancien boucher – rassit lui-même sa viande !

15e

Porte de Versailles · Vaugirard · Beaugrenelle

F. Guiziou / hemis.fr

15e Porte de Versailles, Vaugirard, Beaugrenelle

C
D
TOUR EIFFEL
Av. G. Eiffel
Av. J. Bouvard
PARC DU CHAMP DE MARS
La Tour Maubourg
LES INVALIDES
Solférino
Rue de Grenelle
Varenne
Rue de Varenne
Rue Vaneau
Bosquet
R. Duvivier
Picquet
École Militaire
Av. de la Motte
Av. de Tourville
7e
1
Le Casse Noix
Fédération
Av. de Suffren
Erawan
ÉCOLE MILITAIRE
Lowendal
Ségur
Duquesne
Breteuil
Av. de Villars
R. de Babylone
St François Xavier
R. Dupleix
La Gauloise
R. Oudinot
Vaneau
Sèvres
R. Éblé
Av. de Saxe
Grenelle
La Motte-Picquet Grenelle
Villa Corse Rive Gauche
Émile Zola
Cambronne
Fremicourt
Commerce
Duroc
Bd du Montparnasse
6e
Fontanarosa
Garibaldi
Sèvres Lecourbe
Nivert
R. Miollis
Le Troquet
Rue de Vaugirard
Falguière
Pl. du 18 Juin 1940
Le Cristal de Sel
Croix
Gwon's Dining
Lecourbe
Mademoiselle
Pasteur
Montparnasse Bienvenue
Le Quinze-Lionel Flury
TOUR
R. du Départ
2
Intuition Gourmand
Cambronne
R. des Volontaires
Volontaires
L'Epicuriste
Blomet
Bd de Vaugirard
GARE MONTPARNASSE 1
R. de la Gaîté
Edgar Quinet
L'Inattendu
Vaugirard
MONTPARNASSE 2
JARDIN ATLANTIQUE
R. de l'Abbé Groult
Bd Pasteur
Gaîté
Convention
R. d'Alleray
R. Paul Barruel
R. Dutot
MONPARNASSE 3 VAUGIRARD
Place de Catalogne
Av. du Maine
R. Alain
R. d'Alleray
R. de la Procession
Le Mûrier
Dantzig
R. de Vouillé
R. St Amand
Pernety
R. Raymond Losserand
R. du Château
Brancion
Le Grand Pan
Vercingétorix
R. de Gergovie
R. Didot
Plaisance
R. des Morillons
R. Castagnary
PARC GEORGES BRASSENS
R. d'Alésia
3
Restaurant du Marché
Lefebvre
R. Raymond Losserand
R. J. Baudry
14e
Le Caroubier
PORTE DE LA PLAINE
Porte de Vanves
Bd Brune
R. Didot
PORTE BRANCION
PORTE DE VANVES
Place du 25 Août 1944

Afaria

Créative

B3

15 r. Desnouettes
01 48 42 95 90
www.afaria.fr
Ⓜ Convention
Fermé 3-26 août, dimanche et lundi

Formule 22 € – Menu 26 € (déjeuner en semaine)/45 € – Carte 36/52 €

A/C

Afaria signifie "À table" en basque. Tel est le cri de ralliement de Ludivine et Frédérique, anciennes secondes de ce restaurant proche de la porte de Versailles, dont elles ont repris les rênes en 2013. Un changement dans la continuité ! À l'heure de l'apéritif, on déguste toujours de belles tapas autour de la table d'hôte ; côté restaurant, on s'éloigne du Sud-Ouest, dans un décor de bistrot, pour découvrir les surprises concoctées par les deux complices. Laissez-vous tenter par une terrine d'artichaut au lard fumé et au vieux comté, une tempura de langoustines, salade de quinoa aux fruits de la passion, ou un filet de daurade poêlé aux légumes grillés à l'italienne... Et pour accompagner tout cela, la sélection de vins est affichée sur les grands miroirs de la salle. Difficile de résister à l'invitation !

L'Ardoise du XV

Moderne

B2

70 r. Sébastien-Mercier
01 45 78 91 38
www.lardoiseduxv.fr
Ⓜ Charles Michels
Fermé 1 semaine en mai, août, dimanche soir et lundi

Formule 18 € – Menu 23 € (déjeuner) – Carte 31/55 €

Pâté en croûte de veau au foie gras ; soupe de melon au jambon serrano ; joue de lotte et ratatouille ; canette aux abricots et au romarin ; entrecôte, os à moelle et purée maison ; baba au rhum ; millefeuille à la vanille de Madagascar ; tiramisu... Tels sont les intitulés que l'on peut lire sur la belle ardoise de cette Ardoise nichée au cœur du 15e arrondissement ! Vous l'aurez compris : la cuisine remet la tradition au goût du jour, et ce avec fraîcheur et saveurs... Comment s'en étonner de la part d'un chef qui a longtemps travaillé au sein des fameux Ateliers de Joël Robuchon ? C'est en 2012 qu'il a ouvert ce petit restaurant avec son épouse, laquelle assure le service dans la salle, au décor tout en sobriété. Bref, voilà bien un bistrot d'aujourd'hui avide de saveurs...

L'Atelier du Parc

Moderne

35 bd Lefèbvre
01 42 50 68 85
www.atelierduparc.fr
Porte de Versailles
Fermé 2 semaines en août, lundi midi et dimanche

B3

Formule 20 € – Menu 25 € (déjeuner en semaine), 35/78 €

A/C

Voilà un établissement qui tranche avec les nombreuses brasseries traditionnelles de la porte de Versailles : bar en plexiglas changeant de couleur, teintes sobres et beaux sièges design qui donnent leur version d'un nouvel Art déco... Ce cadre chic et moderne sied parfaitement à la cuisine inventive et soignée de deux jeunes chefs pleins d'allant. Pâté en croûte au foie gras relevé d'un sorbet à la moutarde à l'ancienne, tartare de dorade au jus de gingembre et mélisse, bouillabaisse revisitée, épaule d'agneau confite 36 heures aux épices, baba à la crème chantilly vanillée ; tout est fait maison ! Beaucoup de finesse, de la créativité et une belle surprise face au parc des expositions.

Axuria

Moderne

51 av. Félix-Faure
01 45 54 13 91
www.axuria-restaurant.fr
Boucicaut

B2

Formule 22 € – Menu 35 € – Carte 43/54 €

A/C

Axuria, c'est l'agneau de lait des Pyrénées, en basque... Et le Pays basque, c'est précisément la région du propriétaire, Olivier Amestoy ! Après avoir passé huit ans dans ce restaurant (alors nommé La Chaumière) en tant que chef, il décide de reprendre l'affaire en 2011, pour créer un lieu qui lui ressemble... Pari réussi : contemporain, chaleureux et très "nature", Axuria colle parfaitement à la cuisine d'Olivier, fraîche, centrée sur le beau produit, nourrie de classiques mais néanmoins personnelle et tendance... Selon les saisons, vous vous régalerez peut-être de bulots et de bigorneaux cuisinés aux herbes sur un lit de petits poireaux à l'huile de noix, d'un filet de rouget barbet et son wok de légumes croquants, d'un soufflé au Grand Marnier... ou, bien sûr, d'agneau des Pyrénées !

Benkay

Japonaise B1

Novotel Tour Eiffel,
61 quai de Grenelle
01 40 58 21 26
www.restaurant-benkay.com
Ⓜ Bir-Hakeim
Fermé août

Menu 39 € (déjeuner), 86/179 € – Carte 45/125 €

Au quatrième et dernier étage d'un petit building du Front de Seine, ce restaurant nippon se révèle élégant, sobre et raffiné avec sa vue plongeante sur la Seine et la Maison de la Radio. On y honore les différentes facettes de la gastronomie japonaise : installé autour du teppanyaki, émerveillez-vous du spectacle des mets crépitant sur les cinq plaques de cuisson, ou bien – de manière plus classique – profitez d'une cuisine washoku (service à table) ; enfin, admirez le savoir-faire de l'excellent maître sushi sur un comptoir dédié. Les produits sont de qualité, les préparations aussi alléchantes que spectaculaires : filet de bœuf saisi devant le convive, calamars sautés sur le vif et crêpes flambées avec leur neige carbonique, etc. Une belle expérience pour les amateurs.

Bernard du 15

Moderne B2

62 r. des Entrepreneurs
01 40 59 09 27
Ⓜ Charles Michels
Fermé août, samedi midi et dimanche

Menu 19/33 € – Carte 36/55 €

Ravioles de gambas et combava, tajine de poisson aux olives et citron de Nice, carré d'agneau rôti au foin, millefeuille à la vanille... À la lecture de la carte, on voyage déjà entre les saveurs d'ici et d'ailleurs, entre classicisme et modernité. Car la cuisine de Bernard Sellin aime mélanger les influences et surprendre. Pour cela, ce chef expérimenté puise son inspiration dans sa Bretagne natale, ses périples aux Caraïbes, ses expériences parisiennes, l'humeur du moment et le rythme des saisons. Le résultat – des recettes subtilement épicées – se révèle convaincant ! Des épices qu'on retrouve d'ailleurs exposées dans le sobre décor, à côté de tableaux évoquant eux aussi des terres lointaines.

Beurre Noisette

Moderne

68 r. Vasco-de-Gama
01 48 56 82 49
www.lebeurrenoisette.com
Lourmel
Fermé 3 semaines en août, dimanche et lundi

B3

Formule 22 € – Menu 30 € (déjeuner en semaine), 35/55 € – Carte 35/43 €

Dans sa rue tranquille entre Balard et Porte de Versailles, ce bistrot accueillant et chaleureux (avec une grande table d'hôte dans l'une des salles) est un petit havre de délices... Le chef, Thierry Blanqui, a travaillé pour les plus grandes maisons parisiennes et imagine les recettes du jour au gré du marché et de son inspiration. Et voilà qu'apparaissent sur l'ardoise tourte feuilletée au canard et foie gras, volaille des Landes au vin d'Arbois, ou lièvre à la royale (gibier en saison). Les produits canailles sont bien à l'honneur (pieds de cochon, ris de veau, etc.) et, cuisinés avec raffinement, ils révèlent un maximum de saveurs... Un pied dans la tradition, l'autre dans la nouveauté : on se régale ! Le tout accompagné, comme il se doit, d'une belle sélection de vins au verre ou au pichet.

Bistro 121

Moderne

121 r. de la Convention
01 45 57 52 90
www.bistro121.fr
Boucicaut

B2

Formule 30 € – Menu 36 €

A/C

Des expos d'art, un œuf cocotte aux champignons et au foie gras ; un vieux comptoir (unique vestige du passé), des supions crémeux accompagnés d'un risotto à l'encre de seiche ; une déco contemporaine raffinée et cosy, une tête de veau sauce ravigote ; un service aux petits soins, un véritable paris-brest, ou encore un lingot au chocolat noir… Dit comme ça, on pourrait croire à un inventaire à la Prévert, et c'est un peu vrai ! Car tout se mêle au Bistrot 121 : les gens, les rires, les senteurs, l'art sur les murs et dans les assiettes, les couleurs de bons petits plats bistrotiers d'hier et d'aujourd'hui, le sens du partage… Et cette atmosphère 121 % chaleureuse ne fait pas perdre de vue l'essentiel : une cuisine bien ficelée, gourmande et généreuse… à prix doux !

La Cantine du Troquet Dupleix

Traditionnelle B1

53 bd de Grenelle
01 45 75 98 00
Dupleix

Carte 26/46 €

Création du sémillant Christian Etchebest, cette Cantine du Troquet version Dupleix surfe sur une recette éprouvée : pourquoi s'en plaindre ? Comme dans le 14e arrondissement, la carte joue sur un registre mi-brasserie mi-bistrot qui mise tout sur des recettes bien tournées... où transparaissent évidemment les origines basques du patron. Charcuteries Éric Ospital (terrines, oreilles de cochon grillées, jambons, etc.), couteaux cuits à la plancha, grandes salades de saison, saumon et chipirons, lomo, fromage des Pyrénées, gâteau basque, etc. On se régale ! Puisqu'il n'est pas possible de réserver, on vient en toute simplicité, et s'il faut attendre, on boit l'apéro au comptoir en faisant connaissance avec ses voisins...

Le Caroubier

Marocaine C3

82 bd Lefèbvre
01 40 43 16 12
www.restaurant-lecaroubier.com
Porte de Vanves
Fermé le lundi en août

Menu 18 € (déjeuner en semaine), 28/55 € – Carte 33/49 €

A/C

Une véritable oasis de douceur... tout près de la porte de Versailles ! Le Caroubier incarne depuis plus de trente ans le meilleur de la cuisine marocaine. Dans une ambiance chaleureuse, entre tapis et objets d'Afrique du Nord, on déguste une cuisine savoureuse, préparée dans les règles de l'art. Couscous délicats, tajines aux saveurs subtiles et franches, pastillas gorgées du soleil de l'Atlas... tous les grands classiques sont exécutés sans fausse note et servis avec générosité. L'accueil est prévenant, le service rapide et efficace, les prix modérés : nul besoin d'un billet d'avion pour vivre à l'orientale !

Le Casse Noix

Traditionnelle

56 r. de la Fédération
01 45 66 09 01
www.le-cassenoix.fr
Bir Hakeim
Fermé 2-25 août, samedi et dimanche

C1

Formule 21 € – Menu 26 € (déjeuner), 33/50 € – Carte 37/58 €

À moins de faire un tour à la maison de la culture du Japon, on n'avait que peu de raisons de traverser la tranquille rue de la Fédération... Et puis est arrivé le Casse Noix. En entrant, on est saisi par l'ambiance conviviale et les chaleureuses tablées au coude-à-coude ; le regard s'attarde sur les murs tapissés d'affiches anciennes, et sur les meubles anciens garnis de vieilles pendules et d'objets rétro... Côté petits plats, l'authenticité prime aussi : charcuteries et boudin en provenance directe de chez le papa du chef, Meilleur Ouvrier de France à Orléans, délicieuse cuisine canaille, bons vins... Ce Casse Noix casse des briques !

Chen Soleil d'Est

Chinoise

15 r. du Théâtre
01 45 79 34 34
Dupleix
Fermé août et dimanche

B1

Menu 40 € (déjeuner en semaine)/75 € – Carte 65/95 €

A/C

Avec les deux lions qui encadrent son entrée, ce restaurant chinois montre d'emblée qu'il a du caractère… et de la finesse. Façon yin et yang, la cuisine de madame Chen révèle, au premier chef, des saveurs à la fois affirmées et délicates, qu'il s'agisse des "classiques" qui font la réputation de la maison (tel le demi-canard pékinois en trois services) ou des propositions du jour variant au gré du marché. La carte des vins offre un choix intéressant et ajoute encore au plaisir de la table. Enfin, le décor révèle une autre sorte de raffinement : boiseries d'acajou, bas-reliefs représentant des scènes traditionnelles, tables joliment dressées et beaux bouquets de fleurs fraîches...

Le Concert de Cuisine

Créative

B1

14 r. Nélaton

01 40 58 10 15

Bir-Hakeim

Fermé 7-28 août, lundi midi, samedi midi et dimanche – Réservation conseillée

Formule 27 € – Menu 33 € (déjeuner), 56/63 €

En véritable homme-orchestre, le chef japonais Naoto Masumoto plaque de beaux accords sur son teppanyaki... jouant souvent à guichets fermés ! Et pour cause, une semaine après l'ouverture en 2009, un certain Jacques Chirac et son épouse réservaient leurs places au parterre, suscitant un certain engouement médiatique… Point de cacophonie pour autant, la cuisine a conservé le goût de la simplicité et de la précision. Le chef travaille devant les clients et n'hésite pas à assurer lui-même le service. De mets en mets, thèmes japonais et gammes françaises se succèdent en une habile fusion : terrine de foie gras aux épices sansho, steak de thon mi-cuit au wasabi, cochon laqué au sésame et sa purée de céleri, tiramisu au thé vert… De quoi vouloir un rappel !

Le Court-Bouillon

Moderne

B1

51 r. du Théâtre

01 45 77 08 18

www.lecourtbouillon.com

Avenue Émile Zola

Fermé 9-26 août, vacances de Noël, samedi midi, dimanche et lundi

Formule 39 € – Menu 45 € – Carte 54/62 €

Entre Charles-Michels et Dupleix, ce restaurant né en 2009 n'a pas tardé à se forger une jolie réputation dans le quartier. Non seulement tout y est élégant, doux et raffiné – l'accueil d'Isabelle Achard, la femme du chef, en tête –, mais la cuisine d'Éric se révèle subtile et appétissante, à prix modérés. Avec savoir-faire et passion, ce chef formé derrière les fourneaux de grandes maisons (Taillevent, Plaza Athénée) travaille de bons produits de saison et, sur des bases traditionnelles, concocte des plats pleins de fraîcheur. Ravigote de crabe et salade d'herbes, foie gras de canard maison à la fleur de sel de Guérande, feuilleté aux asperges, onglet de bœuf aux échalotes... Dans ce Court-Bouillon gorgé de saveurs, le plaisir de la bonne chère ne tourne pas court !

Le Cristal de Sel

Moderne

C2

13 r. Mademoiselle
01 42 50 35 29
www.lecristaldesel.fr
Ⓜ Commerce
Fermé 22-26 avril, 5-26 août, 23-30 décembre, dimanche et lundi

Formule 18 € – Carte 38/47 €

A/C

Le Cristal de Sel porte bien son nom avec son décor immaculé : poutres et murs blanchis, grandes ardoises, mobilier de bistrot (tables zinguées et chaises en bois design), cuisines ouvertes sur la salle permettant d'admirer le travail du chef, Karil Lopez. Autour de lui, une équipe jeune et dynamique qui fait montre d'une passion communicative dès qu'on évoque la gastronomie... et concocte des plats aux petits oignons ! Ici, les excellents produits sont mariés avec finesse, et l'on se régale d'un croustillant de gambas à la coriandre et aux épices tandoori, d'une sole meunière au beurre d'algue et de son gratin de blettes... Côté dessert, on craque pour un financier à la framboise et son sorbet à la rhubarbe, ou encore pour une crème légère à l'orange et son florentin.

La Dînée

Moderne

B2

85 r. Leblanc
01 45 54 20 49
www.restaurant-ladinee.com
Ⓜ Balard
Fermé août, samedi et dimanche

Formule 41 € – Menu 49 €

A/C

La Dînée, dans le Littré, c'est une auberge où l'on s'arrête pour le repas. Non loin du métro Balard, cette Dînée-là ne fait pas mentir le dictionnaire... Spécialisée dans la cuisine de la mer, elle s'est imposée comme une valeur sûre du quartier. Le chef travaille des produits de qualité et élabore des préparations simples et harmonieuses. Aussi les assiettes, soignées, fleurent-elles bon le grand large : poêlée de chipirons au citron, tartare de Saint-Jacques et bulots, etc. Et que les amateurs de viande se rassurent : ils trouveront également leur bonheur, avec, par exemple, un quasi d'agneau du Limousin rôti au romarin et sa purée maison... Quant à la salle à manger, elle dévoile un agréable décor contemporain : murs et banquettes aux tons pastel, tableaux abstraits et éclairage tamisé.

L'Épicuriste

Moderne

D2

41 bd Pasteur
01 47 34 15 50
Pasteur
Fermé 3 semaines en août, dimanche et lundi

Formule 25 € – Menu 29 € (déjeuner)/37 €

En guise d'Épigramme – l'ancien établissement d'Aymeric Kräml et Stéphane Marcuzzi – cet Épicuriste pourrait écrire à son fronton : "Le plaisir des sens et la tranquillité de l'âme." Dans ce bistrot à l'ancienne, mais sans fausse nostalgie, les cuisines ouvertes flattent la vue et l'odorat, l'ouïe s'imprègne d'une ambiance sonore et chaleureuse. Quant à l'ardoise, elle aiguise l'appétit. Couteaux en persillade, harengs marinés aux aromates, cochon basque rôti, crémeux au mascarpone, quenelles de chocolat aux cerises : l'inventaire délicieux du goût et... du toucher d'un chef fort doué.

L'Épopée

Traditionnelle

B2

89 av. Émile-Zola
01 45 77 71 37
www.lepopee.fr
Charles Michels
Fermé 9-17 août, 24 décembre-2 janvier, samedi midi et dimanche soir

Formule 20 € – Menu 25 € (déjeuner en semaine), 33/39 €

A/C

L'Épopée continue d'écrire sa petite histoire sous l'égide de l'équipe qui l'a reprise en 2008. Point de récits merveilleux ou de hauts faits mythologiques, mais une chronique du quotidien où l'éloge de la tradition se conjugue au présent, avec de-ci de-là des touches contemporaines bien dosées. Le menu laisse ainsi le choix entre la raviole de langoustine au saté, le filet de bar vapeur aux coques et couteaux, l'entrecôte au foie gras, le millefeuille poire-cannelle ou les pêches rôties... Des plats qui s'accompagnent de nectars bien choisis. Quant au décor, il mêle joliment parquet flottant, boiseries et aquarelles marines. Tout près du métro Charles-Michels, la simplicité – dans la qualité – a trouvé ses hérauts.

Erawan

Thaïlandaise C1

76 r. de la Fédération
01 47 83 55 67
La Motte Picquet Grenelle
Fermé 3 semaines en août, lundi midi et dimanche

Formule 14 € – Carte 20/45 €

A/C

Dans la mythologie thaïlandaise, Erawan est un éléphant tricéphale doté d'un appétit proverbial : nul doute que l'animal se serait senti à son aise dans cet agréable restaurant thaï dissimulé derrière une devanture asiatique très discrète. Salle à manger décorée d'œuvres d'art traditionnelles et rehaussée de boiseries et bas-reliefs tantriques, ambiance feutrée et éclairage tamisé : le décor évoque la mystique épurée des cultures de l'Asie du Sud-Est. Dans cette affaire familiale, père et fils proposent une cuisine typique, légère et parfumée. Le bœuf poêlé au lait de coco, le magret de canard au poivre vert et les autres plats aux senteurs de citronnelle ou de curcuma sont bien alléchants.

Fontanarosa

Italienne C2

28 bd Garibaldi
01 45 66 97 84
Cambronne

Menu 19 € (déjeuner en semaine)/30 € – Carte 35/78 €

A/C

Cette sympathique trattoria est opportunément située sur le boulevard Garibaldi, qui porte le nom du père de l'unité italienne : en plein quartier de Grenelle, cette ambassade de la tradition culinaire sarde a su immédiatement trouver sa place. Façade d'un joli rose, verdoyante terrasse protégée et intérieur aux tons pastel rehaussé de tableaux végétaux évoquant la Sardaigne : c'est dans ce cadre typique que vous dégusterez de savoureuses spécialités italiennes, soignées et copieusement servies. Antipasti variés et adaptés à la saison, gnocchis aux saveurs franches gorgées de soleil transalpin ou risotto à la milanaise vous feront adorer la face gourmande de la "Botte". La carte des vins, très complète, couvre toutes les régions du pays.

La Gauloise

Traditionnelle C1

59 av. La Motte-Picquet
01 47 34 11 64
Ⓜ La Motte Picquet Grenelle

Formule 24 € – Menu 29 € – Carte 36/73 €

À en juger par l'abondance de photos dédicacées affichées fièrement sur ses murs, la Gauloise a accueilli, au cours de sa longue histoire, bon nombre de personnalités du monde politique et médiatique. Son décor façon 1900 rappelle les fameux bistrots d'antan et leur caractère bien trempé : vieilles banquettes au confort spartiate, miroirs vénérables et lustres en cascade, tout évoque l'âge d'or de la brasserie parisienne. Pas de surprise en cuisine, où l'on concocte des plats traditionnels classiques, simples et soignés : soupe à l'oignon, œuf mollet et légumes de pot-au-feu, turbot sauce béarnaise ou entrecôte de bœuf. À noter, la plaisante terrasse aux beaux jours et le petit salon, pour recevoir les convives en toute intimité.

Le Grand Pan

Viandes et grillades C3

20 r. Rosenwald
01 42 50 02 50
www.legrandpan.fr
Ⓜ Plaisance
Fermé 1 semaine en mai, 10-30 août, vacances de Noël, samedi et dimanche

Formule 21 € – Menu 29 € (déjeuner) – Carte 29/56 €

Comptoir, tables et chaises en bois, ardoises aux murs et propositions inscrites à la craie : voilà un bistrot de quartier que n'aurait pas renié Georges Brassens, qui habita tout près (l'enseigne, tirée de l'une de ses chansons, lui rend d'ailleurs hommage). Après avoir longtemps secondé Christian Etchebest au Troquet, Benoît Gauthier poursuit ici sa route en solo. Avec d'alléchantes assiettes et des spécialités : soupes en entrée le midi et, le soir, de belles viandes – côte de porc ibaïona, côte de bœuf blonde d'Aquitaine de Mauléon – servies pour deux et merveilleusement cuites (à la plancha). Côté desserts, retour vers l'enfance garanti, avec par exemple un riz au lait crémeux et sa compotée de rhubarbe...

Gwon's Dining

Coréenne

51 r. Cambronne
01 47 34 53 17
Cambronne
Fermé le midi

C2

Formule 21 € – Menu 33 € – Carte 42/51 € dîner

A/C

En créant ce restaurant coréen, M. et Mme Gwon, respectivement philosophe et sociologue, souhaitaient faire connaître les saveurs les plus subtiles de leur pays, en ne servant que des plats authentiques. Objectif atteint, puisque cet élégant Gwon's Dining – le décor, tout en sobriété contemporaine, évoque le raffinement asiatique par moult jolis détails – a su séduire et fidéliser Coréens, Japonais et... Parisiens. Aux fourneaux, une chef passée par de grandes maisons de Séoul prépare des recettes devenues incontournables : tartare de bœuf mêlé au jaune d'œuf et à la poire, ragoût de bœuf aux légumes, champignons et châtaignes ou ragoût de travers de porc aux épices. Quant au service, il est très prévenant. Une belle échappée culinaire !

L'Inattendu

Moderne

99 r. Blomet
01 55 76 93 12
www.restaurant-inattendu.fr
Vaugirard
Fermé en août, 4-11 janvier, dimanche et lundi

C2

Formule 20 € – Menu 25 € (déjeuner en semaine)/36 €

A/C

Après un joli parcours au sein de grandes maisons, Patrick Delmas et Loïc Risse ont mis leurs expériences en commun pour ouvrir, il y a quelques années, ce petit restaurant au cœur du 15e arrondissement. Leur credo ? La fraîcheur et la qualité ! La carte change avec les saisons et se double de suggestions du jour qui varient selon l'humeur de Patrick – et parfois de Loïc : ravioles de langoustine à la crème d'estragon, tartare de magret de canard, croustillant de gambas au basilic, carpaccio d'ossau-iraty, etc. Des propositions canailles, bien ficelées et parfois... inattendues, à déguster dans un cadre feutré et élégant.

Intuition Gourmande

N

Moderne

C2

4 r. Pételet
01 45 32 58 76
www.intuition-gourmande.com
Ⓜ Vaugirard
Fermé 2 semaines en août, dimanche et lundi

Formule 18 € – Menu 34 €

Le savoir-faire d'un cuisinier passé par la case Gagnaire, la qualité des produits qu'il sélectionne : cela compte bien sûr, mais que seraient ses recettes si elles n'étaient inspirées... par son intuition gourmande ? Telle est la leçon de ce sympathique bistrot, dont on imagine volontiers le chef (patron de l'affaire avec sa mère et son frère, lesquels œuvrent en salle) passer chacune de ses recettes au crible de sa gourmandise ! Aile de raie au pamplemousse, poitrine de cochon aux girolles, parfait au gingembre, etc. La dégustation peut se faire les yeux fermés... Quant au cadre, il joue la tradition parisienne, avec parquet, boiseries et miroirs, banquettes en velours rouge, petites chaises et tables en bois. Ambiance chaleureuse au menu !

Jadis

Moderne

B2

208 r. de la Croix-Nivert
01 45 57 73 20
www.bistrot-jadis.com
Ⓜ Convention
Fermé samedi et dimanche

Formule 23 € – Menu 26 € (déjeuner), 38/57 € – Carte 45/65 €

Il était une fois un chef doué qui décida de s'engager dans l'aventure de la bistronomie... Après plus de trois ans à la tête des cuisines du Gaya Rive Gauche de Pierre Gagnaire, Guillaume Delage a choisi de travailler en solo, et cela lui réussit. Son restaurant restitue un bel esprit bistrot, marqué par une douce nostalgie, celle du temps jadis... Pavé de sandre rôti au bouillon d'oseille et à l'épeautre, porc basque à la laitue braisée et aux blettes, crème caramel et financier à la fève tonka : le menu-carte change au fil du marché et des saisons. "Jadis" et pourtant tellement d'aujourd'hui !

Maison Kaiseki

Japonaise B2

7 r. André-Lefebvre
01 45 54 48 60
www.kaiseki.com
Ⓜ Javel André Citroën
Fermé 14-30 avril, 4-20 août, dimanche et lundi
– Réservation conseillée

Formule 25 € – Menu 40/170 € – Carte 65/107 €

Bienvenue au "labo" d'Hisayuki Takeuchi ! Ce chef japonais hyper créatif s'applique à revisiter la cuisine de son pays et à moderniser le kaiseki, le festin servi dans les restaurants traditionnels nippons. L'idéal est de choisir le menu omakase ("carte blanche") élaboré au gré du marché et de son inspiration – une expérience qui mérite d'être vécue ! – pour apprécier l'originalité de ses créations, composées comme des œuvres d'art. Succès oblige, le salon de thé a été transformé en salle de restaurant, ce qui a permis d'augmenter le nombre de couverts (une trentaine aujourd'hui, et l'on peut manger en terrasse), mais le chef poursuit ses expérimentations en matière de pâtisserie – à base de sucre noir d'Okinawa notamment–, avec quelques "classiques" comme la madeleine au thé vert... Tout un champ de découvertes !

Le Mûrier

Traditionnelle C3

42 r. Olivier-de-Serres
01 45 32 81 88
Ⓜ Convention
Fermé 3 semaines en août,
24 décembre-2 janvier, samedi et dimanche

Formule 20 € – Menu 24 € (déjeuner)/27 €

Ambiance tranquille et conviviale pour cette petite adresse sans prétention et aux prix doux. Dans une rue plutôt paisible et proche du métro Convention, sa façade timide dissimule une salle à manger tout en longueur dans les tons jaunes, où les tables sont joliment dressées. Des affiches du début du siècle confèrent à l'endroit un vrai côté "vieux troquet", tandis que de petites touches de bleu et quelques éléments de verdure apportent de la gaieté. La cuisine, simple et soignée, est à l'image du cadre, et s'épanouit dans le respect de la tradition. Parmi les grands classiques, on notera les bonnes pièces de bœuf grillé, les rognons de veau à la moutarde ou les terrines maison. Le service est efficace et sympathique.

Le Pario

Moderne

B2

54 av. Émile-Zola
01 45 77 28 82
www.lepario.com
Charles Michels
Fermé dimanche

Formule 17 € – Menu 22 € (déjeuner en semaine)/32 € – Carte 32/53 €

A/C

Le Pario, une table à égale distance de Paris et de Rio, deux villes-monde au caractère bien trempé... L'idée de cette fusion a germé dans l'esprit d'Eduardo Jacinto, un jeune chef brésilien qui a travaillé près de dix ans aux côtés de Christian Constant. Comment définir son talent ? Peut-être en parcourant la carte : tartelette aux pointes de girolles et parmesan, tartare mi-cuit de langoustines et bar relevé à la citronnelle et légumes croquants, lieu jaune en écailles de pomme de terre... Une cuisine fine et équilibrée, qui fait toujours le choix de la légèreté, et que l'on déguste sur un rythme de bossa nova. Délicieux !

Le Quinze - Lionel Flury

Moderne

D2

8 r. Nicolas-Charlet
01 42 19 08 59
www.lequinzelionelflury.fr
Pasteur
Fermé 1 semaine en avril, 3-25 août, 21-29 décembre, lundi soir et dimanche

Menu 39 € (déjeuner), 48/80 € – Carte 60/77 €

A/C

Originaire d'Alsace, Lionel Flury a fait un joli parcours avant de poser ses valises dans le 15e arrondissement, en cette adresse élégante et raffinée, pour le plus grand bonheur des habitués du quartier, et des autres... Sa cuisine est pile dans la tendance : sur de belles bases classiques, elle ose de jolies variations contemporaines, avec sincérité et finesse. Foie gras de canard au chutney pomme-mangue, carpaccio de langoustines à la marmelade de citron et au sésame, agneau confit au caviar d'aubergine et champignons de saison, chocolat "Mokaya" en dessert... Des plats séduisants, qui mettent l'eau à la bouche et s'accompagnent de très bons vins : plus de 150 références à la carte ! Et le midi, on peut passer côté bistrot pour découvrir le menu du jour.

Le Quinzième - Cyril Lignac

Moderne

A2

14 r. Cauchy
01 45 54 43 43
www.restaurantlequinzieme.com
Javel
Fermé samedi et dimanche

Menu 65 € (déjeuner), 100/140 €

A/C

Cuisine Attitude

Le restaurant de Cyril Lignac semble tout aussi sympathique que son médiatique de chef ! À quelques enjambées du parc André-Citroën, voilà bien une adresse en vue : à la fois trendy et feutrée, chic et très contemporaine. Une élégante table d'hôte ouvre sur les fourneaux par une large baie vitrée, permettant d'admirer la brigade à l'œuvre. Car l'art de cuisiner est à la mode, surtout quand il est "live" ! Il faut dire que ces assiettes siglées Lignac font belle impression : esthétiquement très abouties et soignées, elles révèlent des associations de saveurs originales et flatteuses. Ainsi ce filet de sole de petit bateau présenté dans une ballottine d'un blanc immaculé, accompagné d'un liseré de crème aux épinards, d'une excellente sauce au vin jaune légère et parfumée, ainsi que d'une purée de ratte légèrement vanillée – des accords très séduisants... Harmonieuses et bien pensées, ces recettes pourraient passer à la télé !

Entrées

- Foie gras de canard poêlé aux baies de sansho, bouillon de langoustines à la citronnelle
- Saint-Jacques de Normandie aux épices tandoori

Plats

- Veau de lait de Corrèze fumé au foin, mousseline de cèpes
- Homard breton au beurre de corail

Desserts

- Fine meringue croquante aux pommes, mousse légère aux marrons
- Finger au caramel au beurre salé, sorbet poire

Restaurant du Marché

Traditionnelle C3

59 r. Dantzig
01 48 28 31 55
www.restaurantdumarche.fr
Porte de Versailles
Fermé août, dimanche et lundi

Formule 28 € – Menu 34 €

Situé à quelques pas du parc Georges-Brassens, ce bistrot ressuscite l'atmosphère rétro des années 1950 : carrelage en mosaïque, lampes boules, banquettes en skaï fatiguées, tables et chaises en bois, sans oublier l'indétrônable comptoir en zinc. Un petit goût de nostalgie qui n'est pas pour déplaire aux nombreux habitués du quartier. Il faut dire que la cuisine – d'un rapport qualité-prix tout à fait appréciable – ne dément pas l'esprit du lieu, convivial et chaleureux. Ainsi, on retrouve des plats bien ficelés, servis à la bonne franquette, tels le parmentier de canard, la poêlée de girolles ou encore le pain perdu et sa glace caramel. Aux beaux jours, la terrasse, cachée derrière son écrin de verdure, se révèle des plus agréables. Une adresse attachante.

Schmidt - L'Os à Moelle

Traditionnelle B2

3 r. Vasco-de-Gama
01 45 57 27 27
Lourmel
Fermé 2 semaines en août, dimanche et lundi

Formule 25 € – Menu 29 € (déjeuner), 38/43 € – Carte 45/55 €

En 2011, Stéphane Schmidt a ajouté son nom sur le fronton de cette adresse bien connue dans le 15e arrondissement (Thierry Faucher avait fait sa réputation)… et l'on s'y presse toujours autant. Le savoir-faire de ce cuisinier alsacien, rompu aux bonnes maisons (notamment Le Violon d'Ingres de Christian Constant), n'est plus à démontrer. Au menu : de belles saveurs traditionnelles, franches et sans chichi (pâté en croûte de mon enfance, bar aux cèpes et pommes grenaille, coings rôtis au miel et aux épices, etc.), avec quelques clins d'œil à sa région d'origine – de même pour la carte des vins. Et si la maison affiche complet, direction la Cave de l'Os à Moelle, juste en face, qui fait bar à vins et table d'hôte : on y propose des plats plus simples et à peine plus rustiques. Pour faire le plein de gourmandise et de finesse…

Stéphane Martin

Moderne B2

67 r. des Entrepreneurs
01 45 79 03 31
www.stephanemartin.com
Ⓜ Charles Michels
Fermé 20-28 avril, 3-25 août, 22 décembre-1er janvier, dimanche et lundi

Formule 19 € – Menu 24 € (déjeuner en semaine)/35 € – Carte 47/58 €

A/C

Tout le monde se presse chez Stéphane Martin, qui jouit d'une réputation enviable auprès de tous les gourmets de la rive gauche. Il faut dire que le cadre est cosy et de bon goût : coloris à dominante lie-de-vin et caramel, mobilier en bois sombre et bibliothèque en trompe l'œil pour les plaisirs de l'âme... Et une fois attablé, on déguste d'appétissantes recettes bien dans leur époque, réalisées par un chef qui met du cœur à l'ouvrage. Commandez donc un sorbet au foie gras et sa brioche au lard paysan, une tête de veau meunière ou un foie du même animal accompagné d'une onctueuse purée avec, pour finir, un délicieux clafoutis aux cerises. Les lettres de noblesse du registre canaille !

Le Troquet

Traditionnelle C2

21 r. François-Bonvin
01 45 66 89 00
Ⓜ Cambronne
Fermé 1 semaine en mai, 3 semaines en août, 1 semaine en décembre, dimanche et lundi

Formule 26 € – Menu 31/42 €

Le "troquet" dans toute sa splendeur : décor bistrotier usé par les ans, banquettes en moleskine, ardoises, miroirs et petites tables au coude-à-coude invitant à la convivialité... Autant dire qu'on vient ici autant pour l'atmosphère que pour la cuisine ! Aux fourneaux, le jeune chef, Marc Mouton, concocte de délicieuses recettes – certaines avec l'accent du Sud-Ouest –, en valorisant des produits ultrafrais. Pour vous en convaincre, essayez la tartelette chaude aux piquillos et jambon cru, généreusement garnie de savoureux copeaux de parmesan, ou un filet de merlan accompagné de ratatouille. Alors, séduit ?

La Villa Corse Rive Gauche

Corse

C1

164 bd Grenelle
01 53 86 70 81
www.lavillacorse.com
La Motte Picquet Grenelle
Fermé dimanche

Menu 30 € – Carte 50/63 €

La Corse à Paris, vous en rêviez ? Cet élégant restaurant du quartier Cambronne porte haut le flambeau de la gastronomie insulaire et propose une cuisine aux saveurs puissantes qui fleure bon le maquis. L'adresse ne manque pas de charme, dans un esprit feutré et élégant... Dans l'assiette, les plats revendiquent fièrement leurs origines : charcuteries de caractère, herbes locales au bouquet enlevé et robustes vins locaux composent une cuisine vigoureuse et noble qui a tout pour subjuguer le "pinsut" (l'étranger, en langue corse). Ce dernier se régalera par exemple d'un velouté de châtaigne, d'un bon pavé de cabillaud accompagné d'une purée maison et d'un délicieux coulis de tomate et poivron, ou encore d'un moelleux au chocolat et... à la châtaigne, star décidément incontestée de l'île de Beauté !

Yanasé

Japonaise

B3

75 r. Vasco-de-Gama
01 42 50 07 20
www.yanase.fr
Lourmel
Fermé 2 semaines en août, dimanche et lundi

Formule 18 € – Menu 38/80 € – Carte 34/75 €

Les amoureux du Japon se réjouissent encore de l'arrivée, sur la place parisienne, de ce premier restaurant de cuisine "robata" – littéralement "autour du feu". Yanasé (un cèdre du sud de l'archipel) pratique l'art du barbecue au charbon de bois, ici placé au centre de la salle et encadré par un comptoir. On y grille sous vos yeux viandes et poissons, servis à l'aide d'une pelle en bois. Autre spécificité du lieu : son mélange de tradition et de modernité. Ainsi, les serveurs vêtus de kimonos évoluent dans un espace clair très contemporain et d'une belle sérénité. Les classiques sushis, sashimis et makis complètent la belle carte de cette adresse qui compte quelques merveilles de finesse.

Ch. Lehenaff / Photononstop

16e

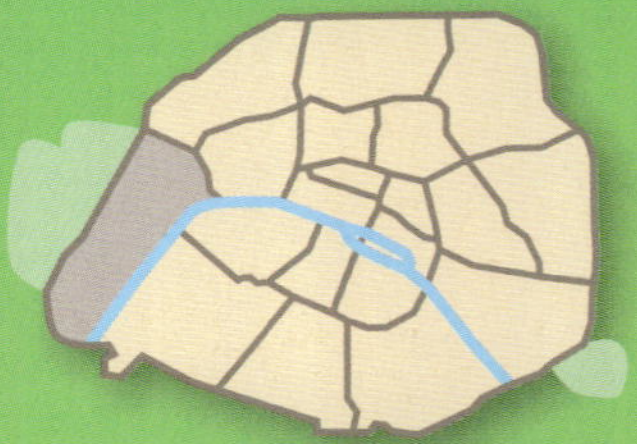

Trocadéro · Étoile · Passy · Bois de Boulogne

P. Escudero / hemis.fr

16e
A
B
NEUILLY-SUR-SEINE
PORTE MAILLOT
Les Sablons
Bd Maurice Barrès
Bd Maillot
Pont de Puteaux
Bd Richard Wallace
Bd du Cdt Charcot
Av. du Mahatma Gandhi
Allée du Bord de l'Eau
Rte de Sèvres à Neuilly
PORTE DAUPHINE
Place du Mal de Lattre de Tassigny
Porte Dauphine
Av. Foch
Allée de Longchamp
UNIVERSITÉ PARIS IX
PÉRIPHÉRIQUE
Rte de Suresnes
Bd Lannes
Bd Flandrin
Étang de Longchamp
Le Pré Catelan
BOIS DE BOULOGNE
Ch. de Ceinture du Lac Inférieur
PORTE DE LA MUETTE
LAC INFÉRIEUR
Av. Henri Martin
Rue de la Pompe
La Grande Cascade
Étang des Réservoirs
Allée de la Reine Marguerite
Place de Colombie
Bd Émile Augier
Av. de l'Hippodrome
Bon
La Marée Passy
La Muette
Kura
Chez Géraud
PORTE DE PASSY
LAC SUPÉRIEUR
Bd Suchet
Av. Raphaël
R. de Beauséjour
Boulainvilliers
Ranelagh
R. du Ranelagh
R. de l'Assomption
Av. de St Cloud
Rte des Lacs
Rte d'Auteuil aux Lacs
Bd de Montmorency
Jasmin
Av. Mozart
MAISON DE RADIO FRANCE
Zebra square
Chaumette
R. Raffet
R. La Fontaine
Av. Théophile Gautier
PORTE D'AUTEUIL
Rosimar
A 13 - E 5
Porte d'Auteuil
Place de la Porte d'Auteuil
R. Poussin
Église d'Auteuil
Michel Ange Auteuil
Terrasse Mirabeau
Place de Barcelone
Pont Mirabeau
Javel A. Citroën
STADE ROLAND GARROS
Bd d'Auteuil
PORTE MOLITOR
Michel Ange Molitor
R. Molitor
R. Mirabeau
Mirabeau
Chardon Lagache
Relais d'Auteuil
Bd Murat
Exelmans
Bd Exelmans
Av. R. Schuman
1
2
3
Marius
PARC DES PRINCES
Rue Michel Ange
Av. de Versailles
Bd Georges Pompidou
SEINE
PARC A. CITROËN
Boulevard Victor
R. Leblanc
Rte de la Reine
Place de la Porte de Saint Cloud
Pont du Garigliano
BOULOGNE-BILLANCOURT
Av. F. Buisson
Porte de St Cloud
A et M Restaurant
Voie Georges Pompidou
Q. Saint Exupéry
QUAI D'ISSY
15e
Balard
PORTE DE SAINT CLOUD
PORTE DE SÈVRES
HÉLIPORT DE PARIS
Bd Jean Jaurès
0
400 m

Trocadéro, Étoile, Passy, Bois de Boulogne
C
D
1
2
3
8e
7e
PALAIS DES CONGRÈS DE PARIS
Neuilly - Porte Maillot
Palais des Congrès
Av. des Ternes
Av. Mac Mahon
Av. de la Gde Armée
Villa Corse Rive Droite
Argentine
ARC DE TRIOMPHE
Ch. de Gaulle Étoile
Av. de Friedland
R. du
Bd Haussmann
Faubourg
ST-AUGUSTIN
St Augustin
Miromesnil
Europe
Bd Malesherbes
La Boétie
Saint
Honoré
PALAIS DE L'ÉLYSÉE
St Philippe du Roule
Av. Foch
Pl. Charles de Gaulle
AV. DES CHAMPS ÉLYSÉES
George V
Kléber
Av. Hugo
Victor Hugo
Av. Victor
Av. Kléber
Av. d'Iéna
Av. George V
Franklin D. Roosevelt
Rd-Pt des Champs-Élysées Marcel Dassault
Av. F. D. Roosevelt
Champs-Élysées Clemenceau
Concorde
GRAND PALAIS
PETIT PALAIS
PALAIS DE LA DÉCOUVERTE
OBÉLISQUE
Av. Montaigne
R. François 1er
Boissière
R. Poincaré
Av. Poincaré
PALAIS DE TOKYO
Iéna
Trocadéro
Pl. du Trocadéro
Alma Marceau
Pont de l'Alma
Crs Albert 1er
Crs la Reine
SEINE
Pont Alexandre III
PL. DE LA CONCORDE
Pont des Invalides
Q. d'Orsay
AÉROGARE DES INVALIDES
Invalides
Assemblée Nationale
ASSEMBLÉE NATIONALE
Pont de l'Alma
R. de l'Université
ESPLANADE DES INVALIDES
PALAIS DE CHAILLOT
JARDINS DU TROCADÉRO
Quai Branly
MUSÉE DU QUAI BRANLY
Pont d'Iéna
Av. Rapp
Av. Bosquet
La Tour Maubourg
R. de Grenelle
Solférino
Varenne
LES INVALIDES
Astrance
Passy
R. Raynouard
TOUR EIFFEL
Pont Bir-Hakeim
Av. du Président Kennedy
Maison de Radio France
Q. de Grenelle
Pont de Grenelle
R. du Théâtre
R. Linois
R. St Charles
R. Émile Zola
Charles Michels
R. de Javel
R. de la Convention
Boucicaut
Av. Félix Faure
Lourmel
R. Lecourbe
R. de la Croix Nivert
Le Petit Pergolèse
Le Pergolèse
Argentine
Av. Foch
Prunier
Atelier Vivanda
Raphael Le Restaurant
Av. des Champs Élysées
Av. Marceau
les Tablettes de JL Nomicos
Akrame
Kléber
Av. Bugeaud
Victor Hugo
Le Vinci
R. Bassano
St-James Paris
Place V. Hugo
R. Copernic
Etc.
Juan
Conti
Pl. des États-Unis
R. de
Il Gusto Sardo
La Table du Baltimore
Cristal Room Baccarat
Tsé Yang
Le Metropolitan
Boissière
La Table Lauriston
Jamin
6 New York
Hiramatsu
PALAIS DE TOKYO
Antoine
Rue de la Pompe
Iéna
Av. G. Mandel
Trocadéro
L'Abeille
Shang Palace
Monsieur Bleu
R. Cortambert
Av. P. Doumer
Av. de New-York
MUSÉE DU QUAI BRANLY

L'Abeille ✿✿

Moderne D3

Hôtel Shangri-La,
10 av. d'Iéna
01 53 67 19 90
www.shangri-la.com
Ⓜ Iéna
Fermé août, 22-30 décembre, 1 semaine en février, le midi, dimanche et lundi

Menu 210 € – Carte 135/285 €

Shangri-La Paris

Le parcours de Philippe Labbé est flamboyant, à l'image de ce Shangri-La où il s'est installé début 2011 ; on se souvient encore de son passage au Château de la Chèvre d'Or, à Èze, où il fit frémir d'aise maints palais avisés. C'est désormais dans le cadre feutré de ce palace parisien, d'une sobre élégance, qu'il laisse libre cours à sa créativité. Moquette sombre, nuances de jaune et de gris clair, tables dressées avec soin et, çà et là, le motif de l'abeille rappelant les fastes napoléoniens : ne sommes-nous pas dans l'ancienne demeure du prince Roland Bonaparte ? Les produits nobles, d'une qualité irréprochable, sont à l'honneur, associés avec finesse et maîtrise. Certains crustacés, par exemple, sont présentés vivants avant leur cuisson. Une manière de souligner leur grande fraîcheur et de mieux prouver la justesse des préparations, la précision des assaisonnements. Le travail de Philippe Labbé est décidément tout en retenue, nuancé jusque dans son inventivité. Une épure au goût de miel…

Entrées

- Vieilles variétés de tomates de plein champ
- Langoustines royales aux zestes de yuzu, jus réduit de banyuls

Plats

- Cochon de lait ibérique en quatre services
- Merlan de ligne rôti aux pickles de daïkon

Desserts

- Millefeuille à la vanille Bourbon
- Aubergine confite, meringue moelleuse en crème glacée au thym citron

A et M Restaurant

Moderne

B3

136 bd Murat
01 45 27 39 60
www.am-restaurant.com
Porte de St-Cloud
Fermé août, samedi midi et dimanche

Menu 35 € – Carte 35/42 €

A pour Apicius, M pour Marius : de belles références pour cette adresse fondée par les deux patrons de ces tables renommées. Ce qui fait la différence ? Un décor plutôt chic, une ambiance conviviale et une cuisine de qualité à prix vraiment raisonnables ; en quelques mots, un "bistrot de chef" ! Aux fourneaux, on trouve Tsukasa Fukuyama, qui s'approprie avec aisance les grands classiques de la gastronomie de l'Hexagone. Pressé de tête de veau tiède et sa sauce ravigote, galettes de pied et d'oreille de cochon, gigot d'agneau au cumin et jus d'olives noires, ou encore ce coulis d'ananas à la cardamome pour finir : on passe un bon moment !

Atelier Vivanda

Viandes et grillades

D2

18 r. Lauriston
01 40 67 10 00
www.ateliervivanda.com
Kléber
Fermé août, samedi et dimanche – Réservation conseillée

Menu 35 € – Carte environ 50 €

A/C

Joli néologisme que ce "Vivanda" qui célèbre aussi bien la vie que la viande... Originellement, le vivandier était celui qui assurait le ravitaillement des troupes en vivres ; aujourd'hui, ce bistrot original apaise tous les carnivores, à deux pas de l'Arc de Triomphe ! De protéines, il est donc ici essentiellement question : bœuf black angus, poulet fermier, etc. – le tout servi sur de petites tables en bois façon billot de boucher –, mais pas seulement, car la carte, très courte, cultive avant tout le goût des produits du marché et des saisons. Question qualité et traçabilité, la maison est bien lotie : elle est la deuxième adresse du jeune chef Akrame Benallal, dont le restaurant gastronomique, à deux pas, fut l'une des belles découvertes de ces dernières années.

Akrame ✿✿

Créative D2

19 r. Lauriston
01 40 67 11 16
www.akrame.com
Kléber
Fermé 18-27 avril, 2-24 août, 21 décembre-5 janvier, samedi et dimanche – Réservation conseillée

Menu 40 € (déjeuner), 75/95 €

A/C

© yomgaille.com

Passé notamment chez Pierre Gagnaire et Ferran Adrià, le jeune et sémillant Akrame Benallal déploie aujourd'hui tout son talent : dans le cadre tendance de son restaurant voisin de l'Arc de Triomphe, rehaussé de clins d'œil branchés, il laisse libre cours à sa spontanéité et à son inventivité... tout en démontrant un vrai savoir-faire de cuisinier ! Si ses recettes se montrent aussi personnelles que décomplexées, osant l'inédit et la surprise, c'est toujours avec grande finesse et sagacité. Précision des cuissons, justesse des intuitions, esthétique des assiettes...

Dès les amuse-bouche – imaginez par exemple un petit craquant à l'encre de seiche et à l'anguille fumée –, les papilles sont en éveil : tout est pétillant, étonnant, pointu... Que dire ensuite de cette huître taillée en brunoise et dés de cœur d'agneau dans un bouillon de pomme de terre et de hareng ? En dessert, la poire au charbon et la glace à la bière et au lait fermenté laissent aussi pantois que séduit. Voilà bien un beau témoignage de cuisine contemporaine !

Spécialités

- Cuisine du marché

Antoine ✿

Poissons et fruits de mer D3

10 av. de New-York
01 40 70 19 28
www.antoine-paris.fr
Alma Marceau
Fermé 2-17 août

Formule 38 € – Menu 78 € (dîner)/120 € – Carte 85/150 €

A/C

Charlotte Lascève

Ici, c'est la mer qui décide... La carte change chaque jour pour offrir le meilleur de la marée, en liaison directe avec les ports bretons, vendéens, basques ou méditerranéens ! En cas d'arrivage surprise, on pourra même vous proposer quelques suggestions de dernière minute. Au gré des vagues, donc, vous dégusterez croustillants de langoustine, sole au basilic, thon rouge mi-cuit au chutney d'agrumes ou une nouvelle version de la bouillabaisse. Que les carnivores se rassurent, un petit choix de viandes est prévu rien que pour eux – sans parler des très alléchants desserts (assiette tout chocolat, baba au rhum, etc.). Ici, le chef a l'amour de l'excellent produit et des belles saveurs, qu'il sait exalter avec finesse et inventivité... Une salle agréable, baignée de lumière et sobrement décorée, permet de les apprécier à leur juste valeur. Et comme elle offre une jolie vue sur les cuisines, la mer n'est jamais vraiment loin...

Entrées

- Carpaccio de poissons minute
- Encornets et ris de veau

Plats

- Poissons de ligne grillés
- Homard bleu vapeur

Desserts

- Soufflé chaud à la mirabelle
- Tarte au chocolat

Astrance ✿✿✿

Créative

C2

4 r. Beethoven
✆ 01 40 50 84 40
Ⓜ Passy
Fermé 1er-5 mai, 25 juillet-26 août, vacances de Noël, samedi, dimanche, lundi et fériés – Réservation conseillée

Menu 70 € (déjeuner), 120/210 €

A/C

Astrance

L'époque aime les sensations et l'Astrance en est une. Table unique, elle ménage son effet de surprise : d'une part, il faut y réserver des mois à l'avance – affres délicieuses de l'attente d'un grand moment – ; d'autre part, elle est à la pointe de l'avant-garde. Car ici, la cuisine se réinvente chaque jour, et ce n'est pas une façon de parler. Improvisation ? Nullement, même si le menu découverte est établi le matin même en fonction du marché et de l'humeur : c'est que le chef, Pascal Barbot, possède un sens inné du produit et des associations de saveurs. Avec son associé Christophe Rohat, rencontré chez Alain Passard, ils avaient l'expérience nécessaire pour se lancer, en 2000, dans le projet un peu fou de ce restaurant hors normes. Près du Trocadéro, leur salle intimiste et contemporaine n'accueille que vingt-cinq convives. Vingt-cinq chanceux qui se prêtent au jeu de la maison et goûtent une cuisine experte, ouverte sur le monde et la modernité. Mariage de terroir et d'exotisme, belle carte des vins, subtilité, inventivité… Que dire de plus ?

Entrées

- Millefeuille de champignons de Paris, foie gras mariné au verjus, pâte de citron confit
- Velouté de butternut à la noix de coco, lait à la cardamome

Plats

- Canard de Challans cuit au sautoir, aubergine laquée au miso, curry noir
- Calamar grillé, papaye et mangue verte, écume ananas-piment

Desserts

- Tartelette figue et groseille, mousse au jasmin
- Guimauve safran, glace gingembre

Bon

Créative

B2

25 r. de la Pompe
01 40 72 70 00
www.restaurantbon.fr
La Muette

Formule 26 € – Menu 31 € (déjeuner en semaine) – Carte 37/67 €

Derrière une façade ornée de mosaïques (1911), un trio de salles fort élégantes. Philippe Starck en a signé les différents décors – autant d'ambiances. "Vinothèque" se veut distinguée : haut plafond voûté et mobilier d'esprit Art nouveau. "Cheminée" joue le lounge : grande mansarde, tables rondes, canapés et… imposante tête de rhinocéros ! Enfin, "Bibliothèque" est un vrai petit cocon, avec parquet et murs en trompe l'œil. Couloirs, escaliers, fumoir et boudoir complètent l'ensemble, digne d'une grande maison bourgeoise ancrée dans notre époque. On y oublie le monde extérieur en dégustant une cuisine fusion bien tournée, qui transporte vers l'Asie (Vietnam, Chine, Cambodge, Thaïlande). Spring rolls au crabe, thon mi-cuit au sésame et au basilic, sea bass sauce tom yam (lait de coco) : très... bon, évidemment !

Chaumette

Traditionnelle

B2

7 r. Gros
01 42 88 29 27
www.restaurant-chaumette.com
Mirabeau
Fermé 8-20 août, 23 décembre-3 janvier, samedi midi, dimanche et fériés

Formule 21 € – Menu 24 € (déjeuner) – Carte 35/55 €

Derrière une jolie façade en bois se cache ce bistrot années 1920 : boiseries, petites tables serrées, comptoir, photos anciennes… et une collection de guides MICHELIN ! Une clientèle de journalistes le midi et d'habitants du quartier le soir se presse dans ce cadre chic, autrefois fréquenté par Philippe Noiret, Serge Gainsbourg et d'autres artistes. Mais ici la vedette est incontestablement la cuisine, traditionnelle et de qualité, proposée sur une courte carte enrichie de quelques plats à l'ardoise. À vous la terrine de gibier (en saison), la cuisse de volaille farcie aux morilles et l'incontournable pot-au-feu ! Et en dessert, que diriez-vous du millefeuille à la vanille Bourbon ? La formule déjeuner offre un excellent rapport qualité-prix.

Chez Géraud

N

Moderne

B2

31 r. Vital
01 45 20 33 00
La Muette
Fermé août, 20-28 décembre, samedi et dimanche

Formule 30 € – Carte 45/75 €

L'heure du renouveau a sonné pour le restaurant Chez Géraud, repris fin 2013 par deux jeunes associés venus du Royal Monceau et bien décidés à faire parler de cette institution de La Muette ! Derrière les belles céramiques de la façade, la salle allie avec réussite cachet rétro et esprit contemporain (après un bon petit rafraîchissement), et ce décor à la fois bien pensé et chaleureux, comme le service très attentionné, mettent à l'aise. Tout est donc réuni pour découvrir la cuisine du chef, qui revisite la tradition avec grande fraîcheur, à travers une carte aussi carrée que gourmande : œuf de poule bio cuit mollet, tomates anciennes, mijotée de légumes, croûtons aillés et copeaux de comté ; souris d'agneau confite et légumes de pot-au-feu ; riz au lait ; etc. Un établissement à (re-)découvrir très vite !

Conti

Italienne

D3

72 r. Lauriston
01 47 27 74 67
www.leconti.fr
Boissière
Fermé 4-25 août, 25 décembre-1er janvier, samedi, dimanche et fériés

Menu 35 € (déjeuner) – Carte 55/74 €

A/C

Stendhal aurait sans doute apprécié ce restaurant où l'on célèbre, dans l'assiette, l'Italie qu'il aimait tant et, dans le décor, ses deux couleurs fétiches, le rouge et le noir (velours, tapisseries, boiseries, lustres en verre de Murano). Aux commandes de cette table, deux Français qui réinterprètent les recettes de la Botte avec des touches personnelles, associant les influences d'ici et de là-bas. Résultat, une cuisine de qualité appréciée par de nombreux habitués. Sur le menu du jour, on trouve par exemple : fricassée de légumes au parmesan, lasagne de homard ou de noix de Saint-Jacques (selon la saison), rognon de veau au citron, et pour la note sucrée, pannacotta au chocolat blanc. Belle carte des vins franco-italienne.

Cristal Room Baccarat

Moderne D3

11 pl. des Etats-Unis - Maison Baccarat (1er étage)
01 40 22 11 10
www.cristalroom.fr
Boissière
Fermé dimanche et fériés

Formule 36 € – Menu 55 € (déjeuner), 109/159 € – Carte 74/93 €

A/C

Le splendide hôtel particulier de Madame de Noailles est occupé depuis 2003 par la maison Baccarat : boutique, musée, salle de réception et restaurant. Celui-ci, situé au premier étage, jouit d'un cadre d'exception : haut plafond avec ciel en trompe l'œil, cheminée en marbre, moulures, dorures, somptueux lustres en cristal et touches de modernité apportées par Philippe Starck. Un décor qui ajoute au plaisir d'une cuisine au goût du jour supervisée par Guy Martin (Le Grand Véfour). Chacun y trouvera son bonheur : émietté de tourteau en feuille de navets longs ; ris de veau au sautoir, purée d'échalotes confites et chou farci ; aiguillettes de turbot meunière, chou-fleur cru et cuit et bouillon mousseux au champagne ; saint-honoré au caramel au beurre salé... Cette "chambre de cristal" mérite une visite.

Il Gusto Sardo

Italienne D3

18 r. Chaillot
01 47 20 08 90
www.restaurant-ilgustosardo.com
Alma Marceau
Fermé vacances de printemps, août, vacances de Noël, samedi midi, dimanche et fériés

Carte 45/84 €

A/C

Une authentique *trattoria*, au cœur du quartier chic de Chaillot. Murs habillés de boiseries jaune clair, photos en noir et blanc de stars du cinéma italien et, aux commandes, toute une famille italienne : la *mama* officie aux fourneaux, le *papà* en salle, l'un et l'autre aidés de leurs deux *figli*. Le lieu transporte en Méditerranée, et plus précisément en Sardaigne, dont la carte exhale tous les parfums grâce au savoir-faire de la maîtresse de maison. Antipasti dell'isola Piana (différentes préparations de thon), petites pâtes sardes aux palourdes, filet de dorade aux oignons et au fromage de brebis, pannacotta aux fruits des bois ou au caramel : le soleil sarde brille dans les assiettes, et aussi dans les verres, à travers un joli choix de vins.

etc... ✿

Moderne

D3

2 r. La Pérouse
✆ 01 49 52 10 10
Ⓜ Kléber
Fermé 29 juillet-25 août, samedi midi et dimanche

Formule 50 € – Menu 90 € (dîner) – Carte environ 77 €

A/C

Etc...

Etc... ou Épicure Traditionnelle Cuisine. Le nom de l'annexe de Christian Le Squer, chef du prestigieux Ledoyen (8e), ne manquera pas d'intriguer les fins gourmets. Comme certains des intitulés de la carte, poétiques et alléchants : fantaisie voyageuse "Terre et Mer", persillade liquide, senteur des bois-crustacés... Que propose donc cette table contemporaine, conçue sous la forme d'un bistrot chic et épuré ? Une séduisante cuisine réalisée par Bernard Pinaud (auparavant au Ledoyen et à La Marée), où les saveurs oscillent entre tradition, classicisme, air du temps et touches fusion. Et où les présentations soignées ravissent l'œil. L'importance accordée aux beaux produits et la volonté de suivre les saisons expliquent le choix volontairement limité de plats. En contrepartie, la carte a la bonne idée de changer tous les mois et les menus tous les quinze jours. Côté décor s'exprime une modernité sobre et distinguée, caractérisée par un jeu de matières mates et brillantes (bois, velours, métal, panneaux de laque).

Entrées

- Fantaisie voyageuse
- Paté en croûte de poule faisane au foie gras

Plats

- Boudin maison version contemporaine
- Noix d'entrecôte Hereford

Desserts

- Caramel au goût de caramel glacé
- Soufflé chaud chocolat, glace pistache

La Grande Cascade ✿

Moderne

allée de Longchamp
✆ 01 45 27 33 51
www.restaurantsparisiens.com
Fermé vacances de Noël

A2

Menu 75/185 € – Carte 140/190 €

J.C. AMIEL

Le classicisme a toujours la cote dans cet ancien pavillon de chasse de Napoléon III. Transformé en restaurant pour l'Exposition universelle de 1900, il mêle les styles Empire, Belle Époque et Art nouveau : un charme incomparable se dégage de la rotonde, aménagée sous une grande verrière, et de la magnifique terrasse – prise d'assaut dès que le soleil fait son apparition. La clientèle d'affaires vient y respirer le chic du Paris d'autrefois et l'air de la campagne en plein bois de Boulogne. Georges et André Menut veillent jalousement sur leur Grande Cascade, prenant soin de cultiver son image de grande dame. Mais ils vivent aussi avec leur temps. Pour preuve, la présence de Frédéric Robert, un chef brillant, passé par Le Grand Véfour, le Vivarois et Lucas-Carton (où il a travaillé aux côtés de Senderens pendant dix ans). Il a carte blanche pour imaginer une cuisine subtile, aux saveurs bien marquées, qui hisse cette maison parmi les belles adresses gourmandes de la capitale. À noter, le "menu du marché à prix sage" servi midi et soir.

Entrées

- Émiétté de tourteau au naturel, crémeux de chou-fleur en fine gelée
- Fleur de courgette ivre de girolles et couteau en coque

Plats

- Carré d'agneau de Lozère rôti au thym citron, courgettes ivres d'artichaut et de feta
- Saint-pierre rôti aux éclats d'amandes, primeurs et fumet des arêtes

Desserts

- Texture tout chocolat grand cru de République dominicaine, sorbet cacao
- Jivara lacté, caramel demi-sel façon nougat glacé, granny smith

Hiramatsu ✿

Moderne

D3

52 r. Longchamp
01 56 81 08 80
www.hiramatsu.co.jp/fr/
Ⓜ Trocadéro
Fermé août, 24 décembre-2 janvier, samedi et dimanche – Réservation conseillée

Menu 48 € (déjeuner)/115 €

Hiramatsu

Un japonais dans le 16e ? Oui et non. Certes, à l'oreille l'enseigne du restaurant de la rue de Longchamp sonne asiatique, et pour cause, son propriétaire Hiroyuki Hiramatsu vient bel et bien de l'archipel nippon. Mais l'ancienne maison d'Henri Faugeron, connu à son époque comme l'ardent défenseur d'un certain académisme culinaire, reste toujours une ambassade de la cuisine française dans tout ce qu'elle a de classique. Et Hiramatsu n'a plus à rougir, lui qui se vit refuser la porte du lieu même alors qu'il faisait ses premières armes en France, à la fin des années 1970.

Ironie du sort ou heureuse coïncidence, il le dirige aujourd'hui avec talent. Mariage de la sobriété japonaise côté décor (une salle élégante ornée de tableaux et d'œuvres d'art) et des recettes hexagonales côté saveurs, harmonieusement préparées et rehaussées de touches contemporaines – déclinées, le soir, en un menu unique "carte blanche". Le choix de vins, quant à lui, porte sur plus de 800 références. Raffinement extrême, vous l'aurez compris, et service du même allant, discret et attentif.

Spécialités

- Cuisine du marché

Jamin

N

Moderne

D3

32 r. de Longchamp
01 45 53 00 07
www.restaurant-jamin.com
M Iéna
Fermé août, samedi midi et dimanche

Formule 28 € – Menu 35 € – Carte 37/57 €

Les gastronomes parisiens s'en souviennent-ils ? C'est au Jamin que Joël Robuchon obtint sa troisième étoile en 1984 ! Après avoir été reprise par la bien connue Babette de Rozières, l'adresse est aujourd'hui tenue par Alain Pras. Et ce, sans nulle nostalgie ! L'ambition revendiquée est de réveiller le 16e, et l'équipe s'en donne les moyens. Le décor est élégant et contemporain, dans des tons beige, tabac et taupe, créant une atmosphère chic sans être pesante. Côté cuisine, on apprécie des recettes savoureuses et bien troussées, toujours efficaces, à l'image de ce tartare d'écrevisses aux zestes de citron vert, de ce rognon de veau à la moutarde à l'ancienne, ou de ce canon d'agneau "croustillant rôti" et sa fine ratatouille croquante au thym. Cerise sur le gâteau, les prix sont très abordables !

Juan

Japonaise

C3

144 r. de la Pompe
01 47 27 43 51
M Victor Hugo
Fermé 2 semaines en août, dimanche, lundi et fériés

Menu 35 € (déjeuner), 65/70 €

¿ Viva España ? Nullement, car ce restaurant est japonais et compte même parmi les plus authentiques ! Une fois franchi la devanture aux vitres fumées, on découvre une salle minuscule, typiquement nippone. La cuisine elle aussi joue la carte de l'épure, si chère au pays du Soleil-Levant. Le midi, une seule formule ; le soir, pas de carte : on se laisse guider par l'inspiration du chef, au fil d'un menu dégustation (servi pour un minimum de deux personnes). Saveurs marquées et bien équilibrées, jeux sur les textures, mets présentés avec esthétisme : autant de qualités que l'on apprécie à travers la pâte de soja aux légumes et tofu à la cacahouète, les sushis et sashimis, les bulots et leur bouillon aromatique… Le service est assuré en costume traditionnel.

Kura

Japonaise

B2

56 r. de Boulainvilliers
01 45 20 18 32
www.kuraparis.com
La Muette
Fermé 15-19 août et lundi

Menu 55/95 €

Un coin de Japon au cœur de Passy ? Mobilier en bois sombre, petit sushi-bar ; on se croirait dans une izakaya, une auberge japonaise. Au piano, deux chefs nippons confirment cette impression d'authenticité. L'un se charge de la préparation des sushis, sashimis et entrées froides – avec dextérité, est-il besoin de le préciser – tandis que l'autre s'occupe des plats chauds. La méthode idéale, sans doute, pour donner le meilleur de cette cuisine kaiseki. Outre la carte, le menu du soir permet de se laisser entièrement guider par l'inspiration et l'inventivité des chefs. L'occasion de s'abandonner à cette délicatesse toute japonaise, où la fraîcheur des produits se marie avec bonheur au raffinement des présentations.

La Marée Passy

Poissons et fruits de mer

B2

71 av. P. Doumer
01 45 04 12 81
www.lamareepassy.com
La Muette

Carte 45/56 €

L'enseigne annonce la couleur ! Ce restaurant est résolument orienté produits de la mer. Entrées et plats s'affichent sur l'ardoise du jour : huîtres, palourdes, gambas, langoustines, sardines, turbots, soles ou bars, tous de belle fraîcheur, provenant de mareyeurs de Bretagne ou de Vendée (Loctudy, Quiberon, baie du Mont-St-Michel, St-Gilles-Croix-de-Vie). Les préparations s'avèrent goûteuses, les cuissons bien maîtrisées, les garnitures soignées. Et les desserts ne sont pas en reste, tel ce baba au rhum pour deux. Côté décor, la salle à manger vous pousse vers les flots : impression d'être à bord d'un vieux bateau grâce aux parois de bois blond, tissus et lampes rouges, maquettes, gravures et instruments de navigation...

Marius

Poissons et fruits de mer A3

82 bd Murat
01 46 51 67 80
www.restaurantmarius.fr
Porte de St-Cloud
Fermé août, samedi midi et dimanche

Carte 43/79 €

Véritable institution du quartier de la porte de St-Cloud, Marius est la table des amateurs de cuisine iodée, tendance provençale. Poissons et fruits de mer d'une qualité irréprochable se partagent les rôles dans des préparations bien faites et quelques spécialités, dont l'immanquable bouillabaisse, qui vaut le détour. Le chef renouvelle ses suggestions chaque jour : aujourd'hui, sardines grillées aux herbes ; demain, steak de thon au gingembre, citron et huile d'olive... Bien d'autres plats vous donneront à coup sûr envie de revenir dans ce restaurant où souffle le vent du large (mais où la carte compte quelques viandes pour satisfaire les irréductibles carnassiers). Cadre confortable – murs clairs, miroirs, stores en bois – et terrasse d'été bien protégée.

Le Metropolitan

Moderne C3

Hôtel Metropolitan Radisson Blu,
10 pl. de Mexico
01 56 90 40 04
www.radissonblu.com/hotel-pariseiffel
Trocadéro
Fermé 3 semaines en août, dimanche et lundi

Menu 31 € (déjeuner), 41/51 € – Carte 46/61 €

Chic, moderne et chaleureux : tel est le restaurant du Metropolitan, cet agréable hôtel créé dans un immeuble haussmannien dont la belle façade en pointe se dresse sur la place de Mexico. Pointue, telle est également la cuisine proposée par le chef : des recettes internationales, rehaussées de notes japonisantes et concoctées avec un souci de qualité évident, aussi bien dans le choix des produits que dans la finesse d'exécution. Ainsi cette burrata bien crémeuse et son panel de tomates et poivrons colorés et savoureux ; cette cotriade de poisson associant cabillaud, coques, saumon et petits légumes bien croquants, dans un excellent bouillon tomaté et aillé ; ou encore cette tarte aux fraises croustillante et très parfumée. Un ensemble très "métropolitain" !

Mets Gusto

Moderne B2

79 r. de la Tour
01 40 72 84 46
www.metsgusto.com
Ⓜ Rue de la Pompe
Fermé 3 semaines en août, 22 décembre-2 janvier, samedi midi, dimanche et lundi

Formule 27 € – Carte 36/65 €

Prenez une ancienne boulangerie, deux copains passés par de grandes adresses, toutes les saveurs de la Méditerranée et un sourire ; portez à ébullition, et vous obtenez un restaurant… épatant. Le conte a pris forme en la personne de David Alberge (en salle) et Gaël Boulay (en cuisine), auteurs de cette adresse pleine de goût(s). Le chef a ses producteurs attitrés et signe des plats savoureux et percutants, centrés sur le produit et des parfums *made in* Provence, Italie ou Espagne. Pêle-mêle à la carte : poulpes tièdes aux épinards vapeur et ail confit ; noix de ris de veau aux mousserons… Le tout accompagné d'une sélection de vins bien pensée et de justes prix. Attention, beaucoup de tables hautes, précisez votre préférence lors de la réservation.

Monsieur Bleu

N

Moderne D3

20 av. de New-York (Palais de Tokyo)
01 47 20 90 47
www.monsieurbleu.com
Ⓜ Iéna

Carte 45/75 €

Cette néobrasserie chic et imposante a alimenté la chronique mondaine dès son inauguration au printemps 2013... Son emplacement, au cœur du palais de Tokyo, n'y est bien sûr pas pour rien, mais ce n'est pas tout : ses volumes aériens (9 m sous plafond !), son décor inspiré par l'Art déco et le modernisme, tout en gris, vert et or – une réalisation du designer Joseph Dirant –, et sa terrasse toisant la Seine et la tour Eiffel : tout prête aux mondanités. Évidemment, l'assiette n'est pas en reste, à travers des plats actuels, francs et bien ficelés, évoluant au fil des saisons. Carpaccio de bar, cuisses de grenouilles, foie de veau poêlé, cochon de lait laqué aux épices, ou encore ce délicieux cabillaud aux morilles... Un endroit très en vue !

Le Pergolèse

Moderne

40 r. Pergolèse
01 45 00 21 40
www.lepergolese.com
Porte Maillot
Fermé 3 semaines en août, samedi midi et dimanche

C2

Menu 48 € (déjeuner), 98/115 € – Carte 85/120 €

Aidomia

Dès le début, Stéphane Gaborieau voulait faire du Pergolèse une "belle maison bourgeoise où l'on reçoit les clients comme chez soi". Véritable passionné, ce chef lyonnais, Meilleur Ouvrier de France, a fait ses classes dans des maisons prestigieuses aux côtés de grands noms (Georges Paccard, Pierre Orsi). Épaulé en salle par son épouse Chantal, il a réussi à en faire une des belles adresses du très chic 16e arrondissement. Un mariage confondant de convivialité, de bourgeoisie et de saveurs haut de gamme. La cuisine, respectueuse des produits, révèle des notes ensoleillées, parfois ponctuées de touches japonisantes. Logique, c'est dans le Sud que Stéphane Gaborieau a fait ses débuts. Quant au décor, il se montre élégant : tentures crème, fauteuils de velours rouge, tableaux contemporains... Côté vins enfin, la carte, riche de près de 300 références, ne manque pas de belles bouteilles. Le plaisir est complet !

Entrées

- Moelleux de sardine à la basquaise et sorbet à la tomate
- Foie gras de canard poché au pineau, palet de rhubarbe

Plats

- Sole meunière farcie d'une duxelles de champignons.
- Ballottine de volaille de Bresse au foie gras, légumes de saison et jus réduit de pot-au-feu

Desserts

- Soufflé aux fruits de saison
- Macaron à la noix de coco, cubes d'ananas au citron vert et sorbet mojito

Le Petit Pergolèse

Traditionnelle C2

38 r. Pergolèse
01 45 00 23 66
Porte Maillot
Fermé août, samedi et dimanche

Carte 40/71 €

A/C

Le Petit Pergolèse vise la qualité dans la simplicité : décor moderne original (tables en ardoise lustrées à l'huile de lin, banquettes, tons rouge et noir) et mise en place sans prétention avec tables serrées... La salle semble surtout une véritable galerie d'art contemporain, avec des expositions renouvelées au fil des mois – la passion du patron. Ce cadre actuel et vivant attire une large clientèle qui vient "entre copains" apprécier une cuisine traditionnelle joliment revisitée et pleine de saveurs. La carte fait la part belle à des plats simples et soignés (salade de homard à la vinaigrette de truffe, filet de bœuf au poivre vert, mousse chaude au chocolat et sa glace vanille), et l'ardoise évolue au gré du marché, tout comme les suggestions – formulées oralement – qui ont la faveur du chef.

Prunier

Poissons et fruits de mer D2

16 av. Victor-Hugo
01 44 17 35 85
www.prunier.com
Charles de Gaulle-Etoile
Fermé août, samedi midi, dimanche et fériés

Menu 45 € (déjeuner), 65/165 € – Carte 64/173 €

A/C

Cette brasserie de luxe classée, née en 1925, reste de première fraîcheur. Grâce au talent d'Éric Coisel, qui porte haut son vénérable éclat et sa signature séculaire : "Tout ce qui vient de la mer"... Avec son banc d'écailler à l'entrée, la maison célèbre toujours les nobles produits marins. Mais pas seulement ! Sachez que la maison Prunier produit son propre caviar dans le Sud-Ouest. Sans oublier les autres incontournables : caviars d'ailleurs et saumons (Balik, Tsar Nikolaj, etc.). Des classiques auxquels s'ajoutent des créations régulièrement renouvelées (fricassée de coquillages ; rouget barbet, tapenade et basilic ; etc.). Une cuisine de qualité, une belle carte des vins avec un bon choix de bourgognes blancs, le tout dans un cadre d'exception, imaginé par les plus grands mosaïstes, graveurs et sculpteurs de l'époque Art déco. Les amateurs du style sont au paradis !

Le Pré Catelan ✿✿✿

Créative

A1

rte de Suresnes
01 44 14 41 14
www.precatelanparis.com
Fermé 3-25 août, 26 octobre-3 novembre,
16 février-3 mars, dimanche et lundi

Menu 110 € (déjeuner), 220/280 € – Carte 235/305 €

Pré Catelan

Une enclave enchantée au cœur du bois de Boulogne, tel est Le Pré Catelan. Somptueux et chargé d'histoire, le lieu dévoile un décor de jardins et d'architectures classiques. Pierre-Yves Rochon a révolutionné l'esprit du pavillon Napoléon III en le parant d'un mobilier design et de tons vert, blanc et argent, tandis que l'orangerie attenante livre un cadre contemporain à la verdure qui l'entoure...

C'est dans ce cadre rêvé que l'on peut déguster depuis quelques années la cuisine savoureuse et inventive de Frédéric Anton. Ce Meilleur Ouvrier de France révèle son talent à travers une carte alliant équilibre, harmonie et générosité. Pour chaque assiette, il recherche la perfection, soignant jusqu'à la composition graphique. La précision et la rigueur transmises par ses mentors (dont Robuchon) sont sa signature, ainsi que son goût pour les associations inédites et la vraie nature des produits. Le tout sublimé par une cave prestigieuse et un accueil irréprochable. Autant d'arguments en faveur de cette noble maison aux murs d'argent et... aux plats d'or.

Entrées

- Langoustine en ravioli, bouillon à l'huile d'olive
- Os à moelle parfumé de poivre noir et grillé et farci d'un ragoût de petits pois

Plats

- Turbot aux algues, beurre aux zestes de citron vert, pouces-pieds et crevettes grises façon dieppoise
- Ris de veau cuit en casserole, soubise et purée de céleri

Desserts

- Pomme soufflée, crème glacée caramel, cidre et sucre pétillant
- Citron comme une tarte, meringue croustillante et sorbet basilic

Raphael le Restaurant

Moderne

Hôtel Raphael,
17 av. Kléber
01 53 64 32 00
www.raphael-hotel.com
Ⓜ Kléber
Fermé juillet, août, samedi et dimanche
Formule 60 € – Carte 70/135 €

D2

A/C Déjà propriétaires des hôtels Regina et Majestic, Léonard Tauber et Constant Baverez créèrent le Raphael au printemps 1925, à deux pas de l'Arc de Triomphe ; aujourd'hui encore, l'établissement préserve tout le cachet des palaces du début du siècle dernier ! Passé la grande galerie de l'entrée, dont les boiseries sont ornées d'un portrait de Raphaël, on rejoint le restaurant et ses deux salles empreintes de classicisme, tout à fait dans le ton de l'adresse (hauts plafonds, moulures, lustres à pampilles, drapés colorés, etc.). Bien qu'adossée aux règles classiques, l'assiette joue la carte de la nouveauté, avec sensibilité et tact. La jeune chef, Amandine Chaignot, a fait parler d'elle (en particulier par la télévision). Nouvelle aura pour le Raphael...

Rosimar

Espagnole

26 r. Poussin
01 45 27 74 91
www.restaurant-rosimar.com
Ⓜ Michel Ange Auteuil
Fermé août, 24-31 décembre, lundi soir, mardi soir, samedi midi, dimanche et fériés
Menu 40 € – Carte 34/62 €

B3

A/C Kitsch à souhait avec ses multiples miroirs et ses nappes roses, le Rosimar – qui pourrait certainement servir de cadre à un film d'Almodóvar – constitue une enclave espagnole et familiale spécialisée dans la fameuse paella. Mais pas seulement ! Ce restaurant est également connu pour ses délicieux riz noirs (à la seiche par exemple), ses plats de poisson (morue aux oignons confits, lotte sautée aux figues) et ses fruits de mer. On ne saurait oublier les charcuteries ibériques aux saveurs puissantes (assiette de lomo avec son pain frotté à la tomate) et, tous les jeudis en hiver, le pot-au-feu catalan. Rien à redire tant c'est généreux et soigné : authenticité et qualité font toute la valeur de la maison. *Salud !*

Relais d'Auteuil ✿

Moderne

A3

31 bd Murat
✆ 01 46 51 09 54
www.relaisdauteuil-pignol.fr
Ⓜ Michel Ange Molitor
Fermé août, vacances de Noël, samedi midi, dimanche et lundi

Menu 70 € (déjeuner), 100/149 € – Carte 105/172 €

A/C

Christophe Biche

Patrick Pignol reçoit comme chez lui dans sa maison cossue et chaleureuse. Depuis son ouverture en 1984, elle a vu défiler une clientèle chic qui a vite pris ses habitudes. De fait, on revient chaque fois avec plaisir dans ce lieu marqué par l'hédonisme et la convivialité. Service discret et personnalisé, assuré par Laurence Pignol, atmosphère raffinée et fleurie, décor contemporain (belle collection de peintures et sculptures) créent les conditions parfaites pour apprécier le repas. N'en déplaise aux gourmets branchés, la cuisine, généreuse et dans l'air du temps, n'est pas à la poursuite du spectaculaire ou des audaces visuelles. Le chef, amoureux du gibier – pendant la saison, son restaurant prend l'allure d'un relais de chasse –, mise plutôt sur la finesse des saveurs et le respect des produits du terroir. Ajoutez à cela un livre des vins dont la lecture donne le vertige (2 500 références) et une carte de 250 champagnes, le tout conseillé par un sommelier passionné...

Entrées

- Amandine de foie gras de canard des Landes et son lobe poêlé, petite salade d'herbes
- Encornets farcis aux oignons doux des Cévennes

Plats

- Bar en croûte de poivre
- Ris de veau rissolé au beurre de cardamome, parfum d'oseille

Desserts

- Madeleines cuites minute au miel de bruyère, glace miel et noix
- Feuillantine croustillante aux fruits de saison parfumés aux épices

Shang Palace ✿

Chinoise

D3

Hôtel Shangri-La,
10 av. d'Iéna
✆ 01 53 67 19 92
www.shangri-la.com
Ⓜ Iéna
Fermé 15 juillet-21 août, mardi et mercredi

Menu 52 € (déjeuner en semaine), 98/128 € – Carte 60/120 €

Shangri-La Paris

Shangri-La… Le nom résonne comme un voyage aux confins de l'Asie, vers un paradis luxueux et imaginaire. Le célèbre hôtel parisien, né en 2010, a su donner le même éclat à ses restaurants, dont ce Shang Palace. Situé au niveau inférieur de l'établissement, il transporte ses hôtes dans un Hong Kong merveilleux, entre raffinement extrême-oriental et élégance Art déco. Colonnes incrustées de jade, paravents sculptés et lustres en cristal promettent un dîner aussi feutré qu'étincelant. La cuisine cantonaise, sous la houlette de Frank Xu, un chef originaire de Shenzhen, est à l'honneur ; on peut partager en toute convivialité un assortiment de plats servis au centre de la table. Les cuissons se révèlent précises, les parfums subtils. Les dim sum sont moelleux à souhait et le goût de la sole cuite à la vapeur s'envole accompagné de champignons noirs et de tofu soyeux. Pour finir, entre autres douceurs, une crème de mangue, garnie de pomélo et de perles de sagou, laisse une belle impression de fraîcheur…

Entrées

- Saumon "Lo Hei"
- Aubergine braisée en cocotte, poulet et poisson séché

Plats

- Cabillaud braisé, cébette, ail et gingembre
- Poitrine de porc croustillante

Desserts

- Crème de mangue, pomélo et perles de sagou
- Tartelette aux œufs

6 New York

Moderne D3

6 av. de New-York
01 40 70 03 30
www.6newyork.fr
Alma Marceau
Fermé août, samedi midi et dimanche

Formule 35 € – Menu 40 € (déjeuner), 75/90 € – Carte 55/73 €

L'enseigne vous dit tout sur l'adresse... postale, loin d'une table nord-américaine ! Au 6 avenue de New-York, donc, sur les quais de Seine, avec la tour Eiffel en point de mire : aucun doute, vous êtes bien à Paris. Une telle situation ne manque d'ailleurs pas d'attirer les touristes en quête de bonnes adresses, tout en fidélisant de nombreux habitués qui ne se lassent ni de la vue ni du cadre contemporain, bien dans l'air du temps. Et la cuisine ? Au goût du jour, elle aussi, plutôt diététique et subtilement inventive. Au moment de la commande, le patron saura vous conseiller au mieux : pizzaleta de langoustines et pousses d'épinard, duo de rognon rôti et ris de veau braisé, riz au lait avec son pain perdu brioché. Le service est digne du lieu, classique et stylé.

La Table du Baltimore

Moderne D3

Hôtel Baltimore,
1 r. Léo-Delibes
01 44 34 54 34
www.hotel-baltimore-paris.com
Boissière
Fermé août, samedi, dimanche et fériés

Formule 40 € – Menu 72/95 € – Carte 75/100 €

Tourteau à la tomate séchée et ciboule ; ris et joue de veau aux carottes confites ; ananas comme un sushi à la noix de coco... Aux commandes du restaurant de l'hôtel Baltimore depuis 2001, Jean-Philippe Pérol puise son inspiration dans les saisons et les produits du moment. Une seconde nature pour ce chef formé dans de grandes maisons, tels le Pré Catelan ou le Meurice. Le cadre est chic, l'ambiance propice aux repas d'affaires : une collection de dessins en toile de fond, des miroirs pour agrandir visuellement l'espace, des tables joliment dressées et un heureux contraste entre des boiseries anciennes et un mobilier contemporain. La Table du Baltimore se révèle cossue et feutrée.

St-James Paris ✿

Moderne

C3

Hôtel St-James Paris,
43 av. Bugeaud
01 44 05 81 81
www.saint-james-paris.com
Ⓜ Porte Dauphine
Fermé le midi, dimanche soir et fériés

Menu 95 € – Carte 76/135 €

A/C

P

Saint James Paris

Érigé en 1892, cet hôtel particulier a des airs de véritable petit château environné de verdure, en plein cœur de Paris – une rareté ! Propriété anglaise à partir de 1986, il accueille dès lors un club, dans la pure tradition des cercles londoniens. C'est au début des années 1990 qu'il devient hôtel, et en 2013 seulement que son restaurant s'ouvre à la clientèle extérieure... bien qu'il demeure réservé aux membres du Saint-James Club au déjeuner en semaine. L'occasion est belle d'aller découvrir cet établissement parmi les plus exclusifs de la capitale !

Le cadre est superbe, aussi chic qu'élégant avec ses boiseries, ses tissus mordorés, son haut plafond en trompe l'œil et son jardin très secret, où les tables s'abritent aux beaux jours sous de magnifiques tentes en forme de montgolfières anciennes. La cuisine est à l'avenant, raffinée, précise et bien construite. Elle est l'œuvre d'une jeune chef discrète, Virginie Basselot, qui allie délicatesse et savoir-faire, toujours à l'avantage du beau produit. Le plaisir est complet... pour tous les membres du grand club des gourmets !

Entrées

- Saumon de Cherbourgà la parisienne, macédoine de légumes au saumon fumé
- Galantine de canard sauvage, pigeon et poule faisane

Plats

- Civet de lièvre, garniture grand-mère, ravioles au raifort
- Saint-Jacques de Normandie, ravioles coulantes de potimarron

Desserts

- Café moka d'Éthiopie en crème légère, feuilles de chocolat et glace à la fève tonka
- Chocolat Caraïbes en fine mousse et en croquant, glace chocolat

La Table Lauriston

Traditionnelle C3

129 r. Lauriston
01 47 27 00 07
www.restaurantlatablelauriston.com
Ⓜ Trocadéro
Fermé août, 24 décembre-2 janvier, samedi midi et dimanche

Formule 26 € – Carte 42/93 €

Pour changer de l'ambiance ouatée et chic des nombreux restaurants gastronomiques du quartier, voici l'adresse idéale. La Table Lauriston n'est autre qu'un bistrot convivial, à deux pas de la rue de Longchamp et de l'avenue Poincaré. Généreuse, bien faite et sans esbroufe, sa cuisine bistrotière a tout pour séduire les gourmands. Jetez un coup d'œil sur l'ardoise et lancez-vous sans plus attendre, tous les classiques sont là, figurant en bonne place selon les saisons : tournedos de foie de veau au vinaigre, entrecôte de premier choix, harengs pommes à l'huile, baba au rhum. Un florilège de saveurs franches et rassurantes. Détail qui ne gâche rien : le beau choix de vins au verre, sélectionnés par le chef lui-même, fils de vigneron.

Terrasse Mirabeau

Moderne B3

5 pl. de Barcelone
01 42 24 41 51
www.terrasse-mirabeau.com
Ⓜ Mirabeau
Fermé 3 semaines en août, 1 semaine fin décembre, samedi et dimanche

Menu 39/89 € – Carte 60/84 €

Queues de langoustines rôties en cappuccino. Lieu jaune en tournedos au chorizo. Pied de cochon désossé et pané au homard. Cocotte de légumes à la vapeur, beurre à la fleur de sel de Noirmoutier parfumé à l'agastache. Millefeuille à la crème légère de citron. La carte interpelle et… les assiettes tiennent toutes leurs promesses : Pierre Négrevergne (formé auprès de Michel Rostang) signe une belle cuisine d'aujourd'hui, appuyée sur de solides bases classiques – et des produits de qualité bien mis en valeur. L'assurance d'un bon moment, dans un cadre contemporain à la fois sobre et coloré (tons blanc, brun et rouge, miroirs, toiles abstraites) et, dès les premiers jours du printemps, sur une jolie terrasse verdoyante, à deux pas du pont Mirabeau. L'enseigne ne ment pas ; l'assiette non plus.

Les Tablettes de Jean-Louis Nomicos ✿

Moderne

16 av. Bugeaud
✆ 01 56 28 16 16
www.lestablettesjeanlouisnomicos.com
Ⓜ Victor Hugo

C3

Menu 42 € (déjeuner), 80 € 🍷/145 € – Carte 100/175 €

Les Tablettes de JL Nomicos

Après avoir dirigé de nombreuses années durant les cuisines du restaurant Lasserre – l'un des temples de la cuisine classique –, Jean-Louis Nomicos a créé ces Tablettes où il a souhaité apposé son propre nom.

À l'heure frénétique des écrans tactiles, le lieu, élégant et feutré, évoque de manière très contemporaine le panier du marché provençal avec, sur ses murs, un beau tressage de larges lattes de noyer... Il est vrai que la cuisine de Jean-Louis Nomicos a conservé une pointe d'accent du Midi. Pour ce chantre de la belle tradition, qui est né à Marseille et a grandi dans le culte de la bouillabaisse, l'art et la technique doivent avant tout rester au service des sens et du plaisir. Telle est la condition pour révéler toutes les potentialités des grandes recettes et des produits de choix ! Et si la carte peut dorénavant s'écrire en pixels, sous la conduite d'un chef aussi talentueux, les saveurs, elles, n'ont rien de virtuel...

Entrées

- Macaronis aux truffes noires et foie gras
- Fleurs de courgettes farcies à la marjolaine et olives kalamata

Plats

- Dos de saint-pierre rôti , sauce vierge au citron caviar
- Sot-l'y-laisse et champignons des bois, romaine en émulsion de parmesan

Desserts

- Chocolat croustillant et sorbet au cacao en émulsion de mascarpone
- Fraises des bois à l'eau de rose, granité à la Chartreuse

Tsé Yang

Chinoise

25 av. Pierre-1er-de-Serbie
01 47 20 70 22
Iéna

D3

Menu 43/53 € – Carte 50/100 €

Situé à deux pas du palais de Tokyo, cet élégant restaurant chinois vous transporte aussitôt l'entrée franchie dans les corridors de la Cité Interdite. Lions de jade monumentaux à la porte, intérieur riche de ses tissus sombres et plafonds dorés, mobilier en bois noir sculpté de motifs typiques : le décor relooké par James Tinel et Emmanuel Benet puise aux sources de l'Empire du Milieu. La carte présente un éventail de plats issus des régions de Pékin, de Shanghai et du Sichuan. Entre autres spécialités maison : assortiment de raviolis (dim-sum), canard rôti au thé de Chine, bar étouffé dans sa vapeur, véritable canard laqué (à la pékinoise). Un établissement qui séduira les palais occidentaux... même les plus endurcis !

La Villa Corse Rive Droite

Corse

141 av. de Malakoff
01 40 67 18 44
www.lavillacorse.com
Porte Maillot
Fermé dimanche

C1

Formule 29 € – Carte 35/59 €

Il y avait la Villa Corse du 15e arrondissement, voici sa petite sœur de la rive droite. Le principe reste le même : une atmosphère particulière, un rien dépaysante, pour découvrir le terroir de l'île de Beauté. Ici, l'immense salle à manger, surmontée d'une mezzanine, se pare de patines ocre, de lustres de Murano et de fauteuils profonds. Là, elle dévoile un salon-bibliothèque avec cheminée... Le tout pour un résultat façon lounge branché. Au menu, tous les grands classiques insulaires, plus ou moins revisités : charcuteries, stufatu de veau tigré aux olives, civet de sanglier et son ravioli à la châtaigne, fiadone aux écorces d'agrumes... Sans oublier les vins des domaines Arena ou Leccia, les "stars" de Patrimonio.

Le Vinci

Italienne

D3

23 r. Paul-Valéry
01 45 01 68 18
Victor Hugo
Fermé 1er-21 août, samedi et dimanche

Menu 35 € (semaine) – Carte 54/76 €

Dans une rue calme, près de l'avenue Victor-Hugo, ce "ristorante" offre une belle carte de cuisine italienne, agrémentée de touches contemporaines françaises : cette table transalpine est ouverte aux influences locales. Le décor, coloré, fleure bon la péninsule et met tout de suite dans l'ambiance. Confortablement attablé, attaquez-vous à la lecture de la carte qui décline les spécialités de la maison, parfaitement exécutées : carpaccio de gambas "Cristal Bay", risotto Alfredo aux abricots rôtis à la vanille et au foie gras poêlé... Sans compter le cappuccino "café café" et sa mousse de lait, un vrai délice, et une attrayante carte de vins italiens. Inutile de préciser que cette adresse fait souvent salle comble !

Zébra Square

Moderne

B2

Hôtel Square,
3 r. Boulainvilliers
01 44 14 91 91
www.zebrasquare.com
Mirabeau

Formule 27 € – Carte 35/65 €

Jaune, vert, bleu : le Zébra Square n'est pas zébré, mais il ne manque pas de couleurs ! Avec en outre ses photographies contemporaines et ses banquettes de cuir sombre, le restaurant de l'hôtel Square distille une belle ambiance, chaleureuse et branchée, très internationale. Côté mets, la carte, résolument dans l'air du temps, est étudiée pour satisfaire tous les palais : ravioles du Royans au beurre safrané, tartare de dorade au citron vert et gingembre, crêpe Suzette, etc. Les produits sont bien choisis, et le chef propose aussi des plats plus traditionnels, à l'instar d'une bonne terrine de campagne. Pour les carnivores, rien de mieux qu'une viande tendre et goûteuse sélectionnée par le fameux boucher, Hugo Desnoyer, telle cette côte de bœuf grillée... Un lieu plaisant, idéal pour un déjeuner d'affaires.

B. Rieger / hemis.fr

17e

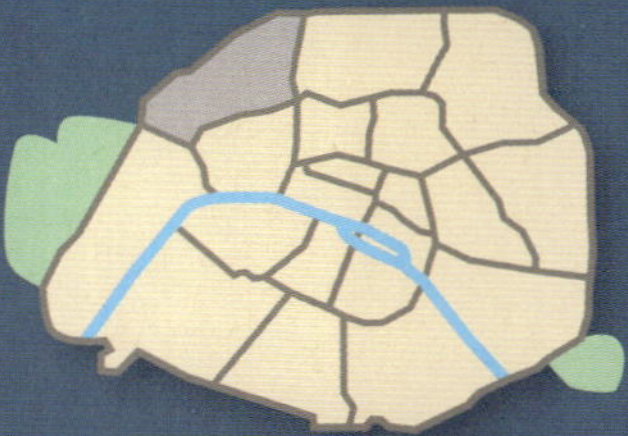

Palais des Congrès · Wagram · Ternes · Batignolles

H. Hughes / hemis.fr

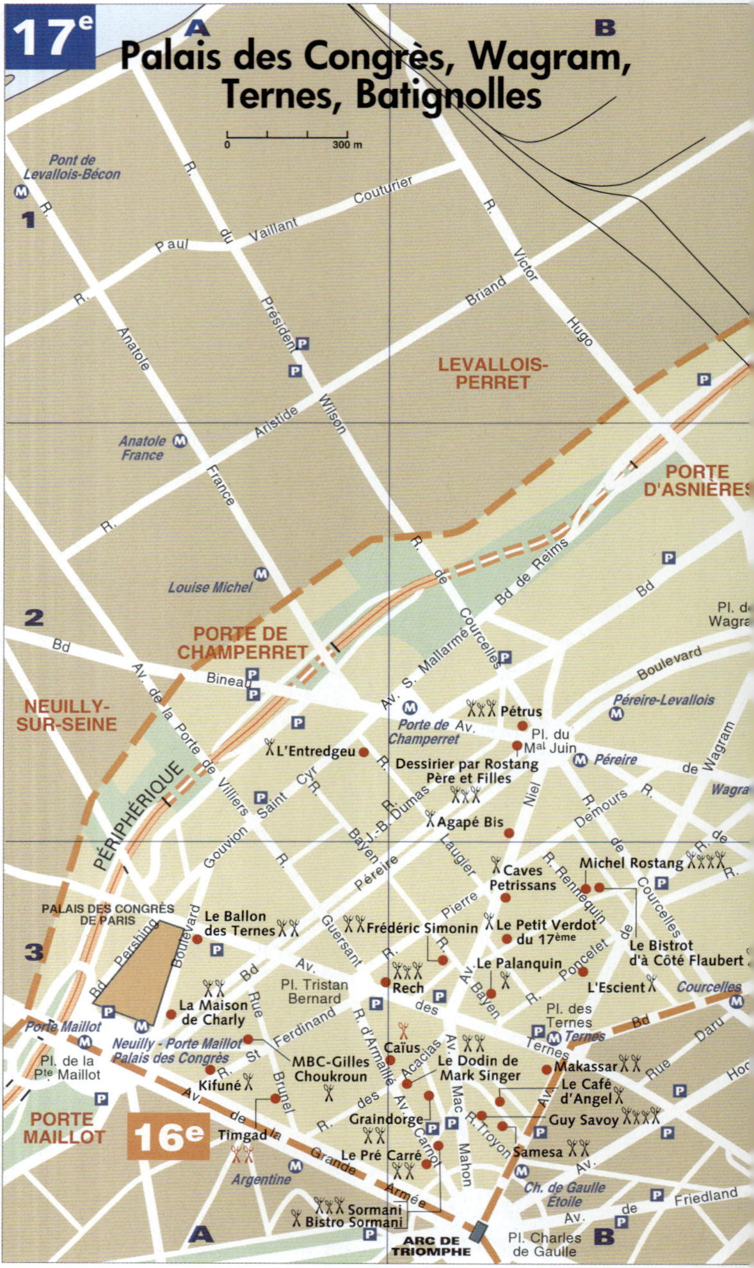
17e
Palais des Congrès, Wagram, Ternes, Batignolles
A
B
0
300 m
1
2
3
Pont de Levallois-Bécon
R. Paul Vaillant Couturier
R. du Président Wilson
R. Anatole France
R. Aristide Briand
R. Victor Hugo
LEVALLOIS-PERRET
Anatole France
Louise Michel
PORTE D'ASNIÈRES
PORTE DE CHAMPERRET
NEUILLY-SUR-SEINE
Bd Bineau
Av. de la Porte de Villiers
R. de Courcelles
Bd de Reims
Av. S. Mallarmé
Boulevard Péreire
Péreire-Levallois
Pl. de Wagram
Av. de Wagram
Porte de Champerret
Pétrus
Pl. du Mal Juin
Péreire
L'Entredgeu
Dessirier par Rostang Père et Filles
Agapé Bis
PÉRIPHÉRIQUE
R. Saint Cyr
Bd Gouvion Saint Cyr
R. Bayen
R. J.-B. Dumas
R. Laugier
R. Niel
R. Demours
R. Rennequin
R. Pierre Demours
Caves Petrissans
Michel Rostang
PALAIS DES CONGRÈS DE PARIS
Boulevard Pershing
Le Ballon des Ternes
Frédéric Simonin
Le Petit Verdot du 17ème
Le Bistrot d'à Côté Flaubert
Le Palanquin
R. Poncelet
L'Escient
Courcelles
R. Guersant
Pl. Tristan Bernard
Rech
La Maison de Charly
Porte Maillot
Neuilly - Porte Maillot Palais des Congrès
Pl. de la Pte Maillot
Rue St Ferdinand
R. des Acacias
R. d'Armaillé
Caïus
Le Dodin de Mark Singer
Pl. des Ternes
Ternes
Av. des Ternes
Makassar
Le Café d'Angel
Guy Savoy
Samesa
Rue Daru
Av. Hoche
MBC-Gilles Choukroun
Kifuné
R. Brunel
Graindorge
Av. Carnot
Av. Mac Mahon
R. Troyon
PORTE MAILLOT
16e
Timgad
Av. de la Grande Armée
Le Pré Carré
Argentine
Ch. de Gaulle Étoile
Av. de Friedland
Sormani
Bistro Sormani
ARC DE TRIOMPHE
Pl. Charles de Gaulle

C
D
CLICHY
PORTE DE SAINT-OUEN
CIMETIÈRE DES BATIGNOLLES
PORTE E CLICHY
PÉRIPHÉRIQUE
Porte de St Ouen
Porte de Clichy
Guy Môquet
PARC CLICHY BATIGNOLLES MARTIN LUTHER KING
Brochant
La Fourche
18e
CIMETIÈRE DE MONTMARTRE
Fabrique 4
La Fourchette du Printemps
Comme Chez Maman
Le Bouchon et l'Assiette
Le Clou de Fourchette
Agapé
Chez Léon
Karl & Erick
Malesherbes
Rome
Place de Clichy
Villiers
Jacques Faussat - La Braisière
Pl. du Gal Catroux
9e
Pl.de l'Europe
Liège
Monceau
PARC MONCEAU
Europe
GARE ST-LAZARE
St Lazare
ST-AUGUSTIN
Pl. St-Augustin
St Augustin
Pl. d'Estienne d'Orves
Havre Caumartin
Miromesnil
8e
Bd Victor Hugo
R. Martre
Bd Jean Jaurès
Bd Bessières
R. Pouchet
R. de la Jonquière
Av. de Saint Ouen
R. Guy Môquet
Av. de Clichy
R. Legendre
R. Cardinet
R. Etex
Bd Berthier
Rue Nollet
R. Pereire
R. de Tocqueville
R. des Batignolles
R. d'Abbans
Bd Malesherbes
Bd de Courcelles
Bd des Batignolles
R. de Rome
R. de St-Pétersbourg
R. d'Amsterdam
R. de Constantinople
R. du Rocher
R. de Madrid
R. de Vienne
R. de Liège
R. de Londres
R. de Lisbonne
Av. de Messine
R. Miromesnil
Bd Haussmann
R. de la Pépinière
R. de Clichy
Bd Monceau

Agapé ✿

Moderne

C2

51 r. Jouffroy-d'Abbans
✆ 01 42 27 20 18
www.agape-paris.fr
Ⓜ Wagram
Fermé 25 juillet-18 août, samedi et dimanche

Formule 35 € – Menu 90/120 € – Carte 86/146 €

A/C

L'Agapé

Agapè... En Grèce ancienne, ce mot désignait l'amour inconditionnel de l'autre. Un nom qui augure des moments exclusifs, dans un décor chic et tendance, parfaitement adapté. La maison, hissée au rang de valeur sûre, compte une clientèle fidèle et conquise... Le fruit d'un mariage réussi entre salle et cuisine. L'accueil et le service se révèlent très professionnels, avec des conseils avisés sur le choix des mets et leur alliance avec les vins (plus de 600 références). La carte elle-même, assez courte, fait profession de transparence en mentionnant la provenance des produits, triés sur le volet. Il ne reste alors qu'à se laisser bercer, en toute confiance, par une jolie romance : celle de la finesse des saveurs, de la justesse des assaisonnements, de la précision des cuissons... le tout porté au point subtil où l'harmonie rencontre la surprise. L'arme de séduction de l'Agapé !

Entrées

- Noix de veau crue, fumée au bois de hêtre et burrata-citron
- Pot-au-feu de foie gras de canard de Chalosse

Plats

- Pêche des côtes de Noirmoutier et légumes de saison
- Ris de veau meunière, artichaut-coriandre

Desserts

- Chocolat Samana, passion-poivre
- Pomme façon tatin, sorbet au cidre

Agapé Bis

Moderne

B2

75 av. Niel
01 42 27 88 44
www.agape-bis.com
Ⓜ Pereire

Formule 24 € – Menu 26 € (déjeuner), 63/77 € – Carte environ 62 €

Dans le sillage du restaurant Agapé (près de Wagram), une version Bis qui joue la carte de la tradition parisienne : murs rouges, miroirs, sol en carreaux de ciment, banquettes et petites chaises en bois, nappes blanches, etc. L'image coutumière d'un bistrot des beaux quartiers ! La cuisine sort du lot, revisitant à sa façon les classiques du genre, à l'image de ces maquereaux marinés au citron vert et à la rhubarbe, ou de ce turbot cuit sur l'arête et rôti à la fleur de thym, primeurs du marché et pulpe de carotte à l'orange. Carte et menus suivent les saisons et le marché. Bon à savoir : l'été, on installe une agréable petite terrasse sous les hauts platanes de l'avenue Niel, dont on peut profiter de la belle architecture haussmannienne. Tradition parisienne...

Le Ballon des Ternes

Traditionnelle

A3

103 av. Ternes
01 45 74 17 98
www.restaurantsparisiens.com/restaurant-le-ballon-des-ternes/
Ⓜ Porte Maillot

Formule 32 € – Carte 45/80 €

A/C

Si votre homologue outre-Atlantique veut savoir ce qu'est une brasserie 1900 "pur jus", inutile de chercher plus loin : emmenez-le au Ballon des Ternes entre deux conférences au Palais des Congrès. Banquettes en velours rouge, chaises de bistrot, petites lampes, plafond fixé sous verre, meubles champenois, miroirs sur tous les murs, etc. : tout y est. Y compris les serveurs virevoltant de table en table et l'impressionnante carte de produits de la mer et de plats traditionnels. Ne passez pas à côté de la sole meunière, du steak tartare avec des pommes allumettes ou encore de la crème brûlée. Pour la "French touch", n'oubliez pas de lui faire lever le nez en entrant... Encore un peu... Oui, c'est bien une table dressée à l'envers que l'on peut voir au plafond !

Bistro Sormani

Italienne B3

4 r. Gén.-Lanzerac
01 40 55 90 00
Charles de Gaulle-Etoile
Fermé août, samedi et dimanche

Carte 30/55 €

A/C

On connaissait Sormani, trattoria chic et savoureuse proche de l'Étoile ; voici Bistrot Sormani, son annexe créée en 2011. Une déclinaison dans la simplicité, mais où la gourmandise reste chose sérieuse – comme toujours en Italie ! La carte se divise en deux grands chapitres : les pizzas (garnies de produits de premier choix) et les pâtes (penne aux olives noires, spaghettis all'arrabbiata, etc.), mais l'on trouve aussi d'appétissants classiques, tel ce risotto à la milanaise et calamars poêlés. En dessert, place aux inévitables glaces italiennes. En un mot : une cuisine droit dans la Botte !

Le Bistrot d'À Côté Flaubert

Traditionnelle B3

10 r. Gustave-Flaubert
01 42 67 05 81
www.bistrotflaubert.com
Ternes
Fermé 2 semaines en août, samedi midi, dimanche et lundi

Formule 29 € – Menu 36 € (déjeuner en semaine) – Carte 47/65 €

A/C

Côté assiette, une cuisine gourmande et généreuse, inspirée par les bouchons lyonnais. Côté décor, une salle chaleureuse, véritable petite bonbonnière rétro aux murs recouverts de carafes provençales anthropomorphes – aux allures grotesques et enjouées. Pas de doute, on est bien dans un bistrot ! Et il est "d'à côté" car il jouxte le restaurant gastronomique de Michel Rostang, auquel il appartient également. Aux commandes en ces lieux ? Un jeune chef plein d'enthousiasme, qui réalise de beaux classiques : pâté en croûte de canard et foie gras à l'ancienne, quenelle de brochet sauce Nantua, fricassée de rognons de veau, etc. Les desserts sont dans un registre tout aussi traditionnel et... savoureux : petits pots de crème au chocolat, tatin, etc. Un bon prétexte pour se diriger du côté de la rue Flaubert.

Le Bouchon et l'Assiette

Traditionnelle

C2

127 r. Cardinet
01 42 27 83 93
Malesherbes
Fermé 26-31 mai, 3 semaines en août, 1 semaine en janvier, dimanche et lundi – Réservation conseillée

Menu 25 € (déjeuner en semaine)/35 €

Le décor tout simple affiche la couleur : ici, on vient pour l'assiette ! Le jeune couple à la tête de cette affaire a su créer une formule épatante. Au déjeuner, l'ardoise du jour (qui change vraiment chaque jour) propose, à un prix très compétitif, un joli panaché de petits plats gourmands. Le soir, place à des plaisirs plus subtils, par exemple autour d'une fricassée d'escargots au lard, pousses d'épinards et bouillon mousseux de tourin à l'ail. En dessert, le gâteau basque fait un clin d'œil aux origines du chef... Mais la marque de ce dernier, c'est plus largement celle d'une cuisine du marché avide de jolies saveurs. Quant à la carte des vins, elle met en avant d'intéressants petits producteurs. Le bouchon et l'assiette sont donc bien présents rue Cardinet.

Le Café d'Angel

Traditionnelle

B3

16 r. Brey
01 47 54 03 33
www.lecafedangel.com
Charles de Gaulle-Etoile
Fermé août, 24 décembre-2 janvier, samedi, dimanche et fériés

Formule 28 € – Menu 34 € – Carte 50/58 €

A/C

Ce joli café a tout pour plaire avec ses banquettes en skaï, ses faïences aux murs, ses petites tables carrées garnies de sets en papier et ses cuisines visibles derrière le vieux comptoir... Une adresse fétiche pour les nostalgiques des bistrots parisiens d'antan ! D'autant que l'on y mange exactement ce qu'on s'attend à trouver en pareil lieu : de bonnes recettes traditionnelles, 100 % maison. Comme elles changent tous les jours, il vous suffit de guetter l'ardoise en passant : supions poêlés aux herbes, porcelet caramélisé aux épices, rognons de veau aux champignons, liégeoise au chocolat... Il y a fort à parier que, sans vous en rendre compte, le Café d'Angel devienne votre cantine préférée !

Caïus

Créative

B3

6 r. d'Armaillé
01 42 27 19 20
www.caius-restaurant.fr
Ⓜ Charles de Gaulle-Etoile
Fermé 3 semaines en août, samedi et dimanche

Formule 33 € – Menu 42 € – Carte environ 55 €

A/C

Cette adresse cache bien son jeu derrière sa devanture en bois plutôt sage : de belles banquettes, des chaises design en cuir, des nappes blanches... Et beaucoup d'inventivité derrière les fourneaux ! Le chef, Jean-Marc Notelet, pourrait presque être comparé à un alchimiste. Exhumant épices et produits oubliés pour en faire des ingrédients magiques, il a l'art de transformer des recettes ordinaires avec ici une pincée de vanille, là un filet d'huile d'argan... Et les idées fusent : chaque jour, il efface la monumentale ardoise et recommence ! Résultat, impossible de se lasser, d'autant que l'atmosphère ne gâche rien. La petite salle moderne est accueillante avec ses boiseries blondes et ses photos glorifiant les précieux condiments. Pour le plaisir... de tous les sens.

Cap

Moderne

C2

42 bd Pereire
01 44 40 04 15
Ⓜ Wagram
Fermé août, mardi soir, samedi midi, dimanche et lundi

Formule 26 € – Menu 32 € (déjeuner), 36 €

Cap sur Le Cap, ville d'origine du jeune chef qui dirige cet élégant petit restaurant avec son épouse, sur le boulevard Pereire. On s'en doute, sa cuisine a le goût de l'ailleurs, associant techniques d'ici, souvenirs sud-africains et même notes d'Asie (avec notamment pour fil rouge le salé-sucré). Ainsi cet orzo façon risotto et son bouillon de poule crémé parsemé de copeaux de parmesan et de biltong (une viande épicée et séchée typique de l'Afrique du Sud), ou encore ce tiramisu à l'amarula (liqueur tirée du fruit du marula). Autant de recettes bien tournées et pleines de vivacité ! La carte des vins donne également l'occasion de découvrir les crus australs, et dans la jolie salle, quelques objets font écho à l'Afrique du Sud, si lointaine et... décidément très proche.

Caves Petrissans

Traditionnelle B3

30 bis av. Niel
01 42 27 52 03
www.cavespetrissans.fr
Pereire
Fermé août, samedi, dimanche et fériés – Réservation conseillée

Menu 37 € – Carte 53/82 €

On ne compte plus les habitués de ces caves plus que centenaires. Et l'adorable Marie-Christine Allemoz – quatrième génération ! – accueille avec la même gentillesse les nouveaux venus. En un clin d'œil, elle vous installe à une table où Céline, Abel Gance ou Roland Dorgelès se sont peut-être déjà assis. "Je vous sers un verre de blanc ?" Répondre par l'affirmative est tentant, mais que choisir ? Suivez les conseils avisés des patrons, ils sauront vous dénicher "la" bouteille qu'il vous faut dans leur incroyable boutique attenante. La terrine maison, la tête de veau sauce ravigote, le baba au rhum, l'île flottante, les cerises à l'eau-de-vie ou l'un des nombreux classiques bistrotiers à la carte prendront alors une autre dimension. Arrière-salle plus intime et terrasse entourée de... ceps de vigne, pour réviser ses cépages !

Chez Léon

Moderne C2

32 r. Legendre
01 42 27 06 82
Villiers
Fermé 8-31 août, 24 décembre-1er janvier, samedi midi et dimanche

Formule 28 € – Menu 34/72 € – Carte 39/57 €

Ce bistrot des années 1950, entièrement relooké dans un style coloré, n'en renie pas pour autant son passé, à l'image de son vieux zinc indéboulonnable. Clin d'œil, on s'attable près d'une plaque en hommage au "commissaire principal Jules Maigret, hôte gourmand de la maison" ! Même mariage entre tradition et modernité côté cuisine : dijonnaise de lapereau (terrine en gelée), tournedos de cabillaud à la tapenade, pastilla de pintade aux épices douces et au chou... Au moment du dessert, on hésite entre un millefeuille et un baba au rhum. Pas de doute, Chez Léon, l'assiette joue les canailles apprivoisées.

Le Clou de Fourchette

Moderne C2

121 r. de Rome
01 48 88 09 97
www.lecloudefourchette.fr
Rome
Fermé 1 semaine en août, 1 semaine fin décembre, dimanche et lundi

Formule 18 € – Menu 24 € (déjeuner en semaine) – Carte 28/48 €

Voilà un restaurant qui plante fièrement le nom de son propriétaire ! Avec ses associés, Christian Leclou invite à un bon "coup de fourchette" rue de Rome. Il serait dommage de bouder ce précieux ustensile quand la façade annonce en toutes lettres : "Boire… et manger". On profite ici de plats fort joliment cuisinés et savoureux, accompagnés d'un bon choix de vins au verre (une quinzaine de références) : os à moelle, escargots et sauce à l'ail ; épaule d'agneau confite aux agrumes et navets au miel de romarin ; lièvre à la royale (entre autres gibiers à l'automne) ; baba au rhum ; etc. Autant de recettes qui invitent à la convivialité entre amis ou collègues : le Clou du spectacle !

Comme Chez Maman

Traditionnelle D2

5 r. des Moines
01 42 28 89 53
www.comme-chez-maman.com
Brochant

Formule 18 € – Carte 34/65 €

Au cœur des Batignolles, près d'un square, un bistrot contemporain – briques blanches, murs jaune paille – où l'on se sent... comme chez maman ! Le jeune chef belge, Wim Van Gorp, a pour lui un très beau parcours l'ayant mené, après un apprentissage chez Alain Ducasse, à prendre les rênes du Market de Jean-Georges Vongerichten (8e arrondissement). Désormais bien installé dans son fief du 17e, il joue la carte des jolies recettes ménagères : rognon de veau grillé aux aromates, gnocchis maison au beurre et à la sauge, gaufre – un délicieux hommage à ses origines flamandes... Tout est généreux et goûteux : maman peut être fière !

Dessirier par Rostang Père et Filles

Poissons et fruits de mer B2

9 pl. Mar.-Juin
01 42 27 82 14
www.restaurantdessirier.com
Ⓜ Pereire
Fermé samedi et dimanche en juillet-août

Formule 38 € – Menu 46 € – Carte 53/90 €

Un appétissant banc d'écailler annonce la couleur : on vient ici pour se régaler de belles spécialités de la mer. Parmi les plats phares de la maison, le tourteau décortiqué servi avec des légumes, des citrons beldi et de la coriandre fraîche. D'ailleurs, dans les cuisines se concoctent une multitude d'alléchantes recettes iodées, préparées à partir de produits que Michel Rostang – propriétaire de cinq autres "bistrots" – sélectionne avec le plus grand soin. Le décor, contemporain, arty et chic, renouvelle le genre des grandes brasseries parisiennes : banquettes de cuir gris, mosaïques, murs aux courbes élancées rappelant les ondulations océanes, œuvres d'artistes comme Combas, Arman, Folon... Pas étonnant que le lieu soit aussi prisé, particulièrement par la clientèle d'affaires.

Le Dodin de Mark Singer

Moderne B3

42 r. des Acacias
01 43 80 28 54
www.ledodin.com
Ⓜ Charles de Gaulle-Etoile
Fermé 2 semaines en août, samedi midi, dimanche et lundi

Formule 29 € – Menu 35/85 € – Carte 43/74 €

De nationalité américaine, installé en France depuis de longues années et passé dans nombre de maisons parisiennes renommées, Mark Singer est surtout un chef sans frontière : sa patte, déjà bien connue, est celle d'une technique classique assurée, mise au service de saveurs originales. Aux commandes de ce Dodin depuis fin 2011, il associe par exemple un ceviche de pétoncles et une limonade de kéfir, ou encore un onglet de veau et une gaufre de charlottes à l'échalote. Le chef se dit "opportuniste", composant ses menus au gré de ses marchés (sans oublier le gibier à l'automne). De quoi confirmer que le voyage est invention !

L'Entredgeu

Traditionnelle A2

83 r. Laugier
01 40 54 97 24
Porte de Champerret
Fermé 1 semaine début mai, 3 semaines en août, 1 semaine à Noël, dimanche et lundi

Formule 25 € – Menu 35/55 €

Quelle ambiance dans ce troquet ! À croire que tout le 17e en a fait sa cantine. Non sans raison : de beaux produits ramenés du marché, des recettes traditionnelles parfaitement maîtrisées, des prix tenus... la recette fonctionne à merveille. Rançon du succès, on joue souvent à guichets fermés et le service presse parfois un peu le pas. Mais la bonne humeur qui règne fait tout pardonner. De fait, que serait cette salle de bistrot sans les plaisanteries qui fusent et les tintements de verres ? L'un des meilleurs rapports qualité-prix de la capitale.

L'Escient

Moderne B3

28 r. Poncelet
09 66 92 49 13
www.restaurantescient.fr
Ternes
Fermé 1er-17 août, dimanche et fériés

Formule 27 € – Menu 36/45 € – Carte environ 48 €

Gambas, tarama, daïkon, citron vert et gingembre ; morue fraîche, croûte de figues sèches, chorizo doux et citron confit ; chaud-froid chocolat-framboise ; etc. À la carte de cet Escient, les associations originales ne manquent pas, et elles sont toujours réalisées... à bon escient ! Créée mi-2011, l'affaire est familiale : aux fourneaux œuvrent Pierre et sa fille Claire, duo visiblement complémentaire. Les recettes se révèlent bien tournées, très parfumées, évoluant au gré des saisons et du marché. Influences maîtresses : l'Asie et l'Espagne, mais aussi de grands classiques français. Bref, un joli métissage...

Fabrique 4

Moderne

C2

17 r. Brochant
01 58 59 06 47
www.fabrique4.com
Ⓜ Brochant
Fermé 3 semaines en août, vacances de Noël, dimanche et lundi

Formule 24 € – Carte 41/51 €

Ce fut une fabrique de bouchons, puis une brocante, avant de devenir... cette fabrique de saveurs. L'adresse a été créée par un jeune couple de Belges : deux amoureux de la gastronomie française, munis d'une belle expérience au sein de restaurants parisiens de qualité. On ne s'étonnera donc pas de découvrir des assiettes aussi colorées que gourmandes, souvent rehaussées d'herbes fraîches (la cuisine asiatique est aussi une inspiration), à l'instar d'un sashimi de bœuf à la roquette et au parmesan, de rognons de veau et leur gratin de pommes de terre, etc. Évidemment, les références à la Belgique ne manquent pas, avec, par exemple, un tiramisu aux... spéculos et, côté boissons, de bonnes bières (Chimay, Orval, etc.). En prime, un décor pile dans le goût d'aujourd'hui. Une adresse fort sympathique !

Graindorge

Flamande

B3

15 r. Arc-de-Triomphe
01 47 54 00 28
www.le-graindorge.fr
Ⓜ Charles de Gaulle-Étoile
Fermé samedi midi et dimanche

Formule 24 € – Menu 28 € (déjeuner en semaine), 35/55 € – Carte 45/60 €

Le climat de l'Étoile réussit plutôt bien à Bernard Broux, sans doute parce qu'il a su adapter au goût parisien ce qui fait le charme des auberges de son "Ch'Nord" natal ! Dans la salle d'esprit Art déco, on s'attable volontiers devant un potjevlesch, des bintjes farcies à la brandade de morue, un waterzoï de la mer aux crevettes grises d'Ostende ou des kippers de Boulogne grillés et oignons frits. De généreuses recettes flamandes, complétées de suggestions du marché. Le tout se déguste avec de belles bières artisanales d'outre-Quiévrain (Angélus, Moinette Blonde), mais que les amateurs de vin se rassurent, ils trouveront aussi leur bonheur !

La Fourchette du Printemps ✿

Moderne C2

30 r. du Printemps
✆ 01 42 27 26 97
www.lafourchetteduprintemps.com
Ⓜ Wagram
Fermé 1er-15 août, 24 décembre-1er janvier, dimanche et lundi – Réservation conseillée

Menu 49/75 € – Carte environ 60 €

La Fourchette du Printemps

Et si une fourchette faisait le printemps ? Un souhait exaucé en toute saison dans ce bistrot contemporain où l'on sait exalter, avec finesse et élégance, les belles saveurs. Aux fourneaux, Nicolas Mouton fait preuve d'un vrai sens du produit, des cuissons, des jeux de textures... La carte est courte et diablement allèchante, revisitant par exemple avec subtilité la bouillabaisse ou le paris-brest, réussissant le mariage d'un waterzoï (clin d'œil à ce Nord dont Nicolas est originaire) et de beaux légumes du soleil... Le menu change en permanence en fonction du marché. Des saveurs insoupçonnées, des alliances raffinées : voilà ce qui fait le sel de la vie, voilà tout le piment de cet endroit, au demeurant très simple. Comptoir en zinc, bocaux de légumes secs, banquettes bistrotières : l'atmosphère est décontractée, sans chichi et chaleureuse. Pas de doute, cette Fourchette-là a de belles saisons devant elle !

Spécialités

- Cuisine du marché

Frédéric Simonin ✿

Moderne

25 r. Bayen
✆ 01 45 74 74 74
www.fredericsimonin.com
Ⓜ Ternes
Fermé 2-28 août, dimanche et lundi

B3

Formule 39 € – Menu 39 € (déjeuner en semaine), 55 € 🍷/145 € – Carte 81/153 €

A/C

Francis Amiand

Le moins que l'on puisse dire de Frédéric Simonin, c'est qu'il a fait un beau parcours ! Ledoyen, le Meurice, Taillevent, le Seize au Seize, et enfin la Table de Joël Robuchon, où il a gagné ses derniers galons... Rien que des grands noms, à la suite desquels il vient aujourd'hui écrire le sien, non loin de la place des Ternes (pour les connaisseurs : en lieu et place du restaurant Bath's, qu'il a entièrement transformé). Moquette noir et blanc, banquettes de velours sombre, panneaux de verre, déclinaisons élégantes de formes géométriques...

Le design des lieux sied à la cuisine du chef, fine et pleine de justesse. Ne dédaignant pas les touches inventives et parfois japonisantes, il ose les associations originales. L'équation est subtile, maîtrisée... À découvrir à la carte ou à travers le beau menu dégustation. Voilà bel et bien une table raffinée !

Entrées

- Gros macaroni farci aux racines et truffes, nappé d'un beurre de foie gras
- Œuf de poule fermier cuit nacré, sur une royale d'oignons doux

Plats

- Ris de veau à la fregola au goût d'une carbonara, jus au vin d'Arbois
- Carré et selle d'agneau de lait des Pyrénées rôtis, artichaut et blette

Desserts

- Soufflé chaud au yuzu, glace au sucre d'Okinawa
- Pêche jaune, perle de sucre et chantilly légère parfumée au yuzu

Guy Savoy ✿✿✿

Créative

B3

18 r. Troyon
01 43 80 40 61
www.guysavoy.com
Ⓜ Charles de Gaulle-Etoile
Fermé vacances de Noël, samedi midi, dimanche et lundi

Menu 330/360 € – Carte 185/315 €

A/C

Guy Savoy

Guy Savoy a beau tutoyer les étoiles, maîtriser son art, posséder d'autres enseignes satellites tout aussi prestigieuses ; rien n'y fait, il n'en démord pas et reste... un "aubergiste" ! De la gastronomie, il dit qu'elle est "la fête, la joie, la poésie", une bien jolie définition. Épurée dans son exécution, authentique dans son expression, inventive mais sans excès, sa belle cuisine fait des merveilles. Les produits sont superbes et rappellent parfois cette tradition dauphinoise qu'il n'a jamais oubliée... Souvenirs d'enfance et création, simplicité et sophistication, gourmandise assumée et rigueur d'exécution : l'envie de donner du plaisir, l'esprit de générosité et de partage sont très palpables ! L'ambition du chef, oui, c'est bien celle de faire vivre une "auberge du 21e s."... Une auberge qui devrait écrire en 2014 une nouvelle page de son histoire : sise rue Troyon depuis 1987, elle devrait en effet gagner le cœur de Paris au cours de l'année, en s'installant au sein du bel Hôtel de la Monnaie, à deux pas de l'Académie française, sur le quai de Conti. Guy Savoy, acte II...

Entrées

- Huîtres en nage glacée et deux nouvelles préparations
- Soupe d'artichaut à la truffe noire, brioche feuilletée aux champignons et truffes

Plats

- Saumon figé sur la glace, consommé brûlant et perles de citrons
- Selle, carré et épaule d'agneau terre et mer

Desserts

- Boule noire
- Chariot des glaces, sorbets, les bocaux et biscuits d'autrefois

Jacques Faussat - La Braisière

Traditionnelle

C2

54 r. Cardinet
01 47 63 40 37
www.jacquesfaussat.com
Malesherbes
Fermé août, 24 décembre-2 janvier, samedi sauf le soir d'octobre à avril, dimanche et fériés

Menu 38 € (déjeuner)/110 € – Carte 62/74 €

A/C

La Braisière

Un petit bout de province à Paris, cela paraît impossible. C'est pourtant la gageure que relève le chef de ce restaurant du quartier des Ternes, gersois et fier de l'être. Jacques Faussat n'aime rien tant que la simplicité inspirée de ses racines et de son enfance. Une simplicité également apprise auprès de Michel Guérard et surtout d'Alain Dutournier – sa rencontre avec cet homme de passion qui partage les mêmes origines sera déterminante dans sa carrière, à commencer par dix années passées aux fourneaux du Trou Gascon. Avec quelques réminiscences du Sud-Ouest, sa cuisine joue donc surtout la carte de la générosité et des saveurs, misant tout sur de bons produits travaillés pour en faire ressortir... le meilleur.

Enfin, on peut remercier la maîtresse de maison chargée de l'accueil et de la salle, ainsi que le service, sans manières, pour leur gentillesse. À La Braisière, on se sent bien, tout simplement.

Entrées

- Foie gras de canard cuit au torchon aux fruits de saison et fève tonka
- Langoustine au lait de coco et citronnelle

Plats

- Calamar et pied de cochon sur un tempo forestier
- Lièvre à la royale façon poitevine

Desserts

- Symphonie opéra chocolat-épices
- Soufflé chaud aux fruits de saison

Karl & Erick

Moderne C2

20 r. de Tocqueville
01 42 27 03 71
Villiers
Fermé août, samedi midi et dimanche

Formule 28 € – Menu 35 € (déjeuner) – Carte 42/65 €

Qu'est-ce qui définit un bistrot contemporain ? Son atmosphère d'abord, naturellement conviviale et tendance, puis la cuisine de son chef, forcément passé par de grandes maisons et réussissant à marier classicisme et créativité. Pour vous en convaincre, découvrez cette table tenue par de talentueux jumeaux. Erick se charge de l'accueil dans une salle aux airs de loft (banquettes rouge et chocolat, mezzanine). Karl s'épanouit aux fourneaux, proposant d'alléchantes recettes : terrine de lapin à l'estragon, merlan accompagné de ratatouille et d'olives noires, carré d'agneau avec son jus parfumé au romarin. Fin de la démonstration, il est temps de passer aux travaux pratiques : bon appétit !

Kifuné

Japonaise A3

44 r. St-Ferdinand
01 45 72 11 19
Porte Maillot
Fermé 1 semaine en mai, 3 semaines en août, vacances de Noël, dimanche, lundi et jours fériés

Menu 32 € (déjeuner) – Carte 30/100 €

Révélons d'abord le secret des trois kanji japonais inscrits sur la façade : littéralement, "kifuné" signifie "bateau en bois". Une enseigne qui dit tout, tant sur la cuisine – tout poisson – que sur l'assiette elle-même, certains plats étant présentés dans de jolies barques en bois. À l'intérieur, atmosphère nippone de rigueur, toute de simplicité : tons noir et blanc autour d'un comptoir de dix couverts où le chef sert directement les traditionnels sushis, sashimis, tempura, yakimono (grillades) et autres agemono (fritures), qu'il compose devant vous. Pour le déjeuner, plusieurs menus répondent aux attentes des habitués du quartier, gourmets mais pressés. Si vous disposez de plus de temps, quelques tables et un box offrent une agréable intimité.

La Maison de Charly

Marocaine

A3

97 bd Gouvion-St-Cyr
01 45 74 34 62
www.lamaisondecharly.fr
Porte Maillot
Fermé 3 semaines en août et lundi

Formule 35 € – Carte 34/49 €

A/C

Pour point de repère, deux oliviers devant une sobre façade ocre. En entrant dans la Maison de Charly, on est immédiatement séduit par son ravissant décor mauresque parsemé de touches contemporaines, tout en élégance et en sobriété. Des matériaux nobles provenant d'Afrique du Nord, des portes sculptées et même un palmier sous sa grande verrière : la belle ambiance orientale fait son effet ! On y apprécie doublement le traditionnel trio couscous-tajine-pastilla. Et quelques spécialités qui donnent envie de revenir comme, par exemple, la "tanjia" (agneau de dix heures confit aux épices).

Makassar

Créative

B3

Hôtel Renaissance Arc de Triomphe,
39 av. Wagram
01 55 37 55 57
www.renaissancearcdetriomphe.fr
Ternes

Formule 23 € – Menu 38 € – Carte 45/65 €

A/C

Makassar... Le nom de ce port indonésien évoque le bois précieux et les îles lointaines. Flanqué d'un bar résolument lounge, le restaurant de l'hôtel Renaissance joue la sobriété et rappelle son caractère exotique par de discrets détails, comme des projections de scènes du théâtre d'ombres Ramayana. On a le choix entre des spécialités on ne peut plus françaises et des recettes d'ailleurs réalisées par le chef, Michael Foubert. Alors, bien sûr, on peut tout à fait préférer un duo de saumon bio avec sa salade d'algues au sésame, ou le homard à la plancha servi avec des légumes de saison, mais il serait dommage de ne pas découvrir le "nasi goreng", célèbre plat réalisé avec du riz sauté et accompagné de brochettes de poulet au saté.

MBC - Gilles Choukroun

Moderne

A3

4 r. du Débarcadère
01 45 72 22 55
www.gilleschoukroun.com
Porte Maillot
Fermé août, samedi et dimanche

Formule 19 € – Menu 29 € (déjeuner)/49 € – Carte environ 55 €

A/C

M pour menthe, B pour basilic et C pour coriandre. Trois produits, trois saveurs et autant d'ouvertures sur le monde, pour une cuisine créative et métissée qui navigue entre France, Asie, Afrique du Nord et Amérique... Gilles Choukroun n'en est pas à son coup d'essai (Angl'Opéra, Café des Délices, etc.), mais avec cette table ouverte en 2009 il affirme son style et ses recettes : soupe thaïe, filet de dorade avec une purée de petits pois parfumée au gingembre, pastèque accompagnée d'un sorbet au yaourt et d'une confiture de tomates pimentée. Certaines frontières culinaires s'effacent pour laisser place à de nouvelles identités gustatives pleines de parfums ! Le tout s'apprécie dans un cadre contemporain résolument tendance, particulièrement agréable avec sa verrière.

Le Palanquin

Vietnamienne

B3

4 pl. Boulnois
01 43 80 46 90
Ternes
Fermé août, samedi et dimanche – Réservation conseillée

Carte 32/47 €

A/C

À table, qualité rime souvent avec simplicité. Parfaite démonstration avec ce petit restaurant vietnamien où l'on savoure, sans retenue, une cuisine authentique et très parfumée (brochettes de crevettes, porc épicé à la citronnelle et crème de coco, petits cakes à la feuille de bananier, etc.), avec des recettes végétariennes et des suggestions qui changent chaque semaine. Madame Someaud œuvre seule aux fourneaux – et s'approvisionne au marché voisin – tandis que ses enfants assurent le service avec une gentillesse désarmante. Le restaurant est petit (pas plus de vingt couverts, réservez !) mais convivial et chaleureux : exactement ce qu'il faut pour se concentrer sur son assiette. Et c'est parfait, car la cuisine de la patronne vous transporte très loin...

Michel Rostang ✿✿

Classique

B3

20 r. Rennequin
01 47 63 40 77
www.michelrostang.com
Ternes
Fermé 3 semaines en août, lundi sauf le soir de septembre à juin, samedi midi et dimanche

Menu 80 € (déjeuner), 169/198 € – Carte 140/213 €

Michel Rostang

Le parcours de Michel Rostang était tout tracé. Un vrai destin de chef dans la pure tradition française, à l'image de son père, de son grand-père, etc. C'est bien simple, chez les Rostang, la gastronomie est une affaire de famille depuis cinq générations ! C'est après de belles années d'apprentissage (notamment chez Lasserre, Lucas-Carton et Pierre Laporte) que Michel ouvre un restaurant parisien à son nom. Sa cuisine s'inscrit alors dans la lignée des plus grandes tables. Bien qu'il s'autorise quelques incursions dans le registre contemporain, il affirme sa préférence pour le classicisme. Produits magnifiques, liés au rythme des saisons (gibier en automne, truffe en hiver), vins au diapason (tout spécialement les côtes-du-rhône) ; il mise sur des valeurs sûres, il recherche l'excellence. Le décor, luxueux et insolite, fait ressentir la même impression : salon Art nouveau, salon Lalique, salon Robj ouvert sur le spectacle des fourneaux, collection d'œuvres d'art (César, Arman, porcelaines…). Plus qu'une escale gourmande, un rendez-vous d'esthètes !

Entrées

- Sandwich tiède à la truffe
- Araignée de mer au gingembre, crémeux de courgette en impression de caviar osciètre

Plats

- Noix de ris de veau croustillante aux écrevisses
- Lièvre à la royale, sauce poivrade

Desserts

- Tarte moelleuse au chocolat amer, sauce au café et sorbet chocolat
- Poire Belle-Hélène, glace vanille Bourbon enrobée de chocolat et gingembre confit

Le Petit Verdot du 17ème

Traditionnelle B3

9 r. Fourcroy
01 42 27 47 42
Ternes
Fermé 3 semaines en août, vacances de Noël, samedi midi et dimanche

Carte 26/56 €

Deux jeunes trentenaires se sont associés pour donner un coup de fouet à cette antique adresse du quartier des Ternes. Et le moins que l'on puisse dire, c'est que ça déménage ! Mettant à profit une expérience déjà riche – Vincent vient de l'Atelier de Joël Robuchon, Guillaume a fait ses classes au sein de tables étoilées en Bretagne –, ils déclinent ici une cuisine de bistrot généreuse et sincère, fraîche et goûteuse : terrine de lapin maison, fricassée de rognons de veau à la moutarde, daubes et blanquettes... On dévore ces plats sur de grosses tables rustiques, parmi les habitués, à la bonne franquette ! Et pour ne rien gâcher, l'accueil est impeccable, et le service plein de gaieté. On y retourne quand ?

Pétrus

Moderne B2

12 pl. du Mar.-Juin
01 43 80 15 95
Pereire
Fermé 8-26 août et samedi midi

Carte 58/94 €

A/C

La brasserie du 21e s. par excellence ! Un beau plancher, des chaises en cuir, des lustres design, le tout dans des tons beige et taupe. Portée par une équipe dynamique, cette institution parisienne continue à honorer avec style poissons et fruits de mer. Du haddock, du turbot, un dos de cabillaud à la crème de morilles ; les produits sont incontestablement de grande qualité. Une tradition revisitée qui fait également merveille pour les entrées et les desserts. Millefeuille à la vanille, macarons aux framboises... les pâtisseries sont légères et soignées. Les fidèles sont au rendez-vous, et on les comprend. D'autant qu'en été il est possible de manger en terrasse sur la place du Maréchal-Juin.

Le Pré Carré

Traditionnelle B3

Hôtel Splendid Étoile,
1 bis av. Carnot
✆ 01 46 22 57 35 – **www.restaurant-le-pre-carre.com**
Ⓜ Charles de Gaulle-Etoile
Fermé 3 semaines en août, 1 semaine vacances de Noël, samedi midi et dimanche

Menu 35 € (dîner) – Carte 40/73 €

A/C

Juste à côté de la place de l'Étoile et de l'Arc de Triomphe, le restaurant de l'hôtel Splendid Étoile réussit l'amalgame de l'élégance et du charme. Deux miroirs face à face reflètent à l'infini l'élégant et chaleureux décor, tout en nuances de beige et de gris, fleurs aux lignes graphiques et banquettes confortables. On dîne également en terrasse ou à l'abri d'une verrière, histoire de profiter de l'animation du quartier. À la carte, des classiques comme la sole meunière, le tartare ou l'entrecôte de salers, mais aussi l'aubergine crétoise au four, la poêlée de chipirons, le turbot cuit à la vapeur. Les produits sont bien choisis... et le plaisir des papilles garanti.

Samesa

Italienne B3

13 r. Brey
✆ 01 43 80 69 34
www.samesa.fr
Ⓜ Charles De Gaulle-Etoile
Fermé 3 semaines en août, samedi midi et dimanche

Menu 19 € (déjeuner)/30 € – Carte 37/52 €

A/C

Ouverte fin 2008 par deux associés, Flavio Mascia (du restaurant Fontanarosa, 15e) et Claudio Sammarone (Le Perron, 7e), cette table transalpine offre un décor très chaleureux : la salle est lumineuse (baie vitrée et verrière), tout en longueur, avec des murs en pierres blondes et des tons beiges. Tables et chaises de bistrot s'y alignent avec une élégance simple (nappes blanches), et l'assiette fait honneur aux bonnes recettes italiennes : aubergines au parmesan, tagliatelles aux langoustines flambées au cognac, bar grillé farci à la ratatouille à la sicilienne, etc., le tout accompagné d'un bon choix de vins du pays. Gardez aussi une petite place pour le tiramisu, léger et parfumé à souhait. On vient pour les saveurs ensoleillées du Sud ; on revient aussi pour la convivialité.

Rech ✿

Poissons et fruits de mer A-B3

62 av. des Ternes
01 45 72 29 47
www.restaurant-rech.fr
Ⓜ Ternes
Fermé août, dimanche et lundi

Menu 36 € (déjeuner), 54/68 € – Carte 75/117 €

A/C

Pierre Monetta

Illustre adresse que ce bistrot créé en 1925 par l'Alsacien August Rech, et entré il y a quelques années dans la galaxie du groupe Ducasse. Parquet, tons clairs, persiennes d'esprit marin et photos rétro, avec un parti pris général épuré : sur deux niveaux, les salles ne manquent pas d'allure (mais, un conseil : préférez celle de l'étage, plus agréable).

En cuisine, un seul credo : rendre l'hommage le plus appuyé aux produits de la mer. Poissons et coquillages, sélectionnés parmi les meilleurs, révèlent une intense fraîcheur, et leur préparation, fine et rigoureuse, met parfaitement en valeur leurs saveurs naturelles, même quand elle fait le choix d'une certaine simplicité. L'ensemble respire le sérieux, la noble tradition et la qualité. Les amateurs de saveurs iodées seront donc aux anges – sans bouder la fin du repas, marquée par l'incontournable camembert Rech ou encore l'éclair XXL, au chocolat ou au café selon les goûts, entre autres délicieux desserts...

Entrées
- Carpaccio de mulet aux oursins de pleine mer
- Crabe salade façon "Club"

Plats
- Sole de ligne épaisse dorée au beurre, pommes rattes rissolées
- Aile de raie à la grenobloise

Desserts
- Éclair "XL" au chocolat ou au café
- Agrumes et coings cuits et crus

Sormani

Italienne

4 r. Gén.-Lanrezac
01 43 80 13 91
www.restaurantsormani.fr
Charles de Gaulle-Etoile
Fermé août, samedi, dimanche et fériés

B3

Carte 62/145 €

A/C

Couleurs rouges dominantes, majestueux lustres en verre de Murano, mise en place élégante, moulures et miroirs : tout le charme de l'Italie baroque s'exprime – avec sobriété – dans les salles à manger cossues de ce confortable restaurant. La cuisine de Pascal Fayet suit naturellement ces airs de "dolce vita" : une carte résolument transalpine, dont la moitié est consacrée (en saison) à la précieuse truffe. Même refrain pour le livre de cave, dont les superbes intitulés évoquent les plus belles provinces viticoles de la Botte, sans oublier un large choix de grappa pour conclure en beauté ces agapes. Parmi les fidèles de cette adresse chic, une clientèle d'affaires notamment, qui apprécie l'intimité du salon situé au rez-de-chaussée.

Timgad

Marocaine

21 r. Brunel
01 45 74 23 70
www.timgad.fr
Argentine

A3

Carte 45/85 €

A/C

Bienvenue au temps où Timgad rayonnait ! Ce petit coin d'Orient, qui emprunte son nom à une antique cité nord-africaine, vaut le détour pour son seul décor : lustres dorés, mobilier mauresque et – clou du spectacle – de superbes stucs finement ouvragés, taillés au couteau par des artisans marocains et dont la réalisation a duré plus d'un an ! La carte est au diapason : riche sélection de couscous (la semoule est d'une rare finesse), tajines et pastillas appréciés pour leur générosité et pour leurs mille et un parfums. Quoi de plus agréable, ensuite, que de prolonger le repas dans le joli salon feutré où murmure une fontaine... Dépaysement garanti !

18e

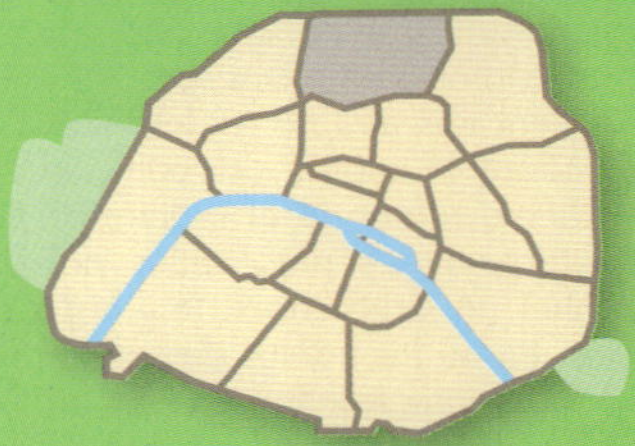

Montmartre · Pigalle

B. Rieger / hemis.fr

18e
Montmartre, Pigalle
0
300 m
A
B
1
2
3
ST-OUEN
PÉRIPHÉRIQUE
PORTE DE SAINT-OUEN
PORTE DE CLIGNANCOURT
17e
9e
Bd Ney
Porte de St Ouen
Porte de Clignancourt
R. C. Schmidt
Av. Michelet
Bd Ornano
Av. de Saint Ouen
Rue Vauvenargues
R. Championnet
R. Ordener
R. du Poteau
R. du Mont-Cenis
Simplon
Jules Joffrin
Guy Môquet
R. Damrémont
R. Joseph de Maistre
R. Carpeaux
R. Marcadet
R. Etex
Rue Lamarck
Lamarck Caulaincourt
R. Caulaincourt
Av. Junot
R. Custine
R. St Vincent
R. Lepic
R. Norvins
Pl. du Tertre
R. St-Éleuthère
La Table d'Eugène
La Rallonge
Chamarré Montmartre
Bistrot Poulbo
Le Café qui Parle
Jeanne B
Le Coq Rico
CIMETIÈRE DE MONTMARTRE
BASILIQUE DU SACRÉ CŒUR
La Fourche
Av. de Clichy
R. J. de Maistre
R. des Abbesses
Abbesses
Blanche
R. Le Tac
R. Tardieu
R. d'Orsel
Miroir
Anvers
La Cantine de la Cigale
Pigalle
Bd de Clichy
Pl. Pigalle
Bd de Rochechouart
Place de Clichy
R. d'Amsterdam
R. Blanche
R. Pierre Fontaine
Rue des Martyrs
Av. Trudaine
R. Victor Massé
R. Condorcet
R. Notre-Dame
R. Clauzel
R. Moncey
Liège

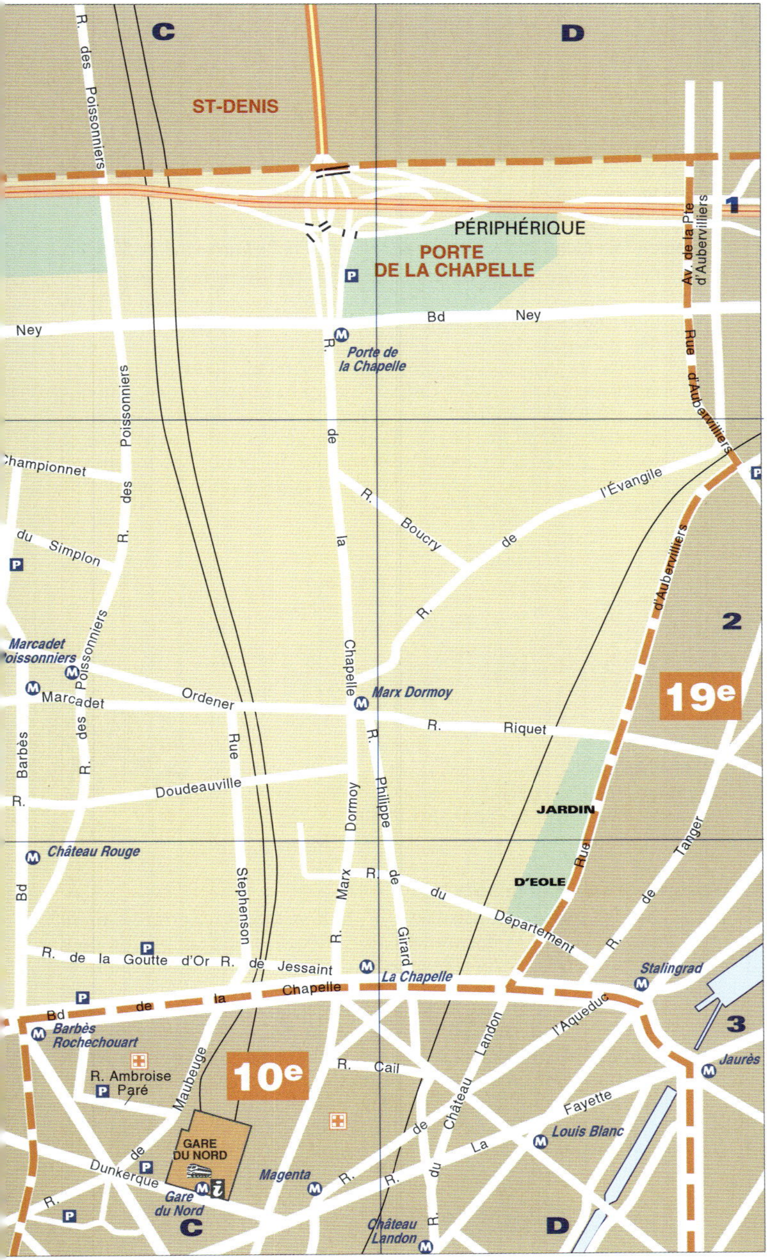
C
D
ST-DENIS
1
PÉRIPHÉRIQUE
PORTE DE LA CHAPELLE
Av. de la Pte d'Aubervilliers
Bd Ney
Porte de la Chapelle
R. des Poissonniers
R. de la Chapelle
Rue d'Aubervilliers
Championnet
R. Boucry
R. de l'Évangile
du Simplon
Marcadet Poissonniers
Marx Dormoy
Marcadet
Ordener
R. Riquet
19e
2
Rue Stephenson
R. Doudeauville
R. Marx Dormoy
R. Philippe de Girard
JARDIN D'EOLE
R. de Tanger
Château Rouge
Bd Barbès
R. du Département
R. de la Goutte d'Or
R. de Jessaint
La Chapelle
Stalingrad
Bd de la Chapelle
3
Barbès Rochechouart
R. Ambroise Paré
Maubeuge
10e
R. Cail
R. du Château Landon
l'Aqueduc
Jaurès
GARE DU NORD
R. de Dunkerque
Gare du Nord
Magenta
R. La Fayette
Louis Blanc
Château Landon

Bistro Poulbot

N

Traditionnelle B2

39 r. Lamarck
01 46 06 86 00
www.bistropoulbot.com
M Lamarck Caulaincourt
Fermé août, dimanche et lundi

Formule 17 € – Menu 20 € (déjeuner en semaine)/39 € – Carte environ 50 €

Dans ce plaisant et tranquille quartier du 18e arrondissement, en remontant vers le Sacré-Cœur, n'hésitez pas à faire une halte au Bistro Poulbot : vous comprendrez aisément pourquoi le restaurant fait parler de lui aux alentours ! Le chef, d'origine italienne, revisite la gastronomie française en y incorporant des produits venus de l'autre côté des Alpes. Il en résulte une cuisine aérienne et ensoleillée, au bon goût d'Italie : carpaccio de courgettes, croquant de parmesan, saumon rôti aux lentilles, ou encore ce soufflé glacé au champagne, surmonté de framboises fraîches et d'un pétale de rose. Une belle petite adresse pour les gamins de Paris... et tous les autres !

Le Café qui Parle

Moderne A3

24 r. Caulaincourt
01 46 06 06 88
M Lamarck Caulaincourt
Fermé 28 juillet-10 août et dimanche soir

Formule 13 € – Carte 36/50 €

A/C

D'une ancienne agence bancaire, Damien Mœuf a fait un restaurant dans le vent, très décontracté et convivial. Sur la façade, on peut lire, comme un clin d'œil, cette devise : "Popote gourmande et saisonnière à rendre baba les babines des bobos !" Le décor est contemporain, dans les tons chocolat, avec des tables en bois brut et des œuvres d'artistes du quartier. Après avoir travaillé dans de grandes maisons parisiennes, mais aussi à New York et au Québec, le jeune chef creuse dorénavant son propre sillon : explorer la tradition. Croustillant de sésame à la chair de tourteau, crousti-fondant de veau et gnocchis de carotte, ganache au chocolat à la fève tonka... Voilà une carte qui parle !

La Cantine de la Cigale

N

Moderne
B3
124 bd Rochechouart
01 55 79 10 10
www.cafelacigale.com
Pigalle
Fermé dimanche

Carte 30/41 €

Il ne manquait à la Cigale, cette salle de concert mythique du boulevard de Rochechouart, qu'une "cantine" à la hauteur de sa réputation. C'est désormais chose faite ! D'emblée, l'endroit capte le regard avec sa façade attrayante et sa terrasse colorée, qui invite à chanter tout l'été... sans craindre d'aller crier famine. Car on y profite d'une cuisine de bistrot goûteuse et pleine de couleurs : terrine de kako, foie gras et émincé de chou rouge ; riz au lait au caramel beurre salé et brioche perdue... Les assiettes sont de très bonne facture, les produits de qualité, avec une mention spéciale pour les excellentes charcuteries du Pays basque (tel le jambon blanc d'Éric Ospital, servi par exemple grillé, avec une délicieuse sauce moutarde). De quoi faire le plein d'énergie avant d'aller... danser !

Chamarré Montmartre

Créative
B2
52 r. Lamarck
01 42 55 05 42
www.chamarre-montmartre.com
Lamarck Caulaincourt

Menu 32 € (déjeuner en semaine), 55/70 € – Carte 75/85 €

A/C

Voilà un restaurant attachant de la butte Montmartre, côté Lamarck, à l'écart des flux et des adresses touristiques. Vous aurez le choix entre la belle salle contemporaine, avec (petite) vue sur les cuisines, la terrasse protégée ou, pour les plus courageux, le bar et ses tables hautes dites "mange-debout". Dans l'assiette, les origines mauriciennes du chef, Antoine Heerah, s'expriment dans des plats métissés, marqués par le jeu des épices et des couleurs, à l'instar d'un filet de bar à la seychelloise, d'un homard au jus de kalamantsi ou d'un savarin punché. Service souriant et précis. La pause finie, vous retrouverez immédiatement les escaliers de la butte pour rejoindre le Sacré-Cœur, tout proche, et... ses touristes.

Le Coq Rico

Traditionnelle

B3

98 r. Lepic
01 42 59 82 89
www.lecoqrico.com
Ⓜ Lamarck Caulaincourt

Carte 39/85 €

Cocorico ! La volaille française a trouvé son ambassade à Paris, sur la butte Montmartre, avec cette adresse chic et discrète créée par le fameux chef strasbourgeois, Antoine Westermann. Les suaves parfums du poulet rôti méritaient bien une telle attention... Poularde de Bresse, pintade et canette fermières de Challans, géline de Touraine, "cou nu" des Landes : à la carte ne trônent que les meilleures pièces de l'Hexagone – avec aussi de la palombe, du perdreau, du pigeon, etc. –, le tout rôti dans les règles de l'art. Chairs moelleuses et fondantes, peaux croustillantes et caramélisées : les amateurs sont comblés ! À noter : les volailles sont servies entières pour deux à quatre personnes, mais les prix restent relativement élevés, tant ce Coq Rico cultive le meilleur. Quand on aime, on ne compte pas...

Jeanne B

N

Moderne

A3

61 r. Lepic
01 42 51 17 53
www.jeanne-b-comestibles.com
Ⓜ Lamarck Caulincourt

Formule 19 € – Menu 23 € (déjeuner en semaine)/27 €

Difficile de décrire cette agréable adresse, installée à mi-hauteur de la rue Lepic, bien connue des (malheureux) cyclistes de la butte Montmartre. Rôtisserie, épicerie, table d'hôte ? Un peu des trois, mon général ! On retrouve ici l'esprit chic et bobo de son grand frère, le Jeanne A, dans le 11e arrondissement, avec des fauteuils en cuir et de petites tables de bistrot, mais dans un décor original, voire carrément onirique – ces bouleaux sur fond bleu... La cuisine met à l'honneur de beaux produits du marché ; c'est coloré et goûteux, à dévorer sur place ou à emporter sous le bras. Surtout, ne manquez pas ce plat incontournable, dont bruisse le Tout-Paris... le Croq'Homard !

Miroir

Traditionnelle B3

94 r. des Martyrs
01 46 06 50 73
Abbesses
Fermé 3 semaines en août, dimanche, lundi et fériés

Formule 19 € – Menu 26/42 €

Pour Sébastien Guénard, le jeune chef, la qualité du produit est un impératif : légumes bio, poisson sauvage, viande d'origine France... L'ardoise varie au gré du marché, avec des recettes aussi appétissantes qu'une tartine aux artichauts poivrade, une côte de porc ibaïona rôtie, un bœuf braisé aux cèpes, un sablé aux pommes confites ou un chocolat liégeois – le tout accompagné de belles bouteilles. Le succès de l'adresse tient aussi à sa convivialité et à son décor d'un pur style bistrot : vieux comptoir, carrelage rétro, lithographies, verrière... Tout est là. Une aubaine dans le quartier des Abbesses, où l'on se presse aussi le dimanche midi, pour le brunch.

La Rallonge N

Moderne B2

16 r. Eugène-Sue
01 42 59 43 24
www.larallonge.fr
Jules Joffrin
Fermé 3-24 août, 21-29 décembre, vacances de février, dimanche et le midi

Carte 21/38 €

A/C

Le chef de la fameuse Table d'Eugène décline dorénavant son talent en mode "bistrot de poche" avec cette Rallonge (quel nom bien trouvé !) créée un peu plus haut dans la rue Eugène-Sue. Une petite façade attrayante, quelques tables installées sur le trottoir, un décor mêlant carrelage en ciment, parquet en chêne, murs blancs et gris... L'endroit a du cachet ! À l'ardoise, on pioche parmi de belles recettes du marché, servies sous forme de petites portions, dans un esprit "tapas" : risotto de coquillettes à la truffe, suprêmes de caille et mousseline de potiron... Les plats sont délicats et font merveille, à l'image de ceux de la maison mère, mais dans un format idéal pour les soirées entre amis. Attention : on ne réserve pas, arrivez tôt !

La Table d'Eugène

Moderne B2

18 r. Eugène-Sue
01 42 55 61 64
Ⓜ Jules Joffrin
Fermé 1er-25 août, 24 décembre-3 janvier, dimanche et lundi – Réservation conseillée

Formule 30 € – Menu 35 € (déjeuner en semaine), 52/100 €

L'enseigne sonne comme un slogan bobo, mais fait référence à Eugène Sue, l'auteur des *Mystères de Paris,* et au nom de la rue ! Non loin de la mairie du 18e, l'adresse compte d'ores et déjà parmi les meilleures tables de l'arrondissement, sinon du nord de la capitale... Pour autant, son chef, Geoffroy Maillard, ne se repose pas sur ses lauriers : il a entièrement repensé l'intérieur du restaurant, désormais moderne et épuré, avec de grands tableaux contemporains, des tables en bois clair et davantage d'espace. Une métamorphose ! Quant à ses recettes, elles sont toujours aussi savoureuses, à la gloire de véritables produits "coup de cœur" : Saint-Jacques et bouillon au lapsang souchong, côte de cochon et risotto de coquillettes sauce cèpes-truffes... Un délice qui attire nombre d'aficionados : réservation impérative !

Se régaler
sans se ruiner ? Repérez
les "Bib Gourmand" :
le signe d'une bonne table
sachant marier cuisine de
qualité et prix… ajustés.

G. Gräfenhain / Sime/Photononstop

19e

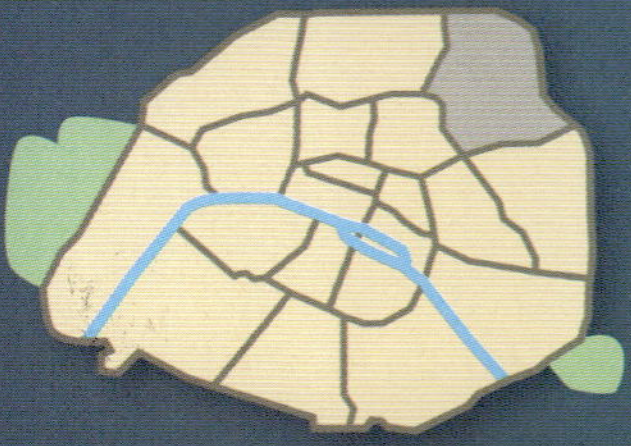

Parc de la Villette · Parc des Buttes-Chaumont

F. Guiziou / hemis.fr

19e
A
B
PORTE D'AUBERVILLIERS
PÉRIPHÉRIQUE
PORTE DE LA CHAPELLE
Av. de la Pte d'Aubervilliers
Bd Ney
Bd Macdonald
Porte de la Villette
1
2
3
18e
10e
R. Boucry
R. de l'Évangile
R. G. Tessier
R. Curial
Rue Curial
R. de Cambrai
La Violette
Corentin Cariou
Av. Corentin Cariou
Av. de Flandre
Quai de la Gironde
CANAL SAINT DENIS
R. de l'Ourcq
R. Archereau
Marx Dormoy
R. Riquet
Rue d'Aubervilliers
JARDIN D'EOLE
R. de Tanger
Crimée
R. de Crimée
Pl. de Bitche
Quai de l'Oise
CANAL
Riquet
Quai de la Seine
BASSIN DE LA VILLETTE
R. Philippe de Girard
R. du Département
La Chapelle
Stalingrad
Laumière
Ourcq
Av. Jean Jaurès
Jaurès
Av. de Meaux
Av. de Laumière
R. Château Landon
R. La Fayette
Louis Blanc
R. Louis Blanc
Quai de Valmy
CANAL SAINT MARTIN
Quai de Jemmapes
Av. Secrétan
Bolivar
R. Manin
PARC DES BUTTES CHAUMONT
R. Botzaris
Château Landon
R. E. Varlin
Pl. du Colonel Fabien
Av. Mathurin Moreau
Av. Simon Bolivar
Buttes Chaumont
Que du Bon
Colonel Fabien
GARE DE L'EST
R. Fessart
R. Mélingue
R. de la Grange aux Belles
Av. Claude Vellefaux
Bd de la Villette
R. de l'Atlas
R. Rébeval
Pyrénées
R. Piat
Belleville

Parc de la Villette, Parc des Buttes Chaumont
0
400 m
C
D
1
2
3
PORTE DE LA VILLETTE
PÉRIPHÉRIQUE
Av. Édouard Vaillant
Av. du Général Leclerc
R. Macdonald
CANAL DE L'OURCQ
CITÉ DES SCIENCES ET DE L'INDUSTRIE
GÉODE
ZÉNITH
PARC DE LA VILLETTE
GRANDE HALLE
MUSÉE
THÉATRE PARIS VILLETTE
CITÉ DE LA MUSIQUE
CONSERVATOIRE DE PARIS
Café des Concerts
Porte de Pantin
PORTE DE PANTIN
PANTIN
Av. Jean Jaurès
Av. Jean Lolive
Rte des Petits Ponts
Bd Sérurier
R. Hoche
R. Delizy
R. Jules Auffret
R. Méhul
R. du Pré St Gervais
R. Gabriel Péri
R. d'Estienne d'Orves
Bd d'Indochine
R. Manin
LE PRÉ SAINT-GERVAIS
PORTE DU PRÉ SAINT GERVAIS
Av. Ed. Vaillant
R. David d'Angers
Danube
Bd d'Algérie
Pré St Gervais
La Table de Botzaris
R. de Mouzaïa
Botzaris
Ô Divin
R. Compans
R. de Crimée
R. L. Thuliez
R. des Bois
Pl. des Fêtes
PORTE DES LILAS
LES LILAS
Rte des Lilas
Av. de la Porte des Lilas
Av. du Dr Gley
R. des Bruyères
Bd Sérurier
R. Haxo
Porte des Lilas
Bd Mortier
Av. Gambetta
R. de Belleville
Jourdain
Télégraphe
Saint Fargeau
20e

Café des Concerts

N

Traditionnelle

C2

211 av. Jean-Jaurès
01 42 49 74 74
www.cafedesconcerts.com
Porte de Pantin

Formule 19 € – Carte 29/45 €

A/C

À l'entrée de la Cité de la musique, une vaste brasserie moderne au décor épuré, aménagée par l'architecte Nelson Wilmotte. Le bar est entièrement constitué de marbre de Carrare et la superbe cuisine vitrée, où l'on s'agite derrière les fourneaux, ouvre sur la salle à manger... Et que dire de cette belle terrasse, qui s'étend langoureusement devant la Halle de la Villette ! Dans l'assiette, on retrouve de belles déclinaisons, naviguant entre classiques de brasserie et recettes plus contemporaines : steak tartare, fish and chips, saumon rôti, cheeseburger aux fines tranches de comté, etc., le tout réalisé avec une jolie gamme de produits frais. Dernier atout : l'adresse reste ouverte jusqu'à 2h du matin, idéal après un concert à la Cité voisine !

Ô Divin

N

Moderne

C3

35 r. des Annelets
01 40 40 79 41
Botzaris
Fermé 10 août-2 septembre, 24 décembre-1er janvier, samedi midi, lundi midi et dimanche – Réservation conseillée

Menu 20 € (déjeuner)/48 € – Carte 28/50 €

A/C

Avez-vous déjà entendu parler du studio Plus 30 ? Dans les années 1980, les plus grands musiciens (Bowie, Gainsbourg et d'autres) venaient y traîner leurs guêtres – et accessoirement y enregistrer des morceaux devenus mythiques. Voilà pour le passé ! Dans le présent, le propriétaire actuel du studio, Redha Zaïm, s'est associé à son frère Naoufel pour créer une petite table familiale dans l'immeuble voisin : ainsi est né Ô Divin. L'ambiance est décalée, conviviale, comme le quartier alentour ; dans un décor minimaliste, on se régale d'une cuisine fraîche et savoureuse, réalisée avec des produits dégotés au marché de la place des Fêtes, à deux pas... Un lieu atypique et attachant, d'ores et déjà adopté par les riverains !

Que du bon

Traditionnelle

B3

22 r. du Plateau
01 42 38 18 65
Buttes-Chaumont
Fermé 29 décembre-6 janvier, samedi midi, dimanche et lundi

Formule 15 € – Carte 35/55 €

Dès la porte franchie, on sait où l'on met les pieds : une immense ardoise annonce fièrement la collection de vins de petits producteurs, tandis que les bouteilles attendent, sagement alignées dans leurs casiers. Une collection de tire-bouchons rappelle que tous ces flacons ne sont pas simplement là pour la décoration ! Le midi, les propositions ont beau être simples, le soir, les suggestions à l'ardoise savent se faire sophistiquées. Et c'est au coude-à-coude que vous dégusterez un ragoût d'artichauts violets au citron ou une pintade "excellence Miéral" rôtie aux oignons. Inutile de résister également au sablé breton aux fruits de saison ou à ce pain perdu au caramel au beurre salé. La vente de vins à emporter permet de prolonger le plaisir...

La Table de Botzaris

Moderne

C3

10 r. du Gén.-Brunet
01 40 40 03 30
www.latabledebotzaris.fr
Botzaris
Fermé 27 juillet-18 août, dimanche soir et lundi

Formule 35 € – Menu 41 € – Carte 50/70 €

A/C

À l'occasion d'une promenade au parc des Buttes-Chaumont ou dans le charmant quartier de la Mouzaïa, pourquoi ne pas faire une pause gourmande vers Botzaris ? Le restaurant est peut-être un peu caché, mais le cadre façon "bistrot contemporain élégant", le menu de saison et la fraîcheur des produits sont des atouts de poids. L'adresse a changé d'enseigne au cours de l'année 2010, et c'est désormais Medhi Corthier, un chef au parcours déjà riche, qui revisite les classiques, joue avec les herbes et les épices, flirte avec les parfums méditerranéens... Épigramme de saumon mariné aux agrumes, dos de saint-pierre à l'infusion de macis, brioche façon pain perdu à la vanille. À table !

La Violette

Moderne

B1

11 av. Corentin-Cariou
01 40 35 20 45
www.restaurant-laviolette.com
Ⓜ Corentin Cariou
Fermé 3-23 août, samedi midi, dimanche et fériés
– Réservation conseillée

Formule 23 € – Carte 45/59 €

Le décor "black and white" de ce restaurant ne souffre qu'une exception : une banquette... violette ! Changez une lettre de cette Violette et vous aurez la Villette, un quartier où la culture a eu le bon goût de rester populaire. Des photos de la capitale et une thématique viticole – caisses de vins, casiers à bouteilles, etc. – donnent au lieu un style à la fois moderne et cosy. D'ailleurs, chaque table porte le nom d'un vin. C'est soigné, à l'image de la cuisine : nems de gambas à la sauce thaïe, foie de veau poêlé au vinaigre balsamique, tout Ô chocolat, etc. Inutile de préciser que la formule est plébiscitée par les employés de bureau à l'heure du déjeuner ou, le soir, après le spectacle. Accueil chaleureux et belle terrasse en saison.

Se régaler
sans se ruiner ? Repérez
les "Bib Gourmand" :
le signe d'une bonne table
sachant marier cuisine de
qualité et prix… ajustés.

F. Renault / Photononstop

20e

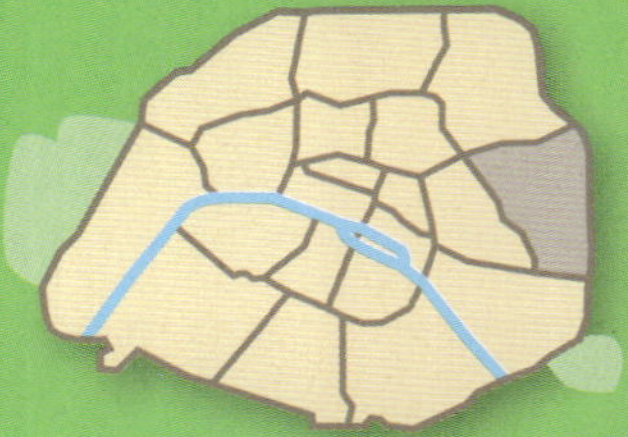

Cimetière du Père-Lachaise · Gambetta · Belleville

B. Merle / Photononstop

20e
Cimetière du Père Lachaise, Gambetta, Belleville
0
400 m
A
B
1
2
3
10e
11e
12e
19e
Buttes Chaumont
R. L. Thuil
Pl. des Fête
Belleville
Jourdain
Pyrénées
Le Petit Vingtième
Le Baratin
R. Piat
R. Rébeval
R. de l'Atlas
Bd de la Villette
Vellefaux
Claude
Av.
R. Bichat
Belleville
Goncourt
Rue de Belleville
PARC DE BELLEVILLE
R. des Couronnes
R. de la Mare
R. des Pyrénées
R. J. Lacroix
Roseval
Ménilmontant
Couronnes
Bd de Belleville
Timbaud
R. des Trois Bornes
R. Jean-Pierre
Av. Parmentier
R. Saint Maur
Bd J. Ferry
Ménilmontant
Chatomat
R. Sorbier
Pl. Gambet
Parmentier
Oberkampf
Av. de la République
Rue St Maur
Père Lachaise
Av. Gambetta
Bd de Ménilmontant
CIMETIÈRE DU PÈRE LACHAISE
St Sébastien Froissart
R. Amelot
St Ambroise
Bd Voltaire
R. du Chemin Vert
Richard Lenoir
Lenoir
Bd Richard
Voltaire
Philippe Auguste
Bd de Charonne
R. de la Roquette
Chemin Vert
Bréguet Sabin
R. G. Cavaignac
R. Léon Frot
R. Rollin
R. Lenoir
Charonne
R. de Charonne
Alexandre Dumas
Av. Philippe Auguste
R. Alexandre Dumas
Bastille
Pl. de la Bastille
R. Chanzy
Rue des Boulets
R. des Boulets
Ledru Rollin
R. Ledru
Faidherbe-Chaligny
R. Faidherbe
R. de Montreuil
OPÉRA DE PARIS BASTILLE
R. de Charenton
Avenue
Rue du Faubourg Saint Antoine
R. de Cotte
R. Crozatier
Bd de la Bastille
R. Chaligny
Reuilly Diderot
Bd Diderot
Place de la Nati
Natio

PORTE DES LILAS
C
D
Bd Sérurier
R. de Belleville
Porte des Lilas
Télégraphe
R. des Bruyères
Av. du Dr Gley
R. de Noisy le Sec
LES LILAS
R. Haxo
Av. Gambetta
Bd Mortier
R. Sadi Carnot
Av. Gambetta
1
R. Pelleport
R. Saint Fargeau
Saint Fargeau
Le Tablier Rouge
Pelleport
Av. Gambetta
R. Lénine
R. Sadi Carnot
Av. Ibsen
PORTE DE BAGNOLET
R. de la Chine
R. Pelleport
R. É. Marey
R. des Pyrénées
R. Belgrand
Gallieni
A3 - E 15
Porte de Bagnolet
Bd Davout
R. de Bagnolet
BAGNOLET
2
Av. de la République
Av. Gallieni
PÉRIPHÉRIQUE
Mama Shelter
R. Vitruve
Av. du Professeur A. Lemierre
R. des Orteaux
R. des Pyrénées
R. de Paris
Porte de Montreuil
Maraichers
R. d'Avron
Buzenval
Avron
R. de Charonne
PORTE DE MONTREUIL
MONTREUIL
3
R. de Lagny
Porte de Vincennes
Cours de Vincennes
PORTE DE VINCENNES
Saint Mandé
Avenue de Paris
C
D

Le Baratin

Traditionnelle B1

3 r. Jouye-Rouve
01 43 49 39 70
Pyrénées
Fermé 1 semaine en mai, août, 1 semaine en février, samedi midi, dimanche et lundi – Réservation conseillée

Menu 19 € (déjeuner) – Carte 34/50 € dîner

Les modes changent, pas ce bistrot, ancré dans une ruelle de Belleville depuis plus de vingt ans. Le décor, tout simple, contribue à son authenticité : étroite devanture en bois, comptoir en zinc, etc. On vient ici avant tout pour se régaler de plats mitonnés par Raquel Carena, la chef d'origine argentine, qui tous les matins note sur l'ardoise les recettes du moment : ris de veau braisés, joue de bœuf confite à la tomate, crème vanille et ses fraises des bois... Au déjeuner, la formule est assez simple ; le soir, en revanche, les plats à la carte se révèlent plus sophistiqués. Côté vins, Philippe Pinoteau, le patron-sommelier, sélectionne personnellement chaque cru et parle avec passion de ses coups de cœur. Réservation conseillée !

Chatomat

Moderne B2

6 r. Victor-Letalle
01 47 97 25 77
Ménilmontant
Fermé vacances de Noël, le midi, lundi et les trois derniers dimanches du mois – Réservation conseillée

Carte 33/45 €

Petite par la taille, mais grande par la qualité ! Nichée dans une ruelle improbable à deux pas du métro Ménilmontant, cette table discrète compte nombre d'aficionados. À sa tête, un couple de talent – Alice Di Cagno et Victor Gaillard – qui signe une courte carte aussi vive que savoureuse... Trois entrées, trois plats, trois desserts, mais tous les bénéfices d'une expérience déjà longue, d'un vrai sens de l'invention et de la passion du beau produit. Création d'un jour : lapin en deux cuissons, purée de carotte et polenta poêlée. Tous les jeunes gourmets de l'Est parisien en sont "fans" sur les réseaux sociaux : réservation indispensable.

Mama Shelter

Moderne

C2

Hôtel Mama Shelter,
109 r. de Bagnolet
01 43 48 45 45
www.mamashelter.com
Ⓜ Gambetta

Carte 30/54 €

A/C

Le quartier St-Blaise, aux confins du 20e arrondissement, n'en revient toujours pas. À la fois bar et restaurant, cette Mama draine une foule toujours plus nombreuse de Parisiens bohèmes et d'aficionados du monde entier. Il faut dire que le décor, imaginé par Philippe Starck, ose le décalage dans un inénarrable mélange de chaises d'écolier, rideaux imprimés, murs et plafonds maculés de graffitis ; sans oublier la terrasse, très prisée. Le personnel, jeune et souriant, virevolte avec habileté, proposant les plats d'une carte signée Alain Senderens, s'il vous plaît ! Et pour ceux qui ne seraient pas tentés par des noix de Saint-Jacques snackées ou une bavette Angus à la plancha, il y a l'espace pizzeria avec son immense table d'hôtes. Original !

Le Petit Vingtième

N

Traditionnelle

B1

381 r. des Pyrénées
01 43 49 34 50
web http://petit20.com
Ⓜ Jourdain
Fermé août, dimanche et le midi

Carte 25/39 €

Un ancien professeur de français, reconverti dans la cuisine, a réhabilité cet atelier textile du quartier Jourdain : en guise de résultat, on découvre un restaurant charmant, avec son parquet, son carrelage bleuté au sol, ses poutres apparentes et son mobilier de bistrot... À la carte, pas d'esbroufe mais une vraie volonté de faire plaisir, à travers une savoureuse cuisine de tradition, qui privilégie le bio et les artisans du quartier (fromager, boucher, etc.). Crème de cèpes aux girolles, magret de canard en teriyaki, poire pochée au vin rouge... Les produits frais sont cuisinés avec sincérité et justesse, dans le respect des saisons, et c'est bien là le principal.

Roseval

Moderne B1

1 r. d'Eupatoria

09 53 56 24 14

Ménilmontant

Fermé le midi, août, 2 semaines fin décembre-début janvier, samedi et dimanche – Réservation conseillée

Menu 50/77 €

C'est ici que ça se passe ! À force de se "boboïser", l'Est parisien devait bien voir fleurir de plus en plus de bonnes adresses... Signe des temps, les restaurateurs ressemblent aux nouveaux habitants : trentenaires, avides de tendances et cosmopolites. Belle démonstration avec ce Roseval, né mi-2012 au pied de l'église Notre-Dame-de-la-Croix, où Ménilmontant prend des airs de village. Un véritable repaire pour tribu urbaine, avec une déco qui pourrait être celle d'un appartement voisin (briques, parquet) et surtout une cuisine rassembleuse. Elle est l'œuvre d'un jeune duo de chefs, Michael Greenworld – anglais – et Simone Tondo – sarde –, réunis ici après un parcours au sein de belles maisons. Leurs recettes sont centrées sur le produit, très gourmandes et inspirées, pour le plaisir... des nouveaux épicuriens.

Le Tablier Rouge

N

Traditionnelle C1

40 r. de la Chine

01 46 36 18 30

www.letablierrouge.com

Gambetta

Fermé 1 semaine début mai, 3 semaines en août, samedi midi, lundi soir et dimanche – Réservation conseillée

Formule 16 € – Menu 19 € (déjeuner)/34 € – Carte 36/42 €

Geoffroy Cesbron Lavau est ce que l'on appelle... un passionné ! Amoureux des bons vins, il a d'abord mené une affaire d'importation viticole au Royaume-Uni, avant de se jeter à corps perdu dans sa deuxième passion : la cuisine. Il est aujourd'hui à la tête de ce Tablier Rouge, situé à deux pas de la place Gambetta : un sympathique bistrot à vins, qu'il tient avec Tara, son épouse britannique. La carte mêle joliment tradition française et inspirations d'outre-Manche (terrine de lapin et son chutney, fish and chips – un impeccable cabillaud pané –, épaule d'agneau confite, pudding...) et s'accompagne, comme on peut l'imaginer, d'un beau choix de vins : près de 150 références, dont 70 % bio et naturels, entre grands crus et petits prix !

B. Rieger / hemis.fr

...et autour de Paris

Toutes les adresses par département et par localité, de A à Z, jusqu'à 40 kilomètres autour de Paris.

B. Rieger / hemis.fr

A
B
Autour de Paris
Localité possédant au moins un restaurant cité dans le guide
Hérouville
Auvers-sur-Oise
Pontoise
CERGY
Méry-sur-Oise
95
VAL-D'OISE
1
St-Prix
Triel-sur-Seine
Conflans-Ste-Honorine
Montmorency
Deuil-la-Barre
Maisons-Laffitte
Argenteuil
Villeneuve-la-Garenne
Orgeval
St-Germain-en-Laye
Bois-Colombes
Asnières-s-Seine
St-Oue
La Garenne-Colombes
Courbevoie
Clichy
NANTERRE
Levallois-Perret
Rueil-Malmaison
Puteaux
Neuilly-s-Seine
PARIS
2
Marly-le-Roi
92
Suresnes
Bougival
HAUTS-DE-SEINE
78
YVELINES
St-Cloud
Boulogne-Billancourt
Le Chesnay
Ville-d'Avray
Vanves
Issy-les-Moulineaux
Versailles
Meudon
Châtillon
Antony
Châteaufort
Wissous
Dampierre-en-Yvelines
Gif-sur-Yvette
91
ESSONNE
Morangis
3
Longjumeau
St-Jean-de-Beauregard
Ste-Geneviève-des-Bois
Janvry
A
B

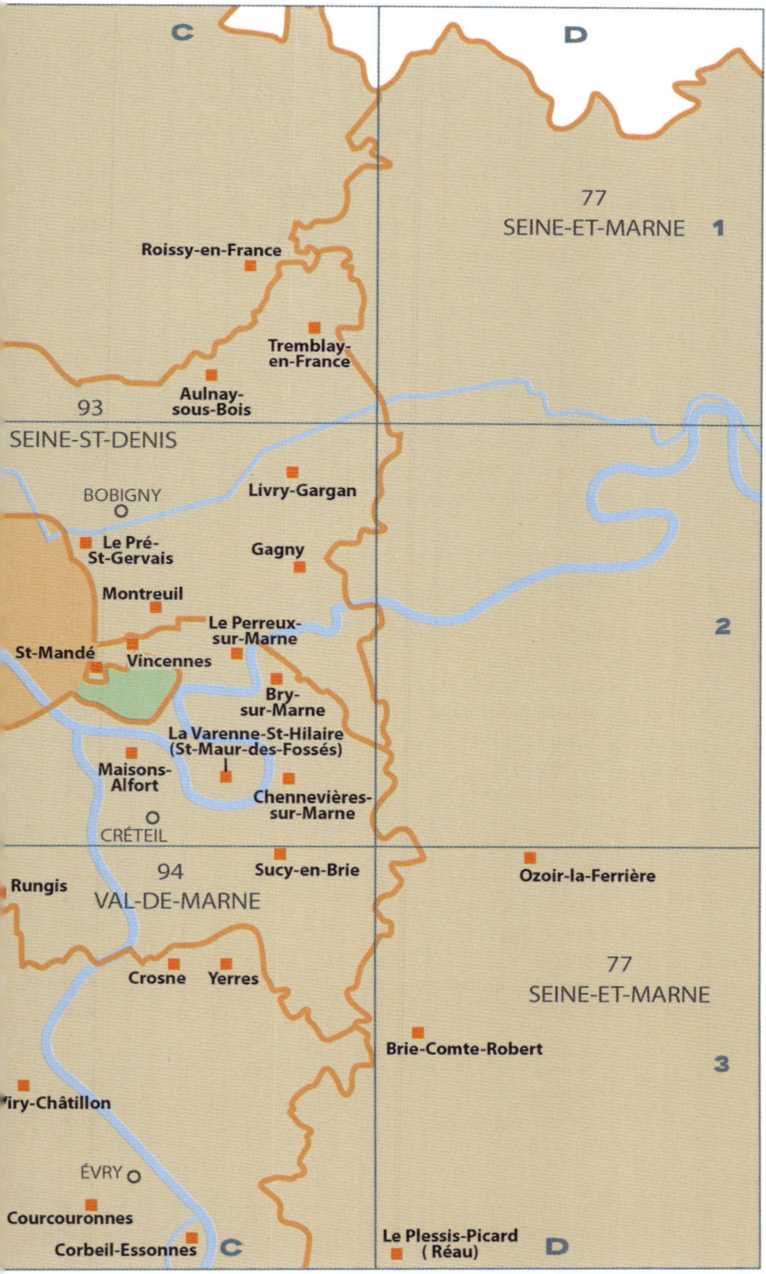
C
D
77
SEINE-ET-MARNE
1
Roissy-en-France
Tremblay-en-France
Aulnay-sous-Bois
93
SEINE-ST-DENIS
Livry-Gargan
BOBIGNY
Le Pré-St-Gervais
Gagny
Montreuil
Le Perreux-sur-Marne
2
St-Mandé
Vincennes
Bry-sur-Marne
La Varenne-St-Hilaire (St-Maur-des-Fossés)
Maisons-Alfort
Chennevières-sur-Marne
CRÉTEIL
94
VAL-DE-MARNE
Sucy-en-Brie
Ozoir-la-Ferrière
Rungis
Crosne
Yerres
77
SEINE-ET-MARNE
Brie-Comte-Robert
3
iry-Châtillon
ÉVRY
Courcouronnes
Corbeil-Essonnes
C
Le Plessis-Picard (Réau)
D

Autour de Paris : index des localités citées

A

Antony 462
Argenteuil 482
Asnières-Sur-Seine 462
Aulnay-Sous-Bois 474
Auvers-Sur-Oise 482

B

Bois-Colombes 463
Bougival 486
Boulogne-Billancourt 463
Brie-Comte-Robert 473
Bry-Sur-Marne 478

C

Châteaufort 486
Châtillon 465
Chennevières-Sur-Marne 478
Le Chesnay 486
Clichy 466
Conflans-Ste-Honorine 487
Corbeil-Essonnes 458
Courbevoie 466
Courcouronnes 458
Crosne 458

D-G

Dampierre-En-Yvelines 487
Deuil-La-Barre 483
Gagny 474
La Garenne-Colombes 466
Gif-Sur-Yvette 459

H-I-J

Hérouville 483
Issy-Les-Moulineaux 467
Janvry 459

L-M

Levallois-Perret 468
Livry-Gargan 475

Longjumeau **459**
Maisons-Alfort **478**
Maisons-Laffitte **488**
Marly-Le-Roi **488**
Méry-Sur-Oise **483**
Meudon **468**
Montmorency **484**
Montreuil **475**
Morangis **460**

N-O-P

Neuilly-Sur-Seine **469**
Orgeval **489**
Ozoir-La-Ferrière **473**
Le Perreux-Sur-Marne **479**
Le Plessis-Picard **473**
Pontoise **484**
Le Pré-St-Gervais **476**
Puteaux **469**

R-S

Roissy-En-France **484**
Rueil-Malmaison **470**
Rungis **479**
St-Cloud **470**
Ste-Geneviève-Des-Bois **460**
St-Germain-En-Laye **489**
St-Jean-De-Beauregard **460**
St-Mandé **480**
St-Ouen **476**
St-Prix **485**
Sucy-En-Brie **480**
Suresnes **471**

T-V

Tremblay-Vieux-Pays **477**
Triel-Sur-Seine **490**
Vanves **471**
La Varenne-St-Hilaire **480**
Versailles **490**
Ville-D'avray **472**
Villeneuve-La-Garenne **472**
Vincennes **481**
Viry-Châtillon **461**

W-Y

Wissous **461**
Yerres **461**

Essonne

91

CORBEIL-ESSONNES

91100 – 41 666 hab – Plan: C3
Paris 36 km – Carte Michelin **101** 37

Aux Armes de France

1 bd Jean-Jaurès – 01 60 89 27 10
– www.aux-armes-de-france.fr
– Fermé 28 juillet-20 août, dimanche et lundi
Formule 34 € – Menu 46/69 €
Il souffle comme un vent de fraîcheur sur cet ancien relais de poste repris en 2011 par un jeune chef passé par plusieurs maisons étoilées. Au menu : des recettes généreuses en saveurs, à l'image de ces macaronis farcis au foie gras et céleri-rave, gratinés au parmesan. Ambiance feutrée, accueil charmant.

COURCOURONNES

91080 – 14 101 hab – Plan: C3
Paris 35 km – Carte Michelin **101** 36

Le Canal

31 r. du Pont Amar, (près de l'hôpital) – 01 60 78 34 72
– Fermé août, 24-31 décembre, vendredi soir, samedi et dimanche
Menu 25/38 € – Carte 29/52 €
Une adresse d'esprit brasserie un brin rétro. On y sert une cuisine du marché, franche et simple, dont l'incontournable spécialité du patron : le pied de cochon farci.

CROSNE

91560 – 9 097 hab – Plan: C3
Paris 23 km – Carte Michelin **101** 37

La Maison du Pressoir

34 av. Jean-Jaurès – 01 69 06 49 83
– www.lamaisondupressoir.fr
– Fermé 2 semaines en août, dimanche soir, lundi et mardi
Formule 19 € – Menu 24 € (déjeuner en semaine), 35/50 €
Pause gourmande non loin de l'aéroport d'Orly, dans cette ancienne auberge traditionnelle dont le décor a été modernisé – les poutres ont été repeintes en taupe, mais la cheminée demeure ! Le chef signe de jolies recettes, qui ne manquent ni d'idées ni de saveurs... Terrasse au calme.

GIF-SUR-YVETTE

✉ 91190 – 21 248 hab – Plan: **B3**

▶ Paris 34 km – Carte Michelin **101** 33

Les Saveurs Sauvages

A/C

4 r. Croix-Grignon, (face à la gare RER) – ✆ 01 69 07 01 16 – Fermé 5-25 août, 25 décembre-2 janvier, dimanche et lundi

Formule 21 € – Menu 28/40 € – Carte environ 44 €

Un bistrot gastro moderne où la cuisine, inventive avec quelques touches asiatiques, est réalisée à quatre mains. Carte saisonnière assortie d'un menu changeant tous les jours.

JANVRY

✉ 91640 – 605 hab – Plan: **B3**

▶ Paris 35 km – Carte Michelin **101** 33

Bonne Franquette

A/C

1 r. du Marchais – ✆ 01 64 90 72 06 – www.bonnefranquette.fr – Fermé 22 avril-6 mai, 7-24 septembre, 21 décembre-5 janvier, samedi midi, dimanche et lundi

Menu 38 €

Ex-relais de poste situé face au château (17e s.) d'un joli village francilien. Deux grandes ardoises annoncent la cuisine du jour servie dans un cadre de bistrot chaleureux. Spécialité : cervelle de veau meunière aux câpres.

LONGJUMEAU

✉ 91160 – 21 365 hab – Plan: **B3**

▶ Paris 20 km – Carte Michelin **101** 35

Le St-Pierre

A/C

42 r. François-Mitterrand – ✆ 01 64 48 81 99 – www.lesaintpierre.com – Fermé 2-26 août, lundi soir, mercredi soir, samedi midi et dimanche

Formule 25 € – Menu 33 € – Carte 42/63 €

Les patrons aiment à faire partager leur amour des produits du Gers : canard et foie gras en tête, les plats du Sud-Ouest défilent dans un chaleureux cadre d'esprit rustique.

MORANGIS

✉ 91420 – 11 836 hab – Plan: **B3**

▶ Paris 21 km – Carte Michelin **101** 35

Le Sabayon

15 r. Lavoisier – ✆ 01 69 09 43 80
– www.restaurantlesabayon.com
– Fermé août, mardi soir, samedi midi, dimanche et lundi
Carte 53/79 €
Ce restaurant chaleureux est un vrai rayon de soleil dans cette zone industrielle un peu grise... Au menu, une cuisine dans l'air du temps appuyée sur de solides bases traditionnelles (spécialité : le gratin d'huîtres aux moules). Service prévenant.

ST-JEAN-DE-BEAUREGARD

✉ 91940 – 277 hab – Plan: **B3**

▶ Paris 35 km – Carte Michelin **101** 33

L'Atelier Gourmand

5 Grande-Rue – ✆ 01 60 12 31 01
– www.lateliergourmandjmdelrieu.com
– Fermé 1 semaine en mai, 4-24 août, samedi et dimanche
Menu 37 € – Carte 57/63 €
Au cœur du village, dans une ancienne ferme, une table bien nommée : on y apprécie une cuisine de tradition bien tournée et toute fraîche (le chef s'approvisionne auprès du maraîcher voisin). Cadre classique et agréable, face au jardin clos de murs.

STE-GENEVIÈVE-DES-BOIS

✉ 91700 – 34 022 hab – Plan: **B3**

▶ Paris 27 km – Carte Michelin **101** 35

La Table d'Antan

38 av. Grande-Charmille-du-Parc, (près de l'hôtel de ville)
– ✆ 01 60 15 71 53
– www.latabledantan.fr
– Fermé 4-25 août, mardi soir, mercredi soir, dimanche soir et lundi sauf fériés
Menu 32/49 € – Carte 45/68 €
Vous serez d'abord séduit par un accueil prévenant en ce restaurant d'un quartier résidentiel. On y savoure une cuisine classique et des spécialités du Sud-Ouest de qualité.

VIRY-CHÂTILLON

✉ 91170 – 31 681 hab – Plan: **C3**

▶ Paris 26 km – Carte Michelin **101** 36

Le Marcigny

27 r. Danielle-Casanova – ✆ 01 69 44 04 09
– www.lemarcigny.fr
– Fermé samedi midi, dimanche soir et lundi
Menu 27/37 €
La Bourgogne mise à l'honneur ! Ce petit restaurant à succès porte le nom du village dont est originaire l'épouse du chef. Plats traditionnels, pain maison et vins régionaux.

WISSOUS

✉ 91320 – 5 181 hab – Plan: **B3**

▶ Paris 22 km – Carte Michelin **101** 25

La Grange aux Dîmes

3 r. André-Dolimier – ✆ 01 69 81 70 08
– www.grangeauxdimes.com
– Fermé 3 semaines en août, samedi, dimanche et jours fériés
Menu 35 € – Carte 59/76 €
Vieilles pierres, cheminée monumentale, haute charpente en bois... Cette belle grange aux dîmes du 13e s. transporte dans l'Île-de-France d'hier ! Pour autant, la cuisine joue la carte de la gastronomie d'aujourd'hui, sous l'égide d'un chef venu de grandes maisons parisiennes. Saveurs flatteuses et accueil aimable.

YERRES

✉ 91330 – 29 041 hab – Plan: **C3**

▶ Paris 25 km – Carte Michelin **101** 38

Chalet du Parc

2 r. de Concy – ✆ 01 69 06 86 29
– www.chaletduparc.fr
– Fermé 2 semaines en août, lundi et mardi
Formule 32 € – Menu 39 € (semaine), 45/69 €
– Carte 56/69 €
Ce parc qui fut la propriété du peintre Gustave Caillebotte (musée) accueille depuis 2009 un agréable restaurant dont le décor marie joliment l'ancien et le contemporain. Cuisine actuelle à base de bons produits, dont les herbes aromatiques du potager.

Hauts-de-Seine

92

ANTONY

92160 – 61 240 hab – Plan: **B3**

Paris 13 km – Carte Michelin **101** 25

La Tour de Marrakech

72 av. Division Leclerc – 01 46 66 00 54
– www.latourdemarrakech.com
– Fermé août et lundi
Menu 22 € (déjeuner en semaine), 34 € /58 €
– Carte 25/48 €
Un Paris-Marrakech par voie express ! Décor délicieusement mauresque, plats du pays joliment mitonnés, desserts faits maison, sans oublier l'accueil et le service prévenants.

ASNIÈRES-SUR-SEINE

92600 – 81 666 hab – Plan: **B2**

Paris 10 km – Carte Michelin **101** 15

La Petite Auberge

118 r. Colombes – 01 47 93 33 94
– Fermé 1 semaine en mai, 11-28 août, dimanche soir et lundi
Menu 30 €
Une petite auberge rustique au charme un brin suranné, mais tellement sympathique... Objets anciens, collection d'assiettes, tout y est ! Côté papilles, la carte respecte la tradition et les saisons, à l'image de ce délicieux filet de rouget au basilic posé sur des tranches d'aubergines poêlées. Ambiance familiale.

Le Van Gogh

1 Port Van Gogh, (accès par le Pont de Clichy)
– 01 47 91 05 10
– www.levangogh.com
– Fermé 10-18 août, 21-29 décembre, lundi en août, samedi midi et dimanche soir
Formule 32 € – Menu 39 € – Carte 51/82 €
Sur les bords de Seine immortalisés par Van Gogh, presque les pieds dans l'eau ! Sur la jolie terrasse, on voit passer les péniches en se délectant d'une cuisine d'aujourd'hui honorant les poissons de l'Atlantique... Et dans la salle à la déco très "bateau", on apprécie la vue sur les cuisines.

BOIS-COLOMBES

✉ 92270 – 27 809 hab – Plan: **B2**

▶ Paris 12 km – Carte Michelin **101** 15

Le Chefson

17 r. Ch.-Chefson – ☏ 01 42 42 12 05
– Fermé août, 1 semaine aux vacances de février, lundi soir, samedi et dimanche
Formule 24 € – Menu 29/38 € *(réservation conseillée)*
Le Chefson ? Tout le quartier en parle ! Si vous ne connaissez pas, imaginez une cuisine traditionnelle simple et généreuse, une atmosphère bistrotière (ou plus cossue dans la deuxième salle), sans oublier de jolies suggestions du marché à l'ardoise. Plutôt rare dans une banlieue résidentielle très paisible.

BOULOGNE-BILLANCOURT

✉ 92100 – 112 233 hab – Plan: **B2**

▶ Paris 10 km – Carte Michelin **101** 24

L'Auberge

♿ A/C
86 av. J.-B.-Clément Ⓜ Boulogne Pont de St-Cloud
– ☏ 01 46 05 67 19
– www.restaurant-boulogne-billancourt.com
– Fermé 1er-25 août, samedi midi, dimanche soir et lundi
Formule 24 € – Menu 29 € (déjeuner en semaine)/42 €
– Carte 48/73 €
Une auberge d'aujourd'hui, mêlant les pierres apparentes et l'épure contemporaine avec grâce... Le jeune chef aime travailler de beaux produits nobles et de saison ; sa cuisine se montre fine et savoureuse, à l'instar de cette escalope de foie gras poêlée accompagnée d'une fricassée de girolles.

Au Comte de Gascogne (Benoit Charvet)

A/C
89 av. J.-B.-Clément Ⓜ Boulogne Pont de St-Cloud
– ☏ 01 46 03 47 27
– www.aucomte.fr
– Fermé dimanche et lundi
Menu 69/92 € – Carte 95/125 €
Une table élégante, sous la lumière d'une belle verrière... Saveur, fraîcheur, simplicité : le sens du produit est un héritage chez les Charvet et, dorénavant, le fils réinterprète joliment les classiques de la maison.

➜ Dégustation de foie gras de canard. Homard entier en bisque. Glace vanille Bourbon turbinée à la minute.

Le Bistrot Rest. Au Comte de Gasgogne

89 av. J.-B.-Clément Ⓜ *Boulogne Pont de St-Cloud*
– ✆ 01 46 03 47 27
– www.aucomte.fr
– Fermé dimanche et lundi
Formule 29 € – Menu 35 € – Carte 50/60 €
Sous l'égide d'une table bien connue, un bistrot élégant, avec une agréable terrasse. La cuisine y est soignée, concoctée à partir de beaux produits frais de saison. Outre les classiques (foie gras et saumon fumé maison, etc.), le menu change régulièrement. Une bonne adresse.

Chez Michel

4 r. Henri-Martin Ⓜ *Porte de St-Cloud – ✆ 01 46 09 08 10*
– Fermé août, 24 décembre-2 janvier, samedi midi et dimanche
Formule 13 € – Menu 30 € – Carte environ 30 €
Lasagnes d'asperges vertes, turbot aux girolles, meringue aux fruits rouges... Dans le bistrot de Michel, les plats varient avec le marché : fraîcheur et simplicité. Une adresse sympathique, appréciée par la clientèle d'affaires au déjeuner.

Le Gorgeon

42 av. Victor-Hugo Ⓜ *Porte de St-Cloud*
– ✆ 01 46 05 11 27
– Fermé 2-31 août, samedi et dimanche
Carte 26/60 €
Un bistrot comme on les aime, avec un comptoir millésimé 1925 et une ambiance bon enfant. Sur l'ardoise, rien que de grands classiques bien troussés : œuf (bio) mayo, andouillettes AAAAA et frites maison, harengs pommes à l'huile, etc. Avec une petite carte de vins de propriétaires très judicieuse.

MaSa (Hervé Rodriguez)

112 av. Victor-Hugo Ⓜ *Marcel Sembat*
– ✆ 01 48 25 49 20
– www.masa-paris.fr
– Fermé 3 semaines en août, samedi et dimanche
Formule 36 € – Menu 42 € (déjeuner), 60/102 €
Œuf de Marans, bœuf de Coutancie, canette de Challans... Les meilleurs produits pour une cuisine volontiers ludique et créative. Ici, le chef joue avec les formes, les textures, les couleurs, sans jamais dénaturer les saveurs. Original et percutant !

➜ Œuf de Marans, burrata, citron, café et champignons de Paris. Quasi de veau cuit lentement, socca et olives taggiasche. Chocolat comme un Snickers, caramel beurre salé et sorbet banane.

Mon Bistrot

33 r. Marcel-Dassault Ⓜ Porte de St-Cloud
– ✆ 01 47 61 90 10
– www.mon-bistrot.fr
– Fermé 3 semaines en août, 1 semaine en février, samedi, dimanche et fériés
Formule 29 € – Carte 34/51 €
Rouleaux de concombre à la ricotta, baba au rhum et caramel au beurre salé et, tous les jeudis, viande d'Argentine cuite à la plancha... Un néobistrot convivial et plutôt cosy pour une cuisine bistrotière d'aujourd'hui, fraîche et bien ficelée.

La Table de Cybèle

N

38 r. de Meudon Ⓜ Billancourt – ✆ 01 46 21 75 90
– www.latabledecybele.com
– Fermé dimanche et lundi
Formule 22 € – Menu 27 € (déjeuner en semaine)
– Carte 27/48 € dîner
À la tête de ce néobistrot né à Billancourt en 2013 œuvre un couple franco-américain, et c'est Cybèle, née à San Francisco, qui officie en cuisine, signant des recettes originales, axées sur les bons produits. Intéressant menu au déjeuner, esprit "finger food" le soir : la Table de Cybèle est si jolie...

CHÂTILLON

✉ 92320 – 32 510 hab – Plan: **B2**
▶ Paris 10 km – Carte Michelin **101** 25

Barbezingue

14 bd de la Liberté – ✆ 01 49 85 83 50 – www.barbezingue.com
– Fermé 3 semaines en août, dimanche soir et lundi
Menu 23/42 € – Carte environ 35 €
Drôle de nom pour un étonnant concept : le Barbezingue fait restaurant, table d'hôte (buffet à l'étage) et... barbier le vendredi matin ! On y déguste une généreuse cuisine canaille, avec, en prime, une terrasse pour l'apéritif et un terrain de pétanque. Plus qu'un concept, un lieu de vie plein de gourmandise.

CLICHY

✉ 92110 – 58 388 hab – Plan: **B2**

Paris 9 km – Carte Michelin **101** 15

La Barrière de Clichy

1 r. de Paris Ⓜ *Mairie de Clichy – ✆ 01 47 37 05 18*
– Fermé août, samedi, dimanche et fériés
Menu 35/44 € – Carte 60/93 €
Nappes blanches, argenterie, décor feutré, menu dégustation qui change avec les saisons : un bon restaurant traditionnel, tenu par un couple avenant et animé par le désir de bien faire.

La Romantica

73 bd Jean-Jaurès Ⓜ *Mairie de Clichy – ✆ 01 47 37 29 71*
– www.laromantica.fr
– Fermé samedi midi et dimanche
Menu 45 € (déjeuner)/80 € – Carte 60/90 €
Derrière une porte cochère, une étonnante cour intérieure (avec une terrasse pavée de marbre blanc) et une salle d'une belle élégance, pour un festival de saveurs italiennes. Fraîcheur des produits, qualité des recettes (pâtes maison ou propositions plus inventives, telle la tomate mozzarella revisitée...) : *gustoso !*

COURBEVOIE

✉ 92400 – 85 054 hab – Plan: **B2**

Paris 10 km – Carte Michelin **101** 15

Les Trois Marmites

215 bd St-Denis – ✆ 01 43 33 25 35
– Fermé août, le soir, samedi, dimanche et fériés
Formule 37 € – Menu 42 €
Face au parc de Bécon et tout près des quais, un petit restaurant de quartier tenu en couple – monsieur aux fourneaux, madame en salle. À la carte, honneur à la tradition et aux plats bistrotiers : andouillette, boudin noir, etc.

LA GARENNE-COLOMBES

✉ 92250 – 26 699 hab – Plan: **B2**

Paris 13 km – Carte Michelin **101** 14

L'Instinct

1 r. Voltaire – ✆ 01 56 83 82 82 – www.linstinct.fr
– Fermé 9-25 août, lundi soir, samedi midi et dimanche
Menu 17 € (déjeuner)/21 € – Carte 30/49 € *(réservation conseillée)*
Le quartier du marché : idéal pour se retrouver entre amis autour d'une bonne cuisine dans l'air du temps, concoctée avec des produits de saison ! La sélection de vins sort des sentiers battus, tout comme ce lieu contemporain.

Le Saint-Joseph

A/C

100 bd de la République – ✆ 01 42 42 64 49
– Fermé 2 semaines en mai, 3 semaines en août, samedi midi, dimanche et le soir du lundi au jeudi
Menu 30 € – Carte 32/48 €
Ce bistrot de quartier ne paie pas de mine, pourtant c'est une pépite. La salle est toute simple, le service sans chichi, mais l'assiette... est à tomber ! Le chef concocte une belle cuisine bistrotière, avec les meilleurs produits de saison. Quant à la sélection de vins, elle est tout à fait judicieuse.

ISSY-LES-MOULINEAUX

✉ 92130 – 63 297 hab – Plan: B2
▶ Paris 8 km – Carte Michelin 101 25

Manufacture

A/C

20 espl. Manufacture, (face au 30 r. E. Renan)
Ⓜ Corentin-Celton – ✆ 01 40 93 08 98 – www.restaurantmanufacture.com
– Fermé 3 semaines en août, samedi et dimanche
Formule 29 € – Menu 37 €
Cette manufacture de tabac (1904) est devenue un sympathique restaurant design. Petit comptoir, cuisines ouvertes sur la salle, jolie terrasse, carte classique et propositions de saison : reconversion réussie !

Le 7 à Issy

A/C

7 rond-point Victor-Hugo Ⓜ Corentin-Celton – ✆ 01 46 45 22 12 – www.7aissy.fr
– Fermé 2-25 août, 22 décembre-1er janvier, lundi soir, samedi midi et dimanche
Formule 30 € – Menu 35 € – Carte 41/61 €
Terrine de chevreuil maison, selle d'agneau aux épices en papillotte... Ici, on savoure une cuisine traditionnelle copieuse et bien ficelée ; oui oui, on a bien dit ici, à Issy ! Habitués et hommes d'affaires ne boudent pas leur plaisir.

LEVALLOIS-PERRET

✉ 92300 – 62 995 hab – Plan: **B2**

▶ Paris 9 km – Carte Michelin **101** 15

L'Audacieux

51 r. Danton Ⓜ Anatole France – ✆ 01 47 59 94 17 – www.laudacieux.com – Fermé 3 semaines en août, 1 semaine en février, samedi midi, lundi soir et dimanche

Formule 28 € – Menu 35/48 €

"De l'audace, encore de l'audace, toujours de l'audace", disait Danton. De cela, Pierre Lambert, le chef de ce restaurant de poche, n'en manque pas, signant une cuisine inspirée et originale, où les saveurs asiatiques surprennent et la technique sublime le produit. Essayez le menu-surprise, c'est un bol d'air frais !

Le Bistrot d'Oscar

1 pl. du Maréchal-de-Tassigny Ⓜ Louise Michel – ✆ 01 47 59 00 82 – Fermé 2 semaines en août, samedi et dimanche

Formule 21 € – Menu 29 € (déjeuner) – Carte 35/40 €

Ici, on joue la carte bistrot ! Tomate farcie aux légumes et chèvre frais, suprême de volaille au jambon serrano... Les plats sont généreux et bien ficelés, parfumés à souhait, et surfent entre les saveurs d'hier et d'aujourd'hui. Et pour ceux qui veulent profiter du grand air, direction la terrasse !

MEUDON

✉ 92190 – 44 706 hab – Plan: **B2**

▶ Paris 11 km – Carte Michelin **101** 24

L'Escarbille (Régis Douysset)

8 r. Vélizy – ✆ 01 45 34 12 03 – www.lescarbille.fr – Fermé 3-19 août, 21 décembre-2 janvier, 16 février-4 mars, dimanche et lundi

Menu 51/102 € – Carte 57/69 €

Un buffet de gare ? Oui... et non ! Un passé "ferroviaire" certes, mais un présent résolument gourmet, dans une atmosphère chic et contemporaine. Amoureux du beau produit, le chef réalise ici une élégante cuisine du marché : c'est frais, bien tourné et très bon !

➜ Tranche épaisse de foie gras, crumble de noisettes, espuma de pomme de terre et truffe. Turbot cuit meunière, endive braisée et crème légère à la citronnelle. Cylindre de chocolat et cerises amarena.

NEUILLY-SUR-SEINE

✉ 92200 – 60 341 hab – Plan: **B2**

▶ Paris 9 km – Carte Michelin **101** 15

À la Coupole

3 r. de Chartres Ⓜ *Porte Maillot – ✆ 01 46 24 82 90*
– Fermé vacances de Pâques, août, samedi, dimanche et fériés
Formule 31 € – Menu 40 € – Carte 45/59 €
Un lieu chic et sobre, d'esprit feutré (boiseries sombres, tons crème et chocolat), où l'on savoure une bonne cuisine traditionnelle. Parmi les spécialités de la maison : le foie gras et les huîtres en saison.

Foc Ly

A/C
79 av. Ch.-de-Gaulle Ⓜ *Les Sablons – ✆ 01 46 24 43 36*
– www.focly.fr
– Fermé 3 semaines en août et dimanche
Formule 24 € – Carte 37/73 €
Deux lions encadrent l'entrée de ce restaurant qui dévoile un intérieur contemporain orné de bois clair et de lithographies. Cuisine goûteuse thaï et chinoise.

Jarrasse L'Écailler de Paris

A/C
4 av. de Madrid Ⓜ *Pont de Neuilly – ✆ 01 46 24 07 56*
– www.jarrasse.com
– Fermé samedi et dimanche en juillet-août
Menu 40/55 € – Carte 57/83 € *(réservation conseillée)*
Un restaurant au décor intimiste et original où les luminaires ont, par exemple, la forme d'oursins. Dans l'assiette, on se régale de produits de la mer en provenance directe des petits bateaux de pêche bretons. Fraîcheur garantie !

PUTEAUX

✉ 92800 – 44 548 hab – Plan: **B2**

▶ Paris 11 km – Carte Michelin **101** 14

L'Escargot 1903

18 r. Charles-Lorilleux – ✆ 01 47 75 03 66
– www.lescargot1903.com
– Fermé août, 24 décembre-2 janvier, samedi midi, lundi soir et dimanche
Menu 35/44 € – Carte 36/71 €
Pourquoi se dépêcher ? On le sait, les modes vont et reviennent : il suffisait de moderniser ce bistrot estampillé 1903 pour être pile dans la tendance. Souci du produit, recettes traditionnelles joliment tournées, service sympathique et prix mesurés : on ne change pas des recettes qui marchent... même à pas d'escargot !

RUEIL-MALMAISON

✉ 92500 – 78 112 hab – Plan: **B2**

▶ Paris 16 km – Carte Michelin **101** 14

Les Écuries de Richelieu

21 r. du Dr-Zamenhof – ✆ 01 47 08 63 54 – www.ecuries-richelieu.com
– Fermé août, samedi midi et lundi

Menu 29 €

Un neveu et son oncle sont aux commandes de ce restaurant. Dans une salle voûtée et fraîche, on propose une jolie cuisine traditionnelle autour d'un court menu. Bon rapport qualité-prix.

Le Patte Noire

56 r. du Gué – ✆ 09 81 20 81 69 – www.lepattenoire.com
– Fermé 16 août-15 septembre, 1er-7 janvier, dimanche soir et lundi

Formule 29 € – Menu 35/60 € – Carte 54/69 €

Inutile de montrer patte blanche pour espérer manger dans ce restaurant du centre-ville ! Derrière les fourneaux, le chef réalise une cuisine bien dans l'air du temps avec de beaux produits. Dans l'assiette, les assaisonnements sont bons, les cuissons réussies. Accueil et service tout sourire.

Les Terrasses de l'Impératrice

25 bd Marcel-Pourtout, (au golf) – ✆ 01 76 21 54 68
– Fermé le soir

Formule 23 € – Carte 34/62 €

Dans le cadre du golf de Rueil, une cuisine délicate et parfumée avec quelques clins d'œil adressés aux spécialistes du swing : ainsi le "gazon" (des spaghettis aux saveurs de plein air) et la balle "green apple" (une boule en sucre garnie de chocolat blanc). Sympathique !

ST-CLOUD

✉ 92210 – 29 772 hab – Plan: **B2**

▶ Paris 12 km – Carte Michelin **101** 14

Le Garde-Manger

21 r. d'Orléans – ✆ 01 46 02 03 66
– www.legardemanger.com
– Fermé dimanche

Formule 17 € – Carte environ 37 €

Dans son garde-manger, le chef stocke de beaux produits et concocte une jolie cuisine bistrotière, pile dans la tendance. Et tendance, son restaurant l'est aussi, avec ses grandes ardoises, ses lampes indus' et son comptoir très... néobistrot !

L'Heureux Père

47 bis bd Sénard – ✆ 01 46 02 09 43 – www.lheureuxpere.com – Fermé 3 semaines en août, 24 décembre-1er janvier, samedi midi, dimanche soir et fériés

Formule 19 € – Menu 24 € (déjeuner en semaine) – Carte 42/54 €

Un repaire chaleureux et gourmand ! Le chef réalise une bonne cuisine traditionnelle et aime surprendre par de jolies associations d'épices et de saveurs créoles. À noter sa collection de vieux rhums bruns qui en ravira plus d'un...

SURESNES

92150 – 45 617 hab – Plan: **B2**

Paris 12 km – Carte Michelin **101** 14

Au Père Lapin

N

10 r. du Calvaire – ✆ 01 45 06 72 89 – www.auperelapin.com – Fermé dimanche soir

Formule 25 € – Menu 30 € – Carte 37/48 €

Dîner face à la tour Eiffel, ça vous dit ? Dans ce cas, installez-vous sur la terrasse du Père Lapin, pour savourer une bonne cuisine de bistrot sans prétention. Un conseil : ne passez pas à côté des glaces artisanales. Par mauvais temps, on prend place dans une salle au décor contemporain... et l'on n'est pas malheureux !

Les Jardins de Camille

70 av. Franklin-Roosevelt – ✆ 01 45 06 22 66 – www.les-jardins-de-camille.fr – Fermé dimanche soir et fériés

Formule 25 € – Menu 42/80 € – Carte 55/62 €

Aux abords du mont Valérien, les Jardins de Camille offrent une vue magnifique sur Paris et la Défense, en terrasse comme en salle. On y apprécie une cuisine classique, accompagnée d'un beau choix de bourgognes et de vins du monde. Pour passer la nuit, réservez l'une des chambres d'hôtes, calmes et jolies.

VANVES

92170 – 26 459 hab – Plan: **B2**

Paris 7 km – Carte Michelin **101** 25

Pavillon de la Tourelle

P

10 r. Larmeroux – ✆ 01 46 42 15 59 – www.lepavillondelatourelle.com – Fermé 12-18 avril, 28 juillet-27 août, 2-6 janvier et le soir du dimanche au mercredi

Formule 27 € 🍷 – Menu 44/66 €

Un ancien pavillon de chasse bordant un joli parc, n'est-ce pas bucolique ? En tout cas, c'est élégant ! Le chef, d'origine japonaise, réalise une cuisine française très traditionnelle, parfois parsemée de quelques touches nipponnes.

VILLE-D'AVRAY

✉ 92410 – 10 861 hab – Plan: **B2**

Paris 14 km – Carte Michelin **101** 24

Le Café des Artistes Hôtel Les Étangs de Corot

55 r. de Versailles – ✆ 01 41 15 37 00 – www.etangs-corot.com

Formule 26 € – Menu 32 € – Carte environ 42 €

Gaspacho poivrons tomates et glace basilic, œuf parfait aux girolles et velouté de foie gras, échine de cochon confite au curry... Une cuisine contemporaine goûteuse et inspirée, réalisée avec de beaux produits, que l'on ira volontiers déguster en terrasse, en contemplant distraitement le charmant jardin. Bucolique !

Le Corot Hôtel Les Étangs de Corot

55 r. de Versailles – ✆ 01 41 15 37 00 – www.etangs-corot.com

– Fermé 28 juillet-27 août, 5-13 janvier, dimanche soir, mercredi midi, lundi et mardi

Menu 42 € (déjeuner en semaine), 85/145 € – Carte 74/96 € *(réservation conseillée)*

Le jeune chef, excellent technicien, cultive un beau classicisme tout en l'inscrivant pleinement dans l'époque : fraîcheur, légèreté et esthétisme distinguent les assiettes. Joli moment de gastronomie en ces lieux qui préservent avec élégance le souvenir de Camille Corot, qui immortalisa les étangs voisins...

➜ Homard bleu, girolles, noix et oignons de Roscoff. Saint-pierre sauvage, blettes, gnocchis et consommé gingembre-citron caviar. Soufflé au Grand Marnier, sorbet orange-safran.

VILLENEUVE-LA-GARENNE

✉ 92390 – 24 711 hab – Plan: **B2**

Paris 13 km – Carte Michelin **101** 15

Les Chanteraines

av. 8 Mai 1945 – ✆ 01 47 99 31 31

– www.les-chanteraines.net

– Fermé 3 semaines en août, samedi et dimanche

Menu 37/110 € – Carte 46/75 €

Tout près et... très loin de la zone d'activités. Un restaurant agréable et accueillant, avec une véranda et une terrasse donnant sur le lac artificiel du parc des Chanteraines. Le chef concocte une sympathique cuisine traditionnelle...

Seine-et-Marne

✉ 77

BRIE-COMTE-ROBERT

✉ 77170 – 15 901 hab – Plan: D3

▶ Paris 30 km – Carte Michelin **101** 39

XX **La Fabrique**

1 bis r. du Coq-Gaulois – ✆ 01 60 02 10 10 – www.restaurantlafabrique.fr – Fermé 1 semaine en mars, août, 24 décembre-2 janvier, mardi soir, mercredi soir, samedi midi, dimanche et lundi

Formule 26 € – Menu 33 € (déjeuner), 59/72 €

Ce loft d'esprit industriel est bien caché au bout d'une petite allée, et il fait bon s'y régaler dans une belle atmosphère conviviale... Une adresse d'aujourd'hui, qui décline les nouveaux codes de la gastronomie bistrotière et gourmande !

OZOIR-LA-FERRIÈRE

✉ 77330 – 20 528 hab – Plan: D3

▶ Paris 34 km – Carte Michelin **101** 30

XXX **La Gueulardière**

66 av. du Gén.-de-Gaulle – ✆ 01 60 02 94 56 – www.la-gueulardiere.com – Fermé dimanche soir

Formule 27 € – Menu 39 € (semaine), 52/78 € – Carte 64/117 €

Cette ancienne maison de village, dotée de salles élégantes et feutrées aux tons pastel, propose une cuisine actuelle soignée. Belle terrasse d'été, dressée sous une pergola.

LE PLESSIS-PICARD

✉ 77550– Plan: D3

▶ Paris 41 km – Carte Michelin **101** 39

XX **La Mare au Diable**

– ✆ 01 64 10 20 90 – www.lamareaudiable.fr – Fermé dimanche soir et lundi

Formule 25 € – Menu 35 € 🍷 (semaine)/45 € – Carte 53/77 €

Amateurs de vieilles pierres, vous apprécierez cette demeure du 15ᵉ s. tapissée de vigne vierge et de glycine, ses poutres, sa grande cheminée, son parc bucolique… Un décor qui charma en son temps George Sand ! Le classicisme est de mise dans l'assiette, mais aussi quelques spécialités italiennes, origines du chef obligent.

Seine-Saint-Denis

✉ 93

AULNAY-SOUS-BOIS

✉ **93600 – 82 188 hab – Plan: C1**

▶ **Paris 19 km – Carte Michelin 101 18**

XXX **Auberge des Saints Pères**
(Jean-Claude Cahagnet)

✿ ✿ A/C

212 av. de Nonneville – ✆ 01 48 66 62 11 – www.auberge-des-saints-peres.fr
– Fermé 3 semaines en août, mercredi soir, samedi et dimanche

Menu 43 € (semaine)/90 € 🍷 – Carte 56/81 €

Des assiettes sophistiquées, originales et techniques, où dialoguent de nombreux ingrédients, accompagnés des épices et herbes du propre jardin aromatique du chef : telle est la savoureuse signature de ces Saints Pères, au cadre épuré et élégant.

➜ Tartare de gambas, veau à la coriandre et crème glacée à la livèche. Rouget poêlé, polenta crémeuse, poudre de magret fumé et citron vert. Profiteroles au chocolat blanc et glace poivre de Sechuan.

GAGNY

✉ **93220 – 38 342 hab – Plan: C2**

▶ **Paris 17 km – Carte Michelin 101 18**

XX **Le Vilgacy**

P

45 av. H. Barbusse – ✆ 01 43 81 23 33 – www.vilgacy.com
– Fermé 28 juillet-22 août, 15-25 février, dimanche soir, mardi soir et lundi sauf fériés

Formule 22 € – Menu 27/37 € – Carte 53/67 €

Marbré de canard et foie gras, filet de bœuf au ragoût d'escargots, tarte fine aux pommes, etc. : le goût de la tradition dans cet établissement au cadre bourgeois, situé dans un quartier pavillonnaire de Gagny. Tables en extérieur aux beaux jours.

LIVRY-GARGAN

✉ 93190 – 41 808 hab – Plan: C2

Paris 19 km – Carte Michelin **101** 18

La Petite Marmite

8 bd de la République – ✆ 01 43 81 29 15
– Fermé 8-31 août, vacances de février, dimanche soir et mercredi

Menu 35 € – Carte 44/72 €

Un auvent couvert de chaume, une salle tout en bois, des banquettes douillettes... Cette Petite Marmite réchauffe les cœurs ! Aux commandes œuvre un duo complémentaire ; monsieur au marché et madame en cuisine : saumon fumé au bois de hêtre, tatin, profiteroles, etc., le tout accompagné de bons bordeaux.

MONTREUIL

✉ 93100 – 102 176 hab – Plan: C2

Paris 11 km – Carte Michelin **101** 17

L'Amourette

54 r. Robespierre Ⓜ Robespierre –
✆ 01 48 59 99 94 – www.lamourette.fr

Formule 15 € – Menu 19 € (déjeuner en semaine)/30 € – Carte 30/55 €

Il se dit que les Parisiens n'aiment pas passer le périph'... Et si les "banlieusards" avaient de bonnes raisons de snober la capitale ? C'est le cas à Montreuil avec cet amour de bistrot contemporain. Au menu, point de parigots, mais une superbe tête de veau !

Villa9Trois

28 r. Colbert Ⓜ Mairie de Montreuil – ✆ 01 48 58 17 37
– www.villa9trois.com
– Fermé dimanche soir

Menu 39/46 € – Carte 46/58 €

Une jolie demeure ancienne, un décor bourgeois et design, une grande terrasse sous les arbres, une cuisine en prise sur les dernières tendances... Cette Villa du "9Trois" est un havre pour une clientèle, disons-le, dorée. Dress code : chic et décontracté.

LE PRÉ-ST-GERVAIS

✉ 93310 – 17 588 hab – Plan: **C2**

▶ Paris 8 km – Carte Michelin **101** 16

Au Pouilly Reuilly

A/C

68 r. A. Joineau – ✆ 01 48 45 14 59
– Fermé samedi midi, lundi soir et dimanche
Formule 23 € – Menu 30 € – Carte 34/79 €
Un bistrot dans son jus, pour une cuisine qui ne l'est pas moins : ris de veau aux morilles, rognons émincés sauce moutarde, boudin noir grillé, côte de bœuf... Le respect de la tradition, avec des produits de qualité.

ST-OUEN

✉ 93400 – 45 595 hab – Plan: **B2**

▶ Paris 9 km – Carte Michelin **101** 16

Le Coq de la Maison Blanche

A/C

37 bd Jean Jaurès Ⓜ Mairie de St-Ouen
– ✆ 01 40 11 01 23
– www.lecoqdelamaisonblanche.com
– Fermé samedi en juillet-août et dimanche
Menu 31 € – Carte 36/94 €
Une cuisine très traditionnelle (tête de veau sauce ravigote, coq au vin, etc.), un authentique décor estampillé 1950, des serveurs efficaces et de nombreux habitués de longue date : cette adresse, incontournable à St-Ouen, ressuscite un film d'Audiard !

Ma Cocotte

A/C

106 r. des Rosiers Ⓜ Porte de Clignancourt
– ✆ 01 49 51 70 00
– www.macocotte-lespuces.fr
Formule 24 € – Carte 29/52 €
Nichée dans les puces de St-Ouen, où elle a ouvert fin 2012, une cantine chic signée "by Philippe Starck". La déco joue la carte du loft contemporain chaleureux, la cuisine celle des classiques – bien troussés – dont on ne se lasse pas : poulet fermier à la broche, tarte Tatin, etc. Cette cocotte a la cote !

La Puce

17 r. Ernest-Renan Ⓜ Mairie de St-Ouen – ✆ 01 40 12 63 75 – Fermé 3 semaines en août, 2 semaines en février, dimanche et lundi

Formule 17 € 🍷 – Menu 35 € – Carte 33/40 €

À un saut de puce des puces de St-Ouen, cette Puce-là ne fait pas faux bond à la qualité : dans ce bistrot coloré, on apprécie ravioles au foie gras et lentilles à la crème de porto blanc, ch'tiramisu aux spéculos, etc. Des plats bien tournés, aux prix raisonnables, comme les vins. De quoi mettre la puce à l'oreille !

TREMBLAY-VIEUX-PAYS

✉ **93290– Plan: C1**

Paris 33 km – Carte Michelin 101 18

Le Cénacle

1 r. de la Mairie – ✆ 01 48 61 32 91 – www.restaurantcenacle.com – Fermé samedi midi et dimanche soir

Menu 30 € (déjeuner en semaine), 45/90 € – Carte 55/140 €

Rien de confidentiel dans ce Cénacle, mais la tradition dans toute sa générosité – menu homard – et un décor qui joue une carte très classique (poutres peintes, chaises de style, etc.).

La Jument Verte

43 rte de Roissy – ✆ 01 48 60 69 90 – www.aubergelajumentverte.fr – Fermé août, samedi, dimanche et fériés

Formule 25 € – Menu 29/59 € – Carte 49/71 €

Dans un hameau qui semble tranquille... et pourtant stratégiquement situé, tout près du parc des expositions de Villepinte et de l'aéroport de Roissy, voici une escale gourmande toute trouvée. On y déguste une belle cuisine tout en fraîcheur et saveurs, recherchée juste comme il faut. Décor à la fois simple et avenant.

Val-de-Marne

94

BRY-SUR-MARNE

94360 – 15 316 hab – Plan: **C2**

Paris 16 km – Carte Michelin **101** 18

Auberge du Pont de Bry - La Grappille

3 av. du Gén.-Leclerc – 01 48 82 27 70
– Fermé 21 juillet-20 août, lundi et mardi
Menu 33/60 € – Carte 41/63 €
Aux commandes de cette auberge, un chef de métier qui fait preuve de savoir-faire pour sélectionner des ingrédients de qualité et rehausser les saveurs des recettes – même les plus traditionnelles. Faites fi du décor, la table est appétissante !

CHENNEVIÈRES-SUR-MARNE

94430 – 17 698 hab – Plan: **C2**

Paris 18 km – Carte Michelin **101** 28

L'Écu de France

31 r. de Champigny – 01 45 76 00 03
– www.ecudefrance.com
– Fermé dimanche soir et lundi sauf en juin, juillet et août
Formule 35 € – Menu 50/120 € – Carte 80/119 €
Sur les rives de la Marne, dans un site bucolique, une bâtisse de 1717 tout en colombages et toits de tuiles : un ensemble très pittoresque, même les salles intérieures au cachet vieille France assumé. Dans un tel décor, la cuisine surprend par... son inventivité ! Superbes millésimes à la carte des vins.

MAISONS-ALFORT

94700 – 52 852 hab – Plan: **C2**

Paris 10 km – Carte Michelin **101** 27

La Bourgogne

164 r. Jean-Jaurès – 01 43 75 12 75
– www.restaurant-labourgogne.com
– Fermé 8-25 août, 24 décembre-1er janvier, samedi midi et dimanche
Menu 34/49 € – Carte 49/78 €
La bonne table de Maisons-Alfort et au-delà. Ses atouts : un cadre très moderne, chaleureux et intime, et surtout de belles saveurs. La cuisine est ici une chose sérieuse, fondée sur les meilleurs produits et savoir-faire... sans craindre la nouveauté !

LE PERREUX-SUR-MARNE

✉ 94170 – 32 250 hab – Plan: C2

▶ Paris 16 km – Carte Michelin **101** 18

L'Ardoise

22 bd de la Liberté – ✆ 01 43 24 18 31
– Fermé août, dimanche, lundi et fêriés
Formule 18 € – Carte 29/45 €

Le credo du patron : "je ne fais que ce que je maîtrise bien." Son baron d'agneau aux herbes, son parmentier de boudin basque ou encore son riz au lait lui donnent raison ! Son petit bistrot – avec le mobilier patiné et les murs couleur beurre frais qui vont bien – est épatant.

Les Magnolias (Jean Chauvel)

A/C

48 av. de Bry – ✆ 01 48 72 47 43
– www.lesmagnolias.com
– Fermé 1er -25 août, samedi midi, dimanche et lundi
Formule 41 € – Menu 58/95 €

Beau travail que celui de Jean Chauvel, qui propose une cuisine fort joliment composée, inspirée et très habile, même quand elle se fait ludique et inventive. On passe ici un savoureux moment, de surcroît dans un décor d'une sobre élégance.

➜ Lotte cuite au four aux parfums d'agrumes, salade croquante aux algues et saté. Agneau rôti, pomme, fenouil et safran du Quercy. Tarte au chocolat Samana envoûtée de thym.

RUNGIS

✉ 94150 – 5 618 hab – Plan: C3

▶ Paris 14 km – Carte Michelin **101** 26

La Grange

P

28 r. Notre-Dame – ✆ 01 46 87 08 91
– www.restaurant-lagrange-rungis.com
– Fermé 2 semaines en août, lundi soir, samedi midi et dimanche
Formule 35 € – Menu 41/68 €

Rungis, ce n'est pas seulement le célèbre marché connu de tous les chefs, mais aussi un vieux bourg, où se trouve cette Grange atypique, au décor sophistiqué (béton brut, couleurs vives, etc.). La cuisine est calée sur les saisons et... évidemment le marché. Une bonne adresse.

ST-MANDÉ

✉ 94160 – 22 518 hab – Plan: **C2**

▶ Paris 7 km – Carte Michelin **101** 27

L'Ambassade de Pékin

6 av. Joffre Ⓜ St-Mandé-Tourelle – ✆ 01 43 98 13 82

Menu 13 € (déjeuner en semaine), 24/41 €
– Carte 37/55 €

Cette Ambassade au décor typique représente non seulement Pékin, mais aussi le Sichuan, le Vietnam, la Thaïlande, etc. Au menu, donc, un joli éventail de spécialités asiatiques, parmi lesquelles les crevettes à l'ail et au poivre, ou le canard laqué.

SUCY-EN-BRIE

✉ 94370 – 26 089 hab – Plan: **C3**

▶ Paris 21 km – Carte Michelin **101** 28

Le Clos de Sucy

17 r. de la Porte – ✆ 01 45 90 29 29 – www.leclosdesucy.fr – Fermé 27 juillet-27 août, 24-31 décembre, samedi midi, dimanche soir et lundi

Formule 20 € – Menu 36/46 € – Carte 43/67 €

Joli cachet dans cette maison du 16e s. tout en poutres et colombages... À l'unisson du décor, la carte s'appuie sur la tradition : parmi les spécialités, pigeonneau rôti au jus et champignons, et soufflé au chocolat.

LA VARENNE-ST-HILAIRE

✉ 94210– Plan: **C2**

▶ Paris 15 km – Carte Michelin **101** 28

Château des Iles

85 quai Winston-Churchill – ✆ 01 48 89 65 65 – www.chateau-des-iles.com
– Fermé lundi en août et dimanche soir

Menu 42/75 € – Carte 62/90 €

Un restaurant élégant en bord de Marne. On y apprécie une cuisine de saison avec de bons produits, à l'image de ces langoustines préparées en carpaccio ou de ce filet de saint-pierre accompagné d'une mousseline de choufleur légèrement vanillée... Aux beaux jours, on profite de la terrasse. Ambiance conviviale.

Faim et Soif

A/C

28 r. St-Hilaire – ✆ 01 48 86 55 76
– www.faimetsoif.com
– Fermé 2 semaines en août, dimanche et lundi
Carte 52/74 €
Imaginez une bonbonnière version très contemporaine : alors vous aurez une petite idée de Faim et Soif. Chaleureuse, cette petite table l'est assurément. On s'y retrouve pour déguster des mets appétissants, ceux d'une vraie cuisine de produits.

VINCENNES

✉ 94300 – 48 118 hab – Plan: C2
▶ Paris 7 km – Carte Michelin 101 17

La Rigadelle

A/C

23 r. de Montreuil Ⓜ Château de Vincennes
– ✆ 01 43 28 04 23
– Fermé 3 semaines en juillet-août, dimanche et lundi
Formule 26 € – Menu 28/55 € – Carte 45/63 € *(réservation conseillée)*
Spécialité du lieu : le poisson, d'une grande fraîcheur (arrivages de Bretagne) et préparé dans les règles. Le chef fait tout lui-même et travaille comme un artisan (il s'investit aussi dans la formation des jeunes). Une adresse pleine de mérite !

Val-d'Oise

✉ 95

ARGENTEUIL

✉ 95100 – 103 250 hab – Plan: **B1**

▶ Paris 16 km – Carte Michelin **101** 14

La Ferme d'Argenteuil

2 bis r. Verte – ✆ 01 39 61 00 62
– www.lafermedargenteuil.com
– Fermé 1er-8 mai, 1er-22 août, lundi soir, mardi soir, mercredi soir, samedi midi et dimanche
Menu 35/70 € – Carte 55/70 €
Il n'y a rien d'agricole dans cette jolie ferme ! Tout est feutré, douillet, mignon... Aux commandes, deux sœurs soucieuses de bien faire. Amélia vous reçoit, tandis que Marie, aux fourneaux, concocte une sympathique cuisine d'aujourd'hui.

AUVERS-SUR-OISE

✉ 95430 – 6 879 hab – Plan: **B1**

▶ Paris 36 km – Carte Michelin **101** 3

Auberge Ravoux

52 r. du Gén.-de-Gaulle, (face à la mairie)
– ✆ 01 30 36 60 60 – www.maisondevangogh.fr
– Ouvert début mars à novembre et fermé dimanche soir, mercredi soir, jeudi soir, lundi et mardi
Formule 29 € – Menu 34/38 € – Carte 51/61 € *(réservation conseillée)*
Bienvenue en terre artiste… Non loin de l'église qu'il a rendue célèbre et du cimetière où il repose, l'âme de Van Gogh plane encore sur "sa" dernière auberge. Ici, la cuisine cultive les recettes d'antan, entre tradition populaire et manières familiales... À noter : la petite chambre du peintre se visite.

Hostellerie du Nord

6 r. Gén.-de-Gaulle – ✆ 01 30 36 70 74
– www.hostelleriedunord.fr
– Fermé samedi midi, dimanche soir et lundi
Formule 55 € 🍷 – Menu 65 € (déjeuner en semaine), 75/85 €
Ancien relais de poste (17e s.), proche de la célèbre église. Salle à manger sobre, aux tons clairs ; même classicisme dans la cuisine du chef, qui démontre un savoir-faire certain. Chambres traditionnelles, arborant le nom de grands peintres ayant fréquenté la région.

DEUIL-LA-BARRE

✉ 95170 – 21 684 hab – Plan: **B1**

▶ Paris 19 km – Carte Michelin **101** 5

Verre Chez Moi

75 av. de la Division-Leclerc – ✆ 01 39 64 04 34
– www.verre-chez-moi.com
– Fermé 3 semaines en août, vacances de février, lundi soir, samedi midi et dimanche

Formule 26 € – Carte 38/66 €

Une belle surprise que cette discrète maison de ville, tenue par un jeune sommelier passionné : à l'unisson de ses vins "coup de cœur" – surtout de petits propriétaires –, on déguste une cuisine très appétissante, fine et parfumée. L'été venu, profitez de la jolie cour sur l'arrière. Arrêt recommandé Verre Chez Moi !

HÉROUVILLE

✉ 95300 – 593 hab – Plan: **B1**

▶ Paris 41 km

Les Vignes Rouges

3 pl. de l'Église – ✆ 01 34 66 54 73
– www.vignesrouges.fr
– Fermé 5-13 mai, 3 semaines en août, 2-13 janvier, dimanche soir, lundi et mardi

Menu 38 € – Carte 49/69 €

La tradition est de mise dans cette maison surannée, au cœur de ce village proche d'Auvers-sur-Oise (l'enseigne fait d'ailleurs référence à une œuvre de Van Gogh). De bonnes saveurs au menu : foie gras poêlé, andouillette braisée au chablis...

MÉRY-SUR-OISE

✉ 95540 – 9 412 hab – Plan: **B1**

▶ Paris 35 km – Carte Michelin **101** 4

Le Chiquito (Alain Mihura)

3 r. de l'Oise, La Bonneville, 1,5 km par D 922, rte de Pontoise – ✆ 01 30 36 40 23
– www.lechiquito.fr
– Fermé dimanche et lundi

Menu 58/73 € – Carte environ 60 €

Une maison francilienne du 17e s., cachant un joli jardin. Le chef concocte une cuisine classique tout en finesse et simplicité, avec des produits de belle qualité. Agréable véranda.

➜ Foie gras poêlé, melon laqué au sirop d'érable et gelée de citron. Turbot rôti, écrasé de pomme de terre à l'huile d'olive. Palet feuilleté au chocolat, biscuit au grué de cacao et glace à la fève tonka.

MONTMORENCY

✉ 95160 – 21 438 hab – Plan: **B1**

Paris 19 km – Carte Michelin **101** 5

XX **Au Cœur de la Forêt**

av. Repos de Diane, et accès par chemin forestier – ✆ 01 39 64 99 19 – www.aucoeurdelaforet.com – Fermé août, 15-25 février, jeudi soir, dimanche soir et lundi

Menu 47 €

À l'issue d'un chemin cahotant, vous voilà bien au cœur de la forêt... Si le dépaysement est garanti, la cuisine suit sans détour la voie de la tradition : au menu, rien que des valeurs sûres, au gré du marché ! Cadre champêtre, comme il se doit, avec une jolie terrasse face aux frondaisons.

PONTOISE

✉ 95000 – 29 710 hab – Plan: **A1**

Paris 38 km – Carte Michelin **101** 3

XX **Auberge du Cheval Blanc**

47 r. Gisors – ✆ 01 30 32 25 05 – www.chevalblanc95.net – Fermé 1er-25 août, samedi midi, dimanche et lundi

Formule 30 € – Menu 43 € – Carte 43/66 €

L'Auberge du Cheval Blanc, c'est surtout la personnalité de Laurence Ravail, chef truculente et passionnée, intarissable sur les produits et les vignerons qu'elle adore (belle sélection de vins). Ses assiettes ne mentent pas : colorées et savoureuses, elles mêlent recettes nouvelles et ingrédients bio.

ROISSY-EN-FRANCE

✉ 95700 – 2 517 hab – Plan: **C1**

Paris 26 km – Carte Michelin **305** G6

XX **Brasserie Flo** Hôtel Relais Spa,

allée du Verger – ✆ 01 34 04 16 11

Formule 27 € – Menu 31 € – Carte 34/74 €

Dans un décor contemporain et lumineux, la carte reprend les classiques de brasserie avec une fraîcheur et un savoir-faire certains (tartare, choucroute de la mer...). Une bonne option pour un repas sur le site de Roissy.

Les Étoiles Hôtel Sheraton,

– 01 49 19 70 70
– www.sheraton.com/parisairport
– Fermé août, 20 décembre-5 janvier, samedi, dimanche et fériés
Formule 49 € – Menu 58/68 € – Carte environ 78 €
Le restaurant "gastronomique" de l'hôtel Sheraton, au bout de l'aérogare n° 2. Atmosphère feutrée, cuisine française : parfait pour un repas d'affaires... et les hommes pressés, avec son menu servi "en 1h chrono" (menu végétarien également).

ST-PRIX

95390 – 7 446 hab – Plan: B1
Paris 26 km – Carte Michelin 305 E6

Hostellerie du Prieuré

74 r. A.-Rey – 01 34 27 51 51
– www.restaurantduprieure.com
– Fermé 9-24 août, 29 décembre-5 janvier, samedi midi, lundi midi et dimanche
Formule 22 € – Menu 25 € (déjeuner) – Carte 45/65 €
Banquettes, nappes à carreaux, objets anciens... Dans ce village pittoresque, cette jolie auberge ravit les amoureux d'autrefois – et la salle avec sa cheminée, les romantiques ! À la carte, pas de nostalgie : foie gras poêlé aux girolles, fricassée d'écrevisses et ris de veau, macaron glacé au caramel...

Yvelines

✉ 78

BOUGIVAL

✉ **78380 – 8 430 hab – Plan: B2**
Paris 21 km – Carte Michelin 101 13

XX

Le Camélia (Thierry Conte)

7 quai Georges Clemenceau – ✆ 01 39 18 36 06 – www.lecamelia.com – Fermé 1 semaine vacances de printemps, 3 semaines en août, 1 semaine vacances de Noël, dimanche et lundi
Formule 35 € – Menu 48/78 € – Carte 77/116 €
L'enseigne évoque le passé artistique de cette charmante auberge, récemment transformée dans l'esprit d'un bistrot chic et feutré, avec cuisines ouvertes sur la salle : une métamorphose réussie. On apprécie d'autant mieux l'œuvre du chef : des recettes inventives, suaves et délicates, réalisées au gré du marché.

➜ Royale de foie gras aux champignons du moment. Lièvre à la royale. Millefeuille aux fruits de saison.

CHÂTEAUFORT

✉ **78117 – 1 401 hab – Plan: A3**
Paris 28 km – Carte Michelin 101 22

XXX

La Belle Époque

10 pl. de la Mairie – ✆ 01 39 56 95 48 – www.labelleepoque78.fr – Fermé 1er-20 août, dimanche et lundi
Formule 27 € – Menu 38 € (semaine)/65 € – Carte 57/76 €
L'enseigne ne ment pas : derrière une devanture digne d'une auberge d'autrefois, on découvre un décor d'une sobre élégance, au noir et blanc très "début de siècle", assorti d'une jolie terrasse dominant la vallée de Chevreuse. Mais le chef signe une cuisine dans le goût de... notre époque.

LE CHESNAY

✉ **78150 – 29 309 hab – Plan: B2**
Paris 22 km – Carte Michelin 101 23

X

L'Armoise

41 rte de Rueil – ✆ 01 39 55 63 07 – www.restaurant-larmoise.fr – Fermé août, samedi midi, dimanche soir et lundi
Formule 28 € – Menu 46 €
Le jeune chef délivre une cuisine du marché rythmée par les saisons, mêlant subtilement les bons produits frais et les saveurs. Décor contemporain épuré, relevé de couleurs vives.

CONFLANS-STE-HONORINE

✉ 78700 – 34 814 hab – Plan: **A1**

▶ Paris 38 km – Carte Michelin **101** 3

Au Bord de l'Eau

A/C

15 quai Martyrs-de-la-Résistance – ✆ 01 39 72 86 51
– Fermé 4-27 août, lundi sauf fériés et le soir sauf samedi

Menu 31 € (déjeuner en semaine), 45/67 €

Cet ancien bistrot de bateliers des bords de Seine abrite un sympathique restaurant familial. Le décor intérieur rend hommage à la batellerie conflanaise. Cuisine traditionnelle.

DAMPIERRE-EN-YVELINES

✉ 78720 – 1 137 hab – Plan: **A3**

▶ Paris 38 km – Carte Michelin **101** 31

Les Écuries du Château

P

2 Grande Rue, (au château) – ✆ 01 30 52 52 99
– www.lesecuriesduchateau.com
– Fermé 1er-22 août, 20 février-5 mars, mardi et mercredi

Formule 30 € – Menu 45/55 € – Carte environ 47 €

Lieu magique pour ce restaurant installé dans la sellerie du château de Dampierre. Vous apprécierez une cuisine classique dans un décor rustique et cosy avec vue sur le parc.

La Table des Blot - Auberge du Château (Christophe Blot)

A/C

1 Grande-Rue – ✆ 01 30 47 56 56
– www.latabledesblot.com
– Fermé en août, en décembre, en février, dimanche soir, lundi et mardi

Menu 45/70 € – Carte 57/72 €

Une belle et élégante auberge du 17e s., où le talent du chef et les saisons rythment la créativité des recettes. L'accueil se révèle chaleureux et, pour prolonger l'étape, on peut réserver une jolie chambre façon maison de campagne.

➜ Tête de veau pressée, servie tiède au gingembre et ravigote. Homard poêlé décortiqué et fumé minute à la livèche. Soufflé au chocolat, l'autre mi-cuit et le dernier glacé.

MAISONS-LAFFITTE

✉ 78600 – 22 569 hab – Plan: **B1**

▶ Paris 21 km – Carte Michelin **101** 13

X **La Plancha**

5 av. de St-Germain – ✆ 01 39 12 03 75
– Fermé 1er-11 mars, 20 juillet-22 août, dimanche soir, mardi soir et mercredi
Menu 33 € – Carte 61/78 €
Ambiance "voyage" dans ce restaurant à deux pas de la gare du RER A. La carte, assez originale, propose des recettes combinant avec succès les produits français, espagnols et japonais.

XXX ✿ **Tastevin** (Michel Blanchet)

9 av. Eglé – ✆ 01 39 62 11 67
– www.letastevin-restaurant.fr
– Fermé 28 juillet-22 août, 18 février-7 mars, lundi et mardi
Formule 38 € – Menu 46 € (déjeuner en semaine)/95 € – Carte 82/101 €
À l'orée du parc, une maison de maître à l'intérieur cossu. On y cultive une certaine idée de l'art de vivre à la française et l'amour des beaux produits. Jolie carte des vins.

➜ Foie gras chaud, frite de polenta aux fruits secs. Saint-Jacques sous toutes ses formes. Sanciaux aux pommes.

MARLY-LE-ROI

✉ 78160 – 16 873 hab – Plan: **A2**

▶ Paris 24 km – Carte Michelin **101** 12

XX ✿ **Le Village** (Uido Tomohiro)

3 Grande-Rue – ✆ 01 39 16 28 14
– www.restaurant-levillage.fr
– Fermé 3 semaines en août, samedi midi, dimanche soir et lundi
Formule 37 € – Menu 46/86 € – Carte 111/160 € *(réservation conseillée)*
Une jolie auberge dans une ruelle pittoresque du vieux Marly. Le chef, né au Japon, signe une cuisine très maîtrisée, avec de jolis accords de textures et de saveurs. La France inspire l'Asie, et réciproquement...

➜ Goï cuôn de homard breton au foie gras en terrine au calvados. Pigeonneau impérial en croûte de sel de Guérande. Soufflé chaud au yuzu de Kôchi.

ORGEVAL

78630 – 5 828 hab – Plan: **A2**

Paris 32 km – Carte Michelin **101** 11

Moulin d'Orgeval

200 r. de l'Abbaye, 1,5 km au Sud – 01 39 75 85 74
– www.moulindorgeval.com
– Fermé 22 décembre-6 janvier et dimanche soir
Formule 30 € – Menu 39 € (déjeuner en semaine), 49/73 € – Carte 48/69 €

La grande salle de restaurant donnant sur la pièce d'eau, le mobilier en rotin, les tentures... Tout ici a un petit côté rétro. Plusieurs menus sont proposés (cuisine du monde, de la mer, de saison ; beau chariot de desserts...) et l'on vient là comme à la campagne.

ST-GERMAIN-EN-LAYE

78100 – 40 940 hab – Plan: **A2**

Paris 25 km – Carte Michelin **101** 13

Cazaudehore Hôtel La Forestière

1 av. du Président-Kennedy – 01 30 61 64 64
– www.cazaudehore.fr
– Fermé dimanche soir en août et de novembre à mars et lundi
Formule 35 € – Menu 50/80 € – Carte 46/100 €

Ambiance chic et cosy, décor dans l'air du temps, délicieuse terrasse sous les acacias, cuisine soignée et belle carte des vins... Une vraie histoire de famille depuis 1928.

Pavillon Henri IV Hôtel Pavillon Henri IV

21 r. Thiers – 01 39 10 15 15 – www.pavillonhenri4.fr
– Fermé samedi midi et dimanche soir
Formule 35 € – Menu 49/55 € – Carte 65/86 €

L'un des atouts de ce restaurant est sans conteste son superbe panorama sur la vallée de la Seine. Un cadre exceptionnel où l'on vient savourer une cuisine classique et de beaux produits ; on y inventa les pommes soufflées et la béarnaise !

Le Wauthier by Cagna

31 r. Wauthier – ✆ 01 39 73 10 84
– www.restaurant-wauthier-by-cagna.fr
– Fermé 3 semaines en août, 1 semaine en janvier, dimanche et lundi
Menu 20 € (déjeuner en semaine), 27/64 €
– Carte environ 53 €
Murs en pierre et mobilier contemporain... Tel est le cadre de ce restaurant où l'on savoure une cuisine du marché axée sur les beaux produits. À l'image de ce médaillon de lotte accompagné de pointes d'asperges sautées à l'huile d'olive. Savoureux ! Accueil et service aux petits soins.

TRIEL-SUR-SEINE

✉ 78510 – 11 932 hab – Plan: A1
▶ Paris 39 km – Carte Michelin 101 10

St-Martin

2 r. Galande, (face à la poste) – ✆ 01 39 70 32 00 – www.restaurantsaintmartin.com
– Fermé 1er-20 août, vacances de Noël, mercredi et dimanche
Formule 18 € – Menu 33 € (déjeuner en semaine), 40/130 € *(réservation conseillée)*
Proche d'une jolie église gothique du 13e s. et des bords de Seine, un restaurant à l'atmosphère familiale. Au menu, des recettes de tradition ou plus actuelles, et des suggestions qui varient selon le marché. Simple et bien tourné.

VERSAILLES

✉ 78000 – 86 686 hab – Plan: A2
▶ Paris 22 km – Carte Michelin 101 23

L'Angélique (Régis Douysset)

27 av. de St-Cloud – ✆ 01 30 84 98 85
– www.langelique.fr
– Fermé 3-19 août, 21 décembre-2 janvier, 16 février-4 mars, dimanche et lundi
Menu 51/102 € – Carte 57/69 €
Le propriétaire de l'Escarbille à Meudon fait coup double. Régis Douysset a placé ici des fidèles au service et au piano. Ambiance sympathique. Cuisine généreuse et bien travaillée.

➜ Langoustines poêlées, gnocchis, pousses d'épinards et émulsion de crustacés au gingembre. Ris de veau cuit meunière, légumes du moment et jus d'un bœuf-carottes. Macaron chocolat blanc et sorbet romarin.

Gordon Ramsay au Trianon
Hôtel Trianon Palace

1 bd de la Reine – 01 30 84 50 18
– www.trianonpalace.com
– Fermé 23 février-3 mars, 28 juillet-26 août, 1er-13 janvier, le midi du mardi au jeudi, dimanche et lundi
Menu 87 € (déjeuner), 135/193 € – Carte 140/185 €
À la lisière du parc du château, un cadre raffiné, d'une élégance sans ostentation. Cuisine remarquable par sa fraîcheur et son inventivité, valorisant de beaux produits (langoustines d'Écosse, pigeon de Bresse). Excellent choix de bourgognes.

➜ Raviolo de langoustines à la vapeur de riesling, carpaccio et marmelade au citron vert. Saint-Jacques de plongée de l'île de Skye, concombre, girolles et consommé de cœur de bœuf. Croustillant chocolat et fève tonka.

La Tour

6 r. Carnot – 01 39 50 58 46
– www.restaurant-yvelines.com
– Fermé 3 semaines en août, dimanche et lundi
Formule 22 € – Carte 30/63 €
Avis aux amateurs de viande ! Ici, on est expert en la matière : choix des morceaux, maturation, etc. Dans la salle, on a même accroché les plaques émaillées remportées par des éleveurs de bovins. Le cadre est celui d'un bistrot pur jus : tables serrées, comptoir... Ambiance conviviale.

Zin's à l'Étape Gourmande

125 r. Yves-Le-Coz – 01 30 21 01 63
– www.arti-zins.fr
– Fermé 3 semaines en août, samedi midi, dimanche et lundi
Formule 30 € – Menu 36 € (semaine), 44/54 €
– Carte 51/64 € *(réservation conseillée)*
Voici une étape idéale, dans le quartier de Porchefontaine, pour apprécier une cuisine élaborée selon les produits du jour. Belle carte de vins de toutes les régions.

ENERGY
MICHELIN

Michelin Apps

Parce que le confort et la sécurité sont des notions essentielles, pour vous comme pour nous, MICHELIN a créé un bouquet de 6 applications mobiles gratuites. Un équipement complet pour que la route soit un plaisir !

MICHELIN MyCar • *Pour obtenir le meilleur de vos pneus, des services et des infos pour préparer sereinement vos trajets.*

MICHELIN Navigation • *Une nouvelle approche de la navigation : le trafic en temps réel avec une nouvelle fonctionnalité de guidage connecté.*

ViaMichelin • *Calcul d'itinéraires et données cartographiques : un incontournable pour se déplacer sans perdre de temps.*

Michelin Restaurants • *Parce que la route doit être un plaisir, retrouvez un très large choix de restaurants, en France et en Allemagne, dont la sélection complète du Guide MICHELIN.*

Michelin Hôtels • *Pour réservez votre chambre d'hôtel au meilleur tarif, partout dans le monde !*

Michelin Voyage • *85 pays et 30 000 sites touristiques sélectionnés par le Guide Vert Michelin. Et un outil pour réaliser votre propre carnet de route.*

Un pneu
→ *c'est quoi ?*

Rond, noir, à la fois souple et solide, le pneumatique est à la roue ce que le pied est à la course. Mais de quoi est-il fait ? Avant tout de gomme, mais aussi de divers matériaux textiles et / ou métalliques… et d'air ! Ce sont les savants assemblages de tous ces composants qui assurent aux pneumatiques leurs qualités : adhérence à la route, amortissement des chocs, en deux mots : confort et sécurité du voyageur.

1 BANDE DE ROULEMENT
Une épaisse couche de gomme assure le contact avec le sol. Elle doit évacuer l'eau et durer très longtemps.

2 ARMATURE DE SOMMET
Cette double ou triple ceinture armée est à la fois souple verticalement et très rigide transversalement. Elle procure la puissance de guidage.

3 FLANCS
Ils recouvrent et protègent la carcasse textile dont le rôle est de relier la bande de roulement du pneu à la jante.

4 TALONS D'ACCROCHAGE À LA JANTE
Grâce aux tringles internes, ils serrent solidement le pneu à la jante pour les rendre solidaires.

5 GOMME INTÉRIEURE D'ÉTANCHÉITÉ
Elle procure au pneu l'étanchéité qui maintient le gonflage à la bonne pression.

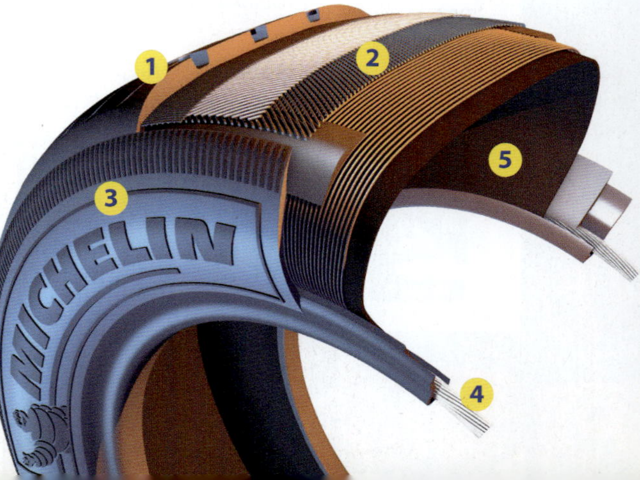

Michelin
→ *l'innovation en mouvement*

Créé et breveté par Michelin en 1946, le pneu radial ceinturé a révolutionné le monde du pneumatique. Mais Michelin ne s'est pas arrêté là : au fil des ans, d'autres solutions nouvelles et originales ont vu le jour, tel le pneu diagonal, confirmant Michelin dans sa position de leader en matière de recherche et d'innovations, pour répondre sans cesse aux exigences des nouvelles technologies des véhicules.

→ *la juste pression !*

L'une des priorités de Michelin, c'est une mobilité plus sûre. En bref, innover pour avancer mieux. C'est tout l'enjeu des chercheurs, qui travaillent à mettre au point des pneumatiques capables de "freiner plus court" et d'offrir la meilleure adhérence possible à la route. Aussi, pour accompagner les automobilistes, Michelin organise, partout dans le monde, des campagnes de sensibilisation à la sécurité routière : les opérations "Faites le plein d'air" rappellent à tous que la juste pression des pneumatiques est un facteur essentiel de sécurité.

La stratégie Michelin :
→ *des pneumatiques multiperformances*

Qui dit Michelin dit sécurité, économie de carburant et capacité à parcourir des milliers de kilomètres. Un pneumatique MICHELIN, c'est tout cela à la fois.

Comment ? Grâce à des ingénieurs au service de l'innovation et de la technologie de pointe. Leur challenge : doter tout pneumatique – quel que soit le véhicule (automobile, camion, tracteur, engin de chantier, avion, moto, vélo et métro !) – de la meilleure combinaison possible de qualités, pour une **performance globale optimale**.

Ralentir l'usure, réduire la dépense énergétique (et donc l'émission de CO_2), améliorer la sécurité par une tenue de route et un freinage renforcés : autant de qualités dans un seul pneu, c'est cela Michelin Total Performance.

MICHELIN Total Performance

Chaque jour, **Michelin** innove en faveur de la mobilité durable.

DANS LE TEMPS ET LE RESPECT DE LA PLANÈTE.

La mobilité durable

→ *c'est une mobilité propre... et pour tous*

La mobilité durable c'est permettre aux hommes de se déplacer d'une façon plus propre, plus sûre, plus économique et plus accessible à tous, quel que soit le lieu où ils vivent.

Tous les jours, les 113 000 collaborateurs que Michelin comptent dans le monde innovent :

- en créant des pneus et des services qui répondent aux nouveaux besoins de la société,
- en sensibilisant les jeunes à la sécurité routière,
- en inventant de nouvelles solutions de transport qui consomment moins d'énergie et émettent moins de CO_2.

→ *Michelin Challenge Bibendum*

La mobilité durable, c'est permettre la pérennité du transport des biens et des personnes, afin d'assurer un développement économique, social et sociétal responsable. Face à la raréfaction des matières premières et au réchauffement climatique, Michelin s'engage pour le respect de l'environnement et de la santé publique. De manière régulière, Michelin organise ainsi le Michelin Challenge Bibendum, le seul événement mondial axé sur la mobilité routière durable.

Index des plans

1er	▶ Palais-Royal • Louvre • Tuileries Les Halles	62
2e	▶ Bourse • Sentier	92
3e	▶ Le Haut Marais • Temple	112
4e	▶ Île de la Cité • Île St-Louis • Le Marais Beaubourg	120
5e	▶ Quartier latin • Jardin des Plantes Mouffetard	132
6e	▶ St-Germain-des-Prés Odéon • Jardin du Luxembourg	150
7e	▶ Tour Eiffel • École Militaire • Invalides	180
8e	▶ Champs-Élysées • Concorde • Madeleine	212
9e	▶ Opéra • Grands Boulevards	258
10e	▶ Gare de l'Est • Gare du Nord Canal St-Martin	278
11e	▶ Nation • Voltaire • République	290
12e	▶ Bastille • Bercy • Gare de Lyon	306
13e	▶ Place d'Italie • Gare d'Austerlitz Bibliothèque nationale de France	318
14e	▶ Montparnasse • Denfert-Rochereau Parc Montsouris	330
15e	▶ Porte de Versailles • Vaugirard Beaugrenelle	346
16e	▶ Trocadéro • Étoile • Passy Bois de Boulogne	370
17e	▶ Palais des Congrès • Wagram Ternes • Batignolles	402
18e	▶ Montmartre • Pigalle	428
19e	▶ Parc de la Villette • Buttes-Chaumont	438
20e	▶ Cimetière du Père-Lachaise • Gambetta Belleville	446
Autour de Paris		454

Ph. Robic / MICHELIN

ARGENTEUIL, PONTOISE
ASNIÈRES-GENNEVILLIERS-Les Courtilles
C1 C3
PONTOISE - VALMONDOIS PERSAN-B. - LUZARCHES
le Stade
Colombes
Bois-Colombes
Les Agnettes
Gennevilliers
les Grésillons
SAINT-DENIS
T1
Mairie de St-Ouen
Garibaldi
Porte de St-Ouen
la Garenne-Colombes
les Vallées
BÉCON-LES-BRUYÈRES
ASNIÈRES
Gabriel-Péri
Mairie de Clichy
Saint-Ouen
CERGY POISSY MANTES
3
PONT DE LEVALLOIS BÉCON
Clichy-Levallois
2
PORTE DE CLICHY
Guy Môquet
Brochant
NANTERRE UNIVERSITÉ
Courbevoie
Anatole France
A3
A5
A1
Nanterre Préfecture
T2
1
LA DÉFENSE Grande Arche
Louise Michel
PEREIRE - LEVALLOIS
Pont-Cardinet
LA FOURCHE
PLACE DE CLICHY
Blanc
Porte de Champerret
Wagram
Rome
Trinité d'Estienne d'Orves
Esplanade de la Défense
PEREIRE
Malesherbes
VILLIERS
Liège
Pont de Neuilly
Monceau
Europe
14
HAUSSMANN ST-LAZARE
PORTE MAILLOT
les Sablons
Courcelles
SAINT-LAZARE
Puteaux
Argentine
6
Ternes
St-Augustin
E1
HAVRE CAUMARTIN
NEUILLY PORTE MAILLOT
MIROMESNIL
Suresnes Mont Valérien
Belvédère
CHARLES DE GAULLE ÉTOILE
St-Philippe du Roule
AUBER
PORTE DAUPHINE
Victor Hugo
George V
MADELEINE
OPÉRA
Suresnes Longchamp
Avenue Foch
Kléber
FRANKLIN D. ROOSEVELT
2
le Val d'Or
Boissière
Alma Marceau
CHAMPS-ÉLYSÉES Clemenceau
CONCORDE
PYRAMIDES
Avenue Henri Martin
Rue de la Pompe
Iéna
Tuileries
INVALIDES
ST NOM-LA-BRETÈCHE VERSAILLES-R.D. LA VERRIÈRE
TROCADÉRO
PALAIS ROYAL Musée du Louvre
LA MUETTE
Pont de l'Alma
Assemblée Nationale
les Côteaux
BOULAINVILLIERS
la Tour Maubourg
Musée d'Orsay
Ranelagh
Passy
Solférino
Champ de Mars Tour Eiffel
Varenne
École Militaire
Kennedy Radio France
Rue du Bac
St-Germain des Prés
Jasmin
Bir-Hakeim
SÈVRES BABYLONE
LA MOTTE PICQUET GRENELLE
St-François Xavier
les Milons
MICHEL ANGE AUTEUIL
Église d'Auteuil
Dupleix
Vaneau
Mabillon
Porte d'Auteuil
Javel
Charles Michels
Avenue Émile Zola
Ségur
DUROC
Rennes
St-Sulpice
Mirabeau
Javel-André Citroën
Cambronne
St-Placide
Notre-Dame des Champs
Boulogne Jean Jaurès
MICHEL ANGE MOLITOR
Chardon Lagache
Commerce
Sèvres Lecourbe
Falguière
Parc de Saint-Cloud
Exelmans
Bd Victor
Félix Faure
MONTPARNASSE BIENVENUE
8
Boucicaut
PASTEUR
10
BOULOGNE PONT DE ST-CLOUD
Porte de St-Cloud
PONT DU GARIGLIANO
T3
Lourmel
BALARD
Vavin
Volontaires
Vaugirard
Gaîté
Edgar Quinet
RASPAIL
Henri Farman
Desnouettes
PORTE DE VERSAILLES
Convention
Marcel Sembat
T2
Pernety
DENFERT ROCHEREAU
Suzanne Lenglen
Georges Brassens
ISSY-VAL DE SEINE
Porte d'Issy
Plaisance
Musée de Sèvres
9
Billancourt
Corentin Celton
Porte de Vanves
Alésia
Mouton Duvernet
PONT DE SÈVRES
12
MAIRIE D'ISSY
Brancion
Didot
Jean Moulin
Jacques-Henri Lartigue
Vanves-Malakoff
Malakoff-Plateau de Vanves
4
PORTE D'ORLÉANS
Montsouris
les Moulineaux
Issy
PLAISIR-GRIGNON RAMBOUILLET
Brimborion
Meudon-sur-Seine
Clamart
2
Malakoff-Rue Étienne Dolet
Gentilly
Laplace
Meudon-Val Fleury
C7 C5
3
CHÂTILLON-MONTROUGE
13
Fontenay-aux-Roses
Arcueil-Cachan
Bagneux
Métro
7
RER
A1
Tramway
T2
SNCF
ROBINSON
Sceaux
BOURG LA REINE
B2
ST-REMY-LES-CHEVREUSE AEROPORT D'ORLY
B4
Correspondance Coincidenza
Interchange station Correspondencia
Umsteigestation Overstapstation

Marché de St-Denis
13
ST-DENIS UNIVERSITÉ
la Courneuve - 6 Routes
Hôtel de Ville de la Courneuve
le Bourget
Drancy
B3
B5
Théâtre Gérard Philipe
Basilique de St-Denis
Cimetière de St-Denis
Stade Géo André
LA COURNEUVE-8 MAI 1945
AEROPORT CHARLES DE GAULLE MITRY-CLAYE
Basilique de St-Denis
Cosmonautes
la Courneuve-Aubervilliers
Danton
Maurice Lachâtre
Drancy-Avenir
St-Denis Porte de Paris
Hôpital Delafontaine
7
Hôpital Avicenne
Carrefour Pleyel
Stade de France St-Denis
Fort d'Aubervilliers
Gaston Roulaud
Escadrille Normandie-Niemen
la Plaine Stade de France
Aubervilliers-Pantin Quatre Chemins
la Ferme
Libération
4
12
Jean Rostand
PORTE DE CLIGNANCOURT
PORTE DE LA CHAPELLE
Hôtel de Ville de Bobigny
5
Auguste Delaune
Simplon
BOBIGNY Pablo Picasso
Pont de Bondy
Jules Joffrin
MARCADET POISSONNIERS
Porte de la Villette
Pantin
T 1
Lamarck Caulaincourt
Marx Dormoy
Corentin Cariou
Bobigny-Pantin Raymond Queneau
Petit Noisy
Abbesses
Château Rouge
Crimée
NOISY-LE-SEC
Riquet
Porte de Pantin
Église de Pantin
BONDY, MEAUX, VILLIERS-S-MARNE, PROVINS
PIGALLE
BARBÈS ROCHECHOUART
LA CHAPELLE
STALINGRAD
Hoche
E2
Ourcq
Anvers
LOUIS BLANC
Laumière
E4
St Georges
JAURÈS
2
N.-D. de Lorette
GARE DU NORD
MAGENTA
7 bis
Buttes Chaumont
Danube
PRÉ-ST-GERVAIS
Poissonnière
Bolivar
7 bis
3 bis
MAIRIE DES LILAS
le Peletier
Cadet
Château Landon
Botzaris
11
GARE DE L'EST
Colonel Fabien
Télégraphe
Château d'Eau
Jourdain
PORTE DES LILAS
RICHELIEU DROUOT
Grands Boulevards
Jacques Bonsergent
Pyrénées
PLACE DES FÊTES
Bonne Nouvelle
3
4 Septembre
STRASBOURG ST-DENIS
BELLEVILLE
St-Fargeau
Goncourt
Pelleport
Bourse
RÉAUMUR SÉBASTOPOL
Temple
RÉPUBLIQUE
Couronnes
1
Sentier
Parmentier
Ménilmontant
Étienne Marcel
ARTS ET MÉTIERS
Filles du Calvaire
GAMBETTA
GALLIENI
LES HALLES
OBERKAMPF
Rue St-Maur
3 bis
Porte de Bagnolet
3
Louvre Rivoli
CHÂTELET LES HALLES
Rambuteau
PÈRE LACHAISE
Richard Lenoir
St-Ambroise
9
Pont Neuf
11
St-Sébastien Froissart
Philippe Auguste
MAIRIE DE MONTREUIL
CHÂTELET
HÔTEL DE VILLE
Voltaire
(Parcs Disneyland)
Chemin Vert
Alexandre Dumas
Robespierre
Croix de Chavaux
Cité
St-Paul
Bréguet Sabin
Charonne
Avron
Porte de Montreuil
Pont Marie
Ledru-Rollin
Rue des Boulets
Maraîchers
ODÉON
ST-MICHEL-Notre-Dame
BASTILLE
2
Buzenval
A4
Sully Morland
NATION
Porte de Vincennes
VINCENNES
CLUNY-LA SORBONNE
Maubert Mutualité
Faidherbe Chaligny
St-Mandé
REUILLY DIDEROT
Fontenay-sous-Bois
6
Picpus
Bérault
Cardinal Lemoine
JUSSIEU
Quai de la Rapée
1
CHÂTEAU DE VINCENNES
A2
Luxembourg
Place Monge
GARE DE LYON
Montgallet
Censier Daubenton
GARE D'AUSTERLITZ
10
DAUMESNIL
Bel Air
BERCY
Michel Bizot
Campo-Formio
St-Marcel
Dugommier
les Gobelins
Quai de la Gare
Porte Dorée
St-Jacques
PLACE D'ITALIE
Chevaleret
Nationale
Cour St-Émilion
Porte de Charenton
Glacière
5
14
Corvisart
OLYMPIADES
BIBLIOTHÈQUE FRANÇOIS MITTERRAND
Cité Universitaire
Tolbiac
Liberté
Stade Charléty
MAISON BLANCHE
Porte de Choisy
PORTE D'IVRY
T 3
Charenton-Écoles
Ivry-s-Seine
École Vétérinaire de Maisons-Alfort
Poterne des Peupliers
MAIRIE D'IVRY
Pierre et Marie Curie
Maisons-Alfort Stade
le Kremlin-Bicêtre
Porte d'Italie
7
Vitry-s-Seine
Maisons-Alfort Alfortville
Maisons-Alfort les Juilliottes
Villejuif-Léo Lagrange
Créteil-l'Echat
Villejuif-Paul Vaillant-Couturier
le Vert-de-Maisons
Créteil-Université
les Ardoines
VILLEJUIF Louis Aragon
8
CRÉTEIL PRÉFECTURE
7
C2
C4
C6
D2
D4

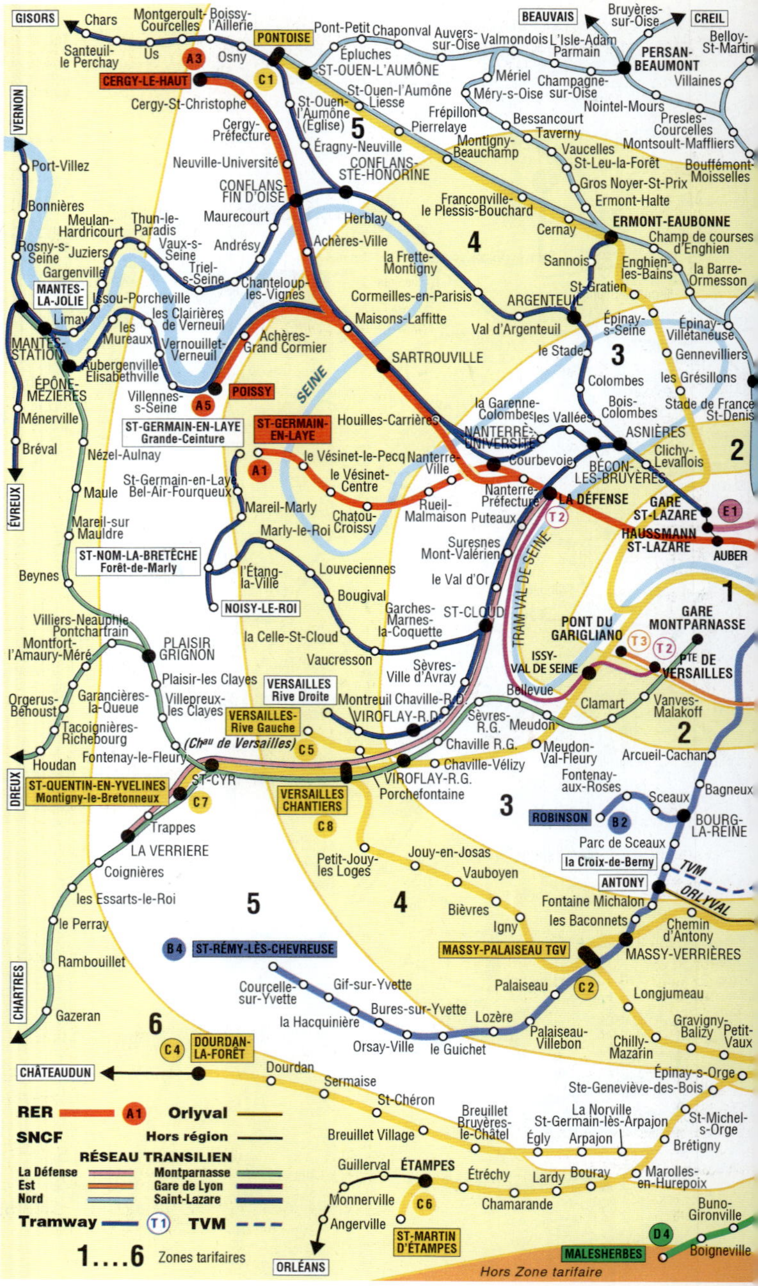
GISORS
Chars
Montgeroult-Courcelles
Boissy-l'Aillerie
Santeuil-le Perchay
Us
A3
Osny
PONTOISE
Pont-Petit
Chaponval
Auvers-sur-Oise
Valmondois
L'Isle-Adam Parmain
BEAUVAIS
Bruyères-sur-Oise
CREIL
Belloy-St-Martin
PERSAN-BEAUMONT
Villaines
Épluches
ST-OUEN-L'AUMÔNE
Mériel
Champagne-sur-Oise
Méry-s-Oise
CERGY-LE-HAUT
C1
Cergy-St-Christophe
St-Ouen-l'Aumône Liesse
Frépillon
Nointel-Mours
Presles-Courcelles
Bessancourt
Taverny
Montsoult-Maffliers
VERNON
Cergy-Préfecture
St-Ouen-l'Aumône (Église)
5
Pierrelaye
Montigny-Beauchamp
Vaucelles
St-Leu-la-Forêt
Bouffémont-Moisselles
Port-Villez
Neuville-Université
Éragny-Neuville
CONFLANS-STE-HONORINE
Gros Noyer-St-Prix
CONFLANS-FIN D'OISE
Ermont-Halte
Bonnières
Franconville-le Plessis-Bouchard
Meulan-Hardricourt
Thun-le-Paradis
Maurecourt
Herblay
ERMONT-EAUBONNE
Cernay
Champ de courses d'Enghien
Rosny-s-Seine
Juziers
Vaux-s-Seine
Andrésy
Achères-Ville
4
Gargenville
Triel-s-Seine
la Frette-Montigny
Sannois
Enghien-les-Bains
la Barre-Ormesson
Chanteloup-les-Vignes
MANTES-LA-JOLIE
Issou-Porcheville
Cormeilles-en-Parisis
St-Gratien
ARGENTEUIL
Limay
les Clairières de Verneuil
Maisons-Laffitte
Épinay-s-Seine
Épinay-Villetaneuse
les Mureaux
Val d'Argenteuil
MANTES-STATION
Vernouillet-Verneuil
Achères-Grand Cormier
le Stade
Gennevilliers
Aubergenville-Élisabethville
SARTROUVILLE
3
ÉPÔNE-MÉZIÈRES
Colombes
les Grésillons
Villennes-s-Seine
A5
POISSY
SEINE
la Garenne-Colombes
Bois-Colombes
Stade de France St-Denis
Ménerville
ST-GERMAIN-EN-LAYE Grande-Ceinture
ST-GERMAIN-EN-LAYE
Houilles-Carrières
les Vallées
ASNIÈRES
NANTERRE-UNIVERSITÉ
Clichy-Levallois
2
Bréval
Nézel-Aulnay
A1
le Vésinet-le-Pecq
Nanterre-Ville
Courbevoie
BÉCON-LES-BRUYÈRES
St-Germain-en-Laye Bel-Air-Fourqueux
le Vésinet-Centre
Nanterre-Préfecture
LA DÉFENSE
GARE ST-LAZARE
E1
ÉVREUX
Maule
Mareil-Marly
Rueil-Malmaison
Puteaux
T2
HAUSSMANN ST-LAZARE
AUBER
Mareil-sur Mauldre
Chatou-Croissy
Marly-le-Roi
Suresnes Mont-Valérien
ST-NOM-LA-BRETÈCHE Forêt-de-Marly
l'Étang-la-Ville
Louveciennes
Beynes
le Val d'Or
1
Bougival
TRAM VAL DE SEINE
NOISY-LE-ROI
Garches-Marnes-la-Coquette
ST-CLOUD
PONT DU GARIGLIANO
GARE MONTPARNASSE
Villiers-Neauphle Pontchartrain
Montfort-l'Amaury-Méré
PLAISIR GRIGNON
la Celle-St-Cloud
T3
T2
ISSY-VAL DE SEINE
Vaucresson
Pte DE VERSAILLES
Sèvres-Ville d'Avray
Plaisir-les Clayes
VERSAILLES Rive Droite
Orgerus-Béhoust
Garancières-la-Queue
Villepreux-les Clayes
Montreuil
Chaville-R.D.
Bellevue
Clamart
Vanves-Malakoff
VIROFLAY-R.D.
VERSAILLES-Rive Gauche
Sèvres-R.G.
Meudon
Tacoignières-Richebourg
(Chau de Versailles)
C5
Chaville R.G.
Meudon-Val-Fleury
Arcueil-Cachan
Houdan
Fontenay-le-Fleury
Chaville-Vélizy
DREUX
ST-QUENTIN-EN-YVELINES Montigny-le-Bretonneux
ST-CYR
VIROFLAY-R.G.
Porchefontaine
Fontenay-aux-Roses
Bagneux
VERSAILLES CHANTIERS
3
Sceaux
C7
ROBINSON
B2
BOURG-LA-REINE
Trappes
C8
Parc de Sceaux
LA VERRIERE
Petit-Jouy-les Loges
Jouy-en-Josas
la Croix-de-Berny
TVM
Coignières
Vauboyen
ANTONY
ORLYVAL
les Essarts-le-Roi
5
4
Bièvres
Fontaine Michalon
Chemin d'Antony
le Perray
Igny
les Baconnets
Rambouillet
B4
ST-RÉMY-LÈS-CHEVREUSE
MASSY-PALAISEAU TGV
MASSY-VERRIÈRES
Courcelle-sur-Yvette
Gif-sur-Yvette
Palaiseau
C2
Longjumeau
CHARTRES
Gazeran
Bures-sur-Yvette
Lozère
la Hacquinière
Palaiseau-Villebon
Gravigny-Balizy
Petit-Vaux
6
Orsay-Ville
le Guichet
Chilly-Mazarin
C4
DOURDAN-LA-FORÊT
CHÂTEAUDUN
Dourdan
Épinay-s-Orge
Sermaise
Ste-Geneviève-des-Bois
St-Chéron
RER
A1
Orlyval
Breuillet Bruyères-le-Châtel
La Norville
St-Germain-lès-Arpajon
St-Michel-s-Orge
SNCF
Hors région
Breuillet Village
Égly
Arpajon
Brétigny
RÉSEAU TRANSILIEN
Guillerval
ÉTAMPES
Étréchy
La Défense
Montparnasse
Lardy
Bouray
Marolles-en-Hurepoix
Est
Gare de Lyon
Monnerville
Nord
Saint-Lazare
Chamarande
C6
Buno-Gironville
Tramway
T1
TVM
Angerville
ST-MARTIN D'ÉTAMPES
D4
1....6
Zones tarifaires
ORLÉANS
MALESHERBES
Boigneville
Hors Zone tarifaire

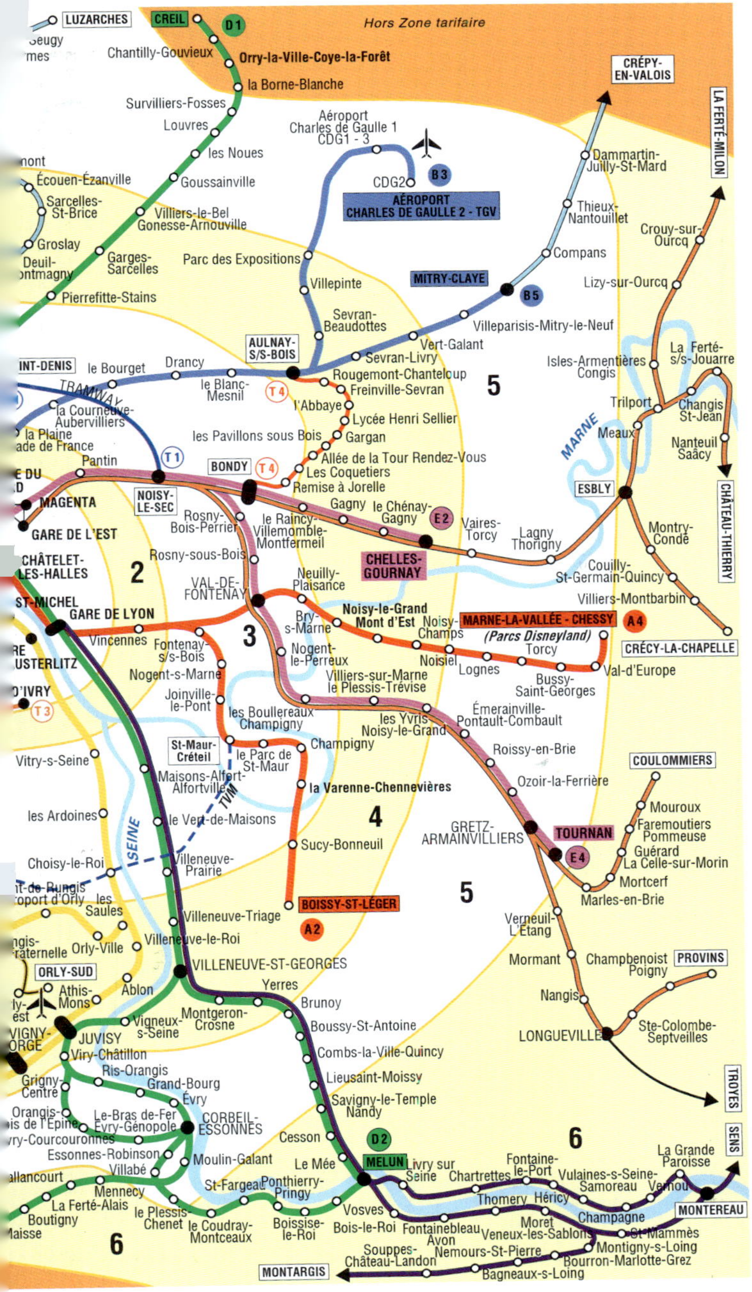

Hors Zone tarifaire
LUZARCHES
CREIL
D1
Chantilly-Gouvieux
Orry-la-Ville-Coye-la-Forêt
la Borne-Blanche
Survilliers-Fosses
Louvres
les Noues
Goussainville
Écouen-Ézanville
Sarcelles-St-Brice
Groslay
Villiers-le-Bel Gonesse-Arnouville
Garges-Sarcelles
Pierrefitte-Stains
Parc des Expositions
Villepinte
Sevran-Beaudottes
Aéroport Charles de Gaulle 1 CDG1 - 3
CDG2
B3
AÉROPORT CHARLES DE GAULLE 2 - TGV
CRÉPY-EN-VALOIS
LA FERTÉ-MILON
Dammartin-Juilly-St-Mard
Thieux-Nantouillet
Compans
MITRY-CLAYE
B5
Villeparisis-Mitry-le-Neuf
Vert-Galant
Sevran-Livry
Croùy-sur-Ourcq
Lizy-sur-Ourcq
AULNAY-S/S-BOIS
le Bourget
Drancy
le Blanc-Mesnil
T4
TRAMWAY
la Courneuve-Aubervilliers
la Plaine
Pantin
T1
Rougemont-Chantelou
Freinville-Sevran
l'Abbaye
Lycée Henri Sellier
les Pavillons sous Bois
Gargan
Allée de la Tour Rendez-Vous
Les Coquetiers
Remise à Jorelle
BONDY
5
Isles-Armentières Congis
La Ferté-s/s-Jouarre
Trilport
Changis St-Jean
Meaux
MARNE
Nanteuil Saâcy
ESBLY
CHÂTEAU-THIERRY
MAGENTA
GARE DE L'EST
NOISY-LE-SEC
Rosny-Bois-Perrier
le Raincy-Villemomble-Montfermeil
Gagny
le Chénay-Gagny
E2
Vaires-Torcy
Lagny Thorigny
Montry-Condé
CHÂTELET-LES-HALLES
2
Rosny-sous-Bois
VAL-DE-FONTENAY
Neuilly-Plaisance
CHELLES-GOURNAY
Couilly-St-Germain-Quincy
Villiers-Montbarbin
ST-MICHEL
GARE DE LYON
Vincennes
Fontenay-s/s-Bois
3
Bry-s-Marne
Noisy-le-Grand Mont d'Est
Noisy-Champs
MARNE-LA-VALLÉE - CHESSY
A4
(Parcs Disneyland)
CRÉCY-LA-CHAPELLE
Nogent-s-Marne
Nogent-le-Perreux
Noisiel
Lognes
Torcy
Bussy-Saint-Georges
Val-d'Europe
Joinville-le-Pont
Villiers-sur-Marne le Plessis-Trévise
T3
les Boullereaux Champigny
les Yvris Noisy-le-Grand
Émerainville-Pontault-Combault
St-Maur-Créteil
le Parc de St-Maur
Champigny
Roissy-en-Brie
Vitry-s-Seine
Maisons-Alfort-Alfortville
TVM
la Varenne-Chennevières
Ozoir-la-Ferrière
COULOMMIERS
les Ardoines
le Vert-de-Maisons
4
Mouroux
Faremoutiers Pommeuse
SEINE
GRETZ-ARMAINVILLIERS
TOURNAN
Sucy-Bonneuil
Guérard
La Celle-sur-Morin
Choisy-le-Roi
Villeneuve-Prairie
E4
Mortcerf
Marles-en-Brie
les Saules
BOISSY-ST-LÉGER
5
Villeneuve-Triage
A2
Verneuil-L'Étang
Orly-Ville
Villeneuve-le-Roi
Mormant
Champbenoist Poigny
PROVINS
ORLY-SUD
VILLENEUVE-ST-GEORGES
Athis-Mons
Ablon
Yerres
Nangis
Brunoy
Vigneux-s-Seine
Montgeron-Crosne
JUVISY
Boussy-St-Antoine
LONGUEVILLE
Ste-Colombe-Septveilles
Viry-Châtillon
Combs-la-Ville-Quincy
Ris-Orangis
Lieusaint-Moissy
Grigny-Centre
Grand-Bourg
Évry
TROYES
Savigny-le-Temple Nandy
Le-Bras de-Fer Évry-Génopole
CORBEIL-ESSONNES
6
Cesson
D2
SENS
Essonnes-Robinson
Moulin-Galant
Le Mée
MELUN
Livry sur Seine
Chartrettes
Fontaine-le-Port
La Grande Paroisse
Villabé
Mennecy
St-Fargeau
Ponthierry-Pringy
Vulaines-s-Seine-Samoreau
Vernou
La Ferté-Alais
Thomery
Héricy
MONTEREAU
Boutigny
le Plessis-Chenet
le Coudray-Montceaux
Boissise-le-Roi
Vosves
Champagne
Bois-le-Roi
Fontainebleau Avon
Veneux-les-Sablons
Moret
St-Mammès
6
Souppes-Château-Landon
Nemours-St-Pierre
Montigny-s-Loing
Bourron-Marlotte-Grez
MONTARGIS
Bagneaux-s-Loing

Michelin Travel Partner
Société par actions simplifiées au capital de 11 288 880 EUR
27 cours de l'Île Seguin - 92100 Boulogne Billancourt (France)
R.C.S. Nanterre 433 677 721

Dépot légal décembre 2013

Imprimé en Italie
Crédit photo couverture : Stéphane de Bourgies / Brasserie Thoumieux
Compogravure : Nord Compo, Villeneuve-d'Ascq (France)
Impression, Brochure : Printer Trento, Trento (Italie)
Sur papier issu de forêts gérées durablement